MUJERES DEL
ROCK
SU HISTORIA

Redbook

© 2018, Anabel Vélez Vargas
© 2018, Redbook Ediciones, s. l., Barcelona

Diseño de cubierta: Regina Richling
Diseño interior: David Saavedra
ISBN: 978-84-947917-6-5
Depósito legal: B-6.053-2018

Impreso por Sagrafic, Pasaje Carsi 6, 08025 Barcelona

Impreso en España - *Printed in Spain*

Anabel Vélez

MUJERES DEL
ROCK
SU HISTORIA

MA
NON
TROPPO

Índice

INTRODUCCIÓN   **11**

CAPÍTULO 1
Wild women don't have the blues. Aquí empezó todo.   17

Las raíces del blues y del gospel   18
    Las primeras grabaciones de blues   19
    La primera estrella del blues   20
    La leyenda del blues   21
    La primera gran guitarrista   23
Las mujeres del jazz   24
    Lady Day   25
    La Jezabel del jazz   28
    La primera dama de la canción   29
De la mopa a la guitarra, redescubriendo la música   30
Las mujeres del country   32
    Las Carter, la saga familiar   32

CAPÍTULO 2
Rock Your Baby. Los primeros balbuceos del rock.   37

Las pioneras del rock   38
    El aullido del rock   38
    La madrina del rock   40
Los primeros pasos del rock and roll   42
    La fiera indomable   42
    La casa que Miss Rhythm construyó   43
    El alma ardiente del rock   45
    El racismo en el rock   46
    La Elvis femenina   48
Las mujeres del rockabilly   49
    La reina del rockabilly   50
La voz que se fue demasiado pronto   52

CAPÍTULO 3
I'll Be There. La era dorada de los girl groups.   55

El inicio de los girl groups   56
    The Bobbettes y su Mr. Lee   56
    The Chantels   57
    Las razones del triunfo   59
Pon un girl group en tu vida, el éxito está asegurado   59
Al otro lado de la canción, las mujeres compositoras   61
    Carole King, la compositora   61
    El talento compositivo de Ellie Greenwich   62
The Shangri-Las, las chicas duras   63
L'enfant terrible de los girl groups, llega Phil Spector   65
    La voz en la sombra   66
    Huyendo de Spector   67
La Motown, rompiendo barreras en las listas   69

Sus primeros éxitos 70
La primera estrella de la Motown 71
El primer grupo Motown 71
Y llegaron The Supremes 73
No solo sabemos cantar. Otro tipo de girl groups 76
Goldie & The Gingerbreads,
el primer grupo femenino en fichar por una major 76
Las hermanas Vinnedge y The Luv'd Ones 78
The Liverbirds llegan desde Liverpool 80
Suzi Quatro antes de Suzi Quatro 80

CAPÍTULO 4
Respect. Las mujeres toman la voz. 83

Las artistas solistas inglesas 84
El alma soul de Dusty Springfield 85
La dulce Marianne 86
Las primeras grandes estrellas de color 87
Respeto, llega la reina del soul 88
El fuego de Tina Turner 90
La voces de la revolución 92
La gran dama del folk 92
Mary Travers o la voz de Peter, Paul and Mary 94
La voz del movimiento por los Derechos Civiles 96
Nina Simone, la leyenda 97

CAPÍTULO 5
Try ‹Just a little bit harder›.
La explosión del rock: Paz, amor y psicodelia en los sesenta y los setenta. 101

The Mamas & The Papas, herederos del sonido girl group 103
Esta es mi banda: Cantantes que lideran sus propios grupos 106
Y llegó Janis y el mundo cambió 106
Grace Slick y Jefferson Airplane 110
Elkie Brooks y Vinegar Joe 114
Sandy Denny y la revolución del folk rock inglés 116
Maggie Bell, la reina de la noche 118
Fleetwood Mac:
Stevie Nicks y Christine McVie, dos caras de la misma moneda 119
El rock de vanguardia de la Velvet Underground 123
Las mujeres de color también hacen rock 126
De girl group a LaBelle 129
Joan Armatrading, la cantautora folk 131
Otras voces son posibles 133
Joni Mitchell, el icono que nunca se cansa de experimentar 134
La intensidad de Laura Nyro 137
La voz adolescente de Janis Ian 140
La voz bohemia de Rickie Lee Jones 141
El éxito fulgurante de Carole King 142
La voz versátil de Linda Ronstadt 145
La reina del country rock 148
El éxito que se comió a Karen Carpenter 150

CAPÍTULO 6
I Love Rock and Roll. El rock se endurece.   155

¿Quién es esa chica? Suzi Quatro grita en el escenario   156
The Runaways, el grupo femenino que revolucionó la historia del rock   158
Las chicas rockean, grupos femeninos en los setenta   162
    The Deadly Nightshade, el primer contrato discográfico   162
    El funk rock progresivo de Isis   164
    Fanny, la primera banda de rock femenina que publicó un disco   166
    Birtha tienen pelotas   169
    El rock progresivo de la madre superiora   171
Mujeres que lideran sus propias bandas   174
    La voz potente de Genya Ravan   176
    Joy of Cooking, el placer de cocinar buen rock   178
    Lydia Pense y sus Cold Blood   179
Los ochenta, las herederas del rock de los setenta   181
    Joan Jett, la leyenda del rock   181
    Lita Ford, la reina del metal   184
    La reina de los ochenta   186
    Bonnie Raitt, la guitarrista de blues rock   188
    La leona del rock sigue dando guerra   190
Las mujeres del metal   192
    Girlschool, la primera banda de metal   193
    El hard rock de Rock Goddess   194
    El glam rock de Vixen   195
    El rock duro de Precious Metal   197
    Doro, la gran voz del metal   198

CAPÍTULO 7
La rabia del punk.
Some people think little girls should be seen and not heard.   201

Patti Smith, guía nuestro camino   202
    Y entonces llegó Horses   204
Nueva York, la explosión punk   207
    La irreverencia de The Cramps   208
    El ritmo de los Talking Heads   209
    La New Wave de Blondie   211
    Los Pretenders de Chrissie Hynde   214
    Wendy O. Williams y sus Plasmatics   217
Seattle antes del grunge: Fastbacks   219
L.A. is a lady, el punk de la escena angelina   221
    La rabia chicana de Alice Bag   223
    Exene Cervenka y X   224
    Y llegaron The Go-Go's   227
    Kira Roessler, la dura bajista de Black Flag   229
    Penelope Houston y Avengers   231
    Lene Lovich y la nueva ola   233
Inglaterra, punta de lanza del punk   234
    La rabia incontenible de Poly Styrene y sus X-Ray Spex   235
    Atrapados en el hechizo de Siouxsie & The Banshees   237
    The Slits no son chicas típicas   239

Crass, más allá de una banda de punk | 242
The Raincoats, furia feminista | 243
El punk de denuncia de Au Pairs | 245
Gaye Advert, la mirada oscura de una celebridad punk | 246
La madurez punk de Vi Subversa | 248
Y Marianne Faithfull resurgió de las cenizas | 249
La reina del punk alemán | 250

CAPÍTULO 8
Women Power. Experimentando con la química del rock. | 253

La culpa de todo la tiene Yoko Ono | 254
Y Lennon se cruzó en su camino | 256
La Yoko Ono más feminista | 258
Hay vida después de John Lennon | 260

Y de repente soy un hit, Laurie Anderson y «O, Superman» | 261

Kate Bush, el control creativo te lo da todo | 263

Experimentando con el dolor | 267
El aullido doloroso de Diamanda Galás | 269

El piano como expresión | 271
Amanda Palmer, la reina de las redes sociales | 274

Mujeres que tienen su propia idiosincrasia: PJ Harvey y Björk | 277
El inclasificable talento de Björk | 279

CAPÍTULO 9
Rebel Girl. Rock alternativo y Riot Grrrls. | 283

Las pioneras del rock alternativo | 284
El rock alternativo de Throwing Muses | 286
El éxito de Kim Deal y The Breeders | 288
Mecca Normal, un dúo atípico | 289
La inconformista Thalia Zedek | 290

Chicas rebeldes, el movimiento Riot Grrrl | 292
Bikini Kill, las abanderadas de la revolución | 293
Bratmobile y el feminismo punk | 296
Huggy Bear, riot grrrls inglesas | 298
Team Dresch, liderando el movimiento queercore | 298
La rabia desatada de Sleater-Kinney | 300

La oleada del grunge y rock alternativo de los noventa | 302
Babes in Toyland, el grito lleno de rabia | 302
La furia irreverente de L7 | 304
Courtney Love, algo más que la viuda de Kobain | 307
Shirley Manson y Garbage | 310

Y en Inglaterra mientras tanto... | 312
Las mujeres del Britpop | 314

CAPÍTULO 10
Sigo mi propio camino. Not a pretty Girl. | 317

El indie rock lo-fi de Liz Phair | 318

Sarah McLachlan y el Lilith Fair | 319

El éxito comercial del rock mainstream | 321
La estrella fulgurante de Sheryl Crow | 322

El folk se acerca al rock 323
   El antifolk de Michelle Shocked 325
Americana, vuelta a las raíces 327
   Gillian Welch y el revival 329
Grandes voces del americana 332
   Mary Gauthier, cantando la América profunda 333
El americana del nuevo milenio 335
   La voz oscura de Jolie Holland 335
   El talento compositivo de Tift Merritt 337
   La mezcla única de Eilen Jewell 338
   La voz contestataria de Lydia Loveless 339
El americana tiene también otras raíces 341
   Brittany Howard y sus Alabama Shakes 343
   El old time de Rhiannon Giddens 344

CAPÍTULO 11
Nueva savia, nuevas perspectivas. New Skin. 349

Las reinas del sonido lo-fi 350
   Meg White, la cara oculta de White Stripes 352
   La imprevisible Scout Niblett 353
   Alison Mosshart y The Kills 355
Mi guitarra habla por mí 355
   El virtuosismo de Anna Calvi 356
   La energía experimental de St. Vincent 357
   La inclasificable Cate Le Bon 359
   El indie rock de Torres 360
   El dolor incontenible de Julien Baker 362
   La voz sentida de Sharon Van Etten 363
   El rock australiano de Courtney Barnett 365
   El descubrimiento de Jen Cloher 366
   La voz irresistible de Angel Olsen 367
   El blues rock de Susan Tedeschi 368
   El sonido retro de Sallie Ford 369
   Stephanie Crase y la rabia de Summer Flake 370
   La oscura emotividad de Sarah Mary Chadwick 371
Las nuevas voces 372
   La fragilidad de Cat Power 374
   El sonido de antaño de Nicki Bluhm 376
   El rockabilly de Imelda May 377
Torbellinos sobre el escenario 379
   Juliette Lewis, de actriz a cantante 380
   A los pies de Lisa Kekaula 381
   Sharon Jones, el soul hecho mujer 382
La unión hace la fuerza: bandas 383
   El fuego de Teri Gender Bender y sus Le Butcherettes ... 385
   Mary Timony y Ex Hex 387
   Experimentando con Warpaint 387
   La potencia del dúo Deap Vally 388
   Priests, el punk desatado desde Washington 389

APÉNDICE

El rock hecho en casa y allende los mares. 391
La explosión rock de los sesenta 392
Sudamérica en los sesenta 393
Los setenta y el declive de los grupos 393
Los ochenta y el rock de masas 395
El indie arrasa en los noventa 395
Las voces del nuevo milenio 396

BIBLIOGRAFÍA RECOMENDADA

BIBLIOGRAFÍA RECOMENDADA 398

Introducción

Mientras escribía mi primer libro *Rockeras*, ya sabía que habría artistas que por cuestiones de espacio no tendrían cabida. Da rabia, la verdad. Después de entregar el libro, me venían nombres y pensaba: Pero ¿por qué no las incluí? Sí, ya sé. Una vez que acabas un libro, deja de ser tuyo. Sigue su propio camino. El que ha seguido *Rockeras*, la verdad es que me ha llenado de alegrías. Creo sinceramente, como dije en el prólogo de *Rockeras*, que estos libros son necesarios más que nunca. Están generando un debate imprescindible y necesario. Ojalá un día estos libros sean pura anécdota, ojalá un día no tengamos que poner de manifiesto el importante papel de la mujer no solo en la música o el rock sino en todos los ámbitos de la sociedad. Ojalá. Lamentablemente aún no ha llegado ese día. Estamos en ello. Pero también estamos viviendo un momento espectacular, uno en el que se están poniendo muchos puntos sobre muchas íes, uno en el que decimos: «Estamos aquí. No nos van a callar. Este es nuestro sitio». Todas las protagonista de *Rockeras* y también de este libro lo dicen con su música, de hecho, hace décadas que lo llevan diciendo. Escuchémoslas, démosles el espacio que se merecen. Repito, creo que siempre se me quedará corto, porque hay tantas artistas que valen la pena y que no han recibido el reconocimiento que merecían, que casi daría para una obra de nivel enciclopédico que me llevaría toda la vida escribir. Oye, que si hay que hacerlo, por mí, encantada. Ya os lo he dicho, escribir de música es mi vida.

A lo largo de estos dos años desde que *Rockeras* salió publicado, he viajado con él de la mano, he conocido a muchísima gente nueva, he debatido, me he reído, me he

sentido reconocida y arropada. Pero también me he enfadado y he constatado que aún queda mucho por hacer. Cuando no se llama a las cosas por su nombre, parece que no existan, pero cuando se habla de ellas, muchos tienen miedo de abrir la caja de Pandora. Los sapos y las culebras empiezan a moverse sigilosamente y el machismo, sale de la cueva en la que debería estar encerrado de por vida. Se quita la máscara e intenta apagar la voz de las muchas personas, hombres y mujeres, que luchan cada día por la igualdad. A día de hoy he tenido que escuchar millones de veces los tópicos de siempre sobre las mujeres y el rock. Esos que cansan hasta la saciedad por absurdos y ridículos. Recordad, las mujeres no rockean. ¿Verdad? Cuando alguien me suelta una frasecita como esta, pongo los ojos en blanco y pienso, qué pena. Me da pena que se limiten tanto y que no den la oportunidad a todas estas mujeres que hacen discos tremendos, canciones espectaculares, que cuentan historias que merecen ser contadas y que por un prejuicio tonto se van a perder. Pero me da más pena porque igual que consideran que las mujeres no rockean, probablemente pensarán que las mujeres no pueden o no son capaces de hacer muchísimas cosas más. Y me da más pena aún, porque esta gente tiene madres, hermanas, amigas e hijas que sufrirán por sus prejuicios.

A lo largo de mi vida, como periodista musical y como mujer, he sufrido ese tipo de desprecio también. Pero como yo, todas las mujeres. ¿Recuerdas de pequeña que alguien te dijese «corres como una niña» como si fuera algo negativo? ¿Recuerdas que alguien te haya dicho «ese deporte no es para mujeres»? Cuando a un niño se le dice como reprimenda «lloras como una niña», porque las niñas son sensibles y lloran y los hombres no. ¿Qué tipo de niños y niñas estamos criando metiéndoles esas ideas en el cerebro? ¿Te han dicho: «No eres lo suficientemente fuerte, no lo aguantarás»?, por el simple hecho de ser mujer sin ni siquiera dejarte intentarlo. ¿A cuántas baterías, ba-

jistas o guitarristas les han dicho: «Guau, qué bien tocas», sorprendiéndose y comparándote con un hombre, siempre? ¿Cuántas mujeres han tenido que aguantar que un técnico de sonido les diga que ellos le afinan las guitarras? O que las confundan con las novias de los miembros masculinos de la banda o que les pregunten en las entrevistas sobre la maternidad o casarse, cosas que a los hombres nunca les preguntan. ¿Cuántas mujeres se habrán peleado con la discográfica de turno para no salir en portada ligeritas de ropa mientras sus compañeros van tapados de la cabeza a los pies? En este libro descubriréis algunos ejemplos de esto y mucho más. Después de la cantidad de acusaciones por acoso sexual en el mundo del cine y la campaña Yo también o Me too, en la que mujeres de todo el mundo expresaban que lo habían sufrido, muchos amigos me comentaban horrorizados que nunca se habían imaginado que tantas mujeres que conocían lo hubieran padecido. Eso demuestra dos cosas, la primera la cantidad innumerable de veces que se nos maltrata y se nos desprecia por el simple hecho de ser mujeres y la segunda, lo escondido y silenciado que está. Y cuando todo esto pasa en un mundo tan masculinizado como el del rock, imaginaos.

Las mujeres no rockean, pero por lo visto, tampoco escriben de música. Falso. Si contara cada vez que alguien se ha extrañado de que vaya a tantos conciertos, y eso que soy periodista musical, ahora mismo me estaría bañando en una piscina repleta de dólares como el tío Gilito. Lo mismo me pasa con las veces que alguien me ha dicho en un concierto de rock: «No te veía yo en este tipo de concierto». Me faltaría tiempo para bañarme en tantas piscinas. Pero claro, soy una mujer y encima no tengo pinta de rockera o de lo que la gente piensa que es una rockera. Porque esa es otra, ¿a cuántas mujeres se las ha juzgado por cómo iban vestidas o lo guapas que eran y no por la música que hacían? Más tópicos y prejuicios. Estoy segura de que si fuera un hombre, no me harían tantas preguntas ni se extrañarían tanto. No me quiero ni imaginar lo que han tenido que sufrir las compañeras con hijos. Ese es otro tema que daría para un

libro entero. Todo esto también lo han sufrido las protagonistas de este libro. Porque si eres mujer, te enfrentas a estas preconcepciones un día sí y otro también.

El libro habla de todo esto, por supuesto, porque está ahí y forma parte de nuestro día a día, pero sobre todo habla de música. He querido hacer un repaso exhaustivo en la medida de lo posible. Recabar toda la información me ha llevado más tiempo y dedicación que el anterior libro. Un trabajo de investigación, pero sobre todo de escuchar, escuchar y escuchar. Decir que ha sido duro sería mentir, escuchar música es un placer para mí, como espero que lo sea para todos los que tengan este volumen entre sus manos. Sí, tú que estás leyendo. Espero que disfrutes tanto como yo escribiéndolo. Tener la oportunidad de ampliar el trabajo que hice en mi primer libro era algo que me entusiasmaba, por varios motivos además. Primero, porque me permitía seguir buceando en la historia del rock hecho por mujeres y segundo, porque escribir sobre música es una de las cosas con las que más disfruto.

Como ya comentaba, este libro nace como una extensión de *Rockeras*, publicado por Ma Non Troppo en 2016. Aquella primera obra era una guía básica de artistas, con sus fichas correspondientes. Respondía a un formato determinado que explicaba a las protagonistas por orden alfabético pero no las ponía en contexto con sus compañeras ni con la historia que en aquellos momentos vivían. Por eso este segundo tomo pretende ampliar el trabajo de *Rockeras*, no solo con más información de las artistas incluidas en él, sino también añadiendo nombres que se quedaron fuera y otros que he ido descubriendo a medida que investigaba para hacer este nuevo libro. He intentado seleccionar los trabajos más representativos de cada artista y también alguna de las canciones más significativas por sus letras, analizándolas para dar a entender un poco más la trayectoria e importancia de cada una de las mujeres que aparecen en el libro.

Al final hay un breve apartado dedicado a artistas españolas y de Latinoamérica. Es un resumen por un motivo claro, creo que se merece su propio espacio y espero algún día poder escribir ese libro que hable de las mujeres que han protagonizado el rock aquí como se merece.

Como veréis, en este libro el recorrido es histórico y cronológico, desde los años veinte del siglo pasado, hasta la actualidad. He intentado, como en el anterior libro, explicar de dónde venía el rock y las mujeres que antes del rock, desde géneros como el blues o el gospel, abrieron ese camino. Evidentemente, no están todas las que son, el espacio es el que es, pero todas las que están son a mi entender parte importante de la historia del rock. No quiero extenderme más, simplemente desear que este libro os permita descubrir alguna artista que no conocíais y que escuchéis su música, que es de lo que se trata. Ellas y su música son las protagonistas.

Quiero dedicar este libro especialmente a Sílvia Subirana y Georgina López por darme siempre su sincera opinión. Gracias eternas. Y a todas esas mujeres que a largo de mi vida me han hecho disfrutar de la música. ¡Larga vida al rock and roll!

Capítulo I

Wild women don't have the blues.
Aquí empezó todo.

Imaginaos un almacén gigantesco. Uno en el que están guardados para la posteridad los discos que se han grabado a lo largo de la historia. Una biblioteca de Alejandría moderna en la que los vinilos, los singles de 7", los CD y los diferentes formatos digitales (¿por qué no?), se catalogan, se conservan y se estudian como las obras de arte que son. Afanosos bibliotecarios de la música se dedican a escuchar cada disco e introducir la información en los ordenadores pertinentes para que los usuarios puedan disfrutar de sus melodías durante siglos.

Hace poco que esta biblioteca se ha creado y llegan camiones y camiones llenos de discos por catalogar, limpiar, recuperar y analizar. Mientras más antiguos, más difíciles de rescatar. En esta biblioteca hay un rincón abandonado y lleno de polvo en el que viven muchos de los discos de las artistas de este capítulo. Algunos atrevidos amantes de la música, en busca de las raíces en las que creció el rock antes del rock, se adentran cada día con una mascarilla y guantes para desempolvar algún acetato cuarteado. Entre los montones de vinilos originales, copias y másters hay una sección aún más abandonada y olvidada. En ella trabajan aún menos bibliotecarios. No dan abasto. Es la de las mujeres que alguna vez osaron cantarle al blues, al gospel o al jazz en los primeros momentos de estos géneros. Aun así, las personas que se dedican a recuperar sus discos, no se cansan ni se desaniman. Es un trabajo que hay que hacer. Estas mujeres son importantes. Son las voces que existieron antes de que el rock fuera rock. Sin ellas, nunca habría existido.

Las raíces del blues y del gospel

Antes de que el rock ni siquiera fuera una idea, otras sonoridades poblaban el mundo de la música. Melodías que prepararon el camino hacia su nacimiento. Fueron el blues y el gospel los terrenos en los que el rock plantó su semilla y germinó hasta explotar. Sin dichos sonidos, sin los artistas que los crearon, el rock jamás habría nacido. Por eso al hablar de artistas femeninas que marcaron la historia del rock no podemos dejar de lado a aquellas mujeres que abrieron el camino con su tesón, su esfuerzo y su música.

Desde los campos de algodón surgieron los cantos de los esclavos traídos a la fuerza de África para cultivar la tierra y vivir una vida que nunca fue la suya. De su tristeza, la dureza de su vida y el devenir de su pueblo nacieron cantos que se juntaron con el folk tradicional del sur de los Estados Unidos y la música que sonaba en las iglesias blancas. El blues y el gospel nacieron de ese amalgama de sonidos, tan distintos pero tan reconocibles, que acompañaban a los esclavos negros en sus largas horas de trabajo. Nacieron en el silencio de la tarde antes del anochecer y en las noches en las que las familias se reunían por fin tras una larga y aciaga jornada en el campo.

Tras la abolición de la esclavitud y la guerra civil entre los estados del norte y del sur, los esclavos liberados partieron hacia el norte en busca de una vida mejor. Ellos llegaron a las ciudades, pero también su música, que se mezcló con los sonidos más urbanos. El blues rural y el de la ciudad se encontraban con nuevos instrumentos y sonoridades: piano, batería, bajo, vientos o armónicas acompañados por cantantes de voz profunda saltaban a los escenarios de los locales nocturnos de la ciudad, las calles y cualquier lugar que quisiera acogerlos. En aquellos primeros momentos en los que el blues empezaba a tomar su forma primigenia, mujeres como Ma Rainey, Bessie Smith o Memphis Minnie fueron de las primeras en dar el paso. A pesar de ello, en las últimas décadas del siglo XIX aquellas mujeres que se dedicaban al mundo del espectáculo no eran consideradas respetables, sino todo lo contrario. Así que si querían dedicarse a la música, se arriesgaban a sufrir el desprecio de sus congéneres tanto masculinos como femeninos. Y con ello, a vivir una vida casi de paria social.

En aquella época, las mujeres no tenían acceso a un mercado de trabajo como el de sus compañeros masculinos. Aunque ahora tampoco, para qué negarlo. Algo hemos avanzado. Pero entonces pocas eran las posibilidades para una mujer y menos si era de color. Y aunque en el espectáculo parecía abrirse un pequeño resquicio, lo cierto es que no era precisamente un camino de rosas. Una mujer que se atrevía a subir a un escenario era considerada una prostituta, ni más ni menos. Ninguna mujer decente se plantearía hacer algo así. Esa era la norma. Pero algunas traspasaron esa puerta pese a todas las consecuencias que eso conllevaría. Aquellas mujeres que cantaban o tocaban en su casa el piano en un círculo reducido, se atrevieron a salir a la calle y dejarse infectar por el virus de esa música tan particular: el blues. Algunas por pasión, otras por simple necesidad: había que llevarse un mendrugo de pan a la boca.

Las primeras grabaciones de blues

Recorremos esos pasillos llenos de polvo de nuestra discoteca. Hasta que llegamos a la S de Smith, Mamie. Fue la primera mujer de color que grabó una canción de blues. De hecho, fue la primera persona que grabó una canción de blues. Corría el año 1920 y el tema se llamaba «Crazy Blues», muy apropiadamente. Después de limpiar el disco y prepararlo para la escucha, buscamos la gramola. Aparato que toda biblioteca de estas características tiene que tener para escuchar este tipo de disco. La aguja está en posición. Ahora sólo nos queda escuchar. Su poderosa voz canta al hombre que ama y que no la trata bien. El hombre que le causa esa tristeza loca. No es de extrañar que la canción fuera un éxito tal que cambió la industria musical. Una mujer cantando de esa forma y sobre algo así era impensable. Pero real. Tenía fuego dentro. Un fuego que prendió la llama que dio pistoletazo de salida para los *race records*, discos dirigidos a un público de color. El hombre blanco descubría el negocio en un público al que había ignorado durante años. A buena horas. ¡Pero había que hacer caja!

Smith nació en 1883 probablemente en Cincinnati, aunque no hay registro que recoja su nacimiento. En aquellos años no estaban tan fichados como lo estamos ahora. Y menos si eras de color. Con apenas diez añitos Mamie ya cantaba y se subía sobre los escenarios. Durante esos años estuvo trabajando como cantante y bailarina de vodevil. Curtiéndose en los escenarios, buena falta le haría. Con veinte se casó y se mudó a vivir a Harlem en Nueva York. Llegaba a la gran ciudad. Un salto enorme. Allí se hizo un nombre cantando de forma habitual en los *night clubs* de la ciudad. Hasta que un 10 de agosto de 1920 escribió una página importante en la historia de la música. Aquel día tuvo suerte cuando otra mujer, no la tuvo. Okeh Records iba a grabar un par de temas de Perry Bradford con la cantante blanca Sophie Tucker. Cuando ésta cayó enferma, Bradford convenció al sello para que Mamie se encargara de la grabación. Estaba en el sitio adecuado en el momento justo. La había conocido mientras ambos trabajaban en un musical y sabía de su potencial. Además, Bradford estaba convencido de que había un público para el blues, más allá del público blanco. La discográfica, gente de poca fe, no las tenía todas consigo pero aceptó.

«Crazy Blues» fue uno de los temas que grabó aquel día histórico y se convirtió inmediatamente en una sensación. Vendió un millón de copias en un año y llegó a los dos millones, sobre todo entre la comunidad afroamericana. En aquel momento las discográficas se cayeron del burro, ¡habían descubierto la sopa de ajo! Había un mercado potencial entre el público de color que estaba deseando escuchar música como aquella. Sus ojos se llenaron del símbolo del dólar. Sin perder un minuto empezaron a grabar discos destinados exclusivamente para este público. Gracias a Mamie Smith se abrieron las puertas para que otros muchos artistas de blues y jazz grabaran. Músicos e intérpretes que marcarían la historia, entre ellas mujeres como Ma Rainey o Bessie Smith. Las primeras grandes cantantes de blues.

Tras el éxito fulminante de «Crazy Blues», Mamie Smith no paró de hacer giras por Estados Unidos y Europa. También continuó grabando en Okeh, hasta que se retiró en 1931. Aunque a finales de la década volvió al ruedo para entrar en el mundo del cine participando en diversas películas. Murió en Nueva York en 1946. El éxito de Smith fue sin duda el de abrir la puerta a otras grandes cantantes de blues y a su presencia en el género ya como protagonistas absolutas. Además, hizo del blues algo *mainstream* cuando no lo era en absoluto, combinándolo también con otros géneros. Con ello hizo que muchas otras cantantes de color dieran el salto desde otros registros diferentes al blues. Durante una década, estas artistas alcanzaron el estrellato y fueron más famosas incluso que sus compañeros masculinos. Algo inaudito.

El tema ha dejado de sonar. Hemos rellenado los datos necesarios para que conste la historia de esta impresionante mujer en nuestros archivos. Es hora de guardar «Crazy Blues» en el lugar que le corresponde. La nueva ala de nuestra discoteca musical dedicada a las mujeres que allanaron el camino al rock antes de nacer.

La primera estrella del blues

Los discos de nuestra segunda protagonista están en ese polvoriento almacén en la R, de Rainey. Ma Rainey. Ella fue la primera gran cantante de blues que popularizó el género y se convirtió en estrella. Nada que ver con los estrellones de poca monta que pueblan nuestro día a día, Kardashians y compañía, carne de *reality* televisivo. Ya les gustaría a ellas tener un 1% de la materia primigenia que insuflaba la vida a estas mujeres. Ma Rainey se llamaba en realidad Gertrude Pridgett y nació en Columbus en 1886. Debutó en los escenarios con 14 años en un talent show de su ciudad. Su famoso apodo le llegó cuando con 18 años se casó con el mánager William «Pa» Rainey. Si su marido era «Pa» Rainey, lo más lógico era que ella fuese «Ma» Rainey. Aunque ambos hacían giras juntos, lo cierto era que el peso del espectáculo recaía sobre ella, Ma fue la primera mujer que incorporó el blues a los espectáculos de vodevil. Ese fue su gran acierto. También fue la mano que guió a Bessie Smith hacia el blues, pero eso sería mucho después. Mientras, viajaban en una caravana que iba enganchada a su coche recorriendo el país, de norte a sur y de este a oeste.

Gracias al éxito de Mamie Smith con su «Crazy Blues» en 1923, Rainey firmó un contrato con Paramount Records. A pesar de llevar toda la vida sobre los escenarios, nunca había grabado un disco. En un mes hizo ocho grabaciones. Cojamos de nuestro archivo «Bad Luck Blues» donde le canta al hombre que no está a su lado y le hace abrazar una almohada en su lugar o «Moonshine Blues» donde se ve con los huesos en la cárcel por vender alcohol destilado ilegalmente, el famoso *moonshine* de la letra. Durante los siguientes cinco años hizo mas de 100 grabaciones para el sello. Se dice pronto. Entre ellas, algunas con Louis Armstrong, como «Jelly Bean Blues» o la mítica «See See Rider» en la que le dice a una prostituta que tenga cuidado de su chulo. ¿Una mujer cantando esto en los años veinte? ¿Os imagináis? Por suerte para nosotros, su voz quedó grabada para la posteridad. El lamento del blues más primigenio y desgarrado suena mientras el acetato da vueltas en nuestra gramola.

Cuando el blues empezó a perder popularidad en los años treinta, Ma Rainey se volvió a su Georgia natal. Pero era una mujer con recursos. No pudo alejarse demasiado del negocio del espectáculo y dirigió dos teatros hasta que le llegó la muerte de un ataque al corazón en 1939. Se iba la primera gran reina del blues. Ma Rainey también fue una excepción, fue una de las pocas supervivientes tras la caída en desgracia de este tipo de intérpretes. Había llegado el swing para arrasar con todo y el blues de los primeros *race records* ya no estaba de moda. La fama las abandonó pronto, dejándolas

Ma Rainey y la Georgia Jazz Band

sin un centavo en los bolsillos. Muchas de ellas cobraron poco y de los *royalties* de sus grabaciones no vieron un duro. Aunque Mamie Smith había participado en innumerables películas y grabado más de cien discos, murió en la pobreza. A causa de este hecho, su éxito fue sepultado durante décadas. Parece que nadie se acordó de los nombres de estas protagonistas de la historia. Todo lo que consiguieron estas mujeres fue olvidado rápidamente. La excepción fue quizás Ma Rainey que supo transformarse en mujer de negocios de éxito. En los años sesenta hubo una nueva corriente de reconocimiento para estas mujeres. Y gracias a la reivindicación de Bessie Smith, se recuperó el trabajo de muchas de ellas que de otra manera, no habrían sido tenidas en cuenta. Como si estas primeras mujeres del blues nunca hubieran existido ni tenido la importancia que tuvieron. El sonido de sus voces se apagó lentamente hasta acabar en un almacén polvoriento a la espera de ser escuchadas de nuevo.

La leyenda del blues

Junto a las estanterías donde se encuentra los discos de la S de Smith también tenemos la obra de la discípula de Ma Rainey. Y aunque Ma fue la primera cantante de blues conocida, fue su protegida Bessie Smith la que sobrepasó su fama hasta convertirse en leyenda. Lástima que una vez alcanzó el éxito nunca le dio a su descubridora el mérito que se merecía. A Smith la llamarían la emperatriz del blues y con razón, por eso es considerada la mejor cantante de blues de todos los tiempos. El rock impregnó sus raíces en voces como la de Smith. Fue una mujer virtuosa como cantante y como profesional de la música, una verdadera *entertainer*. En sus tiempos, Bessie Smith no tenía rival. Ningún otro músico de color alcanzó su fama. Llegó a ser una de las artistas mejor pagadas de su tiempo, por encima de sus compañeros masculinos. Es un hecho a destacar básicamente por lo inusual. Si aún hoy las mujeres cobran mucho menos que los hombres por hacer el mismo trabajo, imaginaros en los años veinte o treinta. Bessie Smith fue una mujer innovadora que revolucionó con su perfeccionismo y su profesionalidad la forma en la que se grababa el blues.

La gramola vuelve a sonar con el primer éxito de Bessie Smith. «Down Hearted Blues». El piano presenta la voz de la cantante mientras se lamenta del hombre que la ha dejado. Un blues roto y descarnado en toda regla. Bessie escapó de la pobreza gracias al *show business*. Fue Ma Rainey la que la descubrió mientras cantaba en la calle en 1912. La enroló en su grupo. Con ellos estuvo durante un año como chica del coro, aprendiendo de la maestra. Pronto se independizó buscando su propio camino y aunque cantó y se curtió en los escenarios de medio país, no fue hasta que empezó a grabar cuando alcanzó la verdadera fama. En 1923 firmó contrato con Columbia y vendió miles de copias de este lamento sonoro que es «Down Hearted Blues». Antes de eso había sido rechazada por tres compañías, ya que su particular estilo de cantar no parecía convencerles. Se equivocaron y perdieron la oportunidad de tener a una estrella entre sus artistas.

Más allá del éxito de sus canciones, que lo tuvo sin duda, la música de Bessie Smith cantaba muchas veces a la liberación de la mujer, a un estilo de vida enraizado en el sur del país y a una forma de vivir adelantada a su tiempo. En eso ella también fue pionera. Canciones como «T' Ain't Nobody's Business If I Do» son buena prueba de ello. Smith cantaba: «No hay nada que pueda hacer o pueda decir que la gente no me critique, pero voy a hacer lo que quiera de todas formas y no me voy a preocupar por lo que la gente piense». Smith vivía como cantaba: libre y sin tapujos. Como el título de la canción afirma: no es asunto de nadie. Vestía de manera llamativa, era bisexual y cantaba sin miedo sobre sexo en canciones como «He's Got Me Going». Las mujeres también podían ser sexuales, el placer no era territorio exclusivo masculino. En «Wild Women Don't Have the Blues», un tema de Ida Cox, Bessie nos contaba que nunca iba a pasarse una noche despierta, en casa y sola, esperando a su hombre. Ella iba a lanzarse a la calle a disfrutar de la vida y a decirles a los hombres lo que le diera la gana. Que se fueran al infierno, parecía cantar. Bessie era fiel a sus letras. Ganaba mucho dinero pero también se lo gastaba con suma facilidad. A diferencia de otras cantantes, jamás intentó acomodar su estilo para acercarse a las audiencias blancas. Si estas se acercaron fue por el encanto que producía, casi como si fueran serpientes y ella una encantadora que usaba su voz para atraerlas.

Con los años de la Depresión y el declive del blues su estela pareció apagarse, pero Smith nunca dejó de cantar aunque tuviera que hacerlo por unos centavos y para sobrevivir. El productor de Columbia John Hammond la volvió a redescubrir mientras se ganaba la vida como podía. Y cuando empezaba a despuntar de nuevo, un accidente de tráfico se la llevó en 1937. Iba camino de un concierto, ¿dónde si no? Atrás dejaba un legado de cientos de grabaciones. Todas están aquí en este archivo que vamos recorriendo poco a poco a través de estas páginas. La mejor manera de conocerla es escuchando su música, sin duda.

La primera gran guitarrista

La mayoría de las mujeres que despunta-
ron como pioneras del blues fueron cantantes. Pocas instrumentistas lograron reconocimiento. Quizás el piano era el instrumento
que mejor se les adaptaba, ya que se con-
sideraba socialmente más adecuado para
una mujer. Pero si las pianistas eran escasas,
las guitarristas eran casi una *rara avis*. Si hoy
en día aún hay machotes que creen que las
mujeres no rockean y menos a la guitarra, a
principios de siglo más aún. Hasta que llegó
Memphis Minnie, por supuesto. Ella fue una
excepción. Además lo fue porque componía
sus propios temas y porque su estilo de tocar
la guitarra fue revolucionario. Ella logró pasar del estilo más clásico del vodevil al blues
eléctrico de Chicago experimentando e innovando a cada paso. No quedándose en lo que

Memphis Minnie

hacían los demás sino creando nuevas sonoridades. Nacida Elizabeth «Lizzie» Douglas,
durante sus más de cuarenta años de carrera acumuló unas doscientas grabaciones, algo
tremendamente inusual en aquella época para una mujer. Su música ha influido no solo
a innumerables guitarristas de blues, también de rock. La importancia de su estilo a la
guitarra deriva precisamente de su forma innovadora y rítmica de tocar el instrumento.

Muchas de nuestras mujeres se criaron en entornos rurales. Sitios en los que la música formaba parte de su día a día como el aire que respiraban, pero en los que jamás
se veía como un método de subsistencia sino como un mero entretenimiento. Cualquiera que tuviera deseos de dedicarse a la música tenía que abandonar su hogar en
busca de aventura. Como le pasó a Memphis Minnie. Nació en el seno de una familia
rural en Misisipi en 1897 pero ya desde el principio estaba claro que el campo no era lo
suyo. Con cinco años le regalaron su primera guitarra. Desde la granja donde vivía solía
ir a escondidas a Memphis para escuchar a los guitarristas de blues que tocaban en la
ciudad, templo de la música y del blues en particular. Allí descubrió una realidad totalmente distinta, una que la enganchó irremediablemente y que transformaría su vida.
La emoción de la huida y la música que descubría en cada escapada le hizo decidir que
su futuro no estaba labrando la tierra sino con una guitarra en la mano. Se escapó y se
unió a un circo como cantante y guitarrista.

Pronto acabó en Memphis, una ciudad que integraba los sonidos rurales con los
urbanos. Allí, tocando en las calles para sobrevivir, se curtió en la dura vida del músico
y absorbió la esencia del blues. A diferencia de otras artistas que se limitaban a tocar
en los recintos de vodevil, Memphis Minnie tocaba en la calle y en los parques, en sitios
peligrosos para una mujer sola. Pronto dio el salto a Chicago donde se codeó con los
mejores *bluesmen*. Mientras, su música bebía de sus experiencias y cantaba sobre vivir
en la calle, los peligros que conlleva o las enfermedades y penurias que podía expe-

rimentar como artista. Sus temas documentaban un estilo de vida, una domesticidad diferente hasta entonces desconocida para las mujeres, aunque en ocasiones también cantara sobre como hornear galletas o hacer pasteles.

En Chicago se ganó el respeto de sus compañeros del blues. Entre los años treinta y cuarenta, ella fue una de las grandes del género. Además era una mujer muy competitiva como guitarrista, sus ansias por innovar la obligaban a ello. Batió incluso al gran Muddy Waters en un concurso de guitarra. Era extraño que una mujer fuese considerada al mismo nivel que la mayoría de los hombres que dominaban la escena. Pero como ya he dicho antes, Memphis Minnie era algo excepcional. Le gustaba tocar con ellos y a veces incluso se mantenía alejada del resto de las mujeres intérpretes. Como guitarrista pocas compañeras podía encontrar. Era una mujer de armas tomar y compensaba su pequeña figura con un carácter tremendo. Independiente, sabía defenderse, bebía como un cosaco y se metía en peleas que además ganaba. Sus letras autobiográficas hablaban de una mujer real y fuerte. Una mujer única.

Además de ser una auténtica pionera, Memphis Minnie fue una artista prolífica e hizo doscientas grabaciones durante sus más de cuarenta años de carrera para discográficas como Columbia o Decca, entre otras. De sus trabajos destacan aquellos que se acercaron al blues más oscuro, canciones como «Moaning the Blues», «Bumble Bee» o «When the Levee Breaks». Pero de nuestros archivos rescataremos su mayor éxito, «Me and My Chauffeur Blues». Una canción en la que la mujer lleva las riendas de su vida. Y una que si deja al hombre conducir, es simplemente porque es su chófer. Ella decide el camino a seguir. Toda una declaración de principios.

La influencia de Memphis Minnie llega hasta hoy día y no sólo como ejemplo para otras mujeres. Ningún ni ninguna guitarrista que se precie puede negar su importantísima aportación a la música. Sus innumerables grabaciones son prueba de ello. Aunque hizo falta desempolvarlas años más tarde para que se reconociera su trabajo. Al contrario que su hermano rockero, la primera edición del Salón de la Fama del Blues sí incluyó entre sus primeros miembros a una mujer. Fue, por supuesto, Memphis Minnie. El Salón de la Fama del Rock tardó cinco años en incluir a su primera mujer, Aretha Franklin. A pesar de no ser la primera ni la única mujer que abrazó el género. Ya vemos por donde va el camino del rock.

Las mujeres del jazz

Como he comentado, en los años treinta el blues entró en decadencia. El swing, un nuevo estilo dentro del jazz, iba ganando popularidad y los compases del blues más quejumbroso dieron paso a melodías más pegadizas y bailables. Las grandes orquestas que poblarían el jazz estaban a punto de entrar en acción. Louis Armstrong fue el gran inventor de este estilo y Duke Ellington uno de sus grandes exponentes, junto con su orquesta.. La música se transformaba y los cantantes tomaban protagonismo improvisando con el ritmo. Sin duda, una de las grandes representantes de este género fue Billie Holiday. Sus discos ni siquiera están en ese archivo polvoriento del que estamos recuperando nuestras escuchas de este capítulo. Ella tuvo éxito, su voz fue reconocida pero para ello tuvo que vivir penurias y desprecios. Aun así Lady Day marcó su nombre a fuego en la historia de la música.

Lady Day

El jazz llama a nuestra puerta. Subimos una planta en nuestro particular archivo musical. Los grandes del género nos esperan. Puede extrañaros que Holiday aparezca en este libro que trata sobre rock pero, aunque fuese una cantante de jazz, es indudable la influencia que su voz y su forma de interpretar ha tenido en otras cantantes como Janis Joplin, por poner un ejemplo. Su emoción y sentimiento al cantar la convirtieron en una de las grandes voces de todos los tiempos. Cantando combinaba el blues más clásico con los nuevos ritmos del swing a la perfección y con una sonoridad mucho más sofisticada. El gran impacto de Holiday, la marca indeleble que ha dejado en la historia de la música, es su forma de cantar. Ella conseguía que cualquier canción por banal que fuese sonase a gloria. Un estándar en sus cuerdas vocales se reconvertía hasta hacerse irreconocible y para mejor. Innovando con su voz, entre los años 1933 y 1958, Billie Holiday logró forjar un legado musical innegable tocando con músicos de la talla de Benny Goodman, Count Basie, Artie Shaw o su gran amigo, el saxofonista Lester Young. Ella cantó el jazz con alma de blues y cambió para siempre lo que significaba interpretar con verdadero sentimiento. Porque Billie Holiday no solo cantaba sino que interpretaba sus canciones. Su sofisticación al cantar le valió el apodo de Lady Day.

Sabía cantar, no solo con la voz sino con su cuerpo y su presencia. Los gestos, las miradas, la actitud, la ropa, todo influía en la forma en la que interpretaba sus canciones. Los comienzos de Billie Holiday no fueron fáciles y marcaron su vida para siempre. Muchas de estas mujeres vivieron infancias terribles de las que quisieron escapar con ayuda de la música. Billie fue una de ellas. De adolescente limpiaba en un burdel de su ciudad natal para ganarse la vida. Allí podía escuchar discos de Bessie Smith hasta la saciedad. Sus padres eran apenas unos adolescentes cuando nació y no fueron capaces de enfrentarse a la responsabilidad de tener una hija. Él, músico de jazz, huyó abandonándolas cuando apenas era un bebé. Su madre tampoco estaba mucho por la labor. Pronto la dejó con unos parientes que la maltrataban. Con diez años fue violada por un vecino. Acabó en un reformatorio católico en el que vivió aún más dramas. Por lo visto Dios la acogió en su seno pero no en la forma caritativa y piadosa que se esperaría de la iglesia. Además, los reformatorios de aquella época eran un infierno inenarrable. Tras lograr salir de allí, se trasladó con su madre a Nueva York, donde malvivió como pudo. Su madre se prostituía y pronto ella también lo haría. Se morían de hambre y tenían que comer. Aunque, logró dejar la calle para cantar en clubs nocturnos con los que se ganaba mejor la vida. Cuando tenía 18 años, John Hammond la descubrió cantando en uno de estos clubs y la fichó para Columbia.

Los primeros años de Holiday fueron los de la formación en orquestas como la de Benny Goodman. Con ellos grabó su primer disco. Con él consiguió sonar en las miles de jukebox que se habían puesto de moda por aquel entonces y que empezaban a usarse también para llegar al público de color con los *race records*, discos destinados única y exclusivamente a esa audiencia. Durante diez años se dedicó a grabar un centenar de estos discos junto con cinco o seis músicos que resultaron ser de los mejores entre el mundo del jazz. Al sello le salían baratos. A los músicos entonces se les pagaba poco, en comparación con lo que las compañías debían de sacar por las ventas de sus

Billie Holiday

discos. Parece que la cosa no ha cambiado demasiado. Por cada uno de los suyos, Billie ganaba unos veinticinco dólares, como mucho.

Aunque sus primeros éxitos eran canciones del repertorio Tin Pan Alley, Billie Holiday era capaz de convertir cualquier canción simple en pura emoción. A pesar de la poca calidad de los temas que en un principio le ofrecían. Los artistas negros tenían menos catálogo al que recurrir para grabar. Con la orquesta de Artie Shaw se convirtió en la primera mujer de color que cantaba en una formación blanca. Sería el año de su éxito «I'm Gonna Lock My Heart», un tema que llegó al número dos de las listas de pop. Pongamos la gramola en funcionamiento para escucharlo. Cantaba Holiday que iba a cerrar su corazón y a tirar la llave. Descarnada y melancólica, dejaba de creer en el amor que además tantos disgustos le daría en la vida.

Holiday era única y diferente y eso no era fácil de digerir por una sociedad como la de entonces. Su color de piel la marcó. Pero también fue pionera rompiendo esas barreras, aunque lo suyo le costó. Eran tiempos difíciles, la cantante sufría continuamente desplantes de promotores y dueños de clubes. La experiencia fue traumática y tuvo que enfrentarse al racismo constantemente. Incluso tenía que mear entre unos matorrales mientras sus compañeros blancos podían usar los lavabos de los restaurantes u hoteles por los que pasaban. Algo que la mayoría de las personas de color tenían que sufrir, sobre todo en los estados del sur. Si querías hacer giras por aquellas tierras, tenías que tragarte el orgullo y rezar para que no te detuviera la policía simplemente por respirar o no te lincharán los encapuchados del Ku Klux Klan. Harta de la situación, decidió abandonar la orquesta y seguir en solitario.

Se trasladó a la gran manzana, las grandes ciudades siempre vivían un clima de mayor libertad. Allí se asentó como cantante fija en el Café Society, el primer club nocturno con una audiencia mixta. Fue donde llegó a un público totalmente diferente. Entró siendo una simple cantante y salió como una estrella, gracias en parte a la canción «Strange Fruit». Estaba basada en un poema escrito por un profesor sobre los brutales linchamientos de negros en el sur. Suena la gramola de nuevo y escuchamos la voz rota de Holiday que relata como: «la sangre mancha las hojas y las raíces de los árboles de los que cuelgan las extrañas frutas, los cuerpos negros que se mueven con el viento del sur. Junto al olor de las magnolias frescas, el olor de la carne quemándose. La fruta que los cuervos arrancan. Pudriéndose al sol. Una cosecha amarga». Desoladora, real y cruda como la vida misma. Esta canción marcaría un antes y un después en su carrera. Columbia no quiso publicarla por su punzante letra. Fueron cobardes. Ella se la llevó a Commodore y se convirtió en su tema más famoso.

En 1944 fichó con Decca y cantó melodías emotivas como «Lover Man» en la que le pedía a un hombre que la amase, un hombre al que le daría su alma y al que aún no había conocido. Cantaba mientras estaba sola bajo la luz de la luna. La soledad tan presente también en su vida, marcada por su dependencia a las drogas y el alcohol. A ellas se aferró cuando el resto de su vida no parecía sostenerse. Un clavo ardiendo, un trozo de madera flotando en la inmensidad del mar que no la salvó, sino todo lo contrario. Sus detenciones por posesión de narcóticos, no solo le costaron un año en la cárcel, también un estigma que no logró quitarse de encima. Imposibilitada para cantar en determinados locales por su detención, la espiral y el declive fueron imparables. Su salud empezó a deteriorarse y pronto sus apariciones públicas fueron más escasas y erráticas. Su cruda autobiografía *Lady Sings the Blues* es un relato sincero y doloroso de lo que fue su vida. Contado con sus propias palabras. Lo acompañó un disco con el mismo nombre, una de las grandes joyas de su catálogo. Murió joven a causa de una cirrosis. Tenía cuarenta y cuatro años. Se iba siendo toda una leyenda. Su nombre siempre fue recordado. En cualquier biblioteca de barrio encontrarás alguno de sus CD. Búscalos en la sección de jazz. Aunque tuvo una vida difícil, su arte logró permanecer. Las mujeres del jazz tuvieron más suerte que las del blues a la hora de dejar marca sobre la historia. El jazz premiaba a las grandes voces.

La Jezabel del jazz

Las drogas empezaban a calar hondo en el mundo del jazz. Muchos eran los artistas que pasaban por ellas, unos con mejor suerte que otros. Muchos, la mayoría de color, lo sufrían con más inquina. El ser empapelados por posesión de drogas les podía costar el sueldo y la única forma que conocían de sobrevivir. La policía parecía estar esperándolos a la vuelta de la esquina. Anita O'Day también tuvo problemas con la heroína y fue una de las cantantes más importantes de jazz de la época. Aunque su historia fue un poco diferente. Muchos afirmaban que, por el hecho de ser blanca, nunca sufrió la misma persecución que sí sufrió Billie Holiday. No lo sabremos con certeza. Ambas sufrieron el estigma de las drogas pero con mucha más fuerza que sus compañeros. Al fin y al cabo, preferían dedicarse a las drogas y la música y no a formar una familia y cuidar de sus hijos, que era lo que las mujeres tenían que hacer. Para la sociedad eran la perversión personificada de lo que una mujer no debía ser. Supongo que por eso la llamaban la Jezabel del jazz.

Anita O'Day

O'Day nació como Anita Belle Colton en 1919 en Chicago. Tampoco tuvo mucha suerte con sus progenitores. Su padre las abandonó pronto, algo que no ayudó a su relación con su madre. Con quince años empezó a participar en concursos como bailarina y cantante, así se curtió en el mundo de la música. Su original estilo vocal basado en el fraseo y la improvisación le permitió entrar en la orquesta de Gene Krupa en 1941. Poco después formó parte de la orquesta de Roy Eldrigde, se unieron dos talentos inmensos. Aunque no fue hasta 1955 cuando O'Day lanzó su primer disco en solitario *Anita O'Day Sings Jazz* y su carrera despegó. Tocaba en grandes festivales de jazz junto a Louis Armstrong o Thelonious Monk. Su actuación en el Newport Jazz Festival en 1958 la hizo conocida en todo el mundo gracias al film, *Jazz on a Summer's Day* y su impresionante interpretación de «Sweet Georgia Brown». Ponemos esta canción en la gramola, un clásico del jazz que nos cuenta cómo la hija de uno de los representantes de la cámara de Georgia fue nombrada por el estado que la vio nacer. «Georgia claimed her, Georgia named her» en la clara voz de O'Day fue su mayor éxito. Sus 14 discos para Verve durante los cincuenta y sesenta la convirtieron en una de las vocalistas más importantes de su tiempo.

La heroína acabó pasándole factura y en 1967 tuvo que hacer un parón en su carrera. Había sido detenida ya unas cuantas veces por posesión de marihuana y más tarde, de heroína. Regresó a los escenarios en 1970 tras superar sus problemas con las drogas y el alcohol. Siguió grabando hasta los años noventa. Tuvo mejor suerte que Billie Holiday, no tuvo que pasar por los problemas que el racismo le causó a Lady Day. Podía mear tranquila en cualquier lavabo que quisiera. En 1981 publicó su recomendable autobiografía titulada irónicamente *High Times Hard Times*, donde relataba su difícil vida, sus abortos ilegales, sus ataques de ansiedad, sus fallidos matrimonios, el tiempo que pasó en la cárcel y una adicción que casi le costó la vida de una sobredosis de heroína en los años sesenta. Y luego dicen de Keith Richards.

La primera dama de la canción

Aún seguimos paseando entre las estanterías de nuestra discoteca, concretamente en la planta del jazz. Ningún repaso que se precie a las mujeres del jazz puede pasar por alto a la gran dama del género. Aunque en el mismo espectro musical que Holiday, Ella Fitzgerald fue un caso totalmente diferente. Mientras la primera cantaba melodías melancólicas, la segunda era mucho más jovial en su manera de cantar. Como la noche y el día, aun así, las dos imprimían una energía impresionante a sus canciones, pero desde perspectivas totalmente diferentes. Ella Fitzgerald fue una de las grandes cantantes de jazz de la historia que no solo cantaba sino que interpretaba. De eso no hay duda.

Por su estilo de cantar jamás imaginarías que Fitzgerald tuvo unos orígenes tan truculentos como los de la propia Holiday. Huérfana, creció en la pobreza y justo antes de dar el salto que le dio la fama era prácticamente una sin techo. Nació en 1918 en Nueva York y ya desde adolescente empezó a participar en concursos *amateurs* en el Apollo Theater de Harlem. Hasta que Chick Webb la descubrió en 1934 gracias a la recomendación de Benny Carter. Aunque al principio no vio el potencial de la entonces adolescente Ella, tras oírla cantar decidió reclutarla para su orquesta. En 1938 llegó su primer gran éxito, «A-Tisket, A-Tasket». Un divertido tema onomatopéyico. Tras la muerte de Webb, dirigió ella misma la banda hasta que decidió emprender carrera en solitario. Pocas mujeres entonces dirigían orquestas.

Con Decca grabó algunos de sus grandes hits con los Ink Spots, Louis Jordan y los Delta Rhythm Boys. Sin la guía de su mentor, Fitzgerald demostró un gusto algo dudoso a la hora de escoger los temas para sus grabaciones. En aquella época y a pesar de sus éxitos, no había desarrollado aún todo su potencial y su voz más característica. Hasta que en 1946 se cruzó con Norman Granz y empezaron a trabajar juntos.

Durante estos años Fitzgerald giró con otro de los grandes genios del jazz, Dizzy Gillespie y su *big band*. Así fue como incorporó el innovador be bop a su estilo vocal y empezó a experimentar con el *scat*, su famoso fraseo. Cuando en 1955 fichó por Verve, Granz la animó a reinterpretar a los grandes clásicos del cancionero popular estadounidense. Así nacieron sus famosos *Songbooks* de Cole Porter o George e Ira Gershwin, entre otros. Fueron los que la hicieron realmente famosa. Trabajos que aunque no eran los más jazzísticos, la ayudaron a encumbrarse al *stardom* musical de la época.

Su dura infancia la había marcado. Era una persona tímida que apenas se relacionaba con la gente. Entre concierto y concierto, prefería permanecer en su camerino. Pero Ella se transformaba en el escenario. Buena prueba de ello fue su divertida versión de la sinvergüenza «Mack the Knife». Escuchamos en nuestra gramola particular este clásico de su excelente *Ella in Berlin*. La copia es de 1960 pero suena como si fuera ayer

Ella Fitzgerald

mismo. La cantante divertida se olvidó de la letra y se la inventó mientras improvisaba. Una canción compuesta por Kurt Weill y Bertolt Brecht. La historia de un antihéroe convertida en un clásico del jazz. Ella Fitzgerald supo usar su voz como un instrumento más, modularla, trabajarla y convertirla en algo impresionante. Su forma de cantar acercó el bop a nuevas audiencias y la convirtió en pionera de un estilo de cantar muy determinado de grandes capacidades vocales. En 1957 además se convirtió en la primera cantante afroamericana en actuar en el famoso Copacabana de Nueva York como estrella absoluta.

Sus grabaciones para Capitol y Reprise entre 1967 y 1970 quizás no son tan perfectas como sus anteriores trabajos, lo que si es cierto es que Fiztgerald nunca paró de cantar en directo y a plena capacidad vocal. Semana tras semana y sin descanso, se subía al escenario casi hasta la extenuación. En los setenta seguía encabezando muchos festivales de jazz. Al contrario que sus compañeras de profesión, la vida de Fitzgerald siempre fue mucho menos cacareada por la prensa. Quizás por su timidez, se mantuvo alejada de los focos cuando no estaba sobre el escenario. También estuvo lejos de las drogas y las vidas turbulentas, detenciones y demás penurias que tuvieron que sufrir sus compañeras. Nunca quiso ser una leyenda, aunque mal que le pesara lo era y con creces. Fue una de las grandes voces de la historia del jazz y de la música en general.

De la mopa a la guitarra, redescubriendo la música

Muchas mujeres que surgieron en estos primeros años fueron la mecha que prendió a las que vinieron después. Algunas de ellas permanecieron lamentablemente en la oscuridad durante décadas. Ni siquiera tuvieron discos en ese sótano polvoriento por el que nos paseamos en busca de música. Fue el caso de la gran Elizabeth Cotten. Una guitarrista excelente que fue recuperada como instrumentista tras años en los que su talento pasó inadvertido. Durante mucho tiempo, dejó la música de lado y se dedicó a cuidar casas de otros para ganarse la vida. Y ese también fue el problema de muchas mujeres en aquellos años, el no tener de qué vivir las apartaba y mantenía alejadas de la música irreversiblemente. ¿A cuántas no descubriremos jamás? ¿Cuántas no pudieron grabar sus canciones ni dejar prueba de su existencia? Aunque por suerte, algunas consiguieron volver a ello. Recorramos estos pasillos llenos de discos hasta encontrar a nuestra siguiente protagonista.

Elizabeth Cotten nació en 1895 en Chapel Hill, Carolina del Norte. Con ocho años aprendió a tocar el banjo pero pronto lo cambió por la guitarra de su hermano. Tocaba dejando el instrumento encima de su regazo. Gracias a esta forma de colocarla, fue como desarrolló su innovador y característico estilo de *finger-picking* (tocando a la vez ritmo y melodía, algo muy característico de los músicos de folk y blues del sur de los EE. UU.). También fueron originales sus acordes a la hora de componer. Con doce años empezó a trabajar como sirvienta y tres años después daba a luz a su primer hijo. No es que tuviera mucho tiempo para dedicarle a la música. La urgencia de la vida y como ganársela se hacía camino por encima de su talento.

Al unirse a la iglesia abandonó la guitarra por completo. Dios, ya se sabe, nos mantiene ocupados en otros quehaceres menos mundanos. No fue hasta los años cuarenta cuando volvió a reencontrarse con la música de la forma más inesperada. Tras mudarse a Washington, D.C. Cotten empezó a trabajar en la casa de Charles Seeger cuidando a sus hijos. Entre ellos, Pete y Peggy Seeger. Se cruzaba en el camino de una de las familias musicales más importantes de los Estados Unidos. Aunque los Seeger no supieron de la habilidad para tocar la guitarra de Elizabeth Cotten hasta una década después de empezar a trabajar para ellos. ¿Cuál no debió de ser su sorpresa al escuchar a Elizabeth tocar la guitarra? Seguro que se quedaron boquiabiertos. Pero una vez que descubrieron su talento, no duraron en grabarla para Folkways. En 1957 publicaba su álbum debut: *Folksongs and Instrumentals*. Consiguió además su primer hit con «Freight Train», una canción que había compuesto con apenas 12 años. Tenía entonces sesenta y dos. Mientras suena esta canción en nuestra gramola, nos recorre la misma emoción que debieron de sentir los Seeger cuando escucharon por primera vez el talento de esta mujer. En esta canción le cantaba a un tren que había tomado y que no quería que nadie supiese cuál era o qué dirección llevaba. Un tren que la llevaría lejos de donde estaba, probablemente a una vida mejor en la que poder disfrutar de la música.

¿Quién le iba a decir que viviría esta segunda vida en su senectud cuando la realidad se cruzó en su camino y tuvo que abandonar la guitarra? Cotten empezó a tocar de nuevo, a dar conciertos y a viajar. Todo esto la llevó a componer otra vez. Recuperando un talento que nunca perdió pero que había languidecido sin usarlo durante décadas. Años en los que pasaba el mocho y preparaba la comida para otros. Pronto publicó su segundo disco *Shake Sugaree*. En sus conciertos además de tocar la guitarra contaba historias sobre su vida con las que encandilaba a su público. Hasta 1970 no dejó de trabajar como empleada doméstica. Siempre con los pies en la tierra. Fue entonces cuando empezó a hacer giras asiduamente. Su música le hizo ganar un Grammy, más que merecido, al final de su carrera. Murió el 29 de junio de 1987. Su música nos ha quedado como un regalo de tiempos ancestrales, de una forma de entender las melodías y las historias indivisiblemente. Cantando relatos, relatando canciones.

Las mujeres del country

Al mismo tiempo que los *race records* copaban el mercado, el hillbilly se abría paso en las listas. Los discos nacían casi a demanda de sus audiencias y el público blanco empezaba a reclamar también artistas que grababan baladas country o temas *old time*. Las mujeres también veían en este campo una oportunidad para expresarse. Al mismo tiempo los folcloristas como Harry Smith recorrían Estados Unidos de punta a punta en busca de las canciones que inundaban los Apalaches y demás lugares montañosos. Melodías que surgían de la mezcla del origen angloirlandés de sus habitantes. Entre los temas más usuales, las famosas *murder ballads* que contaban hechos luctuosos y violentos, muchas veces desde un punto de vista femenino. Estas mujeres cantaban a la libertad, al respeto y la autoestima, la independencia, al valerse por sí mismas sin necesidad de un hombre que las cuidase. Estas canciones influirían décadas después en las composiciones de mujeres como Odetta, Peggy Seeger o Loretta Lynn. Se convertirían en las primeras feministas en usar la música para expresarse de esa forma.

Las mujeres en el entorno rural no solo eran las amas de su casa, sino que se convertirían también en excelentes instrumentistas de folk y country. Era habitual la imagen de la madre amenizando las veladas familiares cantando o al piano. Pero también cogían el banjo, la guitarra, el dulcimer, el violín, el ukelele, la autoarpa o la mandolina. Se convertían en miembros de la banda familiar y cada vez era más normal ver a mujeres formar parte de grupos musicales con miembros de una misma familia. Esto les permitía ser aceptadas socialmente, ya no iban en solitario sino que se movían dentro de un entorno respetado: la familia. Y aunque había posibilidades de tocar y dedicarse a la música, en estos primeros años pocas mujeres conseguían grabar. Todo esto cambió cuando llegaron las hermanas Carter.

Las Carter, la saga familiar

La Familia Carter fue una de las bandas más influyentes de la historia del country. Las primeras mujeres Carter abrieron una puerta por la que entraron generaciones y generaciones de féminas que se dedicaron al country y al hillbilly durante los cincuenta y los sesenta. Sara y Maybelle demostraron con creces no solo que eran excelentes músicas, sino que había un público femenino dispuesto a recibirlas con los brazos abiertos. En nuestra particular biblioteca de Alejandría musical, las Carter tiene una planta entera dedicada a su labor como cantantes, compositoras, intérpretes, emprendedoras y mánagers de sus vidas personales y musicales.

La familia Carter estaba formada por Alvin P. Carter, su mujer Sara y su cuñada Maybelle. Juntos revolucionaron el country. Sentaron las bases del género, sus canciones son en la actualidad consideradas canon. La forma de Maybelle de tocar la guitarra era única en el punteado. Los miembros de la familia Carter se convirtieron en las primeras estrellas del country. Eran la realeza del género. Le dieron el énfasis a las armonías de voces y con ello sentaron cátedra para muchos grupos de los treinta y los cuarenta que siguieron sus pasos. Incluso de los grupos que tocan hoy en día. Aunque interpretaban muchos temas tradicionales, al final acabaron haciéndolos suyos y la gente los reco-

nocía como canciones de la familia Carter.
Llegaron a hacer hasta 300 grabaciones. Su
influencia crecía fuerte como las ramas de
un robusto árbol, tanto que puede oírse en
otros géneros como el bluegrass, el folk y
el rock. Músicos como Woody Guthrie, Doc
Watson, Joan Baez o Bob Dylan no se entenderían sin ellos.

Maybelle Addington nació en 1909.
Empezó tocando la autoarpa de su madre
hasta que la cambió por el banjo. Con doce
años ganó un concurso. Siguiendo la tradición familiar, un año después se pasó a
la guitarra, aprendiendo de forma autodidacta y de oído. Y aunque empezó tocando las baladas tradicionales que le había
enseñado su madre, pronto destacó por su
forma de tocar, totalmente diferente a lo
habitual, potente y rítmica, desarrollando
el rasgueo Carter que haría famoso la fami-

Las hermanas Carter, Anita, June y Helen.

lia. Adaptó sus conocimientos tocando el banjo a la forma en la que tocaba la guitarra,
transformándola por entero de forma instintiva.

Sara Carter nació en 1898 como Sara Dougherty. Huérfana, fue adoptada junto
a su hermana por una familia de Virginia. Empezó también tocando la autoarpa, un
instrumento típicamente femenino, a los diez años. Una vecina le enseñó a tocar
el banjo. Siendo adolescente ya tenía junto a su prima su propio grupo femenino
en el que cantaban baladas y temas *old time*. Tímida por naturaleza, aun así era
una mujer imponente, solía usar pantalones y fumar, algo bastante inusual en las
mujeres de la época. Incluso se divorció, algo que era considerado casi una lacra
social, especialmente para una mujer.

A.P. Carter era el tercer miembro del grupo. Se llamaba en realidad Alvin Pleasant
Carter y nació en 1891. Aprendió a tocar el violín de niño. Su madre fue la que le enseñó muchas de las canciones tradicionales y *old time* que le harían famoso junto a Maybelle y Sara. Las madres siempre como guardianas de la tradición musical. Mientras
te daban la sopa y el mendrugo de pan, te inoculaban el virus de la música. Cuando
A.P. creció, empezó a cantar en un cuarteto de gospel con dos tíos y su hermana. Pero
se cansó pronto y se mudó a Indiana donde estuvo trabajando en el ferrocarril. En
1911 regresó a su Virginia natal donde vendía frutas y escribía canciones, cuando tenía
tiempo libre para hacerlo. En uno de sus viajes como vendedor conoció a Sara y en
1915 se casaron, ella tenía 17 años. Dice la leyenda que la vio por primera vez tocando
la autoarpa en el porche de su casa y cantando «Engine 143». Una canción bastante
tétrica que relata como un joven se estrella con el tren que conduce pero que es su
gran pasión. Ya sabéis, mejor morir con las botas puestas haciendo lo que te gusta que
mustio en casa recogiendo la cosecha o vendiendo fruta.

Maybelle acabó en la familia Carter al casarse con el hermano de A.P., Ezra. Todo quedaba en familia. El grupo se formó gracias a la buena relación de amistad que mantenían ambas mujeres, grandes amigas aunque de caracteres opuestos. Quizás ese fue su gran secreto: se complementaban a la perfección. Tras patearse unos cuantos escenarios, en 1927 hicieron una audición para Ralph Peer de Victor Records. Con él grabaron seis temas, entre los que estaban «Single Girl, Married Girl». Ponemos en marcha la gramola de nuevo para escuchar a las Carter cantar las maravillas de ser una mujer soltera que se arregla, compra lo que le apetece y va donde quiere. Mientras la mujer casada se pone cualquier cosa, cuida a sus hijos y llora por la vida que ha perdido. ¡Toma ya, declaración de principios! Esto en los años veinte debía de poner los pelos de punta a más de uno. Gracias al éxito de estos singles, en 1928 firmaron para Victor, sellando así una página importante en la historia de la música.

En aquellas primeras grabaciones ambas mujeres empezaron a grabar dúos sin la voz de A.P., algo bastante inusual. La industria no veía económicamente provechoso este tipo de grabaciones, ya que creían que dos voces femeninas no venderían. ¿Se puede ser más obtuso? Evidentemente, se equivocaron. Peer acertó y con ello, cambió el negocio musical. Lo cambiaron tanto con su talento como cantantes como con la forma inusual de tocar la guitarra de Maybelle. Incluso tocaba en *slide,* pulsando las cuerdas del mástil de la guitarra con un objeto deslizante, algo que solo usaban los músicos negros en aquella época. Era algo más típico del blues y que marcaría para siempre el futuro de la música de raíces norteamericana.

Con Victor grabaron algunos de sus grandes éxitos como «Wabash Cannonball», «I'm Thinking Tonight of My Blue Eyes», «John Hardy Was a Desperate Little Man», «Wildwood Flower» y su famosa «Keep on the Sunny Side». A finales de los años veinte ya eran estrellas del género pero llegó la Gran Depresión y empezaron las dificultades para poder ganarse la vida como músicos. Aparte de este hecho, el matrimonio entre Sara y A.P. empezó a tambalearse. Se separaron en 1932. El grupo seguía grabando, pero era el único momento prácticamente en el que se reunían, en parte por la crisis y en parte por el nacimiento y crianza de sus respectivos hijos. La carga que suponía cuidar de sus pequeños no les permitía dedicarle tiempo a la música. Otro de los problemas con los que se enfrentaban las mujeres que se dedicaban a la música. En 1935 firmaban con Decca y volvían a cosechar grandes éxitos gracias a la retransmisión de sus actuaciones en la radio. Las ondas hertzianas lograban que su música llegase mucho más lejos. En 1939 A.P. y Sara se divorciaban definitivamente. Ella dejaba el grupo y se mudaba a vivir a California. ¿Una mujer divorciada? ¿Dónde se ha visto? Pues sí, Sara Carter fue una de ellas.

Pero la familia Carter siguió escribiendo páginas de la historia de la música. Maybelle recogió el testigo y formó un grupo femenino junto a sus hijas Helen, June y Anita. Mama Carter era conocida en la familia por su buen hacer con los negocios y esa quizás también fue una de las grandes aportaciones que hizo a la industria: crear entornos femeninos en los que las mujeres pudieran desarrollar sus carreras como músicas. Y su manera de tocar, fue tan determinante en el desarrollo del country, del bluegrass, del folk y del rock, que probablemente no serían lo mismo sin ella. Era la guitarrista favorita de Woody Guthrie y Doc Watson la ha mencionado como una de sus grandes influencias, incluso Jerry García dijo una vez que había algo de la familia Carter en cada una de las canciones que escribía. En los años cincuenta esta nueva Carter Family actuaba habitualmente en el famoso Grand Ole Opry, el templo de la música country. Giraban con Chet Atkins y Elvis Presley y salían en el *Johnny Cash Show* en televisión. En 1970 Maybelle estaba presente cuando el grupo fue la primera formación en entrar en el Country Music Hall of Fame. Actuó hasta justo un año antes de su muerte en 1978.

Las mujeres Carter fueron pioneras en un mundo y una industria de hombres. Maybelle fue un ejemplo para otras mujeres que aprendieron de su forma de hacer negocios, de girar y de llevar a la banda. Mujeres como Patsy Cline por ejemplo. Aparte, Maybelle fue una de las grandes mentoras de otras féminas que se dedicaron a la música, y no solo lo hizo con sus hijas sino con otras artistas. El revival del country y el nacimiento del género americana bebe mucho de lo que hicieron estas mujeres. Cantantes y compositoras como Jolie Holland, Alison Krauss o Gillian Welch tomaron buena nota de las Carter.

Parece que hemos despejado algunas estanterías de nuestro almacén. Los discos están dispuestos para su escucha. Pero aún queda mucho trabajo por hacer. El rock está llamando a nuestras puertas y lo hace con fuerza y rabia incontenibles. Preparémonos para adentrarnos en otro capítulo de nuestra historia. Las pioneras del género, las que se atrevieron a dar el salto con las primeras guitarras eléctricas colgadas del hombro.

Capítulo 2

Rock Your Baby.
Los primeros balbuceos del rock.

Seguimos buceando en las plantas bajas de nuestra Biblioteca Musical de Alejandría. Recorriendo los pasillos atestados de vinilos. Suenan las gramolas mientras los discos son catalogados, uno tras otro, por nuestros diligentes operarios. Hemos entrado en la sala de los años cincuenta. Las guitarras eléctricas empiezan a sonar. La sonrisa de nuestros operarios y operarias es evidente. Les gusta lo que oyen: los primeros pasos del rock and roll. El género estaba balbuceando, pero empezaba a dar sus primeros berridos. Los fundamentos del rock surgieron en esa época.

En aquellos años las grandes discográficas se dedicaban a lo seguro. Lo que vendía. Las estrellas. Se lo podían permitir, disponían de sus propias plantas de fabricación de vinilos y tenían acceso a las tiendas donde se vendían discos. Mientras, pequeños sellos empezaban a florecer aquí y allá buscando un camino diferente. Uno en el que abrazaban géneros nuevos y minoritarios. El blues se abría paso, como os he contado en el anterior capítulo. Los años de guerra habían hecho que el público tuviera acceso a otro tipo de música. La influencia de los afroamericanos empezaba a notarse en las grandes ciudades, abandonando el campo en busca de trabajo y una vida mejor, el blues y el gospel asaltaban las grandes urbes. Las emisoras de radio y las discográficas especializadas en música negra empezaban a florecer y con ellas un nuevo público, el del rhythm & blues. Pero lo curioso de esto es que el público blanco también empezó a interesarse por este tipo de música. Y aquellos *race records* que nuestras artistas del blues publicaban se convirtieron en discos de R&B. Las canciones de las listas de R&B

empezarían a dar el salto en esta década a las listas del Top 40, abriendo un camino al rock que ya nunca se cerraría. Pero estamos adelantando acontecimientos.

Las pioneras del rock

Seguimos recorriendo los pasillos repletos de discos y nos fijamos en nombres como los de Sister Rosetta Tharpe o Big Mama Thornton. Seguramente muchos de vosotros ni siquiera las habréis oído nombrar o jamás habréis leído su nombre escrito en un libro de historia del rock. ¿Verdad? Aun así, ellas estuvieron ahí. El rock and roll se creó también gracias a sus logros y su talento. Muchas fueron las mujeres que vivieron en esa década la explosión del género. Una música que sufrió el rechazo desde sus inicios por considerarla música del diablo. Las mujeres también vivieron ese rechazo, sobre todo si eran mujeres de color, como las dos artistas que he mencionado. Los grandes sellos borraban de un plumazo el paso de sus compañeros por la historia de la música blanqueando sus canciones y haciéndolas digeribles para el público blanco. Lo mismo harían con ellas.

Cuando los blancos empezaron a bailar el ritmo endiablado del rock and roll, la música que nació del blues dejó de pertenecer a los músicos de color. Al menos para el mainstream. Al final, la historia la cuentan los ganadores, no los perdedores. Y no es que nuestras protagonistas fueran perdedoras, es que fueron mujeres, negras y artistas en un tiempo en el que esa no era precisamente la mejor carta de presentación en sociedad. Pero no hay duda de que sin estos primeros músicos surgidos del blues, ese ritmo endiablado del rock and roll no existiría, sin ese pasado de sonidos ancestrales africanos que trajeron las cadenas de la esclavitud, sin el blues y el gospel, el rock and roll nunca hubiera aparecido. Y si hubiera existido sin todo esto, no sería rock and roll. Sería otra cosa muy distinta.

El aullido del rock

Mucho antes de que Elvis hiciera famoso el «Hound Dog» a golpe de pelvis, una mujer ya lo cantó con la intensidad que su profunda voz le daba. Alcanzando el éxito que lamentablemente fue barrido de la faz de la tierra cuando el rey llegó a ocupar su trono. Big Mama Thornton, junto a Sister Rosetta Tharpe, fueron dos de las grandes figuras del rock and roll en sus primeros balbuceos. Así que nos vamos a buscar en nuestra discoteca la T de Thornton. Estudiamos la estantería de vinilos hasta que encontramos lo que estamos buscando. Es hora de escuchar a la gran Big Mama Thornton aullar con «Hound Dog». Sacamos el vinilo de Peacock Records con su etiqueta roja y el pavo real dibujado, logo de la casa. Lo colocamos en el tocadiscos y dejamos que suene la música.

Este es prácticamente el único hit que Big Mama Thornton tuvo, uno de los grandes hitos del rock and roll. Lástima que quedó sepultado por la versión de Elvis tres años después. «Hound Dog» fue escrita especialmente para ella por el dúo de compositores Jerry Leiber y Mike Stoller y llegó al número 1 en 1953 en las listas de R&B. Pero como ya os comenté, este género también estaba ganando peso entre el público blanco y el éxito de Big Mama lo hizo llegar a audiencias inusuales para una artista de color como ella. Estuvo siete semanas seguidas en lo más alto, pero este éxito quedó eclipsado por el fenómeno Elvis en 1956, cuando arrasó

Willie Mae Thornton

tanto en las listas de R&B como en las del Top 40 con su versión del «Hound Dog».
Era el cinco de junio de 1956 y Elvis aparecía en el Milton Berle Show cantando la
canción. Los famosos movimientos de pelvis del rey escandalizaron a la prensa y a
los conservadores padres de unos jóvenes que se volvieron locos. Elvis se convirtió
en estrella. Ya nadie se acordó de Big Mama. Muchos artistas negros sufrieron el
mismo destino, mientras los blancos se adueñaban del rock and roll, ellos eran
ignorados. Un año después de la explosión de Elvis, Peacock se quitó de encima
a Thornton. Y aunque ella no dejó de cantar ni de hacer giras, nunca recuperó el
éxito que esa canción le dio. De los dos millones de copias vendidas, cobró la mí-
sera cantidad de 500 dólares. Triste pero más habitual de lo que podamos pensar.
    Willie Mae Thornton ya tenía claro desde muy pequeña que lo suyo era cantar,
por eso se marchó de casa en pos de su sueño con catorce años. Curtiéndose en los
escenarios del circuito del sur negro, en la carretera y a golpe de esfuerzo, en 1951
consiguió un contrato con Peacock Records. Fue en 1953 cuando conoció a Jerry
Leiber y Mike Stoller y que le escribieron «Hound Dog». Autodidacta, tocaba de oídas
y no sabía leer partituras, pero esto poco importaba. Era una mujer con un carisma
monumental que sabía no solo sacar partido a su gran voz, sino también tocar la ar-

mónica y la batería. Willie Mae se convirtió en Big Mama gracias a su impresionante voz pero también a su imponente figura. Mientras, seguimos escuchando cómo su voz desgrana el canto aullador de ese perro de caza, demasiado elegante y mentiroso, que nunca ha cazado un conejo en su vida. No voy a ser yo la que se ponga a interpretar metáforas musicales. Eso os lo dejo a vosotros.

En los sesenta y setenta reediciones como la de Arhoolie en 1968 pusieron a Willie Mae de nuevo en la órbita musical. Se empezaba a recuperar el legado de una mujer que marcó la historia y no solo con una canción. También componía sus propios temas, Janis Joplin grabaría una versión de su «Ball and Chain». Janis siempre afirmó que Willie Mae fue una de sus grandes influencias musicales. La vio cantar en un local de San Francisco y se enamoró de la canción y su interpretación. Una canción que Willie Mae grabó a principios de los sesenta pero que no se publicó hasta que Arhoolie la recuperó años más tarde en su reedición. Bay Tone, la discográfica con la que se grabó, se quedó con el *copyright* de la canción a pesar de que no la publicó. Así que Willie Mae no vio ni un duro del éxito que Janis le propició a su canción. El mejor tributo, que su música no deje de sonar. Su melodía nos atrapa como esa cadena, prisioneros de este canto desesperado de amor que no nos deja respirar como cantaba Janis, como cantaba Willie Mae. Big Mama Thornton murió en 1984 en la pensión en la que vivía.

La madrina del rock

La aguja del tocadiscos se ha parado. Triste. Pero nuestro recorrido continua. Sister Rosetta Tharpe es nuestra siguiente invitada. Una de las grandes voces del rock and roll, antes de que nadie lo llamase así. El gospel fue una de las principales influencias del rock and roll y por supuesto del soul. A pesar de ello, la iglesia fue una de las grandes detractoras del género. Se asustaron al escuchar esos gritos desaforados y esos ritmos desenfrenados que ellos mismos habían ayudado a crear. La música del señor no podía ser eso. Gran parte de las congregaciones tenían mayoría de mujeres entre sus fieles. No es de extrañar pues la contribución de estas artistas al gospel y posteriormente, al rock and roll. Mujeres como Sister Rosetta Tharpe. Su música nacía de la fusión del gospel y del blues, pero en su forma de tocar la guitarra se oían despegar las raíces del rock and roll. Antes de Chuck Berry, ya estaba Sister Rosetta convirtiéndose en estrella. Pero a pesar de la enormidad de su aportación a la música, su figura parece haberse diluido en las grandes páginas de la historia del rock. Y es curioso porque durante años llenaba salas de concierto a reventar. Lamentablemente en su funeral la afluencia de público fue escasa. Incluso fue enterrada en una tumba sin nombre.

Sister Rosetta Tharpe fue una de las cantantes más importantes de gospel entre los años cuarenta y cincuenta, siempre junto a su inseparable Gibson SG. Fueron su forma de cantar y de tocar la guitarra las que le granjearon la fama y el acceso al público mayoritario. Aunque fue a Dios a quién consagró su música, el rock le hizo abandonar las iglesias y templos. Gracias a ello, se ganó la animadversión de los más puristas. Ellos la condenaron a arder en el infierno por llevar una música tan sagrada como el gospel a antros de perdición como esos oscuros clubes nocturnos en los que tocaba. Mientras en la iglesia se escandalizaban, ella decía que

Dios estaba preparado para su música. Siguió cantando y tocando de esa manera revolucionaria tan suya. Fue además la primera en tocar la guitarra con la boca. Mucho antes de que a cualquier otro se le ocurriera hacerlo. Eran una sola entidad, ella y su instrumento musical.

Tharpe era hija de Katie Bell Nubin, una misionera y cantante de gospel conocida en el circuito de iglesias como «Mother Bell». Sus padres se habían ganado la vida recogiendo algodón de sol a sol hasta que Mother Bell recibió la llamada del señor. Su hija la siguió en su camino sagrado y con seis años tocaba la guitarra y asistía a su madre en sus arengas religiosas. Cruzarse con el blues en Chicago, donde la familia se trasladó, transformó su música. Muchos puritanos pensarían que aquella fue su perdición, pero no. Fue un nuevo renacer. Pronto empezó a grabar para compañías como Decca. En 1938, se mudó a la gran manzana. Nueva York la recibió con los brazo abiertos. John Hammond la incluyó en su concierto From Spirituals to Swing en el prestigioso Carnegie Hall junto a Big Joe Turner, Big Bill Broonzy o Count Basie.

Sus detractores se rasgaron las vestiduras cuando se atrevió a cantar canciones no religiosas en el famoso Cotton Club. Debían rezarle a Dios para salvar su alma cada misa de domingo mientras ella hacía vibrar al público con sus interpretaciones. En 1945 su «Strange Things Happening Every Day» se convirtió en la primera grabación de gospel que llegó al Top 10 de las listas de R&B. Uno de sus primeros éxitos fue precisamente «Up Above my Head» que grabó tras su alianza con la gran cantante de gospel Marie Knight. Sacamos el 10« con cuidado de la estantería en el que está guardado. La etiqueta negra de Decca nos indica que la composición es de la propia Tharpe y que ambas lo grabaron con el Sam Price Trio en noviembre de 1948. Mientras escuchamos el disco, los surcos nos devuelven sus excelentes voces, en una típica llamada y respuesta, cantan a la música que suena en el cielo, encima de sus cabezas. Pasar de llenar iglesias cantándole a Dios Todopoderoso a llenar estadios no parecía piadoso para las gentes de bien que acudían a misa regularmente. Ellos se lo perdían. Muchos le dieron la espalda cuando cientos habían pagado por asistir incluso a una de sus bodas en 1951, en un estadio abarrotado en Washington D.C. Una ceremonia que incluyó un concierto, fuegos artificiales y figuras gigantescas de la propia Tharpe tocando la guitarra. Impresionante. Pero la fama es efímera, un día te quieren y al siguiente no existes. Su gran »pecado« no fue matar a nadie, no, fue cantar blues. Tras décadas sin marca en su tumba, ahora en la piedra reza: Gospel Music Legend. »She would sing until you cried, and then she would sing until you danced for joy. She kept the church alive and the saints rejoicing". Amén.

Sister Rosetta Tharpe

Los primeros pasos del rock and roll

Durante esos años en los que el rock se gestó, las listas del Top 40 estaban dominadas por el *mainstream*, la música más comercial. Cantantes como Frank Sinatra o Patti Page arrasaban en las mismas. Pero pronto, las canciones de artistas negros saltaban la barrera impensable unos años antes de las listas de R&B a las listas blancas del Top 40. Algo estaba cambiando. Este hecho hizo aparecer programas de radio que se acercaban a esta nueva música y que la hacían llegar a otro público. Un buen ejemplo fue el programa del famoso DJ Alan Freed. Él fue el primero en radiar temas de R&B en emisoras blancas. Freed consiguió convencer a sus jefes de que el público blanco también estaría interesado en esa música y no se equivocó. De él dicen que acuñó el término rock and roll, a pesar de que ya aparecía en numerosas canciones de R&B como las de Wild Bill Moore «Rock and Roll» o «We're Gonna Rock, We're Gonna Roll». En estas canciones cuando hablaban de rock and roll lo usaban como un eufemismo del sexo. Fue precisamente la última de estas canciones, uno de los primeros temas de R&B que Alan Freed puso en su programa. Y también se la considera una de las primeras grabaciones de rock. Lo primero que oímos mientras el disco da vueltas es el saxo de Will Moore y su voz rota. Mientras Moore y Paul Williams se baten en duelo de saxos. Esto es rock and roll.

Pero no fue hasta 1955 cuando el rock and roll despegó como un cohete gracias a Bill Haley & His Comets y su «Rock Around the Clock». De nuevo un blanco que se llevaba el gato al agua. Un año después de su publicación llegaba al número 1 del Top 40 tras salir en la banda sonora de una película, *The Blackboard Jungle*. De golpe y porrazo, las grandes discográficas abrían los ojos como platos. Ring, ring, ring. Las monedas caían una detrás de la otra. Poderoso caballero don dinero. Parecía que esa cosa tan rara que despreciaban en un principio podía dar beneficios y ya no les sonaba tan horrible. Entonces no consiguieron dominar el cotarro, por suerte Chess, Sun o Atlantic tenían nombres potentes para copar las listas de éxitos. Nombres como el de Etta James, una de las estrellas de Chess Records.

La fiera indomable

Recorramos nuestros pasillos en busca de los discos de esta artista. Una fiera rebelde que tuvo una larga carrera de seis décadas. Una mujer que sobrevivió a su propia leyenda. A pesar de la heroína, de relaciones tormentosas y de varios fracasos a lo largo de su vida como cantante de voz apabullante. Jamesetta Hawkins cantaba en el coro de su iglesia cuando tenía cinco años. Seguramente entonces no se imaginaba el éxito que conseguiría gracias a la explosiva y sensual «Roll With Me Henry». Sacamos el disco de su funda para ponerlo en la gramola. Fue de ella la brillante idea de dar respuesta vocal a la fogosa canción de Hank Ballard «Work With Me Annie», uno de los éxitos de la época. Johnny Otis se fijó en ella y la hizo grabar el tema, ya reconvertida en Etta James y The Peaches. Demasiado sensual, demasiado explícito y más cantado por una voz femenina poderosa y ardiente como la suya. El tema cambió de nombre al más puritano «The Wallflower». Eso no evitaba que la temperatura subiese enteros mientras Etta bailaba con el famoso Henry al ritmo de la música. En la otra cara del

single sonaba «Hold Me, Squeeze Me» y seguían los arrumacos de corazones ardientes a
plena luz de la luna. Pocas mujeres cantaban
así y firmaban temas como este en 1955. Etta
James lo hizo.

Tras este éxito llegó otro clásico, «Good
Rockin' Daddy». Aunque el grupo se separó
un tiempo después y Etta James comenzó
su carrera en solitario. Empezaba una nueva
etapa para esta mujer voluptuosa, de melena
rubia y mirada felina. Se curtió en la carretera
y los escenarios, sufriendo la discriminación
racial en carne propia en el circuito del sur de
R&B. Hasta que Leonard Chess la contrató en
1960 para Chess Records y la convirtió en una
de las cantantes de soul y baladas pop más

Etta James

famosas de todos los tiempos. Su voz rota, su fuego a la hora de cantar y su presencia
escénica fueron los que la convirtieron en la leyenda que es hoy. Se alejó quizás del
rock que la vió crecer pero poco importaba. Ya había dejado su huella. Los sesenta
fueron los años del soul, de la explosión de Chess, y de éxitos como «At Last». La
delicada balada que le valió el estrellato. El declive de la discográfica hizo que James
cayera en una etapa oscura en la que su adicción a la heroína le pasó factura. Y aunque parecía que su carrera estaba acabada, no fue así. Los Grammy y el Rock and Roll
Hall of Fame la esperaban. Se fue siendo una leyenda.

La casa que Miss Rhythm construyó

Igual que Chess Records tenía en Etta James a una de sus grandes estrellas, Atlantic
surgió de la mano de otra voz femenina, Ruth Brown. Sin cuya portentosa voz, probablemente, la compañía no hubiera alcanzado la gloria. Durante una década, Brown fue
la reina de la discográfica. Sus canciones se convertían en hits inmediatos directos a
los primeros puestos de las listas. Mucho tenía que agradecerle. Aun así, años después
tuvo que enfrentarse a la compañía que levantó desde la nada, por los derechos de
sus canciones.

Atlantic se dio cuenta pronto de que en el floreciente R&B había más negocio que
en el jazz y cambió de rumbo inmediatamente para aprovechar el filón que Ruth Brown
les supuso. La compañía creada por Ahmet Ertegun en 1947 lanzó dos años después el
primero de los muchos éxitos de Brown: un doble single con «So Long» y «It's Raining».
Gracias a sus canciones, Atlantic empezó a conocerse como «The House That Ruth Built»,
la casa que Ruth construyó. Y con razón.

El padre de Ruth Weston era predicador y director del coro de su iglesia. Cuando
nacías en ese entorno tenías que cantar. A pesar de ello, Ruth jamás se imaginó que
acabaría dedicándose a ello profesionalmente. Solía saltarse las clases de música, por
eso no aprendió a leer partituras. Aunque no fuera a clase, lo que nunca dejaba de
hacer era cantar y escuchar esa música del diablo, como la calificaba su padre. Una mú-

sica que sonaba en los antros de la ciudad y en las bases militares cercanas. Cantaba a escondidas de su padre en los locales de música. Con 16 años se fugó de casa para casarse con el trompetista Jimmy Brown y emprender su carrera como cantante. La hermana de Cab Calloway le dio su primera gran oportunidad en su club. Poco tiempo

Ruth Brown

después llegaría Atlantic y el éxito masivo. Ahmet Ertegun incluso la esperó durante un año mientras se recuperaba después de sufrir un accidente de coche. Su talento y su voz bien lo merecían.

Durante diez años, Brown facturó hit tras hit para Atlantic. Entre ellos, «Teardrops from My Eyes» de 1950 que fue número 1 en las listas de R&B. Rebuscamos en la estantería que acoge los innumerables éxitos de Ruth Brown para el sello. Lo sacamos de su funda. En la etiqueta de color naranja de la cara A reza que Brown canta junto a la orquesta de Budd Johnson. Al surcar la aguja el disco, Brown nos cuenta cómo las lágrimas caen de sus ojos recordando a su amor perdido. ¿Cuántas de esas lágrimas caerían años más tarde después de que sus muchos éxitos llenaran los bolsillos de Atlantic, pero no los de la propia Brown?

En otro de sus grandes éxitos para Atlantic cantaba «(Mama) He Treats Your Daughter Mean». Nos explicaba como el hombre al que quería la despreciaba y le sacaba el dinero. Parecía premonitorio. Mientras la voz imponente de Ruth Brown nos canta esta canción que suena en nuestra gramola, no podemos olvidar que la cantante era una luchadora nata. Fue una gran activista por los derechos civiles, que solía cantar frecuentemente en el sur contra la segregación. Muy a pesar de las constantes amenazas contra su vida que recibía. Atlantic no podría con esta luchadora nata y años más tarde tendría que vérselas con ella en los tribunales.

Cuando la compañía perdió interés en el R&B, Ruth se marchó con una mano delante y otra detrás. Durante una década estuvo ganándose la vida fuera de la música. Afortunadamente en los setenta recuperó su carrera. Se convirtió en protagonista del musical de éxito en Broadway *Black and Blue* y empezó su lucha contra Atlantic por recuperar los derechos de sus canciones. Puede que le tratasen mal, como cantaba unas décadas antes en su canción, pero se cobró el desplante con creces. Tras nueve años de lucha incansable, recuperó lo que le pertenecía por ley. Los derechos que nunca vio de las canciones que hizo famosas. Fundó también la Rhythm & Blues Foundation para ayudar a otros compañeros y compañeras que habían pasado por lo mismo. Ruth Brown no solo fue una de las cantantes más importante de los cincuenta, una voz imponente, una hacedora de éxitos. No, también fue el símbolo de la tenacidad y de la lucha. Una mujer que supo recuperar el sitio que le pertenecía en la historia de la música gracias a su esfuerzo y tesón.

El alma ardiente del rock

En esta misma estantería en la que los éxitos de Ruth Brown en Atlantic descansan dispuestos a ser escuchados, también encontramos los discos de LaVern Baker. El éxito de Brown hizo que Baker fichara por Atlantic en 1953. Ambas consiguieron lo impensable, saltar de las listas del R&B a las del Top 40. Demostrando el interés creciente de las audiencias blancas por este tipo de música. Su música alcanzaba públicos más amplios y abría puertas por las que se colaron numerosas y poderosas voces femeninas.

Aunque la encontramos catalogada en la estantería de Atlantic por la B de Baker, en realidad se llamaba Delores Williams, pero también Bea Baker o Little Miss Sharecropper. El misterio siempre la acompañó. Se dice que era sobrina de Memphis Minnie, no nos extrañaría que heredase el talento de su tía. Empezó a cantar con diez años y con 17 ya tenía un contrato con el Club DeLisa de Chicago. Pero fue cuando firmó con la discográfica Atlantic cuando el éxito le sonrió de verdad. Buscamos en la estantería su primer gran éxito, «Soul On Fire». Un tema compuesto por la propia Baker junto a Gerald Wexler y el propio Ahmet Ertegun. Escuchemos su potente voz y como canta al hombre que enciende su alma a fuego. Una canción en la que canta cómo ha amado a otros hombres. Como nos dice, ha jugado al juego del amor y siempre ha ganado. Éxitos posteriores como «Tweedle Dee», su primera canción en saltar a las listas del Top 40, o «Jim Dandy», tenían juegos de palabras en sus letras y un sonido más cercano al rock, intentando adaptar los arreglos y la forma de cantar del R&B a públicos blancos usando un tono más ligero y bailable. Sus canciones fueron éxitos inmediatos en las listas de R&B. Es inevitable dejarse llevar por la melodía rítmica de «See See Rider», me muevo rítmicamente mientras escribo esto y suena en el tocadiscos de nuestra discoteca de Alejandría. Si pudierais mirar alrededor, veríais como todos los bibliotecarios y bibliotecarias mueven el pie al ritmo endiablado de la canción.

No es de extrañar que sus temas sonaran habitualmente en los shows del famoso DJ Alan Freed del que ya os he hablado. Llegaban así más fácilmente a un público blanco que se interesaba por el rock. LaVern incluso participó en varias películas dedicadas al rock and roll junto a él como *Rock, Rock, Rock* y *Mr. Rock & Roll*. Tras una década de éxitos, también abandonó Atlantic para publicar brevemente con Brunswick Records. A finales de los sesenta LaVern Baker desapareció del mapa durante dos décadas. Y ya sabemos lo que pasa cuando te vas, se olvidan de ti. Al menos eso parecía. Había ido a entretener a las tropas en Vietnam. Mucho se especuló sobre su desaparición, pero el motivo fue una grave enfermedad que la mantuvo hospitalizada. El médico le recomendó un clima cálido, así que se instaló en las Filipinas. Allí se quedó hasta los años ochenta, cantando en clubs y hoteles y luego dirigiendo el local musical de la base americana. No dejó de cantar jamás. Y nunca se imaginó que tras tantos años seguiría despertando interés en su país natal. Cuando volvió a los Estados Unidos para participar en el aniversario de Atlantic, su popularidad creció de nuevo e incluso actuó en Broadway. Su voz seguía ahí, intacta y poderosa tras muchos años disfrutando de la vida tranquila en las Filipinas. Cantando, eso sí, siempre cantando.

El racismo en el rock

A pesar de que las audiencias blancas crecían en torno a la música de color, el rock and roll seguía siendo visto como una música del diablo por el *mainstream*. El hecho de que el género naciera directamente de las raíces de la música negra debió de escandalizar a más de un conservador de la época. La música era demasiado sexual, la gente bailaba de manera desenfrenada, las letras eran demasiado explícitas y además favorecía las audiencias mixtas entre blancos y negros. Las mentes bien pensantes se rasgaban las vestiduras nada más pensar en ello. Nada de esto podía ser bueno para el racismo que aún hoy en día vive la sociedad americana para con la mitad de su población. Había nacido el anticristo y resulta que bailaba a ritmo de rock and roll. La Iglesia, los políticos y los medios de comunicación se volcaron en una campaña de persecución en la que se prohibían canciones, discos, películas o cualquier cosa que oliera a ese ritmo enloquecido que venía a perturbar el orden establecido. Imaginaos el panorama, unos padres preocupados porque sus hijas fueran pervertidas por esa música negra. Parece increíble pero es así. Viendo hace poco el excelente documental de Ava DuVernay sobre la Enmienda 13 queda muy claro por qué el imaginario estadounidense ha incrustado en la mente de sus ciudadanos, tanto blancos como negros, la imagen del mal en las personas de color desde los tiempos de la esclavitud. El negro como criminal malvado que viene a pervertir a sus puros y blancos hijos e hijas. Nadie se paraba a pensar en la cantidad de jóvenes de color que eran violadas o asesinadas en el sur por los blancos. Hijas que también tenían padres preocupados. En aquellos años del nacimiento del rock and roll, los Estados Unidos estaban divididos. En el sur con la ley Jim Crow, las personas de color eran ciudadanos de segunda clase. Los linchamientos de negros estaban a la orden del día, ya lo cantaba Billie Holiday en «Strange Fruit». La policía local se nutría de miembros del Ku Klux Klan. Había ataques violentos contra iglesias de color. Eso pasaba en el país de las libertades.

Fue precisamente en 1955 cuando Rosa Parks se subió a un autobús en Montgomery, Alabama, para regresar a su casa. Los transportes públicos en aquella época tenían una zona para los blancos delante y otra para los negros detrás. Fue un 1 de diciembre cuando Rosa Parks se sentó en el primer sitio para negros del autobús. Como no quedaban asientos libres para blancos, el conductor le ordenó a ella y a otros tres pasajeros que se levantaran y cedieran sus asientos. Ella se negó. Acabó en la cárcel y se convirtió en un símbolo de la lucha por los derechos civiles. Ese era el ambiente que los músicos de color vivían en su día a día. Que no se nos olvide. Todo lo que viniese de la comunidad negra era visto como algo negativo. Ciudadanos de segunda clase. Triste, pero cierto. Aún hoy continúa pasando. Y con Trump al mando del país, mucho más. Los músicos de color en los años cincuenta sufrían constantes ataques y amenazas por parte de los supremacistas blancos. Algo que no debemos perder de vista al leer y repasar la historia de todas estas mujeres que dieron sus primeros pasos en el mundo del rock and roll.

LaVern Baker

Ahora parece impensable, pero en aquellos años la mayoría de la audiencia estaba segregada. Los músicos de color tenían mayoría de audiencia negra y los músicos blancos audiencias blancas. En los conciertos, en los clubs, en las salas donde la música sonaba, no se mezclaban. Fue precisamente el R&B y posteriormente el rock and roll el que hizo esta mezcla posible y que todas las alarmas de los racistas conservadores se dispararan. Aunque en el norte del país la cosa empezaba a cambiar, en el sur era algo impensable. Las cantantes de color no podían comer en los restaurantes con sus compañeros de orquesta si eran blancos. Solo podían usar el lavabo marcado con la señal «colored». No podían alojarse en los buenos hoteles, reservados para blancos. Imaginaos lo que debía de ser para estas mujeres hacer giras por los estados del sur donde más audiencia tenían, además siendo mujeres, con lo mal visto que estaba que se dedicaran al espectáculo. Pero eso no quitaba que los blancos empezaran a interesarse por su música, que se saltaran las normas, que acabaran enganchándose a esa música endiablada. Fue esa música la que lo consiguió, la que saltó las barreras invisibles, y las visibles también, del racismo. Fue gracias al R&B y al rock and roll. Para que luego digan que la música no tiene poder.

Caminamos entristecidos por esta realidad terrible entre los cientos y cientos de estanterías que acogen el trabajo de estas cantantes, guitarristas y compositoras. También encontramos otra realidad, la de las versiones que los blancos hicieron de sus canciones. También están aquí, en estas estanterías. Tenían menos garras, sí, pero arrasaron en las listas del Top 40. Ya os comentaba lo que le pasó a Big Mama Thornton con su «Hound Dog», no fue un caso aislado. Ni entre las mujeres, ni entre los hombres. Las radios comerciales y las grandes discográficas empezaban a facturar como churros hits blanqueados. Eso sí, antes los limpiaban de letras controvertidas, los hacían pasar por la censura. No vaya a ser que a los blancos les diera un susto al escucharlas y huyeran escandalizados a rezarle a Dios. Oye, ahora que lo pienso, lo mismo les hubiera salido a cuenta, llenarían las iglesias. O no. Las versiones de canciones de mujeres como LaVern Baker, tenían éxito en ambas listas, tanto R&B como en el Top 40, pero sus versiones emblanquecidas tenían mejor salida en el mercado blanco, más comercial y mayoritario. Canciones copiadas nota a nota que además no repercutían en el bolsillo de sus artistas originales. ¿A quién no le gustaría que hicieran versiones de sus canciones y que fueran éxitos? Lástima que se olvidaran de pagarles la parte que les tocaba. Las grandes emisoras de radio y las grandes discográficas habían encontrado un filón y no iban a desaprovecharlo. Además de no ver un duro de esas versiones, lo triste es que esas mismas canciones sepultaban a las originales que no podían acceder a las listas del Top 40 y por lo tanto no se vendían tanto como sus copias. Menos dinero aún para los artistas que las crearon.

Si los músicos blancos que se atrevían a dejarse llevar por el rock and roll sufrían la censura, los de color más aún. Elvis no podía salir en la tele de cintura para abajo, demasiado provocativo. Entonces, ¿dónde quedaban las mujeres que se dedicaran al rock and roll? En un lugar no demasiado favorecedor. Ya os he contado qué es lo que pensaba la sociedad sobre las mujeres que le cantaban al blues. Si te dedicabas al gospel y le cantabas al señor, aún te veían con mejores ojos. Las Carter también abrieron un camino en otro espectro totalmente diferente, que es el de las artistas que venían del country y que surgían de un entorno familiar. Ir de gira con tu familia estaba mejor visto que hacerlo en solitario. Así podías tener las carabinas necesarias para que siguieran considerándote una mujer decente. Lo que decían de la mujer del César: «No sólo debía serlo sino parecerlo». Muchas de las artistas que triunfaron en el rockabilly surgieron de las raíces del country e iban acompañadas de sus progenitores mientras hacían giras, mujeres como Wanda Jackson, Brenda Lee, Janis Martin o Patsy Cline.

La Elvis femenina

A muchas quisieron etiquetarlas. Comparándolas con sus compañeros, a Janis Martin le tocó el sobrenombre de la «Elvis femenina» cuando RCA la fichó. Y le recayó el bautismo rockero con permiso del propio Elvis, o más bien deberíamos decir del "Coronel" Parker, ya que ambos artistas estaban en el mismo sello. Incluso grabó más tarde

Janis Martin

una canción «My Boy Elvis» en homenaje al rey del rock. Nacida en Virginia en 1940, Martin empezó a tocar la guitarra con cuatro años y con nueve ya estaba participando en concursos de talentos. Hasta que en 1956 firmó con RCA tras llegarles una demo con una de sus canciones. Vamos a buscar entre los pasillos atestados de vinilos de country y rockabilly de finales de los cincuenta para encontrar el primer single que RCA publicó de Janis Martin. En la cara A el 45 rpm tiene la rockabilly «Will you, Willyum» y en la cara B, un tema propio que Martin había compuesto, «Drugstore Rock and Roll», mucho más cercano al rock. El disco consiguió vender 750.000 copias. Ese año la revista *Billboard* la votó como la «artista femenina más prometedora de 1956».

A raíz del éxito de su primer single, Martin empezó a hacer giras habitualmente por todo el país junto a Carl Perkins, Johnny Cash o Porter Wagoner. Apareció en los programas televisivos más importantes como *American Bandstand* o *The Today Show* y cantó en el Grand Ole Opry, convirtiéndose en una de las artistas más jóvenes en hacerlo. Tenía quince años. Pero esta tierna adolescente no era tan inocente como su discográfica quería hacernos creer. Elvis podía ser sensual y sexual porque era un hombre, pero la Elvis femenina tenía que ser pura y casta como buena jovencita que era. Pero eso no encajaba en la verdadera personalidad de una Martin que se había casado en secreto con su novio en 1956, un militar que pronto fue destinado a Alemania. El padre de Martin intentó anular el matrimonio pero no lo consiguió. Aun así su madre decidió mantenerlo en secreto para no perjudicar su carrera. La idea de una adolescente casada chocaba con la imagen de chica bien que la compañía quería transmitir de ella. En una de sus visitas a su marido, aprovechando una gira en Europa, Martin se quedó embarazada. Era 1958 y su compañía se deshizo de ella. Una adolescente embarazada no daba buena publicidad.

En 1960 y con un segundo matrimonio a sus espaldas, Martin dejó su carrera musical de lado. A su marido parecía no gustarle el *show business*. Fue en los setenta y ochenta, cuando llegó el *revival* del rockabilly, lo que la hizo volver a dedicarse a la música que nunca debió dejar. Janis Martin no daba el perfil de la chica de al lado que tanto éxito tuvo en los cincuenta: una joven modosita y buena hija que esperaba su gran momento, el de convertirse en esposa y madre. Con su actitud, rompió esa imagen de adolescente inocente que la compañía había creado para ella. Elvis podía ser un rompecorazones pero su contrapartida, evidentemente no.

Las mujeres del rockabilly

Muchas mujeres surgidas del country empezaron a traspasar la línea que separaba las listas de country de las de pop. Al igual que sus compañeras del R&B, algo se estaba cociendo en el a veces anticuado y anquilosado mundo del country. Y fue ni más ni menos que con la explosión rockabilly cuando más empezó a suceder. Aunque Brenda Lee no fue precisamente considerada una artista de country o de rockabilly, se la recuerda más como ídolo pop adolescente, no hay duda de que sus primeros años estuvieron ligados al rock and roll. Su a veces aniñada voz le dio un aspecto original a su música que la diferenciaba del resto de sus compañeras. Supuso una novedad atractiva para el público, que cayó rendido a sus pies. Además, supo conectar tanto con los adolescentes como con la audiencia más adulta.

Brenda Lee empezó a grabar con once años para Decca y ya se la conocía como «Little Miss Dynamite», gracias a su forma de cantar. Pero antes de eso, se llamó Bren-

Brenda Lee

da Mae Tarpley y nació en Atlanta, Georgia. Con cinco años ganó su primer concurso y cantaba habitualmente en la radio local. Dos años después ya participaba regularmente en programas de televisión. Fue toda una estrella infantil. Pero su gran momento llegó en 1956 cuando firmó con Decca y publicó sus primeros éxitos. Empezó a trabajar en Nashville con Owen Bradley, el cual también había trabajo con Patsy Cline como productor. Con la explosiva «Sweet Nothin's» llegó al número 4 en el Top 40. Así dio su primer salto de las listas de country a las de pop. Recuperamos de la estantería de nuestra discoteca este primer hit de una Lee que aparece en portada con cara de niña buena. Lo ponemos en nuestra gramola y escuchamos una voz masculina susurrando cosas ininteligibles antes de que Brenda empiece a cantar las maravillas que su chico le dice al oído. Ya os podéis imaginar el efecto de la voz rota de Lee, la cara de angelito y el tema explosivo en los oyentes de los años cincuenta.

Sería el primero de muchos éxitos en los que supo equilibrar sus temas entre el country, el pop y el rockabilly. Muchos de sus éxitos estuvieron bañados por el rock, canciones como «Dynamite», «Little Jonah» o «Rock the Bop». No fue hasta los setenta cuando las baladas se hicieron con su carrera gracias a éxitos como «I'm Sorry», su primer número uno y un éxito de ventas, 10 millones de copias nada menos. Tenía 15 años y cantaba a amores adultos que seguramente desconocía. Pero su característica voz rasgada daba a sus interpretaciones una intensidad emocional mucho más madura que la que le correspondía por edad. Aunque sus éxitos continuaron, no tuvieron la intensidad de «Sweet Nothin's». Volvió a grabar con Owen Bradley y empezó una carrera centrada en el country que le brindaría nuevos éxitos durante los setenta y los ochenta.

La reina del rockabilly

Los años cincuenta no eran precisamente una época propicia para que una mujer se subiera a un escenario y menos aún para cantar rockabilly. Aún seguían esos prejuicios. La decencia se medía por cuánto encajabas con el modelo que la sociedad esperaba de una mujer, esposa y madre. Muchas de estas mujeres que se subían al escenario salían de un entorno como el del country. Muy alejada del ideal de adolescente perfecta que Brenda Lee o Janis Martin ofrecían, Wanda Jackson pronto dejó el country, lanzándose de lleno al rockabilly. Fue precisamente Elvis el que la animó a cambiar de rumbo. En aquel entonces hacían giras juntos. El rey del rock le abrió la puerta para acceder a su propio trono y convertirse en la reina del rockabilly.

El padre de Wanda Jackson había sido cantante de country hasta que llegó la Gran Depresión y tuvo que abandonar su pasión. Aun así, enseñó a su hija a cantar y tocar. Él le regaló a los siete años su primera guitarra. Y fue con ella en sus giras. Wanda Jackson fue una artista precoz, siendo apenas una niña ya tenía su propio programa de radio. Allí fue donde el cantante de country Hank Thompson la descubrió y la invitó a cantar con su grupo The Brazos Valley Boys. Con Decca grabó en 1954 el dueto «You Can't Have My Love» con el cantante de la banda de Thompson, Billy Gray. Fue todo un éxito en las listas de country.

Con 18 años firmó con Capitol Records. Fue por aquel entonces cuando conoció a Elvis e hizo giras con él. Fue él quién la convenció de que se acercara al rockabilly. Su voz era perfecta para una música con tanto fuego como aquella. Su primer acercamiento al género fue «I Gotta Know» en 1956. Una canción que combinaba a la perfección tanto country como rockabilly y que alcanzó el número 15 en la listas de country. Sus singles solían combinar una canción country por una cara y una rockabilly por la otra. Sin dejar de lado ninguno de los dos estilos que mejor dominaba. Pero lo que realmente atraía al público era la garra y fiereza de su voz.

Wanda Jackson

Wanda Jackson además componía sus propias canciones como «Mean Mean Man», uno de sus éxitos. Por eso sacamos de su funda el single de este tema, con su etiqueta azul de Capitol Records, para escuchar cómo Jackson nos canta sobre ese hombre mezquino al que ama. Un hombre al que le gusta jugar con ella pero que es incapaz de darle un beso de buenas noches, que nunca está cuando lo necesita pero al que aun así ama. Con su voz y su impresionante presencia escénica, Jackson era capaz de rockear como el que más. Sus éxitos así lo demuestran, temas como «Rock Your Baby» o «Fujiyama Mama». Pero fue con «Let's Have a Party», una canción que ya había cantado Elvis, con la que alcanzó el verdadero estrellato. Fue su primer hit en las listas del Top 40.

Las canciones de Wanda Jackson además mostraban en sus letras a una mujer fuerte y decidida que no se callaba y que era capaz de pedir lo que quería sin cortarse un pelo. Eso en una época en la que la mujer estaba mejor vista en casa y sin rechistar, dice mucho de la personalidad de la cantante. Y más en un mundo tan conservador como era el country. Wanda se subía a los escenarios con una actitud totalmente desinhibida. Aunque cosechó algunos éxitos más en el mundo del rockabilly, cuando la fama del género empezó a decaer, volvió al country que la vio nacer. En 1971 dio un vuelco total a su vida, cuando se convirtió junto a su marido al

Patsy Cline

cristianismo y empezó una etapa de discos gospel que dejó de lado totalmente su vertiente más rockera.

En las últimas décadas se ha vuelto a acercar al rockabilly gracias a Rosie Flores que en 1995 la invitó a participar en su álbum, *Rockabilly Filly*. También actuó con ella por los EE. UU. y participó en varios trabajos con los salvajes The Cramps o el *crooner* Elvis Costello. Sus últimos discos tienen títulos que dejan claro que la reina del rockabilly no ha colgado aún su corona: *The Party Ain't Over* producido por Jack White en 2011 y un año después *Unfinished Business* producido por Justin Townes Earle.

La voz que se fue demasiado pronto

Algunas voces fueron silenciadas antes de tiempo. Es el caso de Patsy Cline. No sabemos qué habría sido de ella si no hubiera perdido la vida tan joven, pero sí sabemos de su importancia para la música. Y aunque no es estrictamente una cantante de rockabilly, es una figura clave en la música que ha influenciado a innumerables cantantes. Recorremos los pasillos de nuestra discoteca en busca de sus discos. Su meteórica carrera duró cinco años y medio, logrando más de lo que muchos otros artistas lograron en muchísimo más tiempo. Tenía treinta años cuando un accidente de avión se la llevó.

Nacida como Virginia Patterson Hensley. Empezó a cantar en clubs nocturnos de adolescente, ataviada con los trajes de flecos que ella misma diseñaba y que su madre cosía amorosamente. Pero en 1955 encontró en su segundo mánager, Bill Peer a su mejor aliado. Él le consiguió un contrato con el sello 4-Star y le cambió el nombre a Patsy Cline. Con «Walkin' After Midnight» se convirtió en la primera cantante country en conseguir un éxito tanto en la listas country como en las de pop. Su aparición en la televisión cantando esta canción consiguió darle la fama que anhelaba. Cambió sus trajes de *cowgirl* por vestidos de cóctel y tacones altos. Se transformaba con su música.

Sacamos de su funda la delicada «I Fall to Pieces», su primer número uno. El productor Owen Bradley le dio el toque Nashville Sound que demandaba la canción. Un sonido que apareció a mediados de los cincuenta y que alejaba el country del honky tonk más rudo y lo acercaba a sonoridades más elegantes. Sonaban cuerdas, coros y estructuras pop, algo antes totalmente inusual en el country. En 1961, Patsy sufrió un grave accidente de tráfico que estuvo a punto de costarle la vida. Tres meses después ya estaba de nuevo en marcha. Fue entonces cuando llegó a sus manos «Crazy», una canción escrita por Willie Nelson y que Patsy Cline hizo suya al instante. Una de las canciones por las que siempre será recordada y que dio el salto a las listas de pop con facilidad. Cline tenía el don de atrapar al público con su voz y esas canciones que cantaban al desamor y el dolor más insoportable del abandono. Lástima que en 1963 se subiera a aquel avión y la perdiéramos para siempre para la música. Os dejo de momento escuchando su sentida interpretación de esta «Crazy». Suena en nuestra gramola mientras abandonamos el pasillo de esta planta de nuestra biblioteca musical. La voz de Patsy Cline nos despide mientras nos canta lo loca que está por nosotros. Subimos una planta en nuestra discoteca. Nos esperan los girl groups.

Capítulo 3

I'll Be There.
La era dorada de los girl groups.

Haciendo realidad los sueños de las adolescentes, los grupos femeninos de los cincuenta y sesenta lograron representar a toda una generación de jóvenes ansiosos y ansiosas por encontrar su voz en la música. Los girl groups tuvieron su época dorada, una en la que las mujeres se convirtieron en las protagonistas absolutas. Durante el nacimiento del rock and roll, este movimiento musical creció y floreció aprovechando la armonía de voces que el estilo vocal doo-wop (o duduá como se lo conoce aquí) proporcionaba, evolucionando hasta crear algo nuevo e irrepetible que copó las listas de éxitos durante un periodo determinado de tiempo. Pero igual que llegaron irrumpiendo como un maremoto musical, se fueron. Las mujeres dominaron la escena durante unos años hasta que los Beatles decidieron imitarlas y sin quererlo, barrerlas con su éxito. Ya les había pasado a los primeros músicos negros que crearon el rock and roll con la llegada de Elvis y compañía.

En los barrios marginales de las ciudades de Estados Unidos, grupos de amigas se reunían para cantar y vivir sus sueños. La calle era su territorio, los patios de sus edificios se llenaban de música a capela. Era barato y sencillo, solamente necesitaban sus voces y de eso iban sobradas. Hasta que lograron atraer el interés de las discográficas y escribir una página importante de la historia de la música. En ocasiones se ha dicho que eran grupos prefabricados por sus productores o sellos discográficos. La razón: normalmente no componían sus canciones y sus miembros eran muchas veces intercambiables. Aunque una de sus voces principales dejara la formación, seguían funcionando. Grupos como The Chantels, The Shirelles, The Crystals o The Shangri-Las abrieron una era que ha marcado la historia de la música. Aunque en principio no componían sus canciones, no hay que perder de vista que sí que había mujeres detrás de ellas que lo hacían. En el Brill Building se fabricaban sin descanso sus melodías de la mano de compositoras como Carole King y Ellie Greenwich. Luego llegó Phil Spector con las Ronettes y la Motown con Martha & The Vandellas, The Supremes y la eclosión de los girl groups arrasó con todo. Al menos hasta que desde Inglaterra voces como Dusty Springfield, Petula Clark o los primeros pasos de Marianne Faithfull anunciaban la llegada de la British Invasion y el declive de los grupos femeninos. Pero estamos de nuevo adelantando acontecimientos.

El inicio de los girl groups

En nuestra gran biblioteca hay un sección específica dedicada a este fenómeno musical, porque eso es lo que fue. Un género en el que, a pesar de todo, las mujeres llevaban la voz cantante y en el que consiguieron conectar con el público adolescente cantando sus miedos e inseguridades, reflejando una realidad que le era conocida y con la que se sentía totalmente identificado. Por fin, alguien cantaba sus sueños y sus anhelos. Y además lo hacían dando un poder inusitado a las mujeres que protagonizaban esas canciones. Hasta ese momento ellas habían sido el objeto de esas melodías, unas protagonistas secundarias. Ahora ellos pasaban a ser ese objeto, ese «baby» que a ellas les habían colocado demasiadas veces. Por fin, las mujeres tomaban las riendas de la relación, pedían salir a los chicos y decidían a quién querían y a quién no. Las escuchamos en poderosa armonía mientras paseamos por los pasillos llenos de vinilos. Mientras nuestros bibliotecarios y bibliotecarias clasifican, ordenan y guardan sus discos en nuestra particular biblioteca. La historia de los girl groups nos espera.

El sonido de estos grupos femeninos se construyó de nuevo desde las discográficas más pequeñas. No fue hasta tiempo después cuando los grandes sellos quisieron subirse, demasiado tarde quizás, al carro. Sellos como Scepter con The Shirelles o por supuesto Motown, con Martha & The Vandellas primero y con The Supremes después, fueron puntales para su desarrollo. Alrededor de este tipo de grupos se creó un entorno que se centró única y exclusivamente en ellas. Estos pequeños sellos focalizaron toda su atención y recursos en sus grupos femeninos, cuidaban hasta el más mínimo detalle y se encargaban de componer sus canciones, producir sus discos, vestirlas, peinarlas y gestionar la imagen que daban a su audiencia. Esa fue probablemente una de las razones de su éxito. El apoyo y atención constante de la gente que movía los hilos. Dos de los primeros grupos formados exclusivamente por mujeres, además de color, en entrar en escena y alcanzar el éxito fueron The Bobbettes y The Chantels. Ellas abrieron el camino.

The Bobbettes y su Mr. Lee

Recorremos nuestras estanterías para buscar el único éxito que The Bobbettes obtuvieron, «Mr. Lee». Lo sacamos de su funda y lo ponemos en la gramola. En esta canción este grupo de amigas le cantaban al amor que sentían por su profesor. ¿Qué tierno o tierna adolescente no se ha enamorado alguna vez de su profesor o profesora? ¿Habéis dibujado corazoncitos en vuestras libretas del insti mientras el profe de química escribía ecuaciones imposibles en la pizarra? Confesiones inconfesables. Pues sí, de eso va esta canción tremendamente pegadiza y adictiva. The Bobbettes eran apenas unas niñas, tenían entre once y quince años, cuando Atlantic las fichó en 1957. El grupo se había formado dos años antes cuando dos hermanas y unas cuantas amigas se juntaron para cantar. Acudían a la misma escuela en el Spanish Harlem en el que vivían y se las podía ver constantemente cantando en los patios y parques de su barrio.

El quinteto estaba formado por las hermanas Jannie y Emma Pought junto a Reather Dixon, Laura Webb y Helen Gathers. Actuando en funciones de la escuela y noches *amateurs* en el teatro Apollo encontraron al mánager James Dailey que les consiguió un contrato con Atlantic. Una de las grandes diferencias de este grupo de chicas, respecto a otros, es que ellas mismas componían muchas de sus canciones. Cuando entraron a grabar sus primeros cuatro temas, el gran protagonista fue «Mr. Lee». Un tema que empezó realmente como una canción sobre un profesor que no les gustaba en absoluto. Pero justo antes de entrar a grabar, Atlantic les pidió que cambiaran la letra para hacerla más apetecible para el público adolescente. Así el profesor más feo de la escuela se convirtió en «the handsomest sweetie that you ever did see» y en la canción de amor de una adolescente a su adorado profesor de instituto. Esa es la magia de la música. El éxito fue inmediato, tras su publicación, el tema subió al número seis del top en las listas de pop después de hacerlo también en las de R&B. Los siguientes dos años las chicas se los pasaron haciendo giras gracias al éxito de «Mr. Lee». Desgraciadamente, este fue el único hit del grupo, que falló irremediablemente intentado emularlo. Dos años después prácticamente copiaban su «Mr. Lee» con «I Shot Mr. Lee», en la que se congratulaban tenebrosamente de haber disparado a su pobre profesor en la cabeza. Maravillas de la adolescencia. Un día te quieren y al otro...

The Chantels

El mismo año en que The Bobbettes alcanzaban las mieles de la fama con su «Mr. Lee», The Chantels arrancaban su historia musical con una diferencia: consiguieron mantenerse al pie del cañón más de un hit. The Chantels eran también cinco amigas que se conocieron en la escuela católica del Bronx en la que estudiaban. Arlene Smith era la solista principal, mientras la acompañaban sus compañeras Sonia Goring, Rene Minus, Lois Harris y Jackie Landry. Las cinco se conocían desde siempre y habían cantando en el coro de la iglesia juntas. Su afición por la música las llevó también a cantar como grupo fuera de la escuela. Fans de Teenagers y de su cantante Frankie Lymon, las chicas se colaron en el *backstage* en uno de sus conciertos donde se toparon con el mánager de la banda, Richard Barrett.

Barrett era compositor, productor y cantante y muchas de sus canciones acababan en los sellos que George Goldner dirigía. Así que, impresionado por las voces de las chicas, las llevó ante el capo de la discográfica para encontrarse con su reticencia. Según él, los grupos de chicas no vendían. ¿Os suena de algo? ¿Cuántas veces se habrá oído salir esa frase de boca de un mandamás de una discográfica? Pero Barrett se emperró y amenazó incluso con largarse con sus canciones a otro sello. Le salió bien la jugada: Goldner fichó a The Chantels para End Records.

The Chantels

Recorremos nuestros pasillos hasta la C de Chantels para encontrar su primer single de 1957, en la cara A contiene «He's Gone» y en la cara B «The Plea», dos temas compuestos por la propia Arlene Smith y de los que Barrett hizo los arreglos. Contaba apenas 15 años y Smith ya cantaba al dolor de la perdida de su amado. La etiqueta negra del 45 rpm acredita a Arlene como autora junto a Goldner, el jefe de la discográfica, aunque él no compuso una nota. Había que asegurarse los beneficios, era práctica habitual. A pesar de las maravillosas armonías vocales que acompañaban la voz de Arlene en «He's Gone», el tema alcanzó solo el puesto 71. El éxito se hacía esperar.

Pero todo esto cambiaría cuando poco después publicaron su gran hit, «Maybe», un tema compuesto por Barrett que alcanzó el puesto 15 en las listas de pop y el 2 en las de R&B. Lo sacamos de su funda y nos fijamos de nuevo que está acreditado al mismo Goldner y un tal «Casey» que posteriormente fue acreditado correctamente a Barrett. Ponemos el single en la gramola. De nuevo, escuchamos cantar sobre ese amor perdido, ese dolor por la ausencia y la duda por haber hecho algo mal. Pura adolescencia llena de amores rotos e inseguridades. Luego llegó su aparición en el famoso programa televisivo *American Bandstand*. Y ya sabemos que la televisión es el trampolín definitivo a la fama. Poco después participaban en los *tours* que el DJ Alan Freed organizaba, eran las más jovencitas y otras artistas adultas cuidaban de ellas mientras viajaban.

En 1958 tuvieron dos nuevos éxitos con «Every Night (I Pray)» en el Top 40 y «I Love You So» que llegó al 42. Pero mientras los éxitos musicales llegaban, los bolsillos seguían vacíos. Lamentablemente, muchos de estos grupos no veían un centavo de sus ganancias. Todo se revertía a pagar a la discográfica la promoción del grupo, el alquiler del estudio, los músicos, etc. Seguramente les cobraban hasta el agua que bebían. Artistas que vendían miles de copias apenas recibían dinero por su trabajo. En 1959 Arlene Smith abandonó el grupo cansada de la situación y aunque The Chantels siguió sin ella, nunca alcanzaron ya la fama que «Maybe» les dio. Aun así, demostraron que los grupos de chicas podían vender tanto o más que los grupos masculinos.

Las razones del triunfo

El éxito de los girls groups conectaba con una realidad. La de una generación de adolescentes que empezaban a encontrar su voz en las canciones que estas chicas cantaban. Por fin, alguien narraba sus anhelos, sus pasiones, sus rupturas y sus vidas en primera persona. Aunque en los años cincuenta los grupos mayoritariamente formados por chicas eran una excepción, los sesenta supusieron la explosión de los girl groups. The Bobbettes y The Chantels abrieron una puerta a un género en el que las mujeres podían acercarse al rock dominando la escena y como absolutas protagonistas.

Ellas proporcionaron la voz a toda una generación de adolescentes que de repente encontraron un modelo a seguir. Chicas de su misma edad que cantaban sobre lo que ellas mismas sentían cada día. Ese fue su gran acierto. A pesar de ello, muchas veces se ha subestimado el papel de las propias cantantes en el éxito del fenómeno girl group. Siempre había detrás una mano que las dirigía, llámese productor, compositor o mánager. Normalmente un hombre. El hecho de que los grupos tuvieran una vida corta y que sus miembros pudieran cambiarse sin que prácticamente se notara en el resultado, ayudaba a fomentar esta creencia. Todas vestían el mismo traje, se maquillaban y peinaban igual. La fórmula del éxito se repetía hasta la saciedad, así que las chicas se veían obligadas a cantar lo mismo una y mil veces hasta que las quemaban sin remedio. Cuando dejaban de hacer hits, las cambiaban por otras más frescas y lozanas y vuelta a empezar. Al ser adolescentes y carecer de la experiencia necesaria en el negocio hacía que prácticamente no pudieran hacer oír su voz, a pesar de que eran ellas las que cantaban. Las decisiones siempre las tomaban otros, incluso las que afectaban directamente a su carrera. Pero lo cierto es que fueron sus maravillosas armonías vocales las que crearon la magia de los girl groups junto al buen hacer de los compositores, muchas veces mujeres como Carole King o Ellie Greenwich.

Pon un girl group en tu vida, el éxito está asegurado

Fue en 1961 cuando empezó la explosión del género. Y lo hizo gracias a otro grupo de adolescentes, The Shirelles y su tema «Will You Love Me Tomorrow». Fue el primer gran éxito del grupo, aunque vendrían muchos más. También fue el primer hit de una de las grandes parejas de compositores de la época, Carole King y Gerry Goffin. The Shirelles se convirtieron en la voz de los sueños adolescentes. Aunque no fueron las primeras, ellas crearon el sonido característico de los grupos femeninos de la era dorada del rock. Y lo hicieron con su armonía de voces bañada en la suave mezcla de pop-rock y R&B. Sus canciones se convirtieron en el reflejo de la vida de los adolescentes norteamericanos. Sus sueños se hicieron voz gracias a Doris Coley, Addie «Micki» Harris, Shirley Owens y Beverly Lee.

Las miembros de The Shirelles eran cuatro amigas que estudiaban en el instituto y que un día decidieron montar su propio grupo. Por aquel entonces se llamaban The Poquellos. Actuaban en las fiestas de su instituto. Allí fue donde las vio la madre de una compañera de clase, Florence Greenberg, dueña del sello Tiara. Con ella, ya como The Shirelles, firmaron un contrato y grabaron su primer éxito en 1958, un tema escrito por ellas mismas titulado «I Met Him on a Sunday». Después de recorrer nuestros pasillos atestados de vinilos, en la S de Shirelles hemos escogido una de las versiones de este tema. La que publicó Tiara antes de que la licenciaran para Decca. La sacamos de su funda para escuchar esta rítmica canción que relataba un amor de fin de semana al ritmo de palmadas y chasqueo de dedos. Todo ello bañado por la potente armonía de sus cuatro voces.

Un año después Greenberg lanzó su legendario sello Scepter. Pero para trabajar con The Shirelles, trajo al productor y compositor Luther Dixon, que había escrito canciones para Perry Como, Pat Boone o Nat King Cole, entre otros. La primera canción que hicieron juntos fue «Tonight's the Night», un tema escrito por la propia Shirley Owens. Cogemos el disco de la estantería y lo ponemos en la gramola. Owens nos cuenta los nervios previos de una adolescente que se prepara para su primera gran cita. Sus dudas, sus anhelos y sus miedos. Imaginándose esa futura cita, ese futuro romance que aún no existe y que seguro que pasará. A este tema, le siguió poco después «Will You Love Me Tomorrow», escrita por Gerry Goffin y Carole King. El primer gran éxito que marcaría el futuro del famoso dúo de compositores. Lo buscamos en nuestras estanterías y lo escuchamos seguidamente a «Tonight's the Night», porque es la consecuencia de la primera. Sacamos el single de su funda, la etiqueta nos dice que Dixon y King se encargaron de los arreglos. Lo colocamos en la gramola y cuando empieza a sonar, nos enteramos de que ya ha sucedido esa primera cita. Ha pasado lo que todos imaginábamos que pasaría. ¿Y ahora qué? ¿Me seguirás queriendo? ¿Habrá un futuro para nosotros? Se preguntan ellas mientras cantan. Imaginaos a miles de adolescentes escuchándolo y derritiéndose de amor. Hablaban su mismo lenguaje, entendían sus sentimientos.

Los éxitos se sucedían, alcanzando varios Top 10. Entre ellos, contando con King y Goffin también como compositores, estaban «Soldier Boy» o «Baby It's You» de Burt Bacharach y Hal David, canciones que cantaban la fidelidad a un amor eterno. Por desgracia, el éxito de The Shirelles estaba muy relacionado con la producción que Dixon hacía de sus temas y cuando este se marchó de Scepter, sus canciones se resintieron. Sus siguientes temas no alcanzaron ya el éxito de sus predecesores. Mientras tanto, las chicas habían cumplido los 21 años y alcanzaban la mayoría de edad. Hasta el momento Greenberg se había encargado de sus beneficios en un fideicomiso que de golpe y porrazo había desaparecido para pagar los gastos de la discográfica. La historia se repetía: la inexperiencia de unas jóvenes adolescentes que hacían ganar millones a un sello y de los que jamás verían un centavo. En 1968 dejaron la discográfica, obligadas por contrato a permanecer en Scepter hasta ese año. Poco después, Doris se retiró y el grupo siguió como trío. Ya no sería lo mismo.

The Shirelles

Al otro lado de la canción, las mujeres compositoras

Con The Shirelles, Carole King dio sus primeros pasos como compositora de éxito junto a su entonces marido Gerry Goffin. Las compositoras tuvieron más éxito que sus compañeras cantantes: tenían control sobre sus carreras, decidían donde querían trabajar y con quién. Y además se podían ganar la vida con ello, aunque no fueran la cara visible de sus éxitos. Las mujeres tenían una libertad de creación impensable en otros aspectos de la sociedad. Compositoras como Ellie Greenwich y la propia King acabarían haciendo arreglos y produciendo sus propias canciones. Se hicieron un nombre por su trabajo, tomando control casi total de sus canciones. Aunque muchas veces ellas no las cantasen ni decidiesen quién las cantaría. Como compositoras, arreglistas y productoras podían ir un paso más allá que sus compañeras intérpretes, que se veían relegadas al rol de simples cantantes sin decisión sobre sus carreras ni sobre lo que cantaban. Puede que estas compositoras estuvieran a la sombra de sus éxitos, pero tuvieron más libertad a la hora de dedicarse a lo que verdaderamente les gustaba.

Carole King, la compositora

Cuando crearon su primer éxito para The Shirelles, King y su marido trabajaban para Aldon Music pero hacía ya muchos años que Carole King se dedicaba a la música, a pesar de su juventud. Nacida en 1942, empezó a tocar el piano, que tantos éxitos le traería, con cuatro años. Cuando era adolescente cantaba en grupos vocales. Ya entonces grabó algunos singles que no tuvieron éxito. Su talento como cantante aún tardaría en florecer. Quedaban unos años para convertirse en estrella gracias a su excelente *Tapestry*. Cuando estudiaba en el Queens College conoció a Gerry Goffin, con el que se casó. Ambos decidieron que lo suyo no era la universidad y que la música estaba esperándoles con los brazos abiertos, así que dejaron sus estudios e intentaron ganarse la vida como compositores. Don Kirshner los contrató para escribir canciones en el famoso Brill Building. Su éxito fue inmediato, sus canciones empezaron a sonar en gran parte de las voces de los sesenta. Aunque King siguió grabando algunos singles como «It Might As Well Rain Until September» que alcanzó el Top 40, pronto dejó de cantar para dedicarse solamente a la composición y la producción. En el entorno del Brill Building y sus edificios adyacentes se creó un paraíso compositivo al que iban a parar sellos, intérpretes y productores en busca del hit perfecto. Allí trabajaban incansablemente estas mujeres, componiendo canciones con absoluta libertad para crear.

King y su marido no trabajaron solamente con The Shirelles sino con un sinfín de grupos a los que les proporcionaron sus creaciones. Durante los sesenta, produjeron muchos de los éxitos que se colaban en el Top 40 día sí y día también. Muchos cantados por voces femeninas. Así que una mujer sola parecía tener mucha más presencia en las listas que las mujeres que cantaban sus canciones. Entre ellas «The Loco-Motion», un hit que fue directo al número uno cantado por Little Eva. Eva Boyd, casualidades de la vida, era la niñera de King y Goffin en aquellos días. Aunque fue el único éxito de Little Eva, fue uno de los primeros signos del florecimiento de esta pareja de compositores que a partir de entonces no pararon de proporcionar éxitos, uno detrás del otro.

The Chiffons fue otro de los grupos que se nutrieron del talento compositivo del matrimonio. Judy Craig, Patricia Bennett, Barbara Lee y Sylvia Peterson se conocieron en el instituto del Bronx en el que estudiaban. Y evidentemente crearon su propio grupo vocal. Su primera grabación en 1960 fue una versión del «Tonight's the Night» de The Shirelles. Después de grabar con diversos sellos pequeños, grabaron una maqueta con su mánager, el compositor Ronnie Mack, que contenía su primer gran éxito «He's So Fine». Laurie Records las fichó y lanzó el single de esta canción en 1963. Vamos a buscar este tema entre los vinilos de nuestras estanterías, con su etiqueta negra y roja, el tema compuesto por Mack serviría de inspiración para que George Harrison creara su famoso «My Sweet Lord». Si escucháis la canción de Harrison reconoceréis la influencia enseguida. Con ese «Do-lang, do-lang» repitiéndose a lo largo de toda la canción mientras Judy Craig canta las dudas sobre ese chico que le gusta y al que no sabe si acercarse o no. Hasta que decide que lo va a hacer suyo cueste lo que cueste. Ah, las dudas y la valentía del amor adolescente. La canción estuvo cinco semanas seguidas en el número 1.

Su siguiente single fue escrito por King y Goffin, «One Fine Day». Aunque originalmente este tema había sido grabado por Little Eva, las voces de Eva fueron borradas y sustituidas por The Chiffons. Maravillas de la tecnología de los sesenta. Alcanzaron el número 5, lo sacamos de la funda que las muestra sonrientes y con sus conjuntados vestidos negros. Aparecen perfectamente peinadas y maquilladas. «Algún día, algún día, te darás cuenta de que soy el amor de tu vida y volverás a mí», canta Judy Craig acompañada por las perfectas armonías vocales de sus compañeras. Una canción que además contiene el magistral piano de Carole King. Siguiendo con la tónica del «fine» en el título de sus canciones grabaron también «A Love So Fine» que entró en el Top 40 por los pelos. Y aunque posteriormente intentaron alejarse del género girl group con otro tipo de canciones al final volvieron al redil aunque ya no con el éxito que sus dos primeros hits les habían proporcionado.

El talento compositivo de Ellie Greenwich

Otra de las grandes compositoras que se escondía tras los éxitos de la época era Ellie Greenwich. Primero en solitario y después junto a su marido Jeff Barry. Nacida en Brooklyn en 1940, se mudó con su familia a Levittown, Nueva York con 11 años. Aunque sus primeros pasos musicales fueron al acordeón, aprendió a tocar el piano de forma autodidacta y pronto empezó a componer sus propias canciones. Formó su primer grupo con dos amigas en el instituto. Con 17 años publicó su primer single para RCA, mientras estudiaba en el Queens College. Grabó algunos temas bajo varios nombres pero ninguno hizo despegar su carrera como cantante. Hasta que un día se plantó en el famoso Brill Building, donde se cocía buena parte de los éxitos musicales del momento, y consiguió que Jerry Lieber y Mike Stoller la ficharan como compositora. Fue una casualidad, ellos en realidad estaban esperando a Carole King. Aquello de estar en el sitio adecuado en el momento justo parece que es cierto. Greenwich no se cruzó realmente con el éxito hasta 1963, cuando empezó a trabajar con Phil Spector escribiendo para él temas que cantarían Darlene Love, The Crystals, The Shangri-Las y The Ronettes. Pero vayamos por partes, antes de adentrarnos en el universo Spector.

Antes de llegar ahí, Greenwich trabajó con The Exciters, un grupo femenino de Queens que había llegado al número 4 con «Tell Him» de Gil Hamilton pero que no consiguió repetir el éxito con los siguientes temas que Greenwich coescribió. Ella y su marido empezaron también a trabajar como compositores para el sello Red Bird, lanzado por Lieber & Stoller en 1964. Allí el grupo The Dixie Cups grabaron «Chapel of Love» compuesta por Barry/Greenwich y el propio Spector, que ya había sido grabada por The Ronettes y The Crystals pero no se había publicado aún. Una canción que fue directa al número 1 y que cantaba la ilusión de ir hacia el altar con el amor de tu vida. Pasábamos de los anhelos adolescentes, al siguiente paso, la felicidad marital. Menudo chollo. En Red Bird también estaba una de las formaciones que marcaron la diferencia entre los girl groups.

The Shangri-Las, las chicas duras

Las canciones de estos grupos femeninos eran en su mayoría un exaltamiento del amor juvenil, de la felicidad y el buen rollo adolescente. Pero The Shangri-Las aportaron con su música algo totalmente diferente. Ese sentido del melodrama que acompañaba a sus composiciones. Vestidas de forma totalmente diferente al resto de sus compañeras, que lucían elegantes vestidos de cóctel, The Shangri-Las se calzaban las botas y los pantalones de cuero para narrar sus historias de amor adolescente, motos y accidentes fatales. Se alejaban así de esa imagen de dulce adolescente que el resto de los girl groups ofrecían. Sus canciones tenían un tono más oscuro que las de sus compañeras, incluso un poco más adulto. Motoristas salvajes, accidentes mortales, amores imposibles, todo eso bañaba sus canciones.

El grupo lo formaban dos pares de hermanas de Queens, Marge y Mary Anne Ganser y Mary y Betty Weiss. Se conocieron en el instituto y empezaron a cantar en concursos locales. Ya habían grabado un par de singles sin demasiado éxito, antes de que el productor George *Shadow* Morton les diera su primer hit con un tema que había escrito él mismo, «Remember (Walkin' in the Sand)» y que Greenwich y Barry adaptaron. Buscamos entre las estanterías de nuestra discoteca el primer single de éxito del grupo. Lo sacamos de su funda y observamos su característica etiqueta amarilla con el pájaro rojo tocando la guitarra acústica, logo del sello Red Bird. Nada más bajar la aguja y recorrer los surcos del single, escuchamos el dramático piano y la voz de Mary Weiss mientras nos explica que hace dos años su amor la abandonó y que ahora le manda una carta en la que cruelmente le cuenta que ha encontrado a otra. Mientras, ella recuerda los momentos de amor que pasaron juntos en la playa, con esas gaviotas sonando cuando caminaban en la arena cogidos de la mano. En esta canción ya aparecían los elementos que caracterizaron su música y que las diferenció de otras formaciones: los recitados, el drama, un toque operístico en las melodías, sonidos de ambiente (las gaviotas, más adelante las motos) y las palmadas o el chasqueo rítmico con los dedos.

«Remember» llegó directo al número cinco en las listas pero fue sin duda su siguiente single el que las hizo famosas. Obra esta vez del dúo formado por Jeff Barry y Ellie Greenwich junto al propio Morton. La pareja de compositores se convertirían en

The Shangri-Las

creadores de casi todas las canciones del grupo. Vamos a escuchar el famoso «Leader of the Pack». Lo sacamos de la funda, en la imagen de la cual vemos a tres de los miembros del grupo con sus características botas y pantalones de cuero, sus chalecos y sus camisas con chorreras. Junto a ellas, el motorista protagonista de la canción. La escuchamos en la gramola. Primero suena ese diálogo entre la protagonista y sus amigas que le preguntan si vendrá a buscarla en su moto a la escuela, seguida de esa abertura con el rugir de la motocicleta justo cuando cantan el título de la canción. Y por supuesto, no podía faltar ese derrapar de ruedas sobre la carretera que anuncian la tragedia de su amor. Mary Weiss cantaba de nuevo la historia de unos modernos Romeo y Julieta que vivían un amor imposible. Él es la figura del chico malo, un motorista con su rugiente y peligrosa motocicleta y ella, una joven inocente que a través de su amor puro pretende sacarlo de la mala senda.

Una de esas historias imposibles, un drama adolescente en toda regla que acaba con la muerte del motero en un accidente y nuestra protagonista prometiendo nunca olvidarle. Un número 1 directo a las listas.

En los años siguientes consiguieron algunos éxitos más con nuevas historias trágicas de desamor escritas también por Greenwich y su marido. Entre ellas «He Cried» o «Give Us Your Blessings», en las que los amantes morían trágicamente de nuevo aunque sin un motero malote al que echar de menos. Esta última canción repetía la fórmula de su gran éxito pero solo les valió un puesto 30. Su último Top 10, fue «I Can Never Go Home Anymore», un tema compuesto por Morton de nuevo. Lo colocamos en la gramola y escuchamos esta trágica historia. Una joven que tiene una existencia solitaria hasta que llega a la escuela un chico nuevo del que se enamora. Pero su madre cree que es demasiado joven para él, aun así la joven decide fugarse con su amor. Curiosamente, lo olvidará pronto pero será demasiado tarde, su madre morirá y nunca podrá volver a su casa para abrazarla. Terrible historia. Cargada de drama, con una Mary Weiss gritando desesperada ese «Mama» desgarrador. The Shangri-Las eran diferentes. Su imagen no era como las de las demás y sus canciones más dramáticas. A pesar de sus éxitos y del hecho diferencial de este grupo, sufrieron el mismo destino que sus compañeras, no vieron un centavo de sus éxitos. El grupo cambió Red Bird por Mercury a finales de los sesenta para desaparecer poco después.

L'enfant terrible de los girl groups, llega Phil Spector

The Crystals fue otro de los grupos con los que Ellie Greenwich trabajó asiduamente para el Svengali por excelencia, Phil Spector. Mucho se ha escrito sobre él y sus extravagantes métodos de producción que ayudaron a crear su famoso Wall of Sound. A Spector siempre se le ha relacionado con el sonido que los girl groups hicieron famoso. Su primer éxito le llegó con una canción que escribió en el instituto, fue directa al número uno cantada por The Teddy Bears. Supuso el inicio de una carrera imparable que le llevó a producir a gente de la talla de LaVern Baker o Ruth Brown, entre otras. Poco a poco, Spector cogió experiencia y se hizo un nombre en la industria. Hasta que en 1961 creó su propio sello: Philles Records. Allí fue donde recalaron The Crystals. Formadas en Brooklyn por un grupo de amigas: Barbara Alston, Dolores Brooks, Dee Dee Kenniebrew, Mary Thomas y Patricia Wright. Spector produjo y compuso su primer éxito, el primero además que lanzaba en su nuevo sello, el single ganador llegó hasta el número 20 de las listas. Lo buscamos entre los pasillos de nuestra discoteca de Alejandría, entre las decenas de éxitos que produjo Spector. «There's No Other (Like My Baby)» nos cuenta la historia de ese amor, que en voz de Altson, cree que no hay otro como él y que un día la convertirá en su mujer. Ay, el amor adolescente, qué bonito e ingenuo al mismo tiempo.

Pero el éxito no les dio la felicidad. Pronto The Crystals descubrieron que Spector les timaba el dinero que ganaban. ¿Y van cuántas mujeres engañadas que no cobran por el trabajo que realizan? Aun así siguieron trabajando con él, Spector era dueño de su nombre y las tenía atadas por contrato. Poco le importaba a Spector lo que querían sus cantantes. Al fin y al cabo, era su dueño, debía pensar. Así que como eran un poco caprichosas y le daban más de un dolor de cabeza quejándose, decidió grabar canciones de The Crystals sin The Crystals. Hecha la ley, hecha la trampa. El nombre era suyo y podía hacer lo que quisiera con él. El problema es que luego ellas se veían obligadas a actuar cantando esas canciones de las que no veían un centavo porque no eran realmente grabaciones suyas. Un buen ejemplo de ello fue la canción de Gene Pitney «He's a Rebel» que atribuida a The Crystals fue grabada en realidad por The Blossoms con Darlene Love como voz cantante. Ellas se enteraron cuando el disco llegó al número 1. Su propio nombre en el número 1 y ellas sin saberlo. Sacamos el single de «He's a Rebel» de la funda, efectivamente, el nombre de The Blossoms o Darlene Love no sale en ningún sitio, Gene Pitney aparece como autor y Phil Spector como productor. La escuchamos mientras Love nos canta esta nueva historia de amor entre un chico malo y una joven inocente. Un rebelde porque no hace lo que tiene que hacer pero que para ella no lo es, porque la quiere y la trata bien.

Este no fue el único tema que Love cantó como The Crystals, de hecho, serían muchos más y no solo cantados por The Crystals. El público nunca sabía que en realidad la cantante original no era la misma. Spector nos dio gato por liebre pero lo pudo hacer gracias al talento de Darlene Love, por supuesto. Entre los éxitos atribuidos a The Crystals que Love cantó están «He's Sure the Boy I Love». Mientras, ellas grababan otros temas con menos éxito. Greenwich y Barry crearon los dos temas de The Crystals que llegaron al Top 10 y que realmente cantaba el grupo: la rítmica «Da Doo Ron Ron» y la

The Crystals

romántica «Then He Kissed Me». Fueron sus dos últimos singles que llegarían al Top 40. Por aquel entonces, dejaron de tener interés para Spector. Ya había empezado a trabajar con The Ronettes y había fijado su vista en su cantante principal. Abandonadas y liberadas al mismo tiempo del yugo de Spector, tuvieron los ovarios de demandarlo por los derechos de sus canciones. Lamentablemente, perdieron. Lo que sí que ganaron fue el derecho a seguir usando su nombre.

La voz en la sombra

Tampoco os creáis que Darlene Love tuvo más suerte que The Crystals a la hora de sacar partido de los discos que grabó encubierta para Spector. Love es una de las grandes voces de la música, la que ha estado siempre oculta a la sombra de otras estrellas. A pesar de tener una de las voces más impresionantes del rock, Love ha pasado la mayor parte de su carrera cantando como vocalista de sesión en estudio o haciendo coros para otros artistas. Seguramente no sabes quién es, ni la cara que tiene pero la habrás escuchado más de una vez o dos o tres veces. No solo fue una de las cantantes principales en muchos de los éxitos de Phil Spector aunque su nombre no apareciera en los créditos. Ya os he contado lo que pasó con «He's a Rebel». Sino que también hizo los coros para un sinfín de canciones que fueron éxitos producidos por Spector para The Crystals, The Ronettes o los Righteous Brothers.

Darlene Wright es hija de un pastor pentecostalista. Por supuesto, sus primeras experiencias musicales fueron en el coro de su iglesia. Después de escucharla cantar allí, Fanita James le pidió que se uniera a su grupo, The Blossoms. Pronto se convirtieron en una de las formaciones más demandadas para hacer coros para diferentes sellos discográficos, hasta que Phil Spector se cruzó en su camino. Fue precisamente él quien le sugirió a Darlene que cambiara su nombre por el más comercial Love. No paró de trabajar con él. De hecho, con él se formó realmente como cantante de estudio. Y aunque se ganaba mejor la vida que las verdaderas estrellas trabajando en el estudio, no recibía *royalties* por sus grabaciones. Los éxitos se sucedían y tras «He's a Rebel» grabó «He's Sure the Boy I Love» pensando que le darían crédito, cosa que nunca pasó. Siguió grabando canciones como «Zip-A-Dee-Doo-Dah» o «(Today I Met) The Boy I'm Gonna Marry» como voz principal o como corista en «Da Doo Ron Ron» con The Crystals, «Be My Baby» de las Ronettes o «You've Lost That Lovin' Feelin» de los Righteous Brothers. Pero esto no revertía económicamente en su bolsillo, era joven e inexperta y seguramente eso pesó mucho.

La carrera como solista de Darlene Love no tuvo nunca el éxito que una gran voz como la suya se merecía. Seguramente tendrás en casa, sin saberlo, algún disco en el que ella canta. Nunca dejó de trabajar. Entre 1957 y 1972 The Blossoms grabaron incansablemente para diferentes músicos pero también bajo su propio nombre. Su carrera después se dividió entre las sesiones de estudio, giras como corista para grandes estrellas y el cine. Afortunadamente, el talento de Love se reconoció cuando en 2011 entró en el Rock and Roll Hall of Fame y por fin se hizo patente su papel esencial en la historia del rock. Ya era hora.

Huyendo de Spector

Como muchas otras mujeres que acabaron en las garras de Phil Spector, The Ronettes sufrieron el mismo destino prácticamente que sus compañeras, con el agravante que su cantante principal acabó casándose con Spector. Ronnie, así la llamaban los que la conocían, se convertiría en la nueva y peligrosa obsesión del fanático productor. Veronica «Ronnie» Bennett formó The Ronettes junto a su hermana Estelle y su prima Nedra Talley. Aunque en un principio se llamaban Darling Sisters y cantaban en Bar Mitzvahs en el Spanish Harlem, pronto se convirtieron en Ronnie and the Relatives y actuaron en las noches amateurs del Apollo. Su mánager de entonces les consiguió en 1961 un contrato con Colpix Records. Con ellos grabaron cuatro canciones: «I Want a Boy», «What's So Sweet About Sweet Sixteen» ,«I'm Gonna Quit While I'm Ahead» y «My Guiding Angel». Ninguna fue un éxito, pero el grupo empezó a bailar y cantar en el famoso Peppermint Lounge de Nueva York alcanzando cierta fama.

Fue Estelle quien se atrevió a contactar con el famoso productor Phil Spector. Deseaban llegar más lejos. Spector se fijó inmediatamente en Ronnie y quiso ficharla a ella en solitario. Pero los padres de las chicas se negaron en redondo y tuvo que quedarse con el grupo entero. Ya desde el principio Spector se encargó de fomentar las rivalidades internas entre las chicas, dándole siempre trato de favor a Ronnie. El productor se obsesionó con la cantante hasta límites insospechados. Ronnie pronto lo descubriría. Empezaron además su famoso y tortuoso romance que acabaría en matrimonio fatal. The Ronettes publicaron con él sus grandes éxitos.

Su debut oficial en Philles Records fue con la potente «Be My Baby». Otro tema firmado por Greenwich y Barry junto a Spector, como podemos ver en la etiqueta del single. Lo ponemos en nuestra gramola. En este tema destaca la voz de Ronnie pidiéndole a su chico que sea eso, su chico. Muchas de estas canciones enviaban mensajes

The Ronettes

contradictorios a las jóvenes adolescentes, porque socialmente estaba muy mal visto que una chica fuese detrás de un chico, pero en sus canciones estos grupos lo fomentaban. Alimentaban así las fantasías de millones de adolescentes. Usando un lenguaje totalmente coloquial y cercano a los jóvenes que las escuchaban. Ellas llevaban el control de la relación. Es ella la que le pregunta a él si quiere ser su chico y no al revés, como venía siendo habitual. Era algo totalmente impensable, una mujer llevando las riendas de una relación a principios de los sesenta y más una adolescente. Una verdadera revolución.

Aunque «Be My Baby» fue su mayor hit, le siguieron temas como «Walking in the Rain», «Do I Love You» o «I Can Hear Music». Actuaban junto a los Stones o los Beatles, sus canciones estaban en alza pero Spector había empezado a perder interés en el grupo. Aunque seguían grabando no publicaba sus canciones, pero mantenía a Ronnie cerca y bien atadita en corto. Tras el parón que supuso para la carrera de Spector el fallido «River Deep, Mountain High» de Ike y Tina Tuner, las Ronnettes dejaron de existir. En 1968 y tras divorciarse de su primera mujer, se casaron y Spector convirtió a Ronnie en prisionera en su propia casa. El maníaco que siempre había sido empezaba a surgir peligrosamente. En aquel tiempo permaneció prácticamente apartada de la música. Hasta 1973 no logró escaparse de las garras de su marido.

Aunque Ronnie Spector intentó recuperar su carrera tras el divorcio, le costó bastante. En 1983 ella y el resto del grupo demandaron a Spector por los derechos de sus canciones y ganaron. En 1999 publicó un EP producido por Joey Ramone, *She Talks to Rainbows* y empezó por fin a reconocerse su papel en la historia del rock. Lejos ya del yugo del hombre que la apartó de la fama, en 2007 The Ronettes entraron en el Rock and Roll Hall of Fame. Dos años después de que el grupo entrara en él, Phil Spector era condenado por asesinato y acababa con sus huesos en la cárcel. Mientras, Ronnie Spector ha trabajado en los últimos años con artistas de la talla de Patti Smith o Keith Richards y sigue publicando y actuando en directo.

La Motown, rompiendo barreras en las listas

La verdadera explosión del fenómeno girl group llegó con el éxito de Motown. Phil Spector abrió la puerta. Luego llegó la Motown y arrasó con todo. El maremoto que supuso el éxito del sello fue algo sin precedentes. Berry Gordy consiguió lo impensable, que sus grupos alcanzasen los primeros puestos de las listas del Top 40 sin problemas. Saltando de las listas de R&B destinadas a un público de color, llegaban a las listas de las audiencias blancas de pop. La Motown llegó en un momento crucial para la historia de América. Con el Movimiento de Derechos Civiles en auge, la música se convirtió en un arma más para luchar contra el racismo. La música hecha por músicos de color se había visto siempre como algo negativo por la mayoría blanca. Pero las canciones con las que los girl groups inundaron las ondas en los sesenta, eran de todo menos amenazantes. Ellas consiguieron atravesar esa barrera invisible que el racismo había impuesto incluso en la música.

Motown tuvo una fuerza motora y fue su creador Berry Gordy. Su obsesión desde un principio fue crear una diva, una que tuviese éxitos a ambos lados de las listas. Una que se convirtiera en un fenómeno en sí misma. Y lo consiguió, vaya si lo consiguió. Y lo hizo invirtiendo dinero y esfuerzos inacabables en sus artistas. Algo impensable hacía apenas unos años. Los artistas de color se veían obligados a grabar de forma bastante pobre y casi con escasa distribución, sobre todo los de rock, además su circuito de conciertos estaba más limitado. Pero Gordy fue más allá, tuvo una visión global y se propuso llegar a un mercado más amplio, a una audiencia a la que antes nunca había llegado. Para ello creó un entramado completo que apoyara a sus artistas, desde *management* hasta composición de sus canciones así como un sello discográfico para grabar y distribuir sus trabajos. Todo esto significaba no depender de los demás para llegar al gran público: Gordy controlaba todos los aspectos de la carrera de sus artistas. Cuando no estaban grabando o de gira, los mandaba a su escuela dirigida por Maxime Powell, donde les enseñaba cómo debían comportarse como artistas Motown. Nunca tanto *glamour* salió de una ciudad tan poco glamurosa como Detroit. La señorita Powell les enseñó a ser elegantes, educadas y perfectas. Les enseñó a caminar, a moverse, a vestirse, a peinarse y a comportarse en sociedad. Les dio la sofisticación que sería marca de la casa. Cada aspecto era controlado al milímetro y el resultado era evidente.

Sus primeros éxitos

Berry Gordy empezó en la música componiendo canciones junto a su hermana Gwen. Antes había sido boxeador y trabajó en una cadena de montaje de Ford. También fue dueño de una tienda de discos. Tras algunos éxitos en las listas, entre ellos el famoso «Money (That's What I Want)» fundó Motown en 1959 gracias a un préstamo de su familia. Motown era la contracción de Motortown, como era conocida la ciudad de Detroit, una de las cunas de la industria automovilística estadounidense. La ciudad motorizada se convirtió en creadora del más puro *glamour* en las voces femeninas de la Motown. La compañía empezó desde la casa de Gordy, que contó con la ayuda de su mujer y muchos miembros de su familia. Los éxitos no se hicieron esperar. En 1961 nacía su primer grupo femenino, The Marvelettes y su primer número uno en las listas de pop y de R&B con la inolvidable «Please, Mr. Postman». Busquemos el disco entre nuestras estanterías, entre los cientos de éxitos de Tamla Motown, el sello en el que publicaba sus canciones la compañía. Lo sacamos de la funda, con ese dibujo del buzón de correos típicamente estadounidense. La etiqueta amarilla gira sin parar en nuestro gramófono mientras la voz rota de Gladys Horton le suplica llorosa al cartero que le haga llegar esa carta de un novio del que hace demasiado que no sabe nada. Imaginaos esa estampa, repetida en la casa de millones de adolescentes embelesadas de amor mientras sonaba la tonadilla en cuestión. No es de extrañar que fuera al número 1 directamente.

The Marvelettes eran la propia Horton, Katherine Anderson, Georgeanna Tillman, Juanita Cowart y Wanda Young. Juntas habían ido a la misma escuela y aunque en un principio se llamaron The Marvels, pronto cambiarían su nombre cuando se cruzaron en el camino de Motown. Llegaron al sello tras ganar un concurso de talentos en su instituto que les garantizó una audición. Volvieron tras la audición con un tema propio que coescribió Georgia Dobbins y que les dio la gloria, el del famoso cartero. Gordy las contrató sin dudarlo y además les cambió el nombre. Triunfarían ya como The Marvelettes. Su siguiente éxito fue «Playboy» que llegó al Top 10 en 1962 y que co-escribió Gladys Horton. En ella advertían de los peligros de los chicos malos que juegan con los sentimientos de jóvenes ingenuas y les rompen el corazón. «Playboy, mantente alejado de mi puerta», repetían una y otra vez, «Cuidado, es un Playboy».

Tras «Playboy», el grupo tardaría cuatro años en volver a tener otro éxito pero para entonces Berry Gordy estaba demasiado ocupado con sus grandes estrellas, su ojito derecho: The Supremes. Perdió el interés por The Marvelettes, no sería el primer caso, y un año después el grupo se separaba. Porque Mr. Gordy podía agasajarte como la mejor pero una vez perdía interés en ti, ya no eras nadie.

La primera estrella de la Motown

Pero la primera artista de Motown que dio el salto internacional fue Mary Wells. Su primera estrella. Y lo hizo gracias al éxito de «My Guy», un tema que llegó al número uno en las listas inglesas en 1964. Mary Wells había nacido en Detroit en 1943. Evidentemente, empezó a cantar en la iglesia siendo apenas una niña. Cuando era adolescente cantaba en las funciones del colegio y formaba parte de grupos vocales en los que era la única mujer. Con dieciocho años dio el gran salto, gracias a una audición con Berry Gordy. Aunque había ido como compositora, la interpretación de su tema «Bye Bye Baby» convenció a Gordy del talento de Wells como cantante. Escuchamos el single con esa etiqueta rosa de Motown en el que Wells le canta a un amor que le rompió el corazón y al que le dice adiós. «Lo siento pero cogiste mi amor y lo tiraste a la basura», le dice, «ahora no quiero saber nada de ti, pero algún día volverás buscando ese amor que ahora desperdicias». Ahí es nada. Pocas mujeres cantaban cosas así en esos años. Este fue su primer single para Motown y aunque alcanzó el número 45 en las listas de pop, pronto llegaron los hits en el Top 10 gracias a «The One Who Really Loves You», «You Beat Me to the Punch» y «Two Lovers».

Mary Wells

Aunque el verdadero éxito de Mary Wells llegó con «My Guy». Buscamos el single entre nuestras estanterías, en la sección dedicada a Motown. Escrita por Smokey Robinson, Wells nos cuenta en ella el amor que siente por ese hombre al que ama sin ver sus defectos. Parece que le cuenta a una amiga o una rival, o quizás a una madre que intenta convencerla de que es demasiado joven para él, que por mucho que le diga, su hombre es perfecto y nada ni nadie la podrá separar de él. Número uno durante dos meses consecutivos, le valió a Wells cruzar el charco y actuar junto a los Beatles. Cuando cumplió 21 años, ella y su marido, también trabajador de Motown, decidieron dar el salto a Fox tras una batalla legal con Motown. Pensaban seguir triunfando con su música y haciendo además películas. Lamentablemente, no hubo estrella del cine, ni rodó ningún film, ni tuvo más éxitos en las listas.

El primer grupo Motown

A Motown nunca le faltaron los talentos femeninos, pronto Martha & The Vandellas aparecieron en escena. Martha Reeves y sus compañeras se convirtieron, junto a The Supremes, en uno de los grupos estandarte del sello discográfico. Martha Reeves ya había actuado en varios grupos femeninos, como The Fascinations, antes de formar en 1960 The Del-Phis junto a Annette Beard, Rosalyn Ashford y Gloria Williams. Con este nombre grabaron con Chess-Mate Records «My Baby Won't Come Back», un single que no tuvo demasiado éxito. Pero la suerte se cruzó en el camino de Martha Reeves cuando ganó un concurso gracias al que actuó en el club Twenty Grand. Allí fue descubierta por el A&R de Motown, William «Mickey» Stevenson.

El *glamour* de una estrella no fue precisamente lo que vivió en sus inicios en la compañía, ya que fue contratada como secretaria. Aunque este puesto le daría la oportunidad de conocer a los compositores que luego le darían sus mayores éxitos. Aparte de mecanografiar y contestar al teléfono, Reeves también solía hacer los coros a otros artistas del sello como Marvin Gaye. Su gran suerte fue que un día Mary Wells no se presentó a una grabación. Estaba en el lugar adecuado, en el momento justo. Grabó «I'll Have To Let It Go», un tema que llamó la atención del fundador de Motown, Berry Gordy. Pronto firmó con él junto a dos de sus compañeras en The Del-Phis, Rosalind Ashford y Annette Beard como Martha & The Vandellas. Van por la calle Van Dyke de Detroit y Dellas por la cantante favorita de Reeves, Della Reese.

«Come and Get These Memories» fue su primer éxito, escrito por el trío Holland-Dozier-Holland, con los que siempre se asociaría su sonido. Aunque la fama les llegó de verdad con «Heat Wave», un tema tremendamente pegadizo, bailable e irresistible para las listas. Entre nuestras estanterías buscamos el single para escucharlo. Con él supieron representar a la perfección esa sensación que todo adolescente ha sentido alguna vez en su vida, cuando el amor te golpea por primera vez, como una ola de calor que te arde por dentro. Esa sensación de no saber qué te está pasando. El primer amor arrasando sin remedio. Aunque posteriormente tuvieron muchos otros éxitos, fue sin duda «Dancing in the Street», coescrito por Mickey Stevenson, Marvin Gaye e Ivy Joe Hunter, el que marcó en 1964 el punto más álgido de su carrera.

«Dancing in the Street» combinaba varios de los elementos característicos del sonido de Martha & The Vandellas y por extensión de Motown. Aparte de la impresionante voz de Reeves mezcla de R&B y gospel y los coros armonizados de sus compañeras en esa famosa llamada y respuesta, teníamos las acertadas composiciones de Holland-Dozier-Holland y unos vientos acompañados de una sección rítmica potente. Ellas le dieron su himno a Motown. Pero busquemos este tema entre las estanterías de nuestra discoteca de Alejandría y escuchemos a Martha & The Vandellas en este canto a la libertad, a la diversión, a bailar, a disfrutar de la vida y a hacerlo juntos. Una invitación a lo largo de la nación para que la gente se conociese, para unirse y ser una comunidad. Un fuerte mensaje, sin duda, en un momento en el que el Movimiento por los Derechos Civiles estaba en pleno auge.

A pesar de los éxitos del grupo, pronto se verían eclipsadas por la llegada de The Supremes. Martha Reeves siempre se quejó de que Motown las promocionaba mucho más en detrimento de su grupo. Y seguramente tenía razón. Gordy se había propuesto crear a la diva por excelencia y la encontró en Diana Ross. La marcha del trío Holland-Dozier-Holland del sello propició también una caída en el éxito de las canciones que hasta ahora habían compuesto para Martha & The Vandellas. En 1971 se despidieron de la compañía. Desaparecieron poco después cuando Martha Reeves emprendió una carrera en solitario, con la que lamentablemente no tuvo tanto éxito.

Y llegaron The Supremes

Martha & The Vandellas no fue el único grupo que Berry Gordy dejó de lado. En su mente tenía un ideal de grupo perfecto, elegante y refinado y hasta que no lo consiguió no paró. Pero para ello, dejaría de prestar atención también a muchas otras formaciones que habían proporcionado éxitos a la casa. Su ideal era crear una diva que arrasase en las listas de pop y de R&B, destacando a una figura por encima del resto de chicas. Como hizo más tarde también con Diana Ross & The Supremes. Reeves siempre defendió al grupo como formación. Aparte de haber sido prácticamente la única que se quejó no solo por el trato que recibían en detrimento de The Supremes sino por los pagos por su trabajo, como ha afirmado en diversas entrevistas a lo largo de su carrera. Pero Martha & The Vandellas no fueron las únicas que sufrieron el desplante de Gordy. Mientras tuvieron éxitos, grupos como The Velvelettes, Brenda Holloway o The Marvelettes fueron del interés del sello, pero una vez que The Supremes empezaron a cosechar hits todas las demás desaparecieron del mapa. A pesar de estar tres años sin un éxito, Gordy apoyó a The Supremes sin descanso y sin prestar atención al resto de sus grupos. Al final, la fama de The Supremes le dio la razón pero acabó centrándose en ellas teniendo al alcance de sus manos todo un catálogo de triunfadoras cuyo talento se quedó por el camino.

The Supremes fue sin duda uno de los grupos femeninos más importantes de los sesenta. Ellas coronaron las listas sin descanso en un momento en el que los grupos británicos habían empezado a arrasarlo todo con los éxitos de la British Invasion capitaneada por los Beatles. Diana Ross, Florence Ballard y Mary Wilson se conocieron de niñas en el barrio de viviendas sociales de Brewster, Detroit. Su primer grupo se llamaba The Primettes, y fue creado como contrapunto al grupo masculino The Primes, que más tarde acabaría convirtiéndose en The Temptations. En 1960, grabaron su primer single para Lupine como The Primettes siendo ya un cuarteto junto a Barbara Martin. Se llamaba «Tears of Sorrow» y no tuvo éxito. Habían hecho varias audiciones para Smokey Robinson y el propio Berry Gordy, pero las consideraron demasiado jóvenes para ficharlas. Ellas inasequibles al desaliento, se pasaban el día visitando el cuartel general de la Motown tras salir de clase. Tenían 15 añitos. Su insistencia dio fruto y finalmente las contrataron para hacer coros en grabaciones de otros artistas. En 1961 firmaban ya como grupo, fue Gordy precisamente quien hizo que se cambiaran el nombre. Se convirtieron en su proyecto personal. Apostó por ellas y la jugada le salió bien.

Sus primeras grabaciones no fueron precisamente éxitos. Barbara Martin dejó la banda tras el primer single y se convirtieron en trío. Ese primer single fue «I Want a Guy», con Diana Ross como voz cantante. Lo que se convertiría en algo habitual. En un principio todas las chicas intercambiaban sus puestos y en algún momento ejercían de voz principal, algo que con Gordy al mando se acabaría y que crearía muchas tensiones en el grupo. En esta canción, Ross le cantaba a la vida por tener a un chico a su lado. De nuevo haciéndose eco de los anhelos adolescentes. Aun así les costó arrancar y conectar con la audiencia. Fueron unos cuantos años de intentos fallidos hasta entrar en las listas en 1963. A pesar de ello, Gordy sabía que The Supremes eran una mina de oro y no cejó en su empeño de lanzarlas a la fama. Para ello, las convirtió en la prioridad del sello y les asignó a sus mejores compositores Holland-Dozier-Holland, responsables del éxito de sus compañeras Martha & The Vandellas. Su primer single en entrar en las listas fue «When The Lovelight Starts Shining Through His Eyes», que a pesar de su largo título, llegó al número 23. Recorremos los pasillos de nuestra discoteca buscando la sección dedicada a The Supremes y sacamos el single de la estantería, vamos a escuchar este alegre y rítmico canto. Un tema que cambiaba su estilo musical dándole más vida y ritmo que sus anteriores trabajos. Esta canción nos cuenta la historia de una chica que se hizo la dura ante el chico que le gustaba pero que finalmente cayó rendida a sus pies deseando que le hiciera el caso que ella antes no le había hecho. Paradojas de la vida.

Un año después llegó su segundo disco *Where Did Our Love Go* con el que batieron todos los récords imaginables. Un tema que Barbara Wilson hubiera querido cantar pero que de nuevo se llevó Ross. Se convirtió en el primer álbum de la historia en tener tres singles en el número 1. «Where Did Our Love Go» sería el primero de cinco números 1 consecutivos que The Supremes conseguirían entre 1964 y 1965 junto a «Baby Love», «Stop! In the Name of Love», «Come See About Me» y «Back in My Arms Again». Todos ellos escritos por Holland-Dozier-Holland. Escuchamos en nuestra gramola todos estos impresionantes cantos al amor y al desamor que marcaron sin duda a toda una generación de adolescentes, pero que también consiguieron llegar a un público más adulto. Además de conseguir cruzar las barreras sin parar entre las listas de pop y las de R&B. Por fin Gordy conseguía a las divas que estaba buscando.

Los éxitos no se quedaron ahí y siguieron copando el Top 10 sin despeinarse. Estupendas, maravillosamente vestidas y conjuntadas como si fueran tres clones que a la hora de la verdad no lo eran. No solo otros grupos del sello se quejaban de la excesiva atención que recibían, sus propias compañeras veían como Diana Ross cada vez tenía más protagonismo. Eran la prioridad y misión principal de Motown.

Y su carrera fue imparable, al igual que el ascenso de Diana Ross a la primera plana. Grababan anuncios para Coca-Cola, salían en los programas de televisión más famosos, fueron portada de *Time* e incluso tenían productos con su nombre. El sueño de cualquier empresario: encontrar a la gallina de los huevos de oro. Para Gordy, las Supremes lo fueron.

No todas The Supremes vivieron el éxito de la misma manera, las compañeras de Diana Ross veían como cada vez eran apartadas un poco más del centro de atención mientas Gordy bebía los vientos por su estrella principal. Florence Ballard fue la que peor lo llevó. Fue ella una de las instigadoras del grupo y su talento era menospreciado. Pronto empezó a llegar tarde a los ensayos o las actuaciones teniendo que ser sustituida por alguna corista, la bebida apareció en su vida y los problemas crecían para ella. En 1965 era despedida. Ballard tuvo menos suerte que sus compañeras. Cuando fue despedida perdió el derecho a usar las

Diana Ross

The Supremes

canciones o el nombre de The Supremes, incluso se quedó sin *royalties*. Aunque logró un mejor acuerdo del que tenía en un principio y fichó por ABC, los singles que lanzó con ellos no dieron los frutos deseados. Además tuvo la mala suerte de que su abogado la timó y quedó poco del pellizco que pudo sacar de Motown. Perdió su casa y acabó viviendo de la beneficencia. Murió tras sufrir un infarto en 1976.

Tras la marcha de Ballard, el grupo se convirtió en Diana Ross & The Supremes. La situación se fue complicando para el resto de sus compañeras, Ross ya no ensayaba con ellas y a veces incluso grababa las canciones en solitario. Las señales estaban ahí. En 1969 Ross emprendió su exitosa carrera en solitario y abandonó The Supremes. Jean Terrell la reemplazó hasta 1977 cuando el grupo se separó definitivamente. A pesar de ello, no hay duda de que The Supremes marcaron un hito en la historia de la música. El sonido que ayudaron a crear gracias a los esfuerzos de Motown dio paso al soul, ese sonido que nació de la mezcla entre gospel y blues. Ellas ayudaron a allanar el camino a otras artistas de color que se convirtieron en verdaderas estrellas en los años venideros. Y todo gracias a la melodía de sus conjuntadas voces.

No solo sabemos cantar. Otro tipo de girl groups

Muchos eran los grupos de chicas que copaban las listas de éxitos en los Estados Unidos, pero ninguna de estas mujeres tocaban en los temas que cantaban. El rock como tal era visto como algo predominantemente masculino y las mujeres tenían una presencia mínima como acompañantes vocales pero nunca como protagonistas. La única parcela en la que pudieron dominar la escena fue gracias a los *girl groups*, pero como señalé antes, la mayoría no componía sus canciones y mucho menos las tocaba. Las mujeres que en los años sesenta se atrevieron a formar su propia banda y a tocar sus propios instrumentos eran escasas, pero existían. Muchas de ellas influidas por la tremenda ola expansiva que significó la llegada de la British Invasion encabezada por los Beatles. Bandas como Goldie and The Gingerbreads, The Liverbirds o The Pleasure Seekers demostraron que un grupo formado por mujeres podía tener tanta energía sobre el escenario como uno formado por hombres. En aquellos años era difícil encontrar un modelo a seguir, una mujer tocando la guitarra o la batería en la que fijarse para seguir su ejemplo. Esa imagen era impensable. Demasiado lejos quedaban mujeres como Memphis Minnie.

Las mujeres estaban rompiendo barreras. En los años sesenta con el movimiento de los derechos civiles en marcha y los primeros pasos de la liberación de la mujer, el rol femenino salía de su encorsetado y rígido papel de novia, esposa y madre ama de casa. La sociedad estaba cambiando y con ella las mujeres que la vivían. No es de extrañar que ellas también quisieran expresarse componiendo e interpretando sus propias canciones. No eran muchas, pero estaban ahí, en los garajes de sus casas, intentado crear sonidos muchas veces influenciados por las bandas de la British Invasion y por el blues. Mientras se avecinaba el fenómeno Beatles, muchos grupos empezaron a empaparse de esos nuevos sonidos y adaptarlos a sus interpretaciones. Quizás no eran los músicos más virtuosos pero sin duda le ponían pasión mientras ensayaban en los garajes de sus padres hasta desfallecer.

Normalmente estos grupos eran amigas, incluso familiares, muchas veces hermanas que decidían juntarse para tocar. Aunque muchos de sus nombres ni siquiera os suenen, hay una razón para ello: Fueron adolescentes que tuvieron una corta carrera musical, con pocas grabaciones a sus espaldas, ha quedado poco que redescubrir y lo cierto es que es una lástima. En nuestra biblioteca, por suerte, tenemos algunos ejemplos de estas grabaciones. En los años sesenta a cualquier adolescente se le regalaba una guitarra eléctrica con la que imitar a sus ídolos, pero si eras una chica, tenías suerte si te dejaban tocar el violín o el piano. No se animaba a las adolescentes a tocar la guitarra, el bajo y mucho menos la batería. Eso, por lo visto, era cosa de hombres. Así que este tipo de grupos eran casi una *rara avis*.

Goldie & The Gingerbreads, el primer grupo femenino en fichar por una major

Una de las excepciones fueron Goldie & The Gingerbreads que además alcanzó un nivel profesional raro para la época. La banda estaba formada por Goldie Zelkowitz a las voces, Margo Lewis al teclado y Ginger Bianco a la batería. El grupo ya tenía expe-

Goldie & The Gingerbreads

riencia como formación en trío, incluso habían ido de gira con Chubby Checker por Europa. Su nombre provenía de un juego de palabras con el nombre de Ginger y el apelativo cariñoso con el que su madre llamaba a la cantante Genya Ravan, más conocida como Goldie. Sin embargo, se les resistía encontrar a la guitarrista perfecta hasta que se cruzaron con Carol MacDonald. Las guitarristas de rock eran también escasas por no decir que casi inexistentes.

MacDonald nació en Delaware y aunque empezó a tocar el ukelele con nueve años, se pasó a la guitarra a los diez. En el instituto ya tocaba en un par de bandas, una de ellas de rock y otra de doo-wop. Pronto recibió una oferta para grabar su propio disco en Filadelfia. Y con el permiso de sus padres, aún era menor, se trasladó allí para grabar su primer single: «I'm in Love» en una cara y «Sam, Sam, Sam, My Rock and Roll Man» en la otra. Pero aún estaba por llegar la banda que la haría famosa. Después de dejar la universidad se mudó a Trenton, Nueva Jersey. Una noche acabó en un club de jazz del Village de Nueva York, el Page Three. Se subió al escenario a cantar y así consiguió un bolo semanal en el club como cantante. Allí fue donde conoció a Goldie & The Gingerbreads y aunque le ofrecieron unirse al grupo como guitarrista ella prefirió seguir su camino. MacDonald no tuvo mucha suerte, a pesar de conseguir un contrato con Atlantic, no podía tocar la guitarra ni escribir su propia música. Querían hacerla encajar en la idea de mujer cantante que la industria tenía y no le gustó demasiado. Hasta le cambiaron el nombre por el de Carol Shaw. Por suerte, Goldie & The Gingerbreads se volverían a cruzar en su camino. Las vio tocar de nuevo en directo y esta vez sí, decidió subir al escenario con ellas. No había más que decir. Juntas ficharon por Atlantic.

El problema al que se tenían que enfrentar estas bandas femeninas es bien conocido, y lamentablemente aún siguen encontrándoselo numerosas mujeres que se dedican al rock. Los promotores y dueños de locales estaban más interesados en el hecho de que eran una banda formada solo por mujeres que por la música que tocaban. Así pensaban atraer más público masculino a su sala. Sin embargo, el grupo empezó a relacionarse con toda una serie de bandas de la British Invasion que estaban empezando a despuntar en EE. UU. y que habían aterrizado en Nueva York, su base de operaciones. Así fue como el mánager de The Animals, Michael Jeffery se interesó por ellas y les ofreció una gira por Inglaterra. Allí grabaron su primer éxito en 1965, «Can't You Hear My Heartbeat». Escuchamos en nuestro tocadiscos esta rítmica melodía que describe el latido del corazón de una joven enamorada cada vez que ve al joven objeto de su deseo.

Problemas con el permiso de trabajo de las chicas en Inglaterra hicieron que las llevaran a Hamburgo a tocar en los mismos clubes en los que hacía poco se habían estado curtiendo los Beatles. Mientras estaban allí, su primer tema sonaba en las listas inglesas con razonable éxito. Así que volvieron corriendo a las islas para recoger el fruto de su trabajo. Tocaron junto a bandas como The Rolling Stones, los Yardbirds, The Animals o The Beatles. Y aunque eran verdaderas estrellas, Atlantic solamente publicó tres de sus singles. El éxito de «Can't You Hear My Heartbeat» no cruzó el charco ya que en Estados Unidos, una versión de Herman's Hermits, publicada dos semanas antes que la suya, ya había cosechado sus éxitos en las listas. La de Goldie & The Gingerbreads quedó sepultada en el olvido. Tampoco recogieron los beneficios de sus constantes giras y sus tres singles en el *top* de las listas inglesas. Tres años de duro trabajo se fueron al garete cuando descubrieron que su mánager se había quedado con su dinero. Cuando volvieron a los Estados Unidos, sin dinero y sin éxito, la banda tardó poco en separarse.

Las hermanas Vinnedge y The Luv'd Ones

Otra de estas rarezas musicales fue el grupo The Luv'd Ones. Formado por dos hermanas: Charlotte y Christine Vinnedge. Al contrario que muchas otras adolescentes de la época, los padres de ambas las animaban a seguir sus sueños musicales. Su padre incluso les construyó un estudio en el sótano de su casa en Michigan. En los sesenta las mujeres podían dedicarse al folk, al pop o estar en un girl group, pero lo que era en el rock, no es que tuvieran mucha cabida. No se esperaba de unas jovencitas que se marcaran poderosos *riffs* de guitarra sino que fuesen monas y educadas, que hicieran caso a sus padres y estudiaran hasta encontrar un buen marido. Tocar un instrumento o componer sus propias canciones estaba muy lejos del ideal que la sociedad esperaba de una mujer.

Las hermanas Vinnedge sin embargo, siguieron otro camino. Primero como The Tremolons en 1964. Charlotte cantaba y tocaba la guitarra eléctrica y Christine el bajo. Junto a ellas estaban Mary Gallagher a la guitarra rítmica y Faith Orem a la batería. Durante cinco años estuvieron tocando juntas. Aunque en sus inicios casi se vieron obligadas a seguir el ejemplo de otras bandas para intentar encajar en lo que se esperaba de un grupo de chicas, pronto sus ansias de crear su propio estilo empezaron a cambiar el sonido del grupo y se transformaron en The Luv'd Ones. Charlotte o Char, como la llamaban familiarmente, era la líder nata del grupo. Aparte de cantar y tocar la guitarra, era la compositora de los temas de la banda. Pero también se encargaba de todo lo relacionado con el funcionamiento de la misma, desde buscar conciertos hasta llevar a la banda hasta la sala conduciendo la furgoneta.

La música de The Luv'd Ones se veía claramente influida por el estilo compositivo de Char que tenía un tono oscuro que las alejaba del pop más frívolo de otros grupos. Pero no solo sus letras eran diferentes. Su forma de tocar la guitarra la acercaba a uno de sus héroes, por eso la llamaban la Jimi Hendrix femenina. Como siempre, había que comparar a la mujer con un hombre. Pero su estilo marcó las canciones de la banda, era su sello personal. Su sonido

The Luv'd Ones

evolucionó de canciones pop melancólicas a una psicodelia oscura perfecta y que se adelantó a su tiempo.

The Luv'd Ones firmaron con Dunwich Records, aunque nunca publicaron un disco con ellos. Solo siete de sus canciones vieron la luz en los sesenta en forma de disco. Tres sus singles y material inédito fue publicado en los noventa por Sundazed bajo el nombre *Truth Gotta Stand,* un preciado tesoro que recoge toda su obra. Una lástima que no nos llegará más material suyo. En sus directos solían combinar versiones de canciones populares con algunos temas originales, algo habitual en el repertorio de las bandas de la época. Con la diferencia esencial de que sus propias composiciones estaban alejadas de la típica tónica adolescente, sus canciones eran más maduras y oscuras de lo habitual. A ello ayudaba la voz de Char, cantaba en un registro bajo que proporcionaba ese tono oscuro. Pero también su forma de tocar la guitarra, le encantaba el pedal de efectos y eso se notaba. Era una consumada guitarrista, algo extremadamente raro para la época. Inquieta guitarrista, siempre estaba experimentando en busca de nuevos sonidos.

Escuchamos algunos de estos singles, como el primero que publicaron con Dunwich Records. Sacamos de su funda «I'm Leaving You» para escucharlo en nuestro tocadiscos. En esta canción Charlotte le dice al hombre que la ha engañado y le ha mentido que lo abandona. Sin compasión. En «Yeah, I'm Feeling Fine» canta acompañada por el coro de voces de sus compañeras lo bien que se siente. Mientras en «Dance Kid Dance» anima a divertirse antes de que se acabe el verano y el invierno llegue. Todo ello bañado por la rítmica psicodelia oscura de la voz de Charlotte, su guitarra con unos solos perfectos y el sonido del resto de la banda que la acompaña.

Lamentablemente, al alejarse de lo que la discográfica esperaba de un grupo femenino, The Luv'd Ones perdieron el apoyo de la misma. No estaban preparados para algo así, tampoco se molestaron en apreciar lo que tenían delante. Char tenía muy claro lo que quería para la banda y eso a los ejecutivos del sello, hombres, por cierto, no pareció gustarles. Así que a pesar de grabar varios singles con ellos, nunca les publicaron un disco. La banda se separó en 1969 cuando Christine se quedó embarazada y dejó el grupo. A principios de los setenta Charlotte grabó un álbum de tributo a su gran ídolo musical, Hendrix, con uno de los bajistas del guitarrista, Billy Cox. El disco se llamó *Nitro Function* y aunque tuvo bastante éxito en Europa, en Estados Unidos tanto ella como The Luv'd Ones fueron unas desconocidas para la historia del rock.

The Liverbirds llegan desde Liverpool

The Liverbirds fue otro de esos grupos que se salían de la marca establecida. Formado en Liverpool en 1963, estaba integrado por Valerie Gell a la guitarra, Mary McGlory al bajo y su hermana Sheila también a la guitarra, Sylvia Saunders a la batería y la cantante Irene Green. En un principio se llamaron The Debutones. Se dice que más tarde se llamaron The Liverbirds por el pájaro mítico símbolo de su ciudad natal. Aunque la banda era bastante buena, tuvieron que enfrentarse desde un principio a la incredulidad de sus compañeros músicos. Llegaron a tocar junto a The Rolling Stones o The Kinks pero pronto vieron cómo su guitarrista y su cantante se marchaban del grupo. Ambas fueron sustituidas por Pamela Birch. Su voz se convertiría en una de las características del sonido de la banda. Oscura y casi bluesera armonizando con la voz de Mary.

Siguiendo los pasos de bandas de Liverpool como The Beatles acabaron en Hamburgo tocando en el Star Club. Las anunciaban como las Beatles femeninas. Algo que les dio bastante fama. De nuevo comparándolas con sus compañeros masculinos. Un poco cansino, ¿verdad? Allí tuvieron bastante éxito y grabaron dos discos *Star-Club Show 4* y *More of The Liverbirds*. Ambos están en nuestra particular discoteca de Alejandría. Los buscamos en las estanterías. Los dos con esa etiqueta roja característica de aquel club infame en el que los Beatles se forjaron como músicos y que acogió a The Liverbirds como una de sus mejores bandas. Escuchamos uno de sus éxitos «Peanut Butter», la rítmica canción ya mostraba ese sonido crudo de la banda con la voz profunda de Pamela guiándola. En sus directos mezclaban éxitos del R&B y el soul, canciones de Chuck Berry o Bo Didley del que también interpretaban «Diddley Daddy». Birch también componía algunas de las canciones de la banda como «Why Do You Hang Around Me?» en la que demostraba su talento con un toque más sofisticado y un sonido Merseybeat 100%, incluido ese *riff* de guitarra marca de la casa. La banda se separó en 1968 tras un tour bastante exitoso por Japón, la razón: Valerie y Sylvia dejaban la banda tras casarse. Otro impedimento para que las mujeres se dedicaran a la música: el matrimonio.

Suzi Quatro antes de Suzi Quatro

The Pleasure Seekers es más conocida como la banda en la que empezó Suzi Quatro, pero era mucho más que eso. Surgieron desde Detroit, una de las ciudades más rockeras de los Estados Unidos. Empezaron como una banda de garaje adolescente. Cuenta la leyenda que las hermanas Quatro formaron el grupo después de ver a The Beatles tocar en el show de Ed Sullivan. Era 1964 y eran unas adolescentes. Llevaban apenas unas semanas practicando y ya consiguieron ser una de las bandas fijas del club Hideout. Junto a Suzi y su hermana Patti, la banda la formaban en un principio Nancy Ball a la batería, Mary Lou Ball a la guitarra y Diane Baker al piano. El padre de

Baker tocaba en la banda del padre de las hermanas Quatro, un trío de jazz. Más tarde esta última sería sustituida por Arlene Quatro, otra de las hermanas.

En 1965 la banda publicaba su primer disco en la discográfica Hideout. Buscamos el primer single en las estanterías de nuestra discoteca, los sonidos de los girl groups se endurecían de golpe y las guitarras eléctricas empezaban a rugir. En la primera cara del single «Never Thought You'd Leave Me» y en la segunda «What a Way to Die», compuestas según reza la etiqueta por David Leone, dueño del club y el sello Hideout. La cara B de este single es una de esas rarezas que se alejaban de los típicos temas que trataban las canciones de los girl groups: los chicos, las citas, el amor y el desamor. En cambio, «What a Way to Die» habla de algo totalmente diferente. Suzi canta desenfrenadamente que prefiere una cerveza al amor de su chico. Y que puede que no pase de los 21 pero qué maravillosa forma de morir, bebiendo una buena birra. No es de extrañar que el disco no tuviera demasiada repercusión. Chicas embutidas en cuero cantando que prefieren la cerveza a un buen marido. Escándalo.

A pesar de ello, en 1968 se convirtieron en una de las primeras bandas formada solo por mujeres en firmar para un gran sello como Mercury. Con ellos publicaron su segundo single con «Light of Love» en la primera cara y «Good Kind of Hurt» en la segunda. No paraban de tocar en directo por todo Estados Unidos. Al ser un grupo de chicas, atraían mucho más al público masculino a las salas de conciertos. Mientras, intentaban luchar contra los deseos de su discográfica de ponerles vestidos monos y convertirlas en una cosa que ellas en realidad no eran.

El grupo mutó en la banda Cradle en 1969, cambiando su sonido y endureciéndolo, componiendo más temas propios. Arlene se había convertido en mánager de la banda y otra de las hermanas Quatro, Nancy también se unió a la misma. Hasta que en 1971, Suzi firmó con el productor Mickie Most y su sello RAK. Suzi se marchó siguiendo su propio camino rumbo hacia Inglaterra y el éxito. Aunque Cradle continuó unos años más sin ella.

Los sesenta fueron unos años prolíficos para la música protagonizada por mujeres. Los girl groups florecieron y dominaron el panorama musical. Por una vez en la vida, las mujeres copaban las listas de éxitos y llevaban la voz cantante. Aunque muchas veces no compusieran sus propios temas o no tocaran los instrumentos que los interpretaban, ellas eran las caras visibles. Nunca antes tantas mujeres habían llegado tan lejos. Aquellos años abrieron puertas que nunca más se cerraron. Un nuevo tipo de mujer nació de ahí, una sin miedo a decir lo que pensaba, cantar lo que sentía y ser protagonista de su propia historia y al mismo tiempo de la historia de la música.

Suzi Quatro

Capítulo 4

Respect.
Las mujeres toman la voz.

Tras los girl groups aparece un nuevo tipo de mujer en escena. Los grupos de chicas eran dirigidos en su mayoría por hombres que les decían qué tenían que decir, cómo vestirse o cómo actuar. Ahora aquellas mujeres perfectas y conjuntadas dan paso a mujeres temperamentales que querían escribir su propio camino y no se dejaban dirigir. Ya no son mujeres intercambiables dentro de un grupo, sino artistas solistas con fuertes personalidades. Mujeres como Tina Turner, Aretha Franklin o Joan Baez. Mientras, en Inglaterra voces como Dusty Springfield, Petula Clark o los primeros pasos de Marianne Faithfull anunciaban también la llegada de la British Invasion y el declive de los grupos femeninos.

Las mujeres tomaban la palabra y ejercían su derecho a expresarse. Y lo hacían de una forma que antes no se había visto. Por fin, cantaban e interpretaban sus propias composiciones, clamaban por los derechos civiles en sus canciones, se expresaban sin tapujos y arrasaban en el escenario con shows incendiarios. Adiós mujeres modositas de aspecto adolescente, con trajes de cóctel a juego. Hola, mujeres poderosas y adultas. Los tiempos estaban cambiando. A mediados de los sesenta las solistas empezaron a sustituir en las listas a los girl groups y lo hicieron con las cantantes inglesas liderando este cambio. Aunque no tuvieron tanta suerte como sus compañeros masculinos The Beatles o The Rolling Stones, que sí que lograron arrasar. A excepción de Petula Clark y Dusty Springfield, el resto de sus compañeras tuvieron más dificultades a la hora de alcanzar los primeros puestos de las listas estadounidenses. Muchas de estas artistas eran herederas del sonido surgido de Detroit gracias a Motown pero desde una visión más adulta e independiente, alejada de esa idea de niña adolescente que representaban las chicas de los girl groups. Curiosamente, ellas además duraron mucho más y tuvieron carreras mucho más longevas que los efímeros girl groups.

Las artistas solistas inglesas

En los sesenta la Invasión Británica de bandas de rock and roll llamaba a la puerta de los EE. UU. con los Beatles a la cabeza. Y con ellos venían también algunas de sus estrellas solistas. Aunque es cierto que los grupos ingleses empezaron a arrasar en EE. UU. en detrimento de los *girl groups*, solamente The Supremes lograron competir con los cuatro de Liverpool. En lo que respectaba a las solistas inglesas, era otro cantar. Las cantantes inglesas tenían que enfrentarse muchas veces a un material pobre y a una producción que simplemente pretendía imitar los éxitos estadounidenses. Pero lo cierto es que las artistas solistas dominaban las listas inglesas más que los grupos femeninos. Pero enfrente de sus compañeros masculinos, difícilmente alcanzaban su fama. Los grandes sellos ingleses tenían a su artista fetiche que intentaba imitar el éxito de los girl groups pero de una manera más modosita acorde con el público inglés. Hubo algunas excepciones pero entre tanto Beatles, Kinks o The Rolling Stones era difícil que las mujeres encontraran su sitio. Aun así artistas como Petula Clark, Dusty Springfield, Cilla Black, Lulu o Marianne Faithfull consiguieron hacerse un hueco y algunas incluso dieron el salto a los EE. UU.

Petula Clark ha sido probablemente la cantante que más éxito ha tenido en la historia de la música inglesa, pocas han coronado tantas veces las listas de su país como ella. Pisó los escenarios por primera vez con siete años gracias a su madre, soprano de profesión. Con 11 años era habitual en los programas de radio ingleses e incluso tenía su propio show radiofónico, *Pet's Parlour*, donde animaba a las tropas inglesas. Ella fue una de las primeras estrellas de la música británica.

Ella tuvo la suerte de triunfar al otro lado del charco siendo ya una adulta. Estaba en la treintena y tenía detrás una carrera de éxitos. No era una tierna adolescente como muchas de sus compañeras en las listas aquellos días. Su largo bagaje profesional la ayudó a mantener una carrera larga y prolífica. En 1965 alcanzaba los primeros puestos de las listas estadounidenses con el clásico «Downtown». Recorremos las estanterías de nuestra discoteca en busca de los éxitos de la inglesa para escuchar su primer gran hit. Compuesta por Tony Hatch, le vino la inspiración en un viaje a Nueva York mientras paseaba por Broadway y Times Square. La canción conseguía recrear la atmósfera especial de la gran manzana. Era la versión sobre la ciudad de un visitante extranjero. Enganchó al momento. Y Clark se convertía en la primera mujer inglesa que entraba en el Top 1 estadounidense. En los sesenta consiguió 15 hits en los Estados Unidos, dos de ellos números unos y lo hizo con su madurez y su elegante presencia. Mientras en Inglaterra solo consiguió ocho. Nadie es profeta en su tierra, dicen. Numerosos films, éxito en el teatro e innumerables discos han mantenido a Petula Clark como una de las grandes voces de la música y quizás la primera estrella mediática. Un verdadero icono del pop.

El alma soul de Dusty Springfield

Otra de las artistas inglesas que consiguió dar el salto a América fue Dusty Spring-field, la diva inglesa del soul. Y además lo hizo como heredera de ese sonido girl group que creó Motown. Las cantantes inglesas presentaban una imagen mucho más adulta,

incluso sofisticada, que sus compañeras americanas. Buen ejemplo de ello era Springfield. Una mujer que rompió con todos los estereotipos de la época. ¿Una mujer blanca cantando soul? Pues sí. Su pasión por la música de la Motown la llevó a presentar un programa televisivo en Inglaterra llamado *The Sound of Motown*. Gracias a ello, hizo llegar la música de Otis Redding, James Brown o el sonido de la Motown y Stax a las audiencias inglesas.

Mary Isabel Catherine Bernardette O'Brien canta-ba a finales de los años cincuenta en un grupo de soul llamado Lana Sisters. Ya desde un principio demostró su gran querencia por los sonidos de la música negra americana. En 1960 formó el trío de folk The Spring-fields junto a su hermano Dion y Tim Field. Con ellos tuvo sus primeros éxitos en las listas inglesas: «Island of Dreams» y «Say I Won't Be There». Incluso consi-

Dusty Springfield

guieron cruzar el charco en 1962 con «Silver Threads and Golden Needles». Un año después emprendió su carrera en solitario cantando soul, que era lo que en realidad le gustaba y la llamó desde un principio.

En 1964 publicó su primer single en solitario «I Only Want to Be with You» que al-canzó los primeros puestos tanto en las listas estadounidenses como en las inglesas. Lo sacamos de su funda, lo ponemos en nuestro tocadiscos y escuchamos la dulce y potente voz de Dusty cantando aquello de «solo quiero estar contigo». Nuestros bi-bliotecarios bailan al ritmo de su voz. No es de extrañar que fuera un éxito inmediato. El tema estaba compuesto por Mike Hawker e Ivor Raymonde. Hawker se inspiró en el amor que sentía por su reciente esposa, Jean Ryder, cantante de The Vernon Girls. Fue ella la que cantó la canción en la demo que le llegó a Dusty y lo hacía mientras se acompañaba marcando el ritmo con la tapa de una caja metálica de galletas.

Entre los temas que cantaba Springfield, siempre había canciones de compositores estadounidenses como Randy Newman, Burt Bacharach y Hal David o Gerry Goffin y Carole King. Su mayor hit fue la romántica y melancólica «You Don't Have to Say You Love Me», una historia de desamor desgarrador. En 1968 firmó con Atlantic y se trasla-dó a Memphis para grabar su mejor trabajo, *Dusty in Memphis*. Un disco más orientado al R&B y que grabó junto a los mejores músicos de sesión del sur de EE. UU. En él estaba incluida su canción más famosa «Son of a Preacher Man», un clásico de la música con-temporánea. Un tema que Aretha Franklin había rechazado y que por suerte, devolvió a Springfield a las listas de éxitos. Era la perfecta combinación entre pop y soul acom-pañado por la voz elegante de la cantante inglesa. Volvemos a rebuscar entre nuestras estanterías para escucharlo. ¿Quién nos iba a decir que el hijo del predicador era todo un embaucador? Porque como dice la canción: «Ser bueno no siempre es fácil, No importa cuanto me esfuerce», cuando el hijo del predicador me habla así y me dice que todo está bien, pierdo el oremus. Esa es la historia que nos canta Dusty.

La dulce Marianne

El caso de Marianne Faithfull fue muy diferente. De hecho provenía de un entorno musical muy distinto, cercano al folk de mujeres como Joan Baez, de la que hablaremos más adelante. La verdad es que además llegó a la música por casualidad. Y lo hizo pasando de icono del pop de los sesenta a muñeca rota y mujer reinventada, décadas después, pero me estoy adelantando a los acontecimientos.

Hija de un profesor universitario y una baronesa austríaca, Marianne Faithfull fue educada para ser una señorita de clase alta. Estudió en un convento inglés, pero la música le llamó pronto y de adolescente empezó a tocar folk en los cafés locales. La casualidad quiso que su entonces novio, después su marido, le llevase a una fiesta que Paul McCartney daba en su casa de Londres en 1964. Allí conoció al mánager de los Rolling Stones, Andrew Loog Oldham. Este le propuso grabar un disco y le produjo su primer single. Vamos, lo que le puede pasar a cualquiera. Casualidades de la vida. Aquel primer single fue todo un éxito tanto en Inglaterra como en Estados Unidos. Compuesta entre el propio Oldham junto a Jagger y Richards, «As Tears Go By» es una de sus primeras composiciones como dúo. El tema llegó al número 9 en las listas inglesas y el 22 en las estadounidenses. Buscamos el single entre nuestros 45 rpm. En la portada luce su melena rubia y su inocente

Marianne Faithfull

cara angelical. Suena una canción triste y melancólica sobre el pasado que ya no es y las lágrimas que nos deja como recuerdo. Poesía pura.

Aunque tuvo varios éxitos durante los sesenta, lo cierto es que gran parte de su fama durante esa época le vino por su cacareado romance con Mick Jagger. Entonces ya era una mujer casada, así que el escándalo fue mayúsculo para la hipócrita y constreñida sociedad inglesa. Su voz frágil y delicada era la protagonista de sus canciones, siempre temas de otros. Su carrera continuó dentro del folk que la dio a conocer grabando discos como *North Country Maid* o *Come My Way*. En 1969 publicó «Sister Morphine», su primer tema propio, coescrito con Jagger y Richards. Los Stones incluyeron una versión en su disco *Sticky Fingers*. Un tema mucho más oscuro que sus anteriores trabajos. El tema fue la cara B de su single junto al tema de Goffin y King «Something Better» de su último disco en los sesenta, *Love in a Mist*. Un tema totalmente diferente a las melodías alegres que cantaban otras mujeres en aquella época. Una canción de la que además no recibió *royalties* durante años. Lo escuchamos en nuestro tocadiscos, esa voz rota cantando triste y casi desesperada a la morfina y la cocaína, que describe a una persona que yace en un hospital deseando que llegue la hermana morfina para aliviar sus pesadillas y convertirlas en alegrías. Toda una oda a la vida de yonqui que más tarde la perseguiría.

Marianne Faithfull pagó caro el precio de la libertad que escogió. El romance con Jagger le pasó factura, primero porque era una mujer casada y segundo porque salía con una estrella del rock que era vista como la encarnación del mal, mucho más desde que en 1967 la detuvieron junto a los Stones por posesión de drogas. Curiosamente la prensa se cebó más en ella que en los dos Stones, se la tachó de todo menos de santa, sobre todo porque no llevaba nada debajo de ese abrigo de piel con el que fue detenida. Así que se convirtió simplemente en la mujer desnuda en un abrigo de pieles. Por lo visto algo mucho peor que poseer drogas. Fue vilipendiada hasta la saciedad. Aunque se divorció de su marido, no se casó con Mick Jagger, algo que también era visto como indecente. En 1970 tras un aborto y un intento de suicidio, poco después rompió con el líder de los Stones. Entonces empezó el calvario para ella. Una espiral de drogas la llevó incluso a vivir en la calle. Por suerte, logró remontar el vuelo cual ave fénix. Pero para eso aún faltaba casi una década.

Las primeras grandes estrellas de color

En Estados Unidos mientras tanto surgía una de las grandes voces de la historia de la música. Llegaba de la mano del soul, la revolución musical que nació de la transformación de la mezcla del gospel y el R&B en algo mucho más visceral. En 1967 asaltaba las listas de pop con cuatro Top 10. Nacía la gran voz del soul de los sesenta y lo hacía representando a una mujer totalmente diferente: Fuerte, independiente y poderosa. Una mujer además que se sentía orgullosa de sus orígenes y de su color. El movimiento de los Derechos Civiles estaba en pleno apogeo y muchas voces femeninas se unieron a él. Entre ella, la gran dama del soul. Aretha Franklin simboliza el soul que nació de la mezcla del blues profundo con las raíces del gospel. La iglesia, de la que habían salido casi todas las voces de los girl groups, continuaba siendo la cantera de las mejores voces del momento. Las mujeres tenían un gran protagonismo en la iglesia, como cantantes que no querían ganarse a las audiencias blancas sino que querían alabar al Señor. La dirección de sus voces era muy diferente y eso se notaba. Franklin supo trasladar ese sentimiento del gospel desde la iglesia a la música no religiosa, dando al soul el alma que lo caracterizaba. Nuestra discoteca de Alejandría se llena de los sonidos del gospel, de las voces que cantan elevándose hasta al cielo pero también de aquellas que abandonaron la iglesia para seguir el camino del escenario.

Respeto, llega la reina del soul

Aretha Franklin nació en Memphis pero se crio en Detroit, donde su padre trasladó a su familia. Su madre la abandonó a ella y a sus hermanas siendo niñas. Franklin tocaba el piano con ocho años, pero decidió que las lecciones la coartaban demasiado y necesitaba una libertad que la partitura no le daba. Aretha empezó a cantar de niña junto a sus hermanas en el coro de la iglesia de su padre. Respetado hombre de Dios, el reverendo C.L. Franklin era conocido por sus famosos sermones. Eran tan demandados que empezaron a ser retransmitidos en la radio y Chess Records los publicó en disco. Por casa de los Franklin solían pasar lo más granado del activismo por los derechos civiles y las grandes artistas del momento. Así que la educación musical y personal de Aretha estaba acompañada por los consejos de Martin Luther King, Art Tatum, Clara Ward, Dinah Washington o Mahalia Jackson, visitantes habituales del salón de su casa. Cuando su padre organizó shows ambulantes acompañando sus sermones con música durante las vacaciones de verano, Aretha se fue con él. Sus primeras tablas profesionales fueron esas. Con apenas catorce años grababa sus primeros temas de gospel en su disco debut *Songs of Faith: The Gospel Sound of Aretha Franklin,* publicado en 1964 por Chess Records.

La revelación llegó tras ver a Sam Cooke cantar en su iglesia con la misma pasión que cantando pop sin raíces religiosas. Aretha lo tuvo claro: aquello era a lo que se quería dedicar. Siguiendo su sueño se mudó a Nueva York y allí llamó la atención de John Hammond, que la fichó para Columbia Records. En 1961 publicó su primer disco, *Aretha*. Le siguieron diez más. Ninguno de sus discos logró cruzar a las listas de pop, a pesar de ser éxitos en las de R&B. Columbia cometió el error de intentar convertirla en artista de jazz, algo que Aretha no era. Intentaron acercarla a las audiencias blancas. No contentos con eso la hicieron grabar pop, estándares, blues, baladas... Pero no consiguieron que su luz brillara de verdad. Su único éxito en el Top 40 fue la canción «Rock-A-Bye Your Baby with a Dixie Melody». Lo buscamos entre nuestros discos en la sección que acoge los innumerables trabajos de Aretha Franklin. Lo sacamos de su funda y lo ponemos en el tocadiscos. Suena un estándar con Aretha al piano que ya había sido número 1 interpretado por Al Johnson. Ella llegó al 37. Una canción que realmente no lograba capturar el verdadero espíritu de la cantante. Le faltaba algo. Los productores no lograron sacarle todo el partido a una artista como ella, a una voz como la suya.

Franklin era una verdadera fuerza de la naturaleza pero parecía estar atada, por sus productores y por su entonces marido que guiaba y controlaba la dirección artística de su carrera. Pero siempre había querido seguir su propio camino, rebelde desde los inicios. Fue madre soltera con quince años. Necesitaba simplemente encontrar la senda adecuada. En 1966 su contrato con Columbia expiró y un avispado Jerry Wexler la fichó para Atlantic. Fue el principio de una nueva Aretha. Wexler tenía claro qué era lo que una voz como la de Franklin necesitaba y se lo dio sin dudarlo. Le ofreció su ansiada libertad. Lo primero que hizo fue llevarla a los estudios Muscle Shoals en Alabama. Allí grabó su primer single «I Never Loved a Man (The Way I Love You)» que se convirtió en su primer Top 10 en las listas de pop, llegó al número 9. El resto de temas que formaron su primer disco con Atlantic se hicieron en Nueva York. El marido de Aretha se peleó con el trompetista de la sesión, según él porque flirteaba con la cantante. Ya teníamos de nuevo a un hombre entorpeciendo y controlando la carrera de su mujer. Aun así, el resto de las canciones también las grabó acompañada de la Muscle Shoals Sound Rhythm Section. Músicos experimentados que aportaron ese sonido del sur que acompañaba a la perfección la voz de Aretha Franklin.

En aquel momento fue cuando la cantante verdaderamente desarrolló su auténtico potencial. El disco, titulado como su primer single, se coló en el número dos y su siguiente single fue su primer número 1 en las listas de R&B y en las de pop. Su éxito fue imparable. «Respect» fue su gran hit, su himno y el tema que siempre se asociaría a su voz. La canción la había cantado originalmente Otis Redding, pero Aretha y su hermana Caroline le hicieron su propio arreglo y la convirtieron en un verdadero himno a la mujer fuerte y decidida que exige el respeto que se merece. Lo buscamos entre nuestra estanterías repletas de 45 rpm, en la cara A su gran éxito en la B, «Dr. Feelgood» un tema compuesto por la propia Aretha y su marido. La escuchamos. Podríamos quedarnos sentados mientras canta, pero es algo humanamente imposible. «Respect» es una canción además que puede escucharse

Aretha Franklin

de maneras diferentes y todas igual de potentes, un canto a la liberación de la mujer o incluso un grito contra el racismo imperante en un momento en el que el movimiento de los Derechos Civiles pedía un respeto que le había sido negado durante décadas.

Sus años con Columbia parecieron borrarse de un plumazo. Los discos que grabó con Atlantic forman parte de la historia del soul. Tras «Respect», los éxitos siguieron lloviendo para la artista. Con Jerry Wexler como su productor fetiche, Aretha impregnó numerosas canciones de su potente voz. Temas como «Chain of Fools», «Think,» «Baby, I Love You», «Since You've Been Gone (Sweet Sweet Baby)» o la impresionante «(You Make Me Feel Like) A Natural Woman» de Carole King junto a Goffin y Wexler. Tomémonos el tiempo necesario para escuchar este último tema extraído de su disco *Lady Soul* de 1967. Saquemos el single de su funda con cuidado y coloquémoslo en el tocadiscos. Una canción que habla de una mujer natural, una mujer poderosa. Cuenta Wexler que se encontró con King y Goffin en las calles de Nueva York y les gritó que quería una canción sobre una «natural woman» para Aretha. Por esta idea, compartieron el crédito con él. Ellos crearon la magia y Aretha le dio la vida que necesitaba.

Después de este éxito imparable vinieron los primeros Grammy. Aretha se convirtió en la primera estrella femenina de la música. En un icono. Pero eso no la libró de sufrir sus propios demonios. Su marido quería controlarla. Una se deja la piel en el escenario, graba discos a mansalva, consigue números 1 un día sí y otro también, pero al final, eras una mujer que sufría el machismo de la época, aunque fueses una gran estrella. Una mujer que ganaba más dinero que su marido o que simplemente traía el dinero a casa, no entraba en la cabeza de muchas parejas y maridos de estrellas. Por suerte, en 1969 se divorció de su marido, Terry White. Entonces publicó su disco más autobiográfico *Spirit in the Dark*, que incluía cinco canciones compuestas por ella misma en las que hablaba de su amargo divorcio. Pero para ella este disco supuso algo más, supuso una liberación, tanto personal como artística.

El fuego de Tina Turner

Algo parecido le pasó a la leona del rock, pero con resultados mucho más catastróficos. Tras convertirse en la sensación musical del momento Tina Turner casi vio su carrera destrozada por el abuso que sufrió por parte de su entonces marido, Ike. Aun así, era una superviviente y consiguió renacer de las cenizas a las que su divorcio la dejó reducida. Su energía sobre el escenario era algo nunca antes visto. Anna Mae Bullock, más conocida como Tina Turner, era y es una cantante atípica, un terremoto sobre el escenario, cargado de energía y sexualidad. Pocas cantantes eran capaces de expresarse como ella en directo. Lejos de la ingenuidad adolescente de los girl groups o del gospel del que surgieron cantantes como Aretha Franklin, Tina Turner representaba sobre el escenario algo que pocas cantantes mostraban en su

época: una mujer dueña de su cuerpo y que no tiene miedo a expresarse. Su gran voz y sus espasmódicos y sensuales movimientos la convirtieron en la *showwoman* perfecta. Nadie sabe moverse como la gran Tina. Nadie. Punto pelota. Sorprende que una mujer con un carácter tan fuerte acabase víctima de los abusos de su cruel marido.

Nacida en Nutbush, Tennessee, Anna Mae empezó a cantar siendo adolescente en el coro de su iglesia. Sus padres se separaron cuando ella y su hermana eran niñas. Criadas por su abuela, a la muerte de esta, su madre se las llevó a vivir a St. Louis, abandonándolas al poco tiempo a su suerte. Su hermana Alline, tres años mayor que Anna Mae, frecuentaba los locales de R&B de

Tina Turner

la ciudad. Un día se llevó a su hermana pequeña a ver a uno de sus grupos favoritos The Rhythm Kings, liderados por Ike Turner. Algo que cambiaría su vida para siempre. Viéndola moverse como una leona sobre el escenario, puede sorprender pensar que Tina Turner fuese una muchacha tímida. Pero lo era, una timidez que tuvo que superar para convencer a Ike de que la contratara. The Rhythm Kings era un grupo de éxito en 1956, habían alcanzado la fama gracias a su éxito «Rocket 88». Jugaban en una liga mayor. Tina reunió el valor suficiente para pedirle una audición a Ike pero éste la ignoró en repetidas ocasiones. Hasta que un día se subió a cantar en uno de los intermedios de la banda en un concierto. Lo dejó sin palabras, así que la fichó como corista de la formación.

Su primera aparición en un disco de la banda fue en 1958 en el tema «Box Top». Pronto, la tímida Anna Mae dejaría paso a la salvaje Tina. Pero su gran momento llegó en 1960 cuando el cantante de la banda no se presentó a una grabación y ella acabó cantando «A Fool in Love». Una canción publicada por Sue Records incluida en su primer disco, *The Soul of Ike & Tina Turner*. A pesar de que no se casarían hasta dos años más tarde, ya usaban el mismo nombre. Poco después iniciaban su tortuosa relación sentimental. Buscamos entre nuestras estanterías su primer single de éxito. Escuchamos cómo le canta a las tonterías que hace una cuando está enamorada y cómo sigue amando a alguien que la trata mal sin entender cómo le puede hacer eso un hombre tan bueno. ¿No os parece escalofriante? Su primer éxito ya presagiaba lo que sería su vida en adelante. La canción la escribió Ike, ¿hace falta decir más?

En directo la banda pasó a llamarse la Ike & Tina Turner Revue y aparecieron las Ikettes en escena, las coristas que acompañaban a Tina en sus bailes desenfrenados sobre el escenario. Parecía difícil que un grupo como ese, con una cantante como Tina pudiera saltar a las listas de pop. Aunque en 1965 lo intentaron cuando conocieron al mítico productor Phil Spector. Recordad, el creador del sonido de muchos de los girls groups, sí, sí, ese que las usaba a su antojo, luego se deshacía de ellas y no les pagaba. El mismo. Con él, Tina grabó uno de los mejores temas de su carrera «River Deep, Mountain High». Una canción que fue publicada como si fuera de la Ike & Tina Turner Revue cuando en realidad, Tina era el único miembro de la formación que participó en la grabación. Aunque en Gran Bretaña fue un éxito, en Estados Unidos el fracaso fue evidente, tanto que Spector se retiró de la música durante unos años. Una canción con la típica producción Spector que ayudó a Tina a algo mucho más importante que a cantar un tipo diferente de música algo alejada del R&B y más cercana al rock. Como ella misma confesaba en su autobiografía *I, Tina,* fue la primera vez que pudo grabar sola, sin Ike controlándola, la primera vez que pudo viajar sola y fue libre.

En los siguientes años Tina viviría las constantes palizas de su ya marido, el desprecio y el maltrato, algo que incluso la llevó a un intento de suicidio. Una de las mujeres más poderosas que se ha subido a un escenario vivía un infierno cada día entre bambalinas. Algo que sufrían el resto de los miembros de la Revue, tanto los músicos como las Ikettes a las que también parecía tener aterrorizadas. Aun así, el éxito le sonreía. Tras el número 5 que supuso «River Deep, Mountain High» en Inglaterra, fueron teloneros de los Stones en su gira por los EE. UU. en 1969. Sus exitosas y explosivas versiones de temas como «Honky Tonk Women» de los propios Stones, «Come Together» de The Beatles o «Proud Mary» de Creedence Clearwater Revival consiguieron convertirlos en estrellas. A mediados de los setenta llegó uno de sus últimos éxitos con el tema escrito por Tina dedicado a su ciudad natal, «Nutbush City Limits». Harta de los maltratos que sufría, Tina por fin decidió dejar a Ike y a la banda.

Tras la fama, se vio sola y sin un centavo. Su vida se convirtió en otro calvario diferente. Uno en el que sus discos no tenían éxito. Aun así, la vida volvería a sonreír a esta
leona del rock que supo reconvertirse en una de las estrellas más importantes de la historia de la música, aunque una década después. Pero eso ya lo contaré más adelante.

La voces de la revolución

El folk ha sido la cuna de la canción protesta, gente como Pete Seeger y The Weavers, Joan Baez, Peter, Paul and Mary o Woody Guthrie abrieron un camino que muchos otros seguirían. En los sesenta, con el florecimiento del Movimiento por los Derechos Civiles, muchos artistas herederos del folk tradicional unieron sus melodías con la
reivindicación política. Eran unos años cruciales, de lucha racial y de protestas contra
la guerra de Vietnam. Las calles de EE. UU. se llenaban de marchas y protestas civiles
contra el gobierno, a favor de la paz, por la igualdad, contra la segregación. Toda una
nueva generación encontró en el folk su voz, las letras que explicaban su lucha y sus
sentimientos. La música se politizaba pero sin perder un ápice de su calidad. Estos
artistas ya no se limitaban a cantar además versiones tradicionales del folk sino que
también creaban sus propias composiciones. A través de su música y sus apariciones
públicas, hicieron patente su posición política y se convirtieron en la voz de la revolución. Llegaba un momento en el que las mujeres cantaban sin miedo, daban su opinión y se significaban encima del escenario. Ya no eran las comparsas de nadie, ni sus
marionetas. Ahora llevaban ellas la voz cantante.

La gran dama del folk

Nos acercamos a la sección de folk de nuestra discoteca de Alejandría y buscamos
entre las estanterías a una de las grandes voces femeninas de este movimiento: Joan
Baez. Ella es historia viva de la música. Fue la voz del folk y sobre todo de la canción
protesta y de la lucha incansable por los derechos humanos. Su compromiso político
la llevó desde un principio a denunciar las injusticias del mundo en sus canciones y en
sus actuaciones: clamando contra la segregación racial, las listas negras o la guerra de
Vietnam. Aunque nació en Staten Island en 1941, Joan Baez vivió sus primeros años
trasladándose de una ciudad a otra a causa del trabajo de su padre. Profesor de origen
mexicano casado con una mujer de origen escocés, de ambos heredó las tradiciones
musicales de sus respectivos países. A muy temprana edad descubrió las enseñanzas
de Gandhi y empezó a seguir sus principios pacifistas. En 1957, siendo una adolescente, era protagonista de un acto de desobediencia civil negándose a abandonar su
instituto durante un simulacro de ataque aéreo. No es de extrañar pues que su música
se viera influenciada por todos estos hechos y adquiriera un cariz político bastante
inusual en otras intérpretes de la época.

Desde pequeña, la música se convirtió en algo habitual en su vida. Aprendió a tocar
el ukelele gracias a un amigo de su padre y cantaba en el coro de su escuela donde
entrenó su voz clara y directa. Cuando le regalaron su primera guitarra encontró su camino. En casa escuchaba a The Weavers u Odetta sin descanso. Después de graduarse
en el instituto, su familia se mudó a Boston, donde empezó a estudiar en la Boston Uni-

Joan Baez

versity. No duraría mucho, la música ya había llamado a su puerta y en breve se unió a la floreciente escena folk de la ciudad. Tocaba habitualmente en las *hootenannies*, reuniones informales donde se cantaban y se interpretaban canciones folk. Su voz se ganó el favor del público desde el principio, recuperando canciones tradicionales.

En 1959, hizo su primera grabación en el disco *Folksingers 'Round Harvard Square* y el cantante Bob Gibson la invitó a debutar en el Newport Folk Festival. Ese año tocaban también sus adorados Pete Seeger y Odetta. Fue su primera gran aparición pública y juntos cantaron dos canciones «Virgin Mary Had One Son» y «We Are Crossing the Jordan River». Cogemos de nuestras estanterías el disco que publicó Vanguard, *Folk Festival at Newport Volume 2* donde se puede escuchar la voz perfecta de Baez por encima de la guitarra de Gibson, comiéndose el escenario. Sin verla, podemos sentirla, mientras la aguja recorre los surcos del disco. Su éxito fue tal que Albert Grossman quiso ficharla de inmediato e inició negociaciones con Columbia. Pero Joan Baez rechazó la propuesta de Grossman y firmó con Vanguard. Por aquel entonces era el único sello que se atrevía a publicar a sus amados The Weavers. A pesar de que tres de sus miembros, incluido su ídolo Pete Seeger, estaban acusados de comunistas y condenados a engrosar las listas negras. Vetados en muchos medios, imposibilitados de cantar sus canciones.

En 1960 publicó su primer disco, *Joan Baez*, batiendo un récord al convertirse en uno de los discos de folk hecho por una mujer que más vendió. Obtuvo seis discos de oro. Un álbum que recogía lo mejor de la tradición folk, recuperando y acercando a toda una nueva generación los temas clásicos del género. Tenía tan solo 18 años. Grabado en cuatro noches, cantó y tocó la guitarra en todas la canciones sin acompañamiento salvo una segunda guitarra de Fred Hellerman de The Weavers en algún tema. Sacamos de la estantería el disco para escuchar su primera canción «Silver Dagger», que nos narra la historia de una joven que rechaza a un pretendiente potencial. Su madre le ha advertido del daño que los hombres pueden hacerle, como su padre le hizo a ella. Por eso duerme con el puñal de plata al lado, para proteger a su hija de esos hombres falsos que solo dicen mentiras malvadas y que una vez te has entregado a ellos se largan con otra. Aunque no obtuvo ningún single de éxito hasta 1971, Joan Baez sí que coló sus discos en las listas de álbumes. Era una cantante diferente con un público diferente y una voz que consiguió atrapar a una generación entera.

Algo que destacaba, aparte de sus éxitos musicales, era la imagen inusual, sencilla y poco glamourosa que mostraba la cantante tanto en sus actuaciones como en sus discos. Cogemos la portada de su primer trabajo, una imagen en negativo en blanco y negro de una de sus actuaciones. Casi espartana. Así conseguía centrar la atención en su música y no en su apariencia física. Si observabas al resto de las mujeres que copaban las listas en aquellos días, el maquillaje y la laca hacían estragos. Su segundo disco *Joan Baez Vol. 2* volvía a mostrarnos a una Baez sencilla tocando y cantando en solitario salvo en un par de temas junto a The Greenbriar Boys. De nuevo temas tradicionales atemporales a los que les dio una nueva vida. Tras el directo *Joan Baez in Concert* introdujo a Bob Dylan en la escena folk invitándolo a tocar en el Newport Festival. Tal y como Bob Gibson hizo con ella. Le abrió las puertas del cielo. Empezaron un romance del que aún hoy habla Baez. Parece que le costó superarlo. La reina y el rey del folk cambiaron la historia de la música cuando cruzaron su camino.

Pero más allá de sus interpretaciones y sus discos, la música de esta artista fue comprometiéndose políticamente cada vez más. Así durante los sesenta tocaba en el sur en locales solo para audiencias de color para luchar contra la segregación. Participó en la famosa marcha junto al Dr. Martin Luther King en agosto de 1963 cantando «We Shall Overcome» acompañada por su guitarra y las voces de más de 200.000 estadounidenses que luchaban por un país mejor y sin racismo. También se negó a actuar en programas de televisión, como *Hootenanny* de la ABC, que prohibían las actuaciones de Pete Seeger por estar en la lista negra; estuvo en la cárcel por protestar contra el reclutamiento obligatorio durante la guerra de Vietnam e incluso visitó Hanoi. Sus canciones también se vieron influenciadas por su faceta como activista e interpretó temas más políticos sin dejar por ello de alcanzar el éxito. A finales de la década de los sesenta y principios de los setenta empezó a componer sus propias canciones acercándose más al pop rock, *Diamonds & Rust* de 1975 es un buen ejemplo de ello. Uno de sus mejores discos y de los más personales. No hace falta mucho más que una voz perfecta, una guitarra acústica y una ferviente convicción de que la música mueve montañas para demostrar que las cosas se pueden cambiar. Eso es lo que ha hecho a Joan Baez una de las figuras preeminentes de la música folk pero también una de las cantantes más comprometidas. La música popular de los EE. UU. en la actualidad no se entendería sin aportaciones como la suya.

Mary Travers o la voz de Peter, Paul and Mary

Otra de esas mujeres que se comprometieron en los años de la revolución musical fue Mary Travers. Miembro fundadora del trío de folk Peter, Paul and Mary, Travers se convirtió entre los años sesenta y setenta en una de las figuras claves del folk, no solo como cantante sino también como activista. Concienciada socialmente, siempre aprovechó su fama para luchar por los derechos civiles. Junto a sus compañeros participó

Mary Travers

en las protestas contra la guerra de Vietnam o en la famosa marcha al lado de Martin Luther King. Al igual que Joan Baez, Travers se convirtió en la figura femenina del movimiento y fue una luchadora durante toda su vida.

Aunque nació en Louisville, Mary Travers se crio en el que sería su hogar musical, el Greenwich Village de Nueva York. Sus padres eran periodistas y el ambiente que vivía en un barrio como aquel, liberal, artístico y desenfadado, forjó su carácter. La música, cómo no, formó parte de su vida desde el comienzo, los Weavers o Woody Guthrie fueron su banda sonora durante la adolescencia. Cuando estaba en el instituto se convirtió en habitual de las sesiones en directo de los domingos en el Washington Square Park.

Con los Song Swappers, Travers actuó en el Carnegie Hall e incluso grabó junto a Pete Seeger. Ella fue la hija surgida del Village: la música, las influencias, la tradición, el ambiente bohemio del barrio la transformaron. Era habitual verla en los clubs de Nueva York tocando los fines de semana. Junto a Paul Stookey y Peter Yarrow formó el trío que la haría famosa: Peter, Paul and Mary. Por obra y gracia de Albert Grossman que fue el que los juntó. En 1961 debutaban en el Bitter End y un año después publicaban su primer disco homónimo para Warner. Un disco que permaneció en el Top 20 durante dos años. En él estaban sus canciones más famosas y las que se convirtieron en singles del mismo: «Lemon Tree», «500 Miles» y por supuesto, «If I Had a Hammer», el tema de Pete Seeger que se convirtió en himno del movimiento por los derechos civiles. Buscamos su primer disco entre las estanterías de nuestra discoteca y escuchamos dos de estos clásicos instantáneos uno detrás de otro. Mary guiando a sus compañeros en «500 Miles» y en «If I Had a Hammer». Este último además alcanzó el Top 10, un tema totalmente comprometido que mostró la dirección política que tomaría su música. Su versión de «Blowin' in the Wind» también ayudó a catapultar al joven Bod Dylan, convirtiendo al grupo en pieza clave junto a Joan Baez del salto al estrellato del de Duluth. Alcanzaron del número 2 incluso batiendo la versión del propio Dylan.

Como Joan Baez, Peter, Paul and Mary participaron en la famosa marcha de Washington junto al Dr. King, boicotearon al programa *Hootenanny* y participaron en numerosas protestas contra la guerra de Vietnam. Se convirtieron así en la voz de toda una generación de jóvenes que no entendía las injusticias que los rodeaban pero que no se quedaban callados sin hacer nada, sino que se lanzaban a las calles a protestar, pensando que podrían cambiar el mundo. Peter, Paul and Mary demostraron además que podías comprometerte políticamente y tener éxito con tus canciones. El grupo se separó en 1970 tras publicar un disco de grandes éxitos, *Ten Years Together*. Mary Travers siguió cantando en solitario. Además de sus cuatro discos publicados con Warner Bros, nunca abandonó su lado más reivindicativo, incluso dejando la música en un segundo plano.

La voz del movimiento por los Derechos Civiles

Odetta fue también una las voces más importantes del movimiento de los derechos civiles en los EE. UU. Joan Baez escuchaba sus discos de adolescente. Pocos artistas suenan tanto en boca de otros como referencia. Desde Bob Dylan, Mavis Staples, Joni Mitchell hasta Janis Joplin la han citado como referencia fundamental. Su voz rota cantó folk, gospel y blues, interpretó canciones con verdadera y profunda raíz estadounidense. Su música marcó una época, la más convulsa de los últimos años en Estados Unidos, la del florecimiento de la lucha por los derechos civiles. Sus canciones eran las que sonaban en las marchas, en las protestas, es la que todos se imaginan que Rosa Parks debía de sentir en su cabeza aquel día que osó negarse a levantarse para ceder el asiento a un blanco en el autobús que la llevaba a casa.

Aunque nació en Birminghan, Alabama, en plena Depresión, se crio en Los Ángeles. Su madre decidió que sería un lugar mejor para criar a sus hijas que el profundo sur. Su padre murió cuando ella era muy pequeña, así que su madre se convirtió en su único apoyo y su gran valedora. Ahorraba todo lo que podía, sacándolo de donde no había, para pagarle los estudios de canto a su hija. Con 19 años, Odetta participó en una producción teatral de *Finian's Rainbow*. Allí fue donde descubrió al gran armonicista de blues Sonny Terry. Había descubierto otra de las que sería sus grandes pasiones, el blues. Entre producciones musicales, Odetta se ganaba la vida limpiando casas. Hasta que en 1953 decidió irse a Nueva York y acabó tocando en el afamado club de folk Blue Angel. Pete Seeger o Harry Belafonte alabaron su voz de contralto. Una voz que crecía con el tiempo, con la práctica que nunca dejaba de lado. Se formó como cantante de ópera desde los 13 años. Uno de sus grandes talentos era saber modular su voz. El otro, narrar historias sentidas con profunda convicción política. Sus canciones cantaban a la libertad, a un país diferente y mejor.

Su primer disco incluía toda una serie de canciones folk negras, se llamaba *Odetta Sings Ballads and Blues* y fue publicado en 1956. Un año después publicaba su segundo disco *At the Gate of Horn*. Un trabajo que culminaba con uno de sus grandes temas, «Take This Hammer,» una canción que canta sobre el trabajo en prisión y que ya había grabado Leadbelly. La ponemos en nuestro tocadiscos. Escuchamos cómo golpea la guitarra y su grito desesperado mientras nos narra la desesperada vida de un condenado que sueña con volar y marcharse, con soltar las cadenas que le aprisionan y dejar para siempre ese martillo que golpea sobre la piedra día sí y día también.

En los sesenta la carrera de Odetta despegó, llegó a grabar 16 discos en esos años. *Odetta Sings Folk Songs* se convirtió en el disco más vendido de folk en 1963. Pero su música también se convertía en referente de los derechos civiles. Marchó también ese mismo año en Washington y cantó «Oh Freedom» junto a un Martin Luther King que la declaró la reina de la música folk. Sin duda, ella fue la voz negra del folk americano.

Nina Simone, la leyenda

Otra de las grandes voces de color fue la de Nina Simone, una cantante que siempre supo desafiar las categorías y los encasillamientos. Era capaz de cantar lo que le pusieran por delante con naturalidad: jazz, blues, canción protesta, gospel, pop o rock. Pero mucho antes de ser Nina Simone fue Eunice Kathleen Waymon. Hija de una ministra metodista y un predicador. Superdotada para la música, con tres años tocaba el piano y con seis acompañaba a su madre en sus sermones en la iglesia. Su madre también trabajaba como empleada en una casa. Fueron sus jefes precisamente los que, después de escuchar tocar a Eunice, empezaron a pagarle clases de piano. Entonces decidió convertirse en pianista clásica, tocando a Bach, Beethoven, Brahms o su favorito, Chopin. Gracias al apoyo de la gente de su pueblo consiguió una beca para estudiar en la prestigiosa Juilliard School of Music en Nueva York. Aunque se presentó a la prueba para entrar en el Curtis Institute of Music en Filadelfia fue rechazada, tras una interpretación que dicen fue magistral. Fue una espinita que siempre tuvo en su corazón, creía que la rechazaron por el color de su piel.

Entonces dejó de lado la música clásica y empezó a trabajar como pianista y cantante en diversos bares de Atlantic City. Aunque siempre quiso ser pianista y jamás se le pasó por la cabeza cantar, gracias a ello tenía dinero para comer y mantenerse. Fue entonces cuando se cambió el nombre por Nina como la llamaba su novio y Simone por su actriz favorita, Simone Signoret. Mientras cantaba estándares y clásicos del jazz y el blues en aquellos antros consiguió ganarse un público fiel que llenaba el local para verla. En 1957 se mudó a Nueva York donde consiguió un contrato con el sello de jazz Bethlehem. Aunque no se tomó la molestia de leerse la letra pequeña antes de firmar y pronto descubrió que la habían hecho renunciar a su derecho a *royalties*. Algo que le costaría casi un millón de dólares. Dos años y unas cuantas batallas legales después se marchó a Colpix donde publicó su primer directo, *Nina Simone at Town Hall*.

Pero fue en los sesenta, cuando la música de Nina Simone adquirió una nueva dirección. En 1964, firmó con Philips y empezó a publicar material mucho más comprometido. Fue una reconocida activista por los Derechos Civiles y amiga del escritor James Baldwin, la cantante Miriam Makeba y su marido Stokely Carmichael, líder de

Nina Simone

los Panteras Negras. Simone fue una de las primeras artistas norteamericanas en recuperar y reivindicar sus raíces africanas. Estuvo incluso viviendo en Liberia. Fue Miriam Makeba quien le sugirió el país cuando esta quiso descubrir África y reconciliarse con la historia de sus antepasados de primera mano, viviendo allí. Todo esto se veía reflejado en las canciones que Simone componía. Canciones como «Mississippi Goddam», «Four Women» y «Young, Gifted and Black» son prueba de ello.

Recorramos de nuevo las estanterías de nuestra discoteca de Alejandría para rescatar la primera de sus composiciones. «Mississippi Goddam» incluida en su disco *Nina in Concert*. Algunas de las copias tienen el «Goddam» escrito con símbolos. Una palabra que hizo que muchas copias enviadas a emisoras fueran devueltas a la discográfica rotas como muestra de rechazo y que fue prohibida en muchas emisoras de radio del Sur. La escuchamos en nuestro tocadiscos. Compuesta como respuesta al asesinato de Medgar Evers en Misisipi y a la explosión que sufrió una iglesia baptista en Birmingham, Alabama, donde murieron cuatro niños de color. Cómo no va a sentirse así Simone, como canta en la canción «Alabama's got me so upset, Tennessee's made me lose my rest, and everybody knows about Mississippi goddam». Simone pide «No tienes que vivir a mi lado, simplemente dame mi igualdad». Imposible no sentir el dolor de ese «Go Slow» que canta en el estribillo, cálmate, obedece y no te revuelvas. Pero cómo hacerlo cuando hay: «Perros de caza en mi camino, Niños de escuela que se sientan en la cárcel, Gato negro que se cruza mi camino, Creo que cada día será mi último». Como cada persona de color en el Sur desde niño, pensando que quizás un día el hombre blanco vendrá para matarle. Nina Simone cantó esta canción en la marcha de Selma a Montgomery después de pasar las líneas policiales junto a otros activistas. Toda una combatiente que usaba la mejor arma que tenía, su talento y su voz.

Escuchamos también «Four Women». La aguja sobre el tocadiscos nos cuenta la historia de cuatro mujeres negras. Aunt Sarah, que representa la esclavitud, una mujer suficientemente fuerte para soportar todo el dolor una y otra vez. Saffronia, una mestiza que tiene que vivir entre dos mundos. Su madre fue violada por un hombre rico blanco. Sweet Thing es una prostituta que vende su cuerpo por dinero. Peaches, una mujer que vive amargada porque sus padres fueron esclavos, que no ha podido superar el peso de una historia de esclavitud. Intensidad emocional para esta canción que denuncia la situación de las mujeres negras en la sociedad. Acto seguido suena «Young, Gifted and Black», un tema que se convirtió en un verdadero himno de la lucha por los Derechos Civiles. Una canción que grita a los oyentes que estén orgullosos de ser jóvenes, con talento y negros. En aquellos años también grabó su versión del «I Put a Spell on You» de Screamin' Jay Hawkins, otro de sus clásicos.

En 1970 abandonó Estados Unidos, desengañada de la situación política de su país, rechazando incluso pagar impuestos como protesta por la guerra de Vietnam. Nunca más volvió a vivir en su país. Su compromiso político era inquebrantable y decidió abandonar la tierra que se lo dio todo porque en el fondo no la respetaba como mujer, como cantante ni como artista. Un país en el que las injusticias continuaban día tras día. La música en aquellos años era algo más que simple música, era mensaje, era protesta, era realidad. Y las mujeres que la cantaban y componían no se cortaban a la hora de reivindicar y luchar por lo que creían que era justo.

Los sesenta supusieron toda una revolución para la música en general pero también para las mujeres en particular. Por fin se hacían oír, formaban parte activa de la sociedad dando su opinión sin miedo. Era el momento de salir a la calle y luchar. Las mujeres dejaron de ser caras bonitas que cantaban las canciones de otros, dejaron de ser miembros intercambiables de un grupo sin nombre, ahora eran Joan Baez, eran Aretha Franklin, eran mujeres fuertes y decididas con personalidades marcadas. Consiguieron así romper estereotipos y ofrecer una imagen hasta entonces inaudita en el mundo de la música. Y entonces, llegó el rock.

Capítulo 5

Try (Just a little bit harder).
La explosión del rock: Paz, amor y psicodelia
en los sesenta y los setenta.

L as mujeres habían empezado a despuntar con voz propia y los sesenta eran el caldo de cultivo perfecto para ello. Eran los años del verano del amor, de la lucha por los derechos civiles y del nacimiento del movimiento de liberación de la mujer. Por fin la revolución sexual daba paso a la liberación. Ojo, con matices. No todos eran iguales. Porque aunque una mujer podía tener un trabajo que hasta ese momento solo tenían los hombres, podía votar, divorciarse, tener una cuenta en el banco a su nombre e incluso acostarse con quien quisiera sin quedarse embarazada, el rasero con el que se la medía era muy diferente al que se usaba con los hombres. No nos engañemos, la libertad venía a medias, los tabús y los prejuicios seguían estando. Un hombre que se acostaba con quién quería era un casanova, una mujer que hacía lo mismo era una puta. Esa era la consigna. Aún hoy se sigue pensando. Imaginaos en los años sesenta. Si la necesidad no hubiera obligado a muchas mujeres a acceder al mercado laboral, aún estaríamos encerradas en casa con la bata y los rulos puestos. Pero pasó. La Segunda Guerra Mundial abrió esa puerta que ya nunca se cerró. Pero con el paso del tiempo, esas ideas que mencionaba antes, de liberación, de derechos que las mujeres tenían y que reclamaban sin miedo, se fueron asentando. Fue entonces cuando nació el uso del término *patriarcado* que tanto suena estos días. ¡Estamos aún barajando términos que se acuñaron en los sesenta! Y aún hay gente que se extraña de que las mujeres nos quejemos de la discriminación que aún seguimos sufriendo. No hemos avanzado tanto como debiera. Es triste, pero cierto.

Ese paz, amor y psicodelia que da título a este capítulo tiene un sustrato que es necesario remarcar. Porque la revolución sexual y la autorización de la píldora en EE. UU. en 1960 dio una independencia a las mujeres que hasta aquel momento era casi impensable. Pero todas aquellas mujeres que nacieron en los años previos, que vivieron una educación restrictiva y represiva, se encontraban perdidas de golpe, en medio de un cambio y choque generacional que no iba a dejar indiferente a nadie. Pasaron de ser hijas, madres y esposas a ser simplemente mujeres. A que su estado civil no las definiera como personas. Eso no significa que la otra mitad de la población estuviera de acuerdo y ayudará a que algo cambiase, al menos buena parte de ella. La música no podía permanecer ajena a todo esto. Por eso, a finales de los sesenta aparecieron las primeras mujeres que lideraban sus propias bandas de rock. Ya no eran una simple voz que otros dirigían o les decían cómo actuar, qué cantar y cómo expresarse. No, ahora eran parte integrante de la banda. Incluso eran la cabeza visible de la misma, una mujer liderando, siendo el motor y la fuerza que movía a la banda era algo totalmente inusual.

En California y San Francisco teníamos a Janis Joplin primero con Big Brother and The Holding Company y luego con su propia banda y a Grace Slick con Jefferson Airplane, mientras Sandy Denny o Elkie Brooks hacía lo propio en Inglaterra con Fairport Convention y Vinegar Joe, respectivamente. Cass Elliot y Michelle Phillips lo hacían en The Mamas and The Papas con un toque más pop. En Nueva York la Velvet Underground nos descubría que otro tipo de rock y de mujer también era posible. La frialdad y la oscuridad de Nico y la andrógina Moe Tucker marcaban el sonido del primer álbum de la banda. Con ellas nacerían los primeros pasos del rock de vanguardia del que derivaría años más tarde el rock alternativo. Laura Nyro, Carole King y Joni Mitchell representaban otro tipo de voz a destacar en esos años, la de las cantautoras que introducen nuevos elementos al rock como el soul y el jazz. Fue también una época convulsa y movida en la que veríamos nacer el rock de grandes estadios. Ese mundo dominado por los hombres que difícilmente dejaría un hueco a las mujeres como protagonistas.

El rock que inundó la escena musical a finales de los sesenta era un rock mucho más maduro, alejado por completo de la música para adolescentes que anteriormente se escuchaba. Pasábamos de los girl groups, una música que iba dirigida a los adolescentes, a algo muy diferente. El rock se convirtió en algo serio, el músico era un artista y como tal su obra tenía que ser considerada. Nacía así toda una pléyade de guitarristas virtuosos, todos masculinos por supuesto, que se convertían en poco menos que dioses del rock sobre el escenario. Sexo, drogas y rock and roll, el tópico hecho realidad. En este escenario pocas mujeres podían verse representadas con un papel protagonista que no fuese el de objeto de deseo. Pocas conseguían dar una visión diferente a ese mundo lleno de testosterona. En aquella época las mujeres se convirtieron muchas veces en simples *groupies*. Objetos sexuales con los que jugaban estos dioses del rock. Es curioso que en un periodo en el que las mujeres empezaban a liberarse, toda una serie de tópicos destacasen ese papel, en el que la mujer no es protagonista, sino todo lo contrario, un mero acompañante bonito, un jarrón, un florero para el rockero de turno. Afortunadamente, había mucho más que eso. Y estas mujeres son prueba de ello.

The Mamas & The Papas, herederos del sonido girl group

Antes de que el rock llegara a dominar la escena folk, grupos como The Mamas & The Papas se convirtieron en una de las pocas bandas surgidas directamente del sonido girl group. En su música parecían recoger el legado de estas mujeres que triunfaron en las listas durante un corto periodo de tiempo. Una música en la que

las armonías vocales tenían absoluto protagonismo. Después de la desaparición de los girl groups y la llegada de la British Invasion con los Beatles a la cabeza, pocas mujeres lograban colocar sus canciones en los primeros puestos de las listas. The Mamas & The Papas representaron un puente entre las melodías pop y el folk con bastante éxito, por cierto. Aunque era un grupo mixto formado por dos hombres y dos mujeres, una de ellas, Cass Elliot se erigió como un símbolo de una época que estaba casi a punto de acabar.

Ellen Naomi Cohen nació en Baltimore, aunque creció en Washington D.C. Aprendió a tocar el piano de niña, pero

The Mamas & The Papas

pronto se pasó a la guitarra acústica cuando descubrió el folk. Junto a Tim Rose y James Hendricks fundó el trío de folk The Big Three en 1962. Dos años después, Rose dejó la banda y Cass y Hendricks formaron junto a Denny Doherty The Mugwumps. La banda incluía también a Zal Yanovsky y John Sebastian, que más tarde formarían The Lovin' Spoonful. The Mugwumps firmaron con Warner y publicaron un single en 1964 que no tuvo demasiado éxito. Posteriormente grabaron un disco que no fue publicado hasta que el grupo se separó, aprovechando la fama que sus otros grupos había dado a sus miembros. En 1965, Cass volvió a cruzarse en el camino de Doherty que en aquella época tocaba en The New Journeymen, junto a John y Michelle Phillips.

Holly Michelle Gilliam nació en Long Beach, California, en 1944. Se trasladó a vivir a México siendo niña tras la muerte de su madre, ya que su padre estudiaba allí. Volvió a los EE. UU. con trece años. En el instituto estudió piano, guitarra y violonchelo. Pronto se trasladó a San Francisco donde empezó a trabajar como modelo, allí conoció a John Phillips mientras este tocaba con los Journeymen. Entonces estaba casado, pero se divorció y se casó con Michelle en 1962, cuando ella tenía 18 años. Juntos se trasladaron a vivir a Nueva York donde empezaron a componer canciones juntos. Hasta que se cruzaron con Denny Doherty, que fue precisamente el que insistió a sus dos compañeros en que Cass Elliot se uniera al grupo y pasaran de trío a cuarteto. Estaba convencido de que con su voz podrían tomar un nuevo camino musical. No se equivocó. Tras pasar unos días en las paradisíacas Islas Vírgenes juntos, ensayando y componiendo, volvieron a EE. UU.

Aunque Phillips era reacio a incluir a Cass Elliot en el grupo, finalmente aceptó. Por lo visto, su físico no le convencía, pero su voz sí. Todo un ejemplo de respeto hacia las mujeres, ¿no os parece? Aunque la historia de John Phillips da para un drama de esos de Antena 3, con denuncia de abusos por parte de una de sus hijas incluida. Todo un elemento, por muy buen músico que fuera. Una vez que Cass Elliot entró en juego, nacieron The Mamas & The Papas. El nombre se le ocurrió a la propia Cass, al oír a un grupo de Hells Angels que llamaban a sus chicas mamas y ellas a sus chicos papas. El acierto del grupo fue que las cuatro voces de sus miembros encajaban a la perfección entre ellas y con los arreglos del propio Phillips, lo que creó su sonido característico, sobre todo gracias a sus estupendas armonías vocales.

Afincados en Nueva York, en 1966 se mudaron a Los Ángeles y ficharon por el sello de Lou Adler, Dunhill Records. Buscaban ese sol californiano que protagonizaría una de sus canciones más famosas. El cantante Barry McGuire, amigo de John, les presentó a Adler. Y de hecho, su primer trabajo para el sello fue hacerle los coros a McGuire en su disco *This Precious Time*. Aunque su primer single fue «Go Where You Wanna Go», Adler enseguida vio el potencial de «California Dreamin'», su primer gran éxito compuesto por John y Michelle Phillips. Aunque grabaron este tema para McGuire como coristas, posteriormente añadirían sus propias voces. La canción formó parte de su disco debut, *If You Can Believe Your Eyes and Ears*.

«California Dreamin'» nació cuando John se despertó de un sueño y le pidió a Michelle que le ayudará a componer una canción sobre el mismo. Volvamos a pasear entre los pasillos de nuestra discoteca. Busquemos entre las estanterías los discos de la banda para escuchar este himno al mito californiano en la que el estado del sur del país se ve como un paraíso lleno de sol y playas perfectas. La canción nos cuenta cómo mientras pasean por las calles de Nueva York, donde los Phillips compusieron la canción, las hojas marrones caen en un día de invierno y se imaginan la soleada California que les acogerá. Todo un himno para una época en la que la contracultura nació, en la que aún se pensaba que aquello de haz el amor y no la guerra era posible. Cuando los sesenta aún no habían acabado en el desencanto de toda una generación.

Tras «California Dreamin'» le siguieron otros éxitos como «Monday, Monday», el tema de las Shirelles «Dedicated to the One I Love», «Creeque Alley» o «I Saw Her Again». Es cierto que el sonido de la banda nacía de la perfecta combinación de las cuatro voces de sus miembros, pero era evidente que las voces de John y Cass Elliot dominaban por encima del resto. Cass tenía la más potente que sobresalía por encima de las demás. Mientras que John era el único instrumentista y principal compositor de la banda. Sus fuertes personalidades también crearon la dinámica dentro del grupo. Unas fuerzas que más de una vez chocarían.

Aunque en cuanto a imagen, siempre se vio a Michelle como la guapa del grupo y a Cass Elliot como la gordita. Viniendo de una época en la que las mujeres de los girl groups eran perfectas, vestían y se maquillaban como señoritas, Cass Elliot rompió muchas barreras con su físico. Una mujer no tenía por qué ser una sílfide para subirse a un escenario. A Cass le tocó el apelativo Mama, que a Michelle nunca le cayó, a pesar

de que el grupo se llamaba The Mamas &
The Papas. Pero lo cierto es que más allá de
esa imagen real de mamá que cuida de todos, eran famosas las fiestas en su casa en
las que se reunía lo más granado de la música, Cass Elliot daba una imagen de mujer
independiente que se valía por sí misma y
que no necesitaba a un hombre para sentirse segura o para que le diese el visto bueno. Quizás por eso también fue la primera
del grupo en iniciar carrera en solitario. En
1968 publicó su primer single «Dream a
Litttle Dream of Me» grabada como Cass
Elliot con The Mamas & The Papas. El grupo
no tuvo una larga trayectoria. Ese mismo
año se separaron. Los problemas internos
empezaron a aparecer —infidelidades y
celos mediante—, cuando Michelle se lio
con Denny y John la expulsó y la sustituyó
por una clon rubia. Ella inició entonces su
carrera como actriz.

Cass Elliot

Tras la separación, Cass Elliot emprendió una carrera en solitario que le gran-
jearía numerosos éxitos. De hecho, fue el
único miembro del grupo que logró tener una carrera exitosa gracias a canciones
como «It's Getting Better» o «Make Your Own Kind of Music». Escuchamos este último tema, escrito por Barry Mann y Cynthia Weil y publicado en su disco *Bubble Gum,
Lemonade, and... Something for Mama*. Un tema muy apropiado para darse cuenta de
la fuerte personalidad de esta artista. Nos canta Cass Elliot: «Pero tienes que hacer
tu propia música, Canta tu propia canción especial, Haz tu propio tipo de música
aunque nadie más la cante contigo».

Fue precisamente esta personalidad fuerte y arrolladora la que hizo de ella una
constante presencia en la televisión, gracias a su sentido del humor y su gran carisma. Consiguiendo incluso tener sus propios especiales televisivos. Desgraciadamente,
Cass Elliot murió de un paro cardíaco mientras dormía después de dar un exitoso concierto en el London Palladium. La noche de antes había llamado emocionada a Michelle Phillips para contarle el éxito de las anteriores actuaciones, el público se había
puesto en pie para aplaudirla. La prensa se cebó en su peso hasta el final, se especuló
con que había muerto ahogada por un bocadillo que se estaba comiendo tumbada.
Hasta ese punto podía llegar la crueldad de la gente. Su peso evidentemente no ayudó
a su corazón pero el rumor no era cierto. Tenía apenas treinta y dos años y dejaba el
legado de su fuerte personalidad, su carisma y su impresionante voz. Pero también
dejaba patente que una mujer independiente y resuelta podía tener éxito más allá de
los estereotipos que la sociedad marcaba.

Esta es mi banda: Cantantes que lideran sus propios grupos

Lo cierto es que a pesar de éxitos como el de Cass Elliot, pocas mujeres lograban liderar sus propios proyectos en grupos. En el mundo de las grandes bandas de rock como Led Zeppelin o los Rolling Stones, que dominaron la escena a finales de los sesenta y durante los setenta, pocas mujeres consiguieron dejar una huella imborrable en la historia de la música. El rock se masculinizaba y las mujeres eran reducidas a meras *groupies* de las bandas masculinas. En una época en la que las mujeres empezaron a experimentar una libertad que antes no poseían, parecía difícil superar las barreras que la sociedad había puesto a los roles femeninos. Pocas veces se favorecía que las mujeres compusiesen sus propios temas o que tocasen sus propios instrumentos, eso no era femenino y la presión estaba puesta precisamente en ese aspecto, en ser femenina. O más bien en ser el ideal de femineidad que otros habían impuesto a las mujeres, uno en el que ellas no habían participado ni mucho menos dado su opinión.

Los sesenta, sobre todo a finales de década, experimentaron una época de revolución cultural y política, una en la que los jóvenes se revolvían contra lo establecido, una en la que se cuestionaban la sociedad, en la que luchaban contra el racismo, contra la guerra del Vietnam, una época en la que el sexo se vivía con más libertad. Al menos aparentemente, porque todos estos cambios que la sociedad experimentaba no se veían reflejados en la evolución de la liberación de la mujer que parecía ir unos años más lenta que el resto del mundo. Porque mientras esos dioses del rock que dominaban la música podían hacer lo que quisieran, si eras una mujer y hacías lo mismo, pagabas el precio. Estas mujeres vivieron y se criaron con los restrictivos códigos de conducta de los cincuenta pero desarrollaron todo su potencial durante los revolucionarios años sesenta. Una tremenda contradicción que vivieron encima y fuera del escenario.

Y llegó Janis y el mundo cambió

Janis Joplin fue la primera gran cantante en subirse a ese altar de dioses del rock. Y aunque rompió muchas de las reglas no escritas sobre las mujeres en el rock, lo cierto es que acabó pagándolo muy caro. Pocas cantantes han sabido imprimir un sentimiento al cantar como Janis Joplin. Sus interpretaciones emocionaban gracias a su intensa voz, pero también a la forma desenfadada y desenvuelta con la que cantaba. Janis se dejaba llevar sobre el escenario. Vivía las canciones hasta que le dolían. Vivía por y para el escenario. Fuera de él estaba perdida y le invadía la tristeza. Nada le daba lo que el escenario le ofrecía. Después llegaba la soledad y la infelicidad. Con su presencia escénica, su atrayente y enérgica personalidad, su abierta sexualidad y su impresionante voz, Janis Joplin transformó por completo el papel de las mujeres en el rock. Ella revisitó el rock desde una perspectiva femenina, dándole una voz que antes nunca había tenido. Jamás una mujer se había expresado tan abiertamente sobre sus sentimientos y su sexualidad como ella lo hizo. Era pura emoción transformada en melodía y canción.

Janis Joplin nació en un pequeño pueblo de Texas, Port Arthur. Uno de esos lugares de la América profunda conservadora que nunca se había encontrado con alguien como ella. No encajó desde el principio. Era una comunidad extremadamente conser-

Janis Joplin

vadora que siempre la vio como una mujer que se comportaba como un chico, que leía, que le gustaba la poesía y la música. En pocas palabras: era un bicho raro. Su lugar de nacimiento era un sitio donde se dedicaban a perseguir a los negros y golpearlos. Algo que a ella le causaba verdadera repulsión. Un lugar del que desde un principio sintió que tenía que escapar. Evidentemente no se comportaba como una señorita de Texas debía hacerlo. Fue rechazada desde que era una adolescente simplemente por querer disfrutar de la misma libertad que sus compañeros masculinos sí podían disfrutar. Se convirtió en todo un revulsivo para la sociedad, una imagen de lo que no tiene que ser la femineidad según el rasero conservador de, digámoslo con todas las letras, unos paletos de pueblo. Además lo vivió en la peor época, la de la adolescencia, la que te marca para siempre y te convierte en la persona que eres. Janis creció en el rechazo, de la sociedad y de su familia, y eso se vio siempre reflejado en su música y en su vida personal.

Por suerte, fue en la música dónde encontró un refugió que sus congéneres e incluso su familia no le pudieron dar. El blues y el soul de artistas como Leadbelly, Odetta, Bessie Smith o Etta James le daban el aire que necesitaba para respirar. Su familia, tremendamente conservadora, veía la creatividad de Janis como algo malo. No se comportaba como una buena hija de familia de clase media. Eso causó la ruptura. A pesar de ello, Janis seguiría buscando el reconocimiento de sus padres, escribiendo numerosas cartas a su madre, incluso pidiéndole consejo sobre cómo ser una buena hija. Una lucha que viviría como un infierno personal. Se marchó de casa para estudiar en la universidad en Austin, donde empezó a cantar folk y blues en el circuito de *coffee houses* de la ciudad. Evidentemente, aquello pronto se le quedó pequeño y decidió trasladarse a San Francisco en 1966. Fue allí donde encontró su verdadero camino.

Ya había viajado a la ciudad en 1963, llegó haciendo autostop junto a un compañero de la universidad, Chet Helms. Huía de la mediocridad que no la aceptaba. El ambiente de una ciudad tan liberal como San Francisco la recibió con los brazos abiertos. Allí se abrió para ella un mundo nuevo. Aunque en aquella primera visita no obtuvo el éxito que esperaba. Tuvo que volver a casa en 1965 después de una mala experiencia con las drogas. Volver a Port Arthur le sirvió para limpiarse de drogas pero no de la sensación de que estaba desperdiciando su vida intentando encajar en un lugar que no estaba hecho para ella. Así que acabó volviendo a San Francisco de nuevo. Allí encontró la libertad que necesitaba para explotar su talento. Y lo hizo gracias a su banda, Big Brother & The Holding Company.

Los guitarristas James Gurley y Sam Andrew, el bajista Peter Albin y el batería David Getz formarían la banda junto a Janis Joplin. Su voz curtida por el blues y el soul se mezclaría a la perfección con el rock y la psicodelia que caracterizaban el sonido de la formación. Con ella se convirtieron en el grupo sensación de San Francisco. Llamando la atención de la discográfica de Chicago Mainstream que les ofreció un contrato para grabar su primer disco homónimo, que en cambio tuvieron meses en las estanterías esperando para ser publicado. Pero pronto, todo eso quedaría atrás gracias a su actuación en el Monterey Pop Festival. Actuaron dos días, pero fue el segundo cuando consiguieron trascender. La subyugante interpretación de una Janis Joplin desbocada no dejó indiferente a nadie. Su rendición del «Ball and Chain» es de esas que dejan sin respiración. Buscad en YouTube y dejaos impresionar. Si no os pone la piel de gallina, es que probablemente no sois humanos.

Monterey cambió la vida de Janis y la banda para siempre. Albert Grossman se convirtió en su mánager y firmaron para Columbia. En 1968 publicaban *Cheap Thrills*, un disco lleno de psicodelia, blues y soul bañados por la cruda voz de Janis. Recorremos los pasillos de nuestra discoteca de Alejandría, mientras en uno de nuestros tocadiscos suena la voz de Janis cantando ese «Ball and Chain» de Big Mama Thornton. De ella se enamoró Joplin tras verla cantar en un local de San Francisco. Era imposible que no se prendara de esta canción en la que describía como el amor se vive cómo una cadena que te ata sin remedio y te hace sufrir. Algo que experimentaría ella en innumerables ocasiones y que, quizás por eso, sabía interpretar de una manera tan desaforada y dolorosa. El disco también incluía otros éxitos como «Summertime»

Janis Joplin

o «Piece of My Heart». Fue directo al número 1. A pesar del éxito de la banda, Janis emprendió su carrera en solitario poco después, llevándose con ella al guitarrista Sam Andrew.

El éxito, sin embargo, no la alejó de los problemas de drogas y alcohol ni de una ristra de relaciones sentimentales desastrosas que no hacían más que sumirla en una tristeza insoportable. Su vida siempre estuvo condicionada por esa infelicidad que solo soportaba gracias a la música. La prensa por su parte, parecía más preocupada por su estilo de vida que realmente por su forma de cantar. *Rolling Stone* titulaba en portada en marzo del 69 «Janis Joplin: ¿la Judy Garland del rock?», refiriéndose no a sus éxitos profesionales sino a la tortuosa vida personal de la actriz. Eso, cuando *Rolling Stone* aún hablaba en sus páginas de música y no de *celebrities*.

El mismo año de esa portada maliciosa, Janis publicaba su primer disco en solitario junto a la Kozmic Blues Band, *I Got Dem Ol' Kozmic Blues Again Mama!* Aunque era una banda solvente y con músicos preparados, no acabaron de encontrarle el punto a Janis. Aún le resultaba difícil hacer de líder de su propia banda. Ese mismo año actuaban en Woodstock, mientras la audiencia se ponía de LSD y marihuana hasta las cejas. Janis bebió considerablemente y consumió heroína durante las diez horas de espera hasta su actuación. Aun así consiguió otra de sus arrebatadoras interpretaciones con canciones como «Try (Just a Little Bit Harder)». Puro magnetismo, cuando gritaba ese «Try» mientras intentaba e intentaba cada vez más atraer a la persona que quería. Era imposible no imaginarse que Janis cantaba sus propias experiencias, dada la intensidad y magnetismo de sus actuaciones.

La Kozmic Blues Band duró poco, pero el siguiente año Janis encontró en la Full Tilt Boogie Band la formación que necesitaba. En Estados Unidos empezaron a hacer giras juntos, aunque no sin problemas. Arrestada por usar un lenguaje indecente en el escenario, algunos conciertos suyos y de otros artistas fueron suspendidos a lo largo del país. Las ciudades menos progresistas veían en el rock al demonio que venía no solo a pervertir a sus jóvenes, sino a provocar disturbios allí por donde pasaba. O eso pensaban las mentes decentes que gobernaban. Así que muchas bandas eran vetadas. Janis Joplin no iba a ser menos, sobre todo teniendo en cuenta que no representaba para nada el ideal que estas mentes conservadoras debían tener sobre una mujer. Ya no os digo en algunos estados del sur.

Una gira por Europa con la Full Tilt Boogie Band hizo que el grupo acabara cohesionándose, Janis tenía por fin la banda que buscaba y conseguía convertirse en la líder absoluta de la formación. Había dejado de consumir heroína y estaba mucho más centrada. Más segura de sí misma y de sus dotes como líder, Janis empezó a grabar en Los Ángeles su disco definitivo, *Pearl*. Uno de los clásicos de la historia del rock y su mejor trabajo. El productor Paul Rothchild consiguió que Janis, lejos de miedos e inseguridades, explotara todo su potencial. *Pearl* fue el disco que Janis tenía que hacer, lleno de blues, soul y folk rock pero con emoción y sentimiento. Incluía canciones como «Mercedes Benz», «Cry Baby» o la impresionante versión del tema de Kris Kristofferson «Me and Bobby McGee». Saquemos el disco de nuestra estantería dedicada a la discografía de Janis Joplin y pongámoslo en el tocadiscos para escuchar esta última. Una canción en la que cuenta ese viaje con Bobby McGee, en el que se deja llevar mientras nos canta que la libertad es solo otra palabra para describir que no tienes nada que perder. Como ella cada vez que se subía a un escenario y se dejaba la piel, porque al fin y al cabo, eso era lo único que la hacía feliz.

Pearl fue el disco que la consagró pero lamentablemente, nunca pudo disfrutar de ese éxito. Murió a causa de una sobredosis de heroína antes de ver publicada su obra maestra. Se iba dejando como legado una joya en la que su prodigiosa voz lucía como nunca. Janis Joplin siempre intentó ser «uno de los chicos» pero no porque quisiese ser un chico, sino simplemente porque quería poder vivir con la misma libertad que a los hombres se les regalaba nada más nacer. La conservadora sociedad de la época la tachó de chica mala y ella se quedó con el personaje con gusto, ya que le permitía vivir como ella quería. Fue diferente en una sociedad en el que a las mujeres no se les permitía ser diferentes.

Grace Slick y Jefferson Airplane

Aunque surgió también en el área de San Francisco en la misma época que Janis Joplin y tuvo los mismo problemas con las drogas y el alcohol, Grace Slick tuvo mejor suerte, ya que sobrevivió. San Francisco se convirtió en un foco central del rock de la costa Oeste donde grupos como Big Brother and The Holding Company, Grateful Dead, Country Joe McDonald and the Fish o los propios Jefferson Airplane copaban la escena psicodélica en un ambiente de renacimiento cultural, conciertos, festivales y por supuesto, drogas. Pero también era el centro de la revolución cultural de los jóvenes estadounidenses, la llamada contracultura. Los grupos que de allí surgieron

Grace Slick y Jefferson Airplane

lideraron ese movimiento. Jefferson Airplane fue una de las primeras bandas en saltar de la escena de San Francisco a nivel nacional en los Estados Unidos. Fue la primera también que consiguió un contrato con una gran discográfica, RCA. Aunque en sus inicios la banda estaba más orientada hacia el folk-rock, la entrada de Grace Slick en su segundo disco supuso un endurecimiento de su música, más cercana al rock progresivo y psicodélico, convirtiéndola en una de las voces de este movimiento.

Grace Barnett Wing nació en un suburbio de Chicago en 1939. Su padre era un experto en inversión bancaria y su madre había sido actriz y cantante durante los años treinta. Le venía de familia. Se educó en una escuela de señoritas en Nueva York pero estudió arte en la Universidad de Miami. Allí empezó a ejercer de modelo para unos grandes almacenes. En aquello días tuvo diversos trabajos, incluso como cantante, pero no tuvo éxito. En 1961 se casó con Jerry Slick, un estudiante de cine al que había conocido en la universidad. El matrimonio fue algo que parece que hizo porque era lo que se esperaba de ella. De hecho trabajaba de modelo para pagarle la carrera a su marido. Precioso, ¿no os parece? Las cosas que se hacen por amor. En aquellos días ya componía canciones y alguna de ellas acabó como banda sonora en los proyectos de su marido.

Fue en 1965 cuando Grace y su marido vieron una actuación de Jefferson Airplane en directo. Pronto decidieron que eso era lo que querían hacer. Formaron Great Society con Slick como cantante; Jerry a la batería; el hermano de éste, Darby, a la guitarra y David Minor a la guitarra y voces. Fue entonces cuando Grace desarrolló su particular estilo vocal y empezó también a componer sus primeras canciones como «White

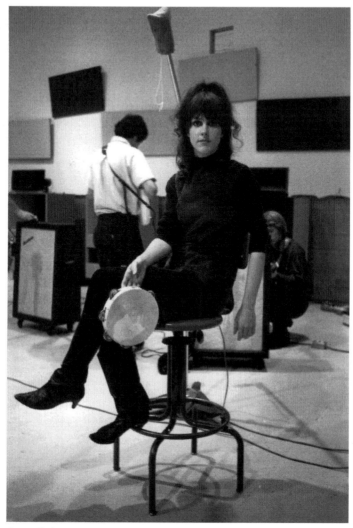

Grace Slick

Rabbit». Great Society actuaron como teloneros de los propios Jefferson Airplane y Columbia les ofreció un contrato discográfico. Con ellos grabaron dos discos que no salieron hasta que Grace Slick alcanzó la fama con los Airplane. Hay que hacer caja y las discográficas se lanzaron a desempolvar discos a los que nunca hicieron caso cuando sus miembros triunfaron con otras bandas. La banda se disolvió poco después y en 1966 Grace aceptó la propuesta de Jack Casady de formar parte de Jefferson Airplane.

Jefferson Airplane lo formaron a mediados de los sesenta Marty Balin, Paul Kantner, Jorma Kaukonen, Jack Casady y Skip Spence. La vocalista de la banda era Signe Toly Anderson. En 1966 conocieron al que se convertiría en su mánager, Bill Graham que los ficharía como habituales en sus conciertos en el Fillmore. Él les ayudó a conseguir el contrato con RCA con los que publicaron su disco debut *The Jefferson Airplane Takes Off*.

Signe Toly Anderson dejó Jefferson Airplane poco después para cuidar de su hija recién nacida. Así que la banda le preguntó a Grace Slick si quería unirse como cantante. Aceptó en seguida. Además se llevó con ella dos temas que ya había grabado con Great Society y que se convirtieron en verdaderos himnos del rock: «Somebody to Love», una oda al amor libre y la antes mencionada «White Rabbit». Ambas canciones formaron parte del segundo disco de Jefferson Airplane y el primero con Slick, *Surrealistic Pillow*. Las dos alcanzaron el Top Ten en 1967 cuando se publicó.

Vamos a buscar el álbum entre nuestras estanterías, escogemos si os parece «White Rabbit» para escuchar. Una de las primeras composiciones de Slick, nacida en el año del conejo precisamente. En ella nos narra un viaje psicodélico plagado de referencias a las drogas y los paisajes surrealistas de *Alicia en el País de las Maravillas* y *A través del Espejo* de Lewis Carroll. «Una píldora te hace grande y otra te hace pequeño, pero la que te da tu madre no hace nada en absoluto. Ve a perseguir conejos blancos y pregúntale a Alicia, ella lo sabe», cantaba. Slick siempre ha afirmado que la canción era como una ducha de agua fría para los padres que leían cuentos a sus hijos como los de Carroll y luego se extrañaban de que tomaran drogas. Con el talento de las metáforas, Slick consiguió colarle a la censura una canción sobre drogas, que en los sesenta se veían como una forma de experimentar y abrir la mente. Aún no tenían el efecto devastador que la heroína provocaría años más tarde. Las drogas eran un símbolo de rebeldía para los jóvenes pero también de liberación.

Podéis buscar también en YouTube su actuación en Woodstock para haceros una idea de como era la potente voz de esta mujer en directo. Las canciones de Jefferson Airplane reflejaban la sociedad del momento. Cantaban sobre paz y amor pero por supuesto, también de drogas y sexo. La revolución cultural de los sesenta parecía que iba a cambiar el mundo. Para aquellos jóvenes, parecía realmente que podían tocar el cambio con las yemas de los dedos, como si estuviese a la vuelta de la esquina y fuese a hacer del mundo un sitio mejor. Se equivocaron. La fantasía *hippie* se acabó abruptamente y ya nada fue lo mismo. No hubo libertad, hubo Nixon.

Grace Slick se convirtió en el centro de Jefferson Airplane gracias a su icónica voz y a su fuerte presencia sobre el escenario. Pero también porque sabía dirigir a la banda como líder natural de la misma. Slick tuvo poco tiempo para hacerse a la idea del papel que tenía, enseguida empezó a actuar con ellos y grabaron su segundo álbum. Pero en esos pocos meses, también se convirtió en una estrella. Un icono de la escena psicodélica que triunfaba en San Francisco. Aunque es cierto que Grace Slick siempre ha confesado que creía que la prensa le daba más importancia que al resto de la banda porque era una mujer, no hay duda de que el talento y la voz de la cantante cambiaron el sonido de la misma. Hay un antes y un después de Jefferson Airplane. Además, Grace Slick era una mujer fuerte y con una arrolladora personalidad que no se cortaba la lengua y expresaba sus opiniones.

Por aquella época, el matrimonio entre Grace y su marido hacía aguas por todas partes. Aunque no se divorciaron hasta 1971, tuvo diversos romances antes de empezar una relación con Paul Kantner, miembro de la banda y padre de su hija China, nacida el mismo año de su divorcio. En un principio, la prensa especuló con la osadía del nombre de su hija, según afirmaban, la iban a llamar Dios. Algo totalmente falso, pero el amarillismo de los diarios es lo que tiene. Sus relaciones extramatrimoniales causaban estupor entre las bien pensantes mentes estadounidenses. Mientras, las composiciones de Jefferson Airplane se convertían en verdaderos revulsivos contra la sociedad norteamericana. Una de las anécdotas más curiosas de la cantante es cuando fue invitada a una recepción de la hija de Nixon en la Casa Blanca, lamentablemente no la dejaron pasar. A la cita acudió junto al activista Abbie Hoffman y pretendían echarle LSD en el té a Nixon, a ver si así espabilaba.

A pesar del éxito, la banda comenzó a desintegrarse. Los problemas de alcoholismo de Grace empezaron a hacerse patentes y su comportamiento fue empeorando. Desde un accidente de coche mientras conducía a toda velocidad borracha, hasta conciertos anulados, detenciones policiales, etc. Mientras tanto, Grace también emprendió carrera en solitario y en 1974 publicó su primer disco, *Manhole*. Junto a su pareja formaron Jefferson Starship tras la marcha de algunos de los miembros originales. Un año después la banda se separaba y el comportamiento de Grace empeoraba a causa de su problema con el alcohol. Jefferson Starship se convirtió simplemente en Starship. Aunque consiguieron mayor éxito comercial, la calidad de sus canciones fue decreciendo. En 1988 Grace dejaba la banda, el alcohol le causó algún que otro disgusto, como un concierto suspendido en Alemania. En los noventa decidía retirarse definitivamente de la música para dedicarse a su otra gran pasión, la pintura. Suele pintar conejos blancos, por supuesto.

Elkie Brooks y Vinegar Joe

En Inglaterra mientras tanto también había mujeres al frente de bandas. Cantantes y compositoras que revolucionaron la escena. Elaine Bookbinder fue una de ellas, aunque se la conocía como Elkie Brooks. Nació en Broughton, Inglaterra en 1945 y aprendió a cantar gracias a su profesor, el rabino de la Holy Law Synagogue, que estaba situada cerca de la panadería que regentaba su padre en Prestwich. Su familia paterna la formaban inmigrantes judíos, escaparon de su Polonia natal durante la Segunda Guerra Mundial y acabaron recalando en Inglaterra, donde su padre conoció a su madre. Elaine Bookbinder pronto empezó a interesarse por la música y sobre todo por cantar. Especialmente, cuando con 12 años su hermano le dio un disco de Ella Fitzgerald que le cambiaría la vida. El camino se abría ante sus ojos. A los 15 años ganó un concurso de talentos en el Manchester Palace Theater y entró a formar parte de las giras de estrellas del pop que Don Arden, padre de Sharon Osbourne, organizaba. En aquel entonces se convirtió en Elkie Brooks.

Durante los sesenta se curtió en los clubs de cabaret ingleses donde empezó a desarrollar sus dotes al piano, una época de la que prefiere no acordarse. No creía encajar allí. Aunque consiguió grabar para Decca en 1964 su primer tema, una versión del «Something's Got a Hold on Me». Fue también en los sesenta cuando entró en su vida Humphrey Lyttelton, que le ofreció cantar en su banda de jazz. Él le dio la confianza que necesitaba para dar el salto y buscar su propio camino dejando de lado el cabaret. A mediados de los sesenta actuó como telonera de los Beatles en su show navideño en Londres. A finales de década Brooks se empezó a acercar cada vez más al rock y al R&B, después de conocer a Pete Gage. Su mánager de entonces pensó que le iría bien contar con una banda de apoyo y le sugirió su nombre. Creía que él sería el músico adecuado. Poco tiempo después se casaban y fundaban el grupo Dada. Una formación efímera de 12 miembros que fusionaba el rock con el jazz. Dada publicó un único disco en 1970. Posteriormente, Robert Palmer se unió a la banda. Dada firmó con Atlantic Records en 1971 para reducirse hasta sexteto y transformarse en Vinegar Joe. Su primer disco homónimo se publicó en 1972 en Island Records en Inglaterra y Atco Records en EE. UU. Publicaron dos discos más, *Rock'n Roll Gypsies* y *Six Star General*.

Elkie Brooks por fin había encontrado su sitio. El rock había llamado a su puerta y ella lo abrazó con ansias, convirtiéndose en una cantante desatada y brutal. Con una voz profunda y rasgada, incluso de pequeña le decían que parecía un chico al hablar. Pronto empezó a llamar la atención también por sus salvajes interpretaciones en directo, a Brooks se la conocía como la «Wild Woman of Rock». Una mujer con ese desparpajo sobre el escenario no era algo habitual y menos en Inglaterra. Saquemos de la funda su último disco para escuchar «Proud to Be A Honky Woman», una canción en la que Elkie Brooks se deja el alma y que en directo era pura explosión. Pero todo eso se acabó con la ruptura de la banda en 1973. En Vinegar Joe, Brooks compartía las tareas vocales con Robert Palmer. De hecho, fue la marcha de Palmer la que propició la ruptura de la formación y el inicio de su carrera en solitario. Desde un principio Palmer y Brooks fueron muy competitivos, ambos se dividían las voces Aunque la banda era bastante popular en directo, sus discos no vendieron lo que se esperaba. Eso sí, sirvió sin duda para lanzar las carreras en solitario tanto la de Palmer como de Brooks.

El primer trabajo de Elkie Brooks en solitario fue *Rich Man's Woman* en 1975, que aunque tuvo buenas críticas sufrió una fuerte censura. Su portada fue considerada ofensiva. La mostraba en una actitud casi de éxtasis, desnuda y cubierta únicamente con una boa de color rosa que tapaba estratégicamente sus partes pudendas. Imaginaos en la Inglaterra que aún parecía decimonónica, una portada así. Seguramente le dijeron de todo menos guapa. En aquel disco además se dejó aconsejar demasiado por unos productores que no la entendieron y el resultado no la dejó satisfecha. No fue hasta su segundo trabajo de 1977 *Two Days Away*, cuando realmente alcanzó la fama gracias a la canción «Pearl's a Singer». Un disco producido nada más y nada menos que por Jerry Lieber y Mike Stoller y que le regaló una de sus grandes canciones inspirada en Janis Joplin, una de sus cantantes favoritas. Aunque en ella cuenta la historia de una cantante que nunca triunfó. Fue su primer top 10 y vendió un millón de copias. Sacamos el disco de su funda, para escucharla mientras nos explica que Pearl canta canciones para los perdidos y los solitarios. Una mujer que grabó un disco que sonó en alguna emisora local, pero que no llegó a nada, sentada en una mesa de ese *nightclub* en el que toca el piano pensando en todos sus sueños que nunca se hicieron realidad. Elkie se convirtió en una estrella en Inglaterra y Europa y sigue aún a día de hoy actuando sin parar y cantando en directo, con más de 20 discos a sus espaldas. ¿Cuántas personas conocen hoy en día a Elkie Brooks y cuántas a Robert Palmer? Tuvieron éxito ambos pero se ha reconocido más el trabajo del segundo. ¿Por qué? Esa es otra de las grandes injusticias de la historia de la música.

Sandy Denny y la revolución del folk rock inglés

Desde Inglaterra también había un hueco en el que las mujeres podían hacerse con una guitarra e interpretar canciones: el folk. Allí fue donde Sandy Denny encontró su reinado como una de las grandes voces de la música inglesa. Gracias a ella, el folk y el rock se juntaron mientras lideraba Fairport Convention. El sonido del grupo se transformó con su incorporación. Antes de que ella empezara a formar parte del grupo, Fairport Convention se dedicaban a hacer versiones de grupos norteamericanos. Con ella, empezaron a componer sus propios temas, mezcla de folk y rock.

Alexandra Elene McLean Denny parecía que no estaba destinada para la música, de hecho estudiaba para ser enfermera. Pero guardaba dentro de sí el deseo de ser can-

Sandy Denny

tante. Admiradora desde niña de la cantante de folk Anne Briggs, la música pronto se metió dentro de ella. Su abuela era una cantante de baladas escocesas y sus padres le enseñaron a tocar el piano de pequeña. Escuchaba con deleite los discos del cantante y compositor de jazz Jelly Roll Morton que tenía su padre. Aprendió también a tocar la guitarra de su hermano y pronto se lanzó a tocar en los clubs de folk cercanos a su Wimbledon natal. Con 19 años debutó en la BBC.

Su primer disco fue a medias con el cantante Johnny Silvo, aunque eran todo versiones y su sonido era mucho más cercano al folk tradicional. En 1967 publicó con la banda The Strawbs *All Our Own Work*. Allí publicó una de sus primeras composiciones, «Who Knows Where the Time Goes». Una canción que la haría conocida internacionalmente gracias a la versión que grabó Judy Collins en 1968. Nina Simone o Cat Power harían lo propio años después. Buscamos en nuestro archivo la versión que interpretó en las míticas sesiones de John Peel para la BBC, esas por las que pasó lo más granado de la música. Su primera composición que ya mostraba su enorme talento. Escuchemos la suave y etérea voz de Denny mientras la aguja surca el disco y nos canta que no tiene miedo al tiempo, que cuando el tiempo se vaya, no sabe a dónde, ella aún estará ahí, sin contarlo, porque no le importa. Canciones atemporales que escuchadas hoy aún te ponen la piel de gallina.

Sandy Denny entró en Fairport Convention en 1968 cuando sustituyó a la anterior cantante, Judy Dyble. Fue junto a Richard Thompson, Ian Matthews, Simon Nicol, Ashley Hutchings y Martin Lamble donde encontró el camino que buscaba, cambiando la historia de la música inglesa. Con ella grabaron sus tres mejores discos: *What We Did on Our Holidays, Unhalfbricking* y *Liege & Lief*. El acierto fue incorporar a los elementos del folk tradicional sonoridades más contemporáneas como la que aportaba la guitarra eléctrica. Alejando a la banda de sus aspiraciones a parecerse a bandas psicodélicas norteamericanas y ayudándola a abrazar las sonoridades del folk inglés y transformarlo. Richard Thompson ha afirmado en más de una ocasión que sin ella, habrían sido otra banda del montón del folk inglés. Con ella a su lado, escribieron la historia del folk rock inglés.

Sandy Denny escribía canciones oscuras y emocionales, llenas de simbolismos y metáforas, bañadas por su impresionante voz. Su talento no era solo como cantante sino como compositora. Pero al mismo tiempo siempre creyó que carecía de él y su falta de autoestima acabó marcándola. Aun así, Denny vivía sus canciones y sus personajes tenían mucho de ella misma, de su sentir exacerbado y sus emociones desatadas. Tenía el poder de hacerte creer lo que cantaba, tanto si te relataba la historia de María reina de los escoceses como cualquier pasaje onírico surgido de su inspiradora imaginación.

Poco después de grabar *Liege & Lief* Sandy dejó Fairport Convention. Mientras ella viajaba por separado de la banda, tuvieron un accidente en el que murió Martin Lamble y la pareja de Richard Thompson, Jeannie Franklyn. Destrozada por la perdida, Denny se fue alejando de la banda para formar Fotheringay con Trevor Lucas, su futuro marido. En aquella época acababa de empezar su relación y la futura gira por Europa con Fairport Convention la mantendría demasiado tiempo alejada de él. Fotheringay duraría apenas un disco. *The North Star Grassman and the Ravens* fue su primer y excelente trabajo en solitario. De nuevo, volvía a demostrar sus dotes como compositora en temas como «John the Gun» o «Late November». Vayamos a la estantería donde se guardan los discos de Sandy Denny, en su portada se ve a la cantante y compositora pesando semillas en una especie de botica. Una imagen que retrotrae a los orígenes del folk, a las tradiciones y a las raíces de la música. Críptica y oscura, «Late November» se inspiró en un sueño que Denny tuvo y en la muerte de Martin Lamble que os comentaba antes. Se nota en las metáforas oníricas que acompañan toda la canción. Siempre bañada por la voz mesmerizante de Sandy Denny. Tenía un fraseo original, una forma diferente de cantar, que podía ir de un susurro tenue a la potencia emocional más desgarradora.

Ella fue la única mujer que cantó con Led Zeppelin. Fue en 1971 en «The Battle of Evermore», canción que formaba parte del cuarto disco de la banda. ¿Quién mejor que ella para cantar en esta épica narración zeppeliana marcada por el sonido de la mandolina? Un año después publicó *Sandy*, producido exquisitamente por Lucas. Un disco que contó con la participación de Richard y Linda Thompson y los arreglos del maestro

Allen Toussaint en «For Nobody to Hear», se nota en esos vientos que la acompañan. Este disco la volvió a situar como una de las voces imprescindibles de la escena. Pero al mismo tiempo, sus inseguridades seguían creciendo y el alcohol y las drogas le servían para acallarlas mientras la carcomían por dentro. Era la única forma de insensibilizarse ante ellas.

En 1973 publicó su disco más intimista *Like an Old Fashioned Waltz*. Y en 1977 llegó su último trabajo, *Rendezvous*. Una lástima que fuera su último regalo musical, perdía algo de su esencia en un disco que intentaba llegar a una mayor audiencia. Algo que siempre se le había resistido. Un año después Sandy Denny murió de hemorragia cerebral tras caerse por unas escaleras. Con 31 años se iba, tristemente, una de las mejores voces y compositoras de la historia del rock. A pesar de su talento y su importancia, muchos hoy en día no sabrían quién es Sandy Denny si se les preguntase.

Maggie Bell, la reina de la noche

Si hablamos de grandes voces no podemos olvidarnos de Margaret «Maggie» Bell. Nació en 1945 en Maryhill, Glasgow y se convirtió en una de las cantantes de rock más importantes proveniente de tierras escocesas. Muchos la consideraron la heredera de Janis Joplin gracias a la potencia de su voz, pero nunca tuvo el éxito de su predecesora. En su familia la música estaba a la orden del día, cantaba desde pequeña y su familia siempre la apoyó mientras intentó perseguir sus sueños como cantante. A los quince años decidió dejar el instituto y ponerse a trabajar montando aparadores para tiendas para ganarse el sueldo, eso sí, sin dejar de cantar por las noches. Cantando hits de la época ganaba 70 libras a la semana, mucho más de lo que lograba en su trabajo diurno. Así que lo dejó y se centró en la música. Pasó por varias bandas como vocalista hasta que formó The Power junto al guitarrista Les Harvey. La banda se curtió tocando en bases de la armada en Europa e Inglaterra durante unos años. En una de esas actuaciones fue cuando Peter Grant, mánager de los Yardbirds y Led Zeppelin, se interesó por la banda y decidió producirles y ser su mánager. La potente y desgarrada voz de Maggie Bell y la forma de tocar la guitarra de Harvey le habían impresionado. Poco después la banda cambió de nombre a Stone the Crows.

En su álbum homónimo publicado por Polydor en 1970, Jimmy Dewar compartía las tareas vocales con Maggie y coescribía el material de la banda. Después de su segundo disco, *Ode To John Law*, John McGinnis y Jimmy Dewar dejaron la banda. *Teenage Licks* de 1971 fue su disco más exitoso. El grupo empezó a actuar en grandes festivales de rock. Mientras, la voz de Maggie ganaba premios como mejor vocalista demostrando que su talento estaba dejando huella. A pesar de la prometedora carrera de Stone the Crows, su música nunca consiguió despegar. En sus trabajos mezclaban con acierto sonidos rock, blues o soul. Bell conseguía cierta popularidad cantando junto a Rod Stewart en el tema que daba título a su disco de 1971 *Every Picture Tells a Story*.

Tras cuatro álbumes y la muerte de Harvey electrocutado en una actuación en directo, la banda se disolvió en 1973. Siendo parte integral del sonido de la banda, la pérdida de Harvey dejó a la formación huérfana de uno de sus pilares. Maggie Bell tuvo que ser ingresada a causa de un colapso. Algo bastante comprensible cuando acabas de presenciar la muerte de tu pareja en directo. Es una lástima que aunque las críticas de sus discos fueron buenas, las ventas nunca acompañaron y no se reconoció el talento de la banda.

Bell emprendió entonces su carrera en solitario. Su primer disco apareció en 1974. Su excelente *Queen of the Night* estaba producido por Jerry Wexler y fue grabado en Nueva York. La sombra de Janis era muy alargada, incluso hizo una versión de un tema suyo «A Woman Left Lonely». Una canción a la que consiguió darle el toque Bell y llevarla a su terreno. Algo harto difícil, teniendo a Janis como modelo a seguir. «After Midnight» fue su tema más conocido, una canción de J.J. Cale. Busquemos entre las estanterías de nuestra discoteca particular la B de Bell, más en concreto este disco que mezcla blues, soul y rock a partes iguales. Vamos a escuchar la canción que le da título. En ella Maggie Bell nos canta: «Soy una mujer y tengo mi libertad, yo era el universo, la puesta de sol y la sorpresa». Pero aun así no conseguía mantener a su hombre al lado, la reina de la noche se lo arrebató. Un disco que mereció más reconocimiento del que tuvo. Ni siquiera la participación de Jimmy Page en su siguiente trabajo, *Suicide Sal,* ayudó a aumentar las ventas. Un disco que publicó tras firmar con el sello Swang Song, al mismo tiempo que bandas como The Pretty Things.

Poco después Bell pasaría a liderar Midnight Flyer una banda de blues rock. Con ella empezaría a acercarse al género al que más tiempo ha dedicado su voz. En 1981 su dueto con B.A. Robertson «Hold Me» le valió un número 11 en el top de singles en Inglaterra. Tras vivir durante 20 años en Holanda en 2006 volvió a Inglaterra para unirse a The British Blues Quintet.

Fleetwood Mac: Stevie Nicks y Christine McVie, dos caras de la misma moneda

Otra de las figuras femeninas fundamentales de los sesenta y setenta en el rock fue Stevie Nicks. Nacida en Arizona como Stephanie Lynn Nicks. Era nieta de un cantante frustrado de country, así que la música la llamó desde niña. Con cuatro años ya cantaba en la taberna que regentaban sus padres. Le regalaron una guitarra acústica en su decimosexto cumpleaños. Sus primeras composiciones datan de su adolescencia y en el instituto en California formó su primera banda, Changing Times. Durante el último curso conoció al que se convertiría en su pareja, Lindsey Buckingham. Juntos formaron la banda Fritz con un par de amigos, Javier Pacheco y Calvin Roper. El grupo alcanzó cierta fama en la Costa Oeste de los Estados Unidos, incluso fueron teloneros en sus actuaciones en la soleada California de artistas como Jimi Hendrix, Janis Joplin o Creedence Clearwater Revival. Pero la banda duró apenas tres años. La excesiva atención que los fans dedicaban a Nicks no parecía sentar igual de bien a los demás miembros de la banda. Aunque Fritz desapareció, Nicks y Buckingham continuaron componiendo juntos e iniciaron su famosa y tortuosa relación amorosa.

En 1973 la pareja se mudó de San Francisco a Los Ángeles y publicaron su primer disco *Buckingham Nicks*. Aunque no fue un éxito, llamó la atención del grupo inglés Fleetwood Mac y en 1974 se unían a la banda junto a Mick Fleetwood, John y Christine McVie. Aunque el interés de la banda estaba en Buckingham, Nicks acabó entrando en la ecuación, por suerte para ellos. Juntos grabaron sus discos más exitosos, *Fleetwood*

Mac en 1975 y *Rumours* en 1977. Discos en los que la voz rota de Nicks se convertía en protagonista. Rescatamos una de las copias de *Fleetwood Mac* que tenemos en nuestra biblioteca y escuchamos una de las composiciones de Stevie Nicks, «Rhiannon». En ella canta a Rhiannon, esa mujer libre como un pájaro, una mujer llevada por el viento. «¿Te atreverías a amar a alguien así? Ella es como un gato en la oscuridad, ella es la oscuridad», canta. Mientras la escuchas puedes imaginarte perfectamente a Nicks bailando su danza gitana, embrujando al público con su voz.

Christine McVie era la otra mujer dentro de la banda, discreta y casi escondida. Ambas eran polos opuestos y generaban un equilibrio musical en la banda con sus composiciones. Aunque Nicks siempre ha sido la más visible de ambas, no hay que desdeñar en absoluto el papel fundamental de McVie en el éxito de Fleetwood Mac. Nacida en Lake District, Inglaterra, como Christine Perfect en 1945 y criada en un suburbio de Birmingham, su padre era violinista y profesor de música. Su abuelo era uno de los organistas en la abadía de Westminster. Así que la vena musical le venía también de familia. Aunque tocaba el piano con cuatro años, no fue hasta los 11 cuando empezó a estudiarlo de manera profesional. Aun así, el día que su hermano John trajo a casa un libreto de partituras de Fats Domino, la pequeña Christine decidió que la música clásica no era lo suyo y abrazó el rock and roll. Aun así estudió escultura con vistas a convertirse en profesora de arte. Y no fue hasta que se introdujo en la escena blues inglesa cuando realmente empezó a pensar que lo suyo era la música. Su primera banda con cara y ojos fue Chicken Shack en la que tocaba el teclado y hacía los coros. La habían fundado dos antiguos compañeros de blues, Andy Silvester y Stan Webb. El grupo tuvo cierto éxito en la escena blues inglesa.

Su primer hit fue en 1967 «It's Okay With Me Baby» del disco *40 Blue Fingers, Freshly Packed and Ready to Serve,* un tema compuesto e interpretado por la propia McVie. Escuchamos este single en nuestro tocadiscos mientras suena su voz característica, rasgada y blues que la distinguía, así como su forma de tocar el piano. «No pasa nada si te marchas de casa, no pasa nada si encuentras otra chica. Aún te quiero y quiero que estés bien». Seguramente no cantaría lo mismo sabiendo cómo acabaron las relaciones entre los miembros de Fleetwood Mac pero nos estamos adelantando a la historia. Tras grabar dos discos con ellos, Perfect dejó la banda en 1969 cuando conoció a John McVie y se casó con él, pasando a formar parte de Fleetwood Mac. Durante su periodo bluesero, Perfect fue nombrada mejor vocalista del año por la revista *Melody Maker*. Algo que muchas veces parece que ha pasado inadvertido. Además de ser una de las pocas mu-

Fleetwood Mac

jeres instrumentistas de la época. A Fleetwood Mac los había conocido porque eran compañeros de sello, Blue Horizon. Alguna vez habían actuado juntos e incluso había tocado el piano en alguno de sus temas. Así que no era una recién llegada desconocedora del panorama del grupo.

Antes de la entrada de Stevie Nicks en la banda Perfect, entonces ya McVie, era la única voz femenina del grupo. Su primer disco con ellos fue *Future Games*, en 1971. Y su presencia como cantante y compositora ganaba cada vez más peso, al menos hasta la entrada de Nicks. Y aunque las dinámicas del grupo cambiaron con el añadido de Buckingham y Nicks, McVie se mantuvo como fuerza unificadora de la banda. El grupo se trasladó en 1974 a EE. UU. Allí fue donde conocieron a Buckingham y Nicks. Y la historia de las dos cantantes se fusionó. En Fleetwood Mac McVie compuso y cantó «Over My Head», otra de esas canciones marca de la casa, de amores torturados y relaciones desastrosas. Escuchémosla mientras nos habla de esa persona que es como una rueda de circo cambiando cada día, de esas que un día te quiere y al día siguiente es frío como el hielo. No es de extrañar que la banda consiguiera verdaderos éxitos en aquella época, cuando retrataba la crudeza de las relaciones interpersonales.

Los problemas en Fleetwood Mac empezaron pronto. Justo antes de publicar *Rumours*, Nicks y Buckingham se separaron y los McVie también se divorciaron. *Rumours* se convertía así en un nombre muy adecuado para un disco desgarrador en el que sus miembros no dudaban en narrar sus desengaños y traiciones amorosas. Uno en el que se desnudaban sentimentalmente hablando en cada canción. Buscamos el disco en nuestra discoteca y lo ponemos en el tocadiscos para escuchar «Dreams», compuesto y cantado por la propia Nicks. «Tú quieres tu libertad,» canta, «¿quién soy yo para mantenerte atrapado? Juega de la forma en que lo sientas pero escucha atentamente el sonido de tu soledad. Cómo un latido del corazón te vuelve loco. En la quietud de recordar lo que tenías y lo que perdiste». Imaginaos un *Sálvame Deluxe* versión rock pero elegante y de calidad. Pues eso estaba pasando dentro de la banda en aquellos momentos. McVie por su parte compuso temas como «Don't Stop» que cantaba junto a Buckingham. Otro de los grandes éxitos que convirtieron *Rumours* en el álbum que inscribió el nombre del grupo en la historia del rock para siempre. En ese disco también compuso, «You Make Loving Fun», que hablaba de la relación que mantuvo con el técnico de luces del grupo y que le costó el trabajo al enterarse su exmarido. Por lo visto, ellos podían liarse con quien quisieran y traerse las novias de gira, ellas no.

En este grupo ambas componían por igual, junto a sus compañeros o por separado. Las fuerzas creativas eran igualitarias y todos los miembros tenían el mismo peso. Así que ambas mujeres se convertían en protagonistas de sus canciones, intercambiando los miembros de la banda los papeles protagonistas. Tras la gira de *Rumours*, llegó *Tusk,* un disco que no consiguió el éxito que su predecesor pero que tuvo diversos hits. En 1981 Stevie Nicks empezaba su carrera en solitario con *Bella Donna* que incluía un dúo junto a Tom Petty en «Stop Draggin' My Heart Around». Con la banda de Petty actuó durante un tiempo. Este disco probaba que podía volar en solitario. Nicks ha sido el miembro de Fleetwood Mac que ha disfrutado de mayor éxito en su carrera en solitario, a veces incluso más que la propia banda. Durante años Stevie Nicks combinó sus trabajos con los discos en Fleetwood Mac. En 1982 publicó *Mirage* con Fleetwood Mac y un año después llegaba *The Wild Heart* en solitario y en 1985 *Rock a Little*. En medio de todo esto, las rupturas, las giras y los discos, estaban sus adicciones a las drogas y los medicamentos contra los que luchó saliendo airosa, por suerte. La espiral en la que se metió era tal que probablemente habría acabado siendo otra de las mártires del rock de seguir la senda de la autodestrucción.

Mientras, Christine McVie decidió alejarse de todo y de todos. Siempre ha sido el miembro más retraído de la banda. Así que, su marcha del grupo en 1977 para tomarse un descanso no parecía algo definitivo ni drástico. Pero tras una gira extenuante para apoyar el disco *The Dance,* vendió su casa en Los Ángeles y volvió a Inglaterra. En teoría era solo durante un tiempo y para descansar. Había empezado a sufrir agotamiento y le cogió miedo a volar. Las giras, el estrés, las broncas y los gritos no ayudaron y la ansiedad se hizo fuerte en ella. Lo que iba a ser un descanso se convirtieron en 16 años, en los que vivió casi recluida y retirada de la música en el campo cerca de Canterbury. Aunque sacó un disco en solitario, llamado muy adecuadamente, *In The Meantime,* no lo promocionó ni actuó para presentarlo.

Mientras tanto, Stevie Nicks proseguía con su exitosa carrera. Convirtiéndose así en la figura femenina de la banda. En 2001 junto a Sarah McLachlan, Sheryl Crow, Macy Gray o Dixie Chicks, cantó en su disco *Trouble in Sangri-La.* En 2011 inició su colaboración con Dave Stewart con el disco *In Your Dreams,* el que se convertiría en su gran compañero musical. Y aunque entró y salió de la Fleetwood Mac en diversas ocasiones, siempre retornó a la banda. No así McVie que seguía en su retiro. En 2013 publicaban *Extended Play.* Y la banda conseguía milagrosamente que Christine McVie saliera por fin de su retiro campestre para participar en una gira de reunión. *24 Karat Gold: Songs from the Vault* es el último trabajo de Nicks, un disco que reúne canciones que escribió a lo largo de su carrera y nunca publicó. Joyas escondidas. Repetía con Dave Stewart como colaborador y demostraba que seguía teniendo la misma fuerza de siempre.

McVie por su parte acaba de sacar un disco junto a Lindsey Buckingham, *Lindsey Buckingham/Christine McVie*. Parece que volvió a cogerle el gusto a la música tras el largo descanso. Esta vez más relajada y sin tanta presión. Además aún parece que queda Fleetwood Mac para rato. Aunque McVie siempre fue la más discreta de las dos, no hay que desdeñar el papel que ambas siempre han jugado en la música del grupo. Dos de las grandes compositoras y cantantes de la época, sin duda, que marcaron a toda una generación de artistas.

El rock de vanguardia de la Velvet Underground

Mientras, en la Costa Este se estaba cociendo una verdadera revolución musical. Una encabezada por bandas como la Velvet Underground y en la que el arte y la música se fusionaban. Su música era mucho más experimental y aunque fueron vilipendiados y odiados durante su andadura, no hay duda de que la Velvet Underground es uno de los grupos más importantes e influyentes de la historia del rock. Muchos de los movimientos que surgieron dentro del rock en décadas posteriores nacieron desde la perspectiva tan inusual que la banda dio a su música, experimentando hasta la saciedad y rompiendo moldes en cada canción.

Aunque Lou Reed y John Cale venían de mundos totalmente diferentes, su pasión por la experimentación los unió. Reed había tocado en varias bandas de garage, mientras Cale, nacido en Gales, había llegado a Estados Unidos con una beca para continuar sus estudios de música clásica. El rock consiguió cruzar sus caminos. Cale ya había trabajado con compositores experimentales como La Monte Young y usaba drones en su música, mientras que la afinación que Reed daba a sus guitarras imitaba el sonido de los mismos. Ahí es dónde encontraron un punto de partida común para su música. Juntos empezaron a ensayar y formaron su primera banda, The Primitives. Al menos hasta que ficharon a Sterling Morrison a la guitarra y Angus McLise a la batería. Cale se ocuparía de los teclados, el bajo y la viola, y Reed de la guitarra y las voces. Adoptaron entonces su nombre, Velvet Underground. Era el título de un libro que Michael Leigh había publicado en 1964 sobre las aberraciones en las relaciones sexuales consentidas, donde hablaba del sadomasoquismo, las orgías, el intercambio de parejas y otras prácticas consideradas amorales. Un nombre ideal, ya que Reed ya había escrito por aquel entonces «Venus in Furs», uno de los clásicos de la banda, inspirado en el libro de Sacher-Masoch del que deriva el término *masoquismo*.

Tras varios ensayos y una demo, la banda consiguió su primer concierto en 1965. Pero justo entonces McLise los abandonaba, dejándolos sin batería. Su sustituta fue Maureen Tucker. Aunque empezó tocando la guitarra, decidió cambiar a la batería con 19 años. Nacida en Long Island en 1944, Tucker aprendió de forma totalmente autodidacta y con una batería de segunda mano. Encerrada en su habitación intentaba imitar a los Stones, la llegada de la British invasión fue la que la hizo cambiar las cuerdas por los timbales. En realidad ella iba para informática. La música era algo que hacía porque le gustaba pero no tenía en mente dedicarse a ello.

Fue el propio Sterling Morrison quien la introdujo en The Velvet Underground. Maureen era hermana de Jim Tucker, un amigo de la infancia de Morrison. Por aquel

Lou Reed y Nico de Velvet Underground

entonces ella trabajaba en IBM. Tenía un trabajo estable lo más alejado del rock que te puedas imaginar, pero decidió dejarlo todo para tocar en un grupo de música experimental. Gran parte del sonido de la banda nacía además de la peculiar manera que tenía de tocar la batería. Lo hacía de pie, sin timbales y muchas veces con una o dos mazas en vez de baquetas, además de usar un kit de batería minimalista. Su estilo de tocar, que inventó ella misma, cambió el devenir musical de innumerables bandas que bebieron de las fuentes de la Velvet. Maureen Tucker no era la chica del grupo, era un miembro más, y además era una de las pocas mujeres baterías de rock en la época, por no decir casi la única. Su particular y poco ortodoxo, a la par que innovador, estilo a la hora de tocar este instrumento puede apreciarse en canciones como «Sister Ray» de *White Light/White Heat* o «Heroin» de su debut *The Velvet Underground & Nico*.

Pero Tucker no solo tocaba la batería, también cantaba, tocaba el bajo y la guitarra. Y en algunos de los temas de la Velvet Underground como «After Hours» nos ofrecía su suave e ingenua voz. Busquemos entre las estanterías de nuestra discoteca de Alejandría el tercer disco homónimo de la banda donde está incluida esta canción. Lou Reed decía que la canción era tan inocente y pura que no se veía capaz de cantarla él mismo. Por eso le dio la voz a Moe Tucker, acompañada simplemente por la guitarra del propio Reed y el bajo de Doug Yule. «Si cierras la puerta», canta, «la noche durará eternamente, deja el sol fuera y di hola al nunca». Una letra Lou Reed 100% que Maureen Tucker hizo suya.

The Velvet Underground experimentó con la música como ninguna otra banda lo había hecho hasta entonces, con la música, con las letras, con la presencia escénica, con los instrumentos que tocaba... En 1967 publicaron su primer disco *The Velvet Underground & Nico*, un trabajo donde desataban un torrente lisérgico plagado de drogas, sexualidad, masoquismo y experimentación. Las críticas de la época no fueron precisamente positivas. Comparado con la música que se hacía entonces, era normal que los críticos se quedaran de piedra. Fue en ese trabajo precisamente donde Nico entró a formar parte de la banda. De la mano de Andy Warhol, la modelo y cantante entró en el círculo de la banda. La historia de la Velvet es inseparable del artista neoyorquino. Él cambió el mundo del arte e hizo que la banda fuera arte y no solamente por la famosa portada del plátano que diseñó para su álbum de debut. Él les presentó a Christa Päffgen, más conocida como Nico.

Aunque Nico empezó su carrera como modelo gracias a su figura, sus ojos claros y su melena rubia germánica, pronto cruzó su camino con la música algo que nunca la abandonaría. En 1965, el mánager de los Rolling Stones, Andrew Loog Oldham la fichó para su sello Immediate tras conocerla en una fiesta en Londres. Con él grabó su single «It's Not Sayin», en el que participaban Brian Jones y Jimmy Page. Pero no tuvo demasiada trascendencia. Poco después se trasladaba a Nueva York, donde Andy Warhol la acogió bajo su ala protectora. Primero como actriz en varios de sus films experimentales como *Chelsea Girls*. Y pronto también como cantante de la banda de la que era mánager, la Velvet Underground. El grupo participaba en las performances «Exploding Plastic Inevitable», en las que mezclaba música en directo, luces, películas y danza. La idea de que Nico cantase con The Velvet Underground fue de Warhol y aunque el resto de la banda aceptó, no fue precisamente a gusto.

Aunque las tensiones entre ellos estuvieron ahí desde el principio, es indudable la aportación de la cantante a su primer disco. Cantaba en tres de las canciones del álbum «Femme fatale», «All Tomorrow's Parties» y «I'll Be Your Mirror», aparte de proporcionar coros en «Sunday Morning». Caminamos entre las estanterías de nuestra discoteca, escogemos «Femme Fatale» para escucharla en nuestro tocadiscos. Tenemos dos opciones, coger el vinilo del disco y escuchar la sutil y dulce melodía de «Femme Fatale» en contraposición con la fuerza corrosiva de «I'm Waiting for the Man» o coger el single de «Sunday Morning» del que fue cara B. Escojamos la opción del disco para poder contraponer dos formas de narrar la oscuridad que rodeaba al Nueva York de la época y que tan bien supo retratar Reed con sus letras. Prestemos atención a la fría presencia de Nico que logra transmitir todo el *glamour* que la protagonista de la canción tenía. Estaba inspirada en Edie Sedgwick, musa de Warhol. Y lo hace de una forma totalmente sutil, tranquila y pausada con la voz de Nico como protagonista absoluta.

Estas son las dos mujeres que marcaron la historia de The Velvet Underground. Totalmente opuestas y diferentes. Nico apenas estuvo en un disco. Tras dejar la banda, emprendió carrera en solitario. Su primer álbum, *Chelsea Girl* demostraba que no era simplemente una cara bonita. Hipnótico disco de folk rock que grabó junto a Jackson Browne, Lou Reed y John Cale, este último, uno de sus más estrechos colaboradores durante su carrera en solitario. En 1969 publicó su segundo disco *The Marble*

Index, un trabajo mucho más oscuro con letras crípticas que demostraban el talento compositivo de la alemana. Un álbum mucho más experimental que presentaba a una Nico narrando el dolor de una vida difícil en la que la heroína parecía abrirse paso con fuerza. Aunque en los setenta y los ochenta siguió buscando en la experimentación sonora su camino, ayudada por músicos como John Cale o Brian Eno, su tumultuosa vida sentimental y su adicción a las drogas lastraron su carrera. Murió en su retiro ibicenco en 1988 a causa de una hemorragia cerebral.

El segundo disco de la banda *White Light/White Heat* se publicó a finales de 1967. En 1969, poco después de publicar *The Velvet Underground*, Maureen Tucker dejó el grupo para cuidar de su primer hijo. Algo muy común, cuando las mujeres que se dedicaban a la música, no solamente al rock, eran madres, el vacío se hacía presente. Pero, ¿quién demonios era capaz de criar a sus hijos, actuar en directo, grabar discos y ganar suficiente dinero para vivir siendo mujer? Cuando sus hijos fueron mayores, Maureen Tucker quiso volver a la música pero se lo pusieron bastante difícil. Había estado demasiado tiempo fuera de juego y ella no tenía aquel aura que Lou Reed o John Cale atesoraron. Se vio obligada a trabajar en un Wal-Mart para poder subsistir. A finales de los ochenta empezó a colaborar como batería de la banda Half Japanese.

Tucker produjo una interesante carrera en solitario. Aunque todos sus discos se publicaron en sellos independientes, ella era la principal compositora, cantante y guitarrista. *Playin' Possum* fue su primer álbum en 1981. Sus discos eran relatos de una vida dura como madre soltera ganando el sueldo mínimo e intentando que su música saliese de las cuatro paredes de su casa. En 1991 los miembros de la Velvet colaboraron en su disco *I Spent a Week There the Other Night*. Dos años después la banda volvía a reunirse y publicaban en directo *Live MCMXCIII*. Maureen Tucker ha seguido su carrera en solitario, totalmente alejada de la fama, pero convirtiéndose en una figura de culto de la música independiente.

Las mujeres de color también hacen rock

Durante la gloriosa época de las girl groups, las voces de color dominaban las listas, pero una vez que terminó ese sueño musical, desaparecieron de las mismas. A pesar de surgir de las raíces de la comunidad afroamericana, el rock fue pronto capitalizado por los blancos, dejando de lado a sus creadores. Las mujeres sufrieron ese doble silenciamiento, por ser mujeres y por ser de color. A pesar de ello, hubo numerosas mujeres que se dejaron la piel intentando hacerse un hueco.

Ha costado años recuperar la figura de Betty Davis, una fuerza viva de la naturaleza, una pionera del funk rock que abrió la puerta de Miles Davis, su entonces marido, a otras sonoridades. Pero nadie parecía acordarse de ella. Si eres mujer, negra y encima estás casada con una leyenda del jazz, es fácil que la sombra alargada del músico te oculte para la gran masa. Pero una personalidad arrolladora como la de Betty Davis era imposible que quedara escondida.

Nació como Betty Mabry en 1945 en Durham, Carolina del Norte. Fue en la granja de su abuela donde empezó a escuchar la música de Jimmy Reed o B.B. King. Con doce años ya escribía sus propias canciones. Con 16 años se marchó a Nueva York para estudiar Moda en el Fashion Institute of Technology. Allí empezó a moverse por el ambiente bohemio del Greenwich Village de los sesenta. En The Cellar empezó a hacer de DJ, allí se movía la escena de la ciudad, incluidos Hendrix y Sly Stone, que pronto se convirtieron en buenos amigos de Betty. También se ganaba la vida como modelo de revistas como *Ebony* o *Glamour*. En 1964 publicó su primer single «Get Ready For Betty». Y en 1967 escribió «Uptown (to Harlem)» para el disco *The Time Has Come* de los Chambers Brothers. Y aunque su debut fue un éxito, Mabry seguía centrándose en su carrera de modelo.

Aun así, nunca se alejó demasiado de la música, Mabry firmó un contrato con Columbia Records con los que publicó el single «Live, Love and Learn», producido por su entonces pareja, el trompetista Hugh Masakela. Hasta que una noche de 1967, en el Village Gate, se cruzó en el camino de Miles Davis. Se casaron al año siguiente, aunque el matrimonio no duró mucho, gracias al temperamento irascible del trompetista. No hay duda de que aquella corta unión forjó el futuro musical de ambos. Fue precisamente Mabry la que llevó a Davis hacia la fusión y la experimentación que desembocaría en su famoso *Bitches Brew* en 1970. Ya en su disco de 1968 *Filles de Kilimanjaro* se notaba la presencia de la cantante, no solo con una foto suya en portada sino con las dos canciones que Miles le dedicó «Mademoiselle Mabry» y «Frelon Brun». Dos temas que bebían de dos *riffs* de Hendrix en «The Wind Cries Mary» y «If 6 Was 9» respectivamente. Uno de los descubrimientos que Betty le hizo a Miles fue precisamente la música del guitarrista.

Davis estaba celoso de la amistad de Betty con Jimi Hendrix. Aun así, ella misma intentó organizar un encuentro entre ambos artistas para que colaboraran juntos. ¿Os imagináis el momento? Ay, Miles, los celos, los celos. Hendrix murió antes de que consiguieran hacer algo juntos pero es evidente que el sonido del guitarrista y de la música de Sly Stone, otra de las amistades de su mujer, contribuyeron a la evolución musical de Davis y lo hicieron a través de su influencia. Fue ella la que le animó a buscar otros caminos, a explorar y explorarse, a abrir la mente, a no quedarse estancado. Gracias a ella, Miles Davis se reinventó y abrazó la electricidad y unas nuevas sonoridades desconocidas hasta entonces en su música.

Miles también animó a Betty a grabar sus propios temas, incluso los produjo, a pesar de que tardaron años en ver la luz. Fue gracias a *Betty Davis: The Columbia Years 1968-1969* publicado por Light in the Attic en 2016. En estos temas producidos por Miles Davis aparecen John McLaughlin, Herbie Hancock, Mitch Mitchell, Wayne Shorter y Chick Corea. Pero el verdadero potencial sonoro de Betty Davis vino en los setenta. Aunque se había divorciado ya de Miles Davis conservó su apellido y publicó tres joyas musicales.

Betty Davis

En 1973 apareció *Betty Davis*, un disco en el que contó con el batería de Sly Stone, Greg Errico y las Pointer Sisters, entre sus colaboradores.

En 1974 llegó *They Say I'm Different* y en 1975 *Nasty Gal*. Precisamente en la canción que da título al disco soltaba lindezas como esta: «Arrastraste mi nombre en el barro, pero yo solía dejarte colgado de tus uñas en la cama». Se dice que en sus letras siempre se mostró como predadora sexual. Una mujer empoderada sexualmente era vista como algo a temer, algo agresivo. Pocas eran capaces de usar un lenguaje tan sensual y sexual y hacerlo suyo como lo hizo Betty Davis. Su música estaba liderada por su impresionante y sensual voz pero también por la mezcla de funk y rock agresivo e irresistible que facturaba. Se alejaba siempre de la sombra alargada de su ex marido. Betty Davis fue una verdadera influencia como mujer para otras artistas, fue una adelantada a su tiempo y quizás por eso una incomprendida. Sus letras tremendamente sexuales, sinceras y explícitas rompieron moldes. Estos discos fueron un shock, quizás precisamente por eso no trascendieron. En aquellos años, los hombres que se dedicaban en cuerpo y alma al funk cantaban lo mismo, pero claro, eran hombres. Una mujer que expresaba su sexualidad de una manera tan abierta levantaba ampollas. Siempre esa diferente barra de medir, en la que a los hombres se les daba total libertad y a las mujeres no.

A pesar del favor de la crítica, las ventas no la acompañaron. La radio no ponía sus canciones por sus letras sexualmente explícitas. Tras grabar su cuarto álbum, Island se negó a publicarlo y ella perdió interés en la música. No estaba para tonterías. Decidió retirarse y dedicarse a su familia, salir del ojo del huracán. Su marcha hizo que su figura se fuera diluyendo con el tiempo. Y han hecho falta décadas para que se haya rescatado del olvido a esta pionera del funk. Era difícil que encajara, Betty Davis era una mujer agresiva sobre el escenario y fuera de él, agresiva en el buen sentido de la palabra, no nos equivoquemos. Pero una mujer que no era sumisa, que no adoptaba ese papel, en aquella época no era solo algo inusual sino muy mal visto. Hoy no se entenderían artistas como Erykah Badu o incluso Beyoncé sin mujeres como Betty Davis. Mujeres sin miedo, poderosas sobre el escenario y que con voz clara cantan lo que quieren con fuerza y pasión.

Repasemos algunas de sus canciones. Buscamos su último trabajo entre nuestras estanterías. Con esa provocadora foto en portada, con ella en pose de leona y en ropa interior de encaje negro. En «Dedicated to the Press» de *Nasty Gal* habla de los insultos insidiosos de la prensa hacia su persona a causa de su libertad a la hora de describir en sus canciones cómo disfrutaba de su sexualidad. El disco también contiene verdaderos himnos funk como la propia «Nasty Gal». Escuchemos también la canción que da título al disco. Y en la que describe como su examante habla mal de ella y la llama bruja. Ella ni corta ni perezosa les explica a sus amigotes que puede que fuese una bruja pero a él le encantaba montar en su escoba. Genio y figura. En «F.U.N.K.» canta sobre el género que le corre por las venas: «Nací con él, moriré con él, porque está en mi sangre, y no tengo suficiente, bailando la música y cantando una sencilla canción». Ese funk que le dedicaba a Al Green, a Tina Turner, a Stevie Wonder o Ann Peebles. Ese funk que nos regaló sus grandes temas, y que por suerte, muchos años después de su publicación, se ha conseguido recuperar. Una verdadera pionera que no deberíais dejar de escuchar.

De girl group a LaBelle

Las mujeres de color desaparecían de las listas, cuando apenas unos años antes las dominaban sin casi despeinarse. Pero a finales de los sesenta y los setenta era más difícil que saltasen de las listas de R&B a las de pop. Aun así, estas mujeres tuvieron mucha más libertad que sus predecesoras a la hora de romper todo tipo de estereotipos de lo que una mujer era o dejaba de ser. No hay más que ver la carrera de Betty Davis. En lo que a grupos se refiere, un buen ejemplo es Patti LaBelle y las Bluebelles que abandonaron aquella imagen perfecta de girl group para convertirse en una versión adulta más cercana a la realidad de lo que una mujer de color era, una vez se convirtieron en LaBelle en los setenta. En un principio eran un cuarteto, hasta que Cindy Birdsong dejó el grupo para irse con The Supremes. Aunque no tuvieron demasiado éxito con sus discos, las cosas cambiaron cuando contrataron a Vicki Wickham como productora y mánager.

Patti LaBelle and the Bluebelles estaba formado por Sarah Dash, Patti LaBelle, Nona Hendryx y Cindy Birdsong. El grupo se hizo conocido durante la época dorada de las girl groups a raíz de los éxitos «Down the Aisle (The Wedding Song)», «You'll Never Walk Alone» y «Over the Rainbow». Nona Hendryx empezó a cantar cuando su amiga Sarah Dash le pidió que se uniese al grupo vocal Del Capris hasta que Birdsong y LaBelle se les unieron a principios de los sesenta cuando el mánager de un grupo de Filadelfia llamado Ordettes buscaba chicas para formar un grupo. Empezaron grabando para Newtown Records pero, como otras chicas de la época, no tenían opción de escoger el material que interpretaban. Así llegaron a sus manos temas como los tres éxitos que antes he mencionado. A pesar de ello, la ventas no repercutieron en beneficios económicos para las chicas. Incluso demandaron a su sello por no cobrar nada de los discos que grababan. Tenían 15 años cuando empezaron y el dueño de su sello se adueñó de ellas, de su nombre, su dinero, sus discos, de todo.

En 1964 abandonaron la discográfica, pero para entonces la escena de los girl groups estaba cambiando a marchas forzadas. Los Beatles habían aterrizado en EE. UU. y venían arrasando con todo. Fue entonces cuando decidieron dar el salto y transformarse en LaBelle, no solo musical sino también visualmente. Pasaron de llevar los mismos peinados, los mismos zapatos y los mismos trajes a diferenciarse como perso-

Patti LaBelle (arriba), Cindy Birdsong, Nona Hendryx y Sarah Dash

nas. En su primer disco como LaBelle, de título homónimo, aparecían sin pelucas, con su pelo a lo afro natural y vestidas con vaqueros. Pero entonces conocieron a Larry LeGaspi, un fan que se convirtió en su diseñador de vestuario, más tarde trabajaría con gente como Kiss. LeGaspi creó sus trajes plateados, aportando una imagen futurista totalmente alejada de lo que se veía habitualmente sobre los escenarios. Rompiendo estereotipos y diferenciándose lograron hacerse un hueco, encajando a la perfección con el movimiento glam-rock que David Bowie o Alice Cooper habían abrazado. Un género que mezclaba el rock y el pop con maquillaje, ropas brillantes y plataformas.

LaBelle fueron el primer grupo de rock que actuó en la Metropolitan Opera House de Nueva York. Aunque sus discos no parecían tener el éxito deseado, entre ellos un excelente trabajo junto a Laura Nyro, de la que hablaremos más adelante. No fue hasta 1974 cuando llegó el éxito gracias a un disco producido por el gran Allen Toussaint,

Nightbirds. El trabajo que mezclaba pop, rock y soul consiguió colarse en el puesto 7 de las listas y su single «Lady Marmalade» alcanzó el número 1. Busquemos entre nuestros singles el éxito de LaBelle y pongámoslo en nuestro tocadiscos. ¿Os suena verdad? Sí, sí, es la canción que versionaron Lil' Kim, Christina Aguilera, Mya y Pink para la banda sonora de *Moulin Rouge*. Un tema que tenía un estribillo bastante sexual y en francés, el famoso «Voulez-vous coucher avec moi (ce soir)?», que mostraba a una mujer liberada que tomaba la iniciativa en lo que al sexo se refería. La mitad de los temas del disco fueron escritos por la propia Nona Hendryx.

Aunque la canción fue todo un éxito, el disco fue el momento álgido de su carrera y no tuvo continuación. Los grupos con cantantes negros en sus filas tenían que enfrentarse a un problema extra que al de los grupos blancos, la mayoría de las radios emitían música blanca y en estas radios, grupos como LaBelle no tenían cabida. Además, al hacer un tipo de música más cercana al rock tampoco encontraban su espacio en las emisoras negras. Por aquel entonces, el rock era visto como música blanca, paradojas de la vida sobre todo cuando era un invento de los músicos de color. El grupo se separó a mediados de los setenta y sus miembros emprendieron carreras en solitario. Patti LaBelle acercándose más a Broadway e incluso el cine. Sarah Dash publicó discos en solitario. Aunque fue Nona Hendryx quien tuvo más repercusión como cantante y productora, su música se acercó al rock más bailable y disco. En su álbum homónimo de 1983 logró juntar a toda una serie de féminas del rock para una de sus canciones: Nancy Wilson de Heart a la guitarra, Gina Schock de las Go-Go's a la batería, Laurie Anderson al violín, Tina Weymouth de Talking Heads al bajo, Patti LaBelle a los coros y Valerie Simpson al piano. Ahí es nada.

Joan Armatrading, la cantautora folk

Dentro de la vertiente más folk encontramos también a Joan Armatrading. Nacida en 1950 en la isla caribeña de St. Kitts, la cantante y compositora ha navegado durante su longeva carrera por el folk salpicado de rock, blues e incluso jazz. Sus padres se mudaron a Inglaterra con sus dos hermanos cuando ella tenía tres años, quedándose ella con su abuela. Con siete años fue enviada a Inglaterra en solitario, llevaba su nombre escrito y colgado del cuello. Cambió el clima suave del paraíso caribeño por un montón de ladrillos en la poco soleada Birmingham. El cambio debió de ser bastante traumático. Armatrading nunca encajó y su manera de copar con ello fue encerrándose en su habitación a componer canciones, no es de extrañar tras cambios tan dramáticos a tan tierna edad. Pero había encontrado su camino. Se desahogaba a través de la música. Tímida hasta la extenuación, no tenía intención de ser cantante, pero sí de convertirse en compositora. Su padre era músico, pero nunca instó a su hija a dedicarse a ello. De hecho, escondía su guitarra para que no la encontrara. Aun así, Armatrading aprendió a tocar de forma autodidacta, primero el piano y luego la guitarra. Gracias, papá. Empezó a actuar en locales de la ciudad. Con dieciocho años y tras dejar el instituto, consiguió un papel en el musical *Hair* en Londres.

En 1970 se cruzó en su camino Pam Nestor, la letrista, cantante y actriz también formaba parte del elenco del musical *Hair* y empezaron a colaborar juntas. Ambas ficharon por Cube Records, su álbum de debut *Whatever's For Us* se publicó en 1972.

Joan Armatrading

Pero la discográfica pretendió dar mayor presencia a Armatrading como única estrella del dúo, dándole crédito a ella y publicando el disco como si fuera en solitario, lo que causó la ruptura de su alianza musical. Después de aquello la cantante se pasó varios años sin publicar ningún disco, aunque el contrato con la discográfica la obligaba a permanecer con ellos. Posteriormente firmó con A&M que reeditó su primer disco y su nuevo trabajo, *Back to the Night* en 1975.

Un año después llegaba su gran éxito, *Joan Armatrading*, un disco que añadía toques de rock al folk que había caracterizado sus anteriores trabajos. Y en el que colaboraban miembros de Fairport Convention o The Faces. El productor Glyn Johns consiguió lo que otros no habían conseguido, dejar que la verdadera esencia de Armatrading fluyera libre y se sintiera segura al grabar, desarrollando así todo su potencial. No solo con sus canciones, clásicos instantáneos, sino también con su excelente voz. Le había costado encontrar su espacio en el estudio, era apenas una niña cuando empezó a grabar. A&M vendió a la artista como la nueva revelación de color. Lo cierto es que las cantautoras negras eran prácticamente inexistentes en el folk rock. Tendríamos que remontarnos hasta Odetta para encontrar una voz como la suya.

Armatrading además era una cantante y compositora poco dada a hablar de su vida, de su música o incluso a conceder entrevistas. En sus primeras grabaciones no sabía como hacerles entender a los músicos lo que quería grabar. Era demasiado tímida y se refugiaba en sus canciones. Temas como «Love and Affection», con la que alcanzó el Top 10 en Inglaterra, muestran a Armatrading en todo su esplendor musical. Saquemos el disco de su funda y pongámoslo en el tocadiscos, situamos la aguja en la primera canción. Es «Down to Zero», una de sus grandes composiciones en la que narra el rechazo con un desgarro emocional impresionante. Como canta en el estribillo: «Ahora vuelves a caminar con los pies en el suelo». Directa y certera. Movemos la aguja hasta la cuarta canción de la primera cara para escuchar su gran hit: «Love and Affection», una historia confesional, en la que la cantante se despoja de sus miedos. En ella nos habla de inseguridades, pasión, soledad y por supuesto, con ese título, de amor.

A pesar de su gran éxito en Inglaterra, América se le resistía. Mientras, otras cantautoras del mismo estilo sí que conseguían alcanzar las listas de pop. En 1980 publicó *Me Myself I*, producido por Richard Gottehrer, productor de los dos primeros discos de Blondie y que le dio sus mejores puestos en las listas tanto americanas como inglesas. La canción que daba título al mismo es toda una declaración de principios, la de una mujer independiente que decide los pasos que quiere dar. Cantándonos: «Quiero ir por mí misma, solo hay sitio para uno, yo y mí misma». Seis días a la semana en solitario y uno para disfrutar de la compañía del resto de la humanidad. Al fin y al cabo, no necesita a nadie más.

Su siguiente disco *Walk Under Ladders* de 1981 y *The Key* en 1985 la acercaban más al pop. Con un sonido más comercial consiguió aumentar las ventas de sus trabajos. Y su fama también. Pero nunca consiguió alcanzar a las audiencias blancas en Norteamérica que la veían como una mujer de color que cantaba un tipo de música que se asociaba con cantautoras blancas. Allí se mantuvo como una artista de culto, aunque en Inglaterra era toda una estrella. Cuando Tracy Chapman se hizo conocida años después, muchos la llamaron la nueva Joan Armatrading, gracias a ello, su nombre se recuperó para la historia de la música. Pero es curioso que recibiera más atención entonces que cuando realmente publicó sus mejores discos.

Otras voces son posibles

Después del éxito de los girl groups muchas cosas cambiaron. A finales de los sesenta, los grupos de chicas intercambiables se convirtieron en mujeres con nombre propio y personalidad marcada. Un nuevo tipo de mujer nacía, una que tenía mucha más presencia en la industria musical, pero que además se hacía valer con sus propias canciones. Aún no había un movimiento como el de los derechos civiles que arropara los derechos de las mujeres, pero estaba en ciernes. La música no era ajena a ello. Desde los movimientos sociales que defendían los derechos de las personas de color, las protestas contra la guerra y la liberación sexual que supuso la introducción de la píldora, la mujer estaba tomando por fin el lugar que le pertenecía por derecho propio. No obstante, la sociedad no evolucionaba al mismo paso en los aspectos relacionados con la mujer que con el resto de derechos. Nosotras íbamos siempre un paso por detrás de una sociedad masculinizada que veía en la liberación de la mujer una oportunidad para su propio disfrute y no una para que la mujer tuviera más oportunidades de desarrollarse como persona independiente.

Independiente, esa es la palabra que se me viene a la cabeza. La deseada independencia era difícil cuando dependías económicamente de tu marido o tu padre, en algunos países no podías tener propiedades a tu nombre si eras mujer y de eso no hace tanto. Las mujeres encontraban cierta libertad musical en el mundo del folk, una mujer con una guitarra podía fácilmente escribir canciones sin tener que ponerse de acuerdo con otras personas. Eso no significa que tuviera más tiempo que un hombre, al contrario, con el cuidado de los hijos, las mujeres no iban precisamente sobradas de horas. Y los hijos eran también algo a tener en cuenta, al fin y al cabo quien tenía que ocuparse de ellos eran las mujeres. Y siempre era más fácil montarte una gira en solitario y actuar cuando no dependías de otros miembros de un grupo, que nunca se iban a adaptar a las nuevas necesidades de una madre cantante, por poner un ejemplo. Aun así, algunas mujeres marcaron la historia del género e influyeron en muchas de las cantantes y compositoras que se sumergieron en la lava incandescente del rock. Muchas de ellas vinieron de géneros como el folk.

Fue precisamente en el folk donde las mujeres pudieron empezar a expresarse por ellas mismas, sus sentimientos y sus vivencias. Dejando así de ser simplemente la musa de o la protagonista de una canción escrita por un hombre, que la describía en sus propios términos. No nos olvidemos de que esto ya sucedía en la música negra de la que hemos hablado en capítulos anteriores. Las mujeres encontraban siempre el camino para conseguir contar su historia, pero al final, la que verdaderamente llegaba a las grandes audiencias no era la que contaban por ellas mismas, sino la que otros contaban sobre ellas. Mujeres como Peggy Seeger le dieron a su música un punto de vista feminista durante los cincuenta y los sesenta, una visión que hasta entonces era bastante escasa. Fue en los setenta cuando esta forma de entender la música resurgió guiada por una serie de cantautoras que acercaron el rock a otras sonoridades. Desde el jazz, el folk o el pop y sus introspectivas letras que nos hablaban de sus experiencias y vivencias en primera persona. El rock se acercaba así a una perspectiva totalmente personal y femenina alejada de todo lo que hasta entonces nos tenía acostumbrados.

Joni Mitchell, el icono que nunca se cansa de experimentar

Hay un nombre que destaca entre todas estas mujeres de las que hablaba: Joni Mitchell. Y lo hace por muchas razones. La música no sería lo mismo sin su presencia. Ella marcó a toda una generación de cantautoras que vinieron después. No solamente por sus letras, sino también por la forma que tiene de tocar y componer. Por su inusual manera de estructurar sus canciones, siempre experimentando con toques de folk, jazz y rock. Mezclando claves mayores y menores y usándolas de manera inusual. Llevando sus canciones hasta sitios impredecibles y sorprendentes a través de la sofisticación de su técnica al tocar y componer e incluso su innovadora forma de armonizar. Aunque en sus inicios empezó como cantante de folk, su afán por innovar y experimentar la llevó pronto a saltar a otros terrenos más cercanos al rock y al jazz.

Joni Mitchell nació en un pequeño pueblo de Alberta, Canadá, como Roberta Joan Anderson. Con nueve años sufrió de la polio, un hecho que marcaría su estilo de tocar la guitarra, en una de sus manos no tenía la misma fuerza. Aunque empezó tocando el ukelele en la universidad, aprendió a tocar la guitarra de forma autodidacta ayudada por un manual de Pete Seeger. Su destino no era la música, o al menos eso pensaba ella, el arte la atraía mucho más. Estudió en el Alberta College of Art de Calgary. Aun así, pronto empezó a tocar folk en los clubs de la ciudad y poco a poco, la música comenzó a imponerse sobre el arte. En 1965 se mudó a Toronto donde se casó con el cantante de folk Chuck Mitchell. Allí formó parte activa de la escena folk de la ciudad. Poco después se trasladaron a vivir a Detroit donde también empezó a hacerse un nombre en la escena folk. Aunque se separaron al poco tiempo, conservaría su apellido como Joni Mitchell. La separación vino acompañada de una autosuficiencia impropia de otras artistas, Mitchell era quién se encargaba de sus asuntos económicos y de acordar dónde y cuándo tocaba.

En 1968 se mudó a Nueva York donde conoció al que sería su mánager, Elliot Roberts. Allí también conoció a David Geffen que más tarde la ficharía para Asylum Records. Por aquel entonces se cruzó con el que se convertiría en uno de sus grandes

Joni Mitchell

amigos, David Crosby. Él produjo su primer disco para Reprise en 1968, *Joni Mitchell* o *Song to a Seagull*, como también se lo conoce. Fue entonces cuando fijó su residencia en California. El éxito inicial de Mitchell no fue como intérprete sino como compositora. Judy Collins tuvo un gran éxito con su «Both Sides, Now» o Fairport Convention con «Eastern Rain».

Su segundo disco *Clouds* le valió su primer top 40 y un Grammy como mejor intérprete de folk. Un disco que además produjo ella misma, desde entonces produjo o co-produjo todos sus trabajos. En 1971 llegó *Ladies of the Canyon*. Un trabajo que incluía uno de sus grandes temas, «Big Yellow Taxi» o «Woodstock», que popularizaron Crosby, Stills, Nash & Young en su álbum *Dejà Vu,* aunque con un toque mucho más rock que la versión original. La primera nos habla de las cosas que hasta que no perdemos no nos damos cuenta de lo valiosas que son. Tiene un marcado tono ecologista, Mitchell la escribió en un viaje a Hawaii al ver los destrozos urbanísticos que se habían hecho en la isla para favorecer el turismo. En «Woodstock» narraba el famoso festival desde un punto de vista externo, no asistió al mismo por recomendación de su mánager. La canción narra el festival como el advenimiento del nuevo mesías: el rock. El festival visto como un milagro que movilizó a toda una generación.

Poco después publicó *Blue*, que junto a su anterior trabajo, profundizaba en las letras sobre la desilusión del desamor, con canciones que se convertirían en verdaderos clásicos. También supusieron el desencanto con la industria y la forma en la que las mujeres eran tratadas. Mitchell no estaba contenta con la forma en la que su discográfica intentaba venderla al mercado. En esos años también surgió el famoso artículo de *Rolling Stone* sobre sus relaciones sentimentales. En él dibujaban un diagrama de sus amoríos, llamándola además «Old Lady of the Year». ¿Recordáis algún diagrama de las relaciones amorosas de Robert Plant, Bob Dylan o David Bowie en las páginas de *Ro-lling Stone*? Parecía que ser mujer tenía un precio, el del escarnio público, el de no ha-blar de tus canciones sino de los hombres con los que te relacionas sentimentalmente. Fue entonces también cuando cansada de todo esto, empezó a reducir el número de sus actuaciones en directo.

En 1972 con la publicación de *For The Roses,* el rock y el jazz se hacían más eviden-tes en sus canciones, mientras se alejaba a marchas forzadas del folk. Un disco que le valió su primer Top 40 con el single «You Turn Me On, I'm a Radio». Recorramos nuestra discoteca de Alejandría, sumerjámonos en las estanterías de discos y singles de la ca-nadiense. Entre ellos esta este tema, cuyo single fue editado junto a «Urge for Going» como cara B. La portada en amarillo nos muestra una foto de una sonriente Mitchell. Quizás se reía de su propio sello. Escribió la canción como respuesta a la insistencia del mismo para que crease un hit. Como si algo así pudiese hacerse con pasmosa facilidad. Te levantas un día y decides: hoy voy a escribir un hit. ¡Y *voilà*! Es un éxito mundial. Pero en su caso fue así. Porque es Joni Mitchell y cuando se proponía algo lo conse-guía. Construyó la canción para que fuera apetitosa a los oídos de los DJs de las radios, por ejemplo, dejando espacio al principio con una intro para que pudieran presentar la canción antes de que ella empezara a cantar. La letra además nos habla desde la perspectiva de una emisora de radio, dispuesta a todo para complacer a los oyentes, casi podría ser una metáfora también de las personas complacientes, cosa que Joni Mitchell no era en absoluto. Las letras son uno de los puntos fuertes de la maestría de Joni Mitchell, por eso, durante aquellos años no dudaban en compararla con Bob Dylan. Otro maestro de la canción como arte y objeto literario. Pero de nuevo tenemos las comparaciones con un hombre. ¿Por qué esa obsesión cuando es indudable que Joni Mitchell es única y diferente a Dylan?

Con *Court and Spark* llegó la consagración de Joni Mitchell. Fue un gran éxito a nivel de ventas junto a *Miles of Aisles*. En aquellos días se publicó otro de sus grandes hits y una de sus canciones más reconocidas, «Big Yellow Taxi» que alcanzó el Top 40 al publicarse una versión en directo. En ambos discos se acompañaba de Tom Scott and the L.A. Express, una banda conocida por su jazz fusión. Mitchell encontraba dificulta-des para trabajar con músicos que no entendían las sutilezas de sus composiciones. Nunca estudió composición, por lo tanto, cuando creaba sus melodías lo hacía de una forma totalmente abstracta, explicarlas a sus músicos a veces resultaba difícil. Y más cuando hasta hacía poco trabajaba en solitario y no tenía que explicarle a nadie cómo tocar lo que componía.

Tras el éxito comercial, Joni Mitchell optó por el camino más difícil, el de seguir innovando, el de no contentarse con lo que había conseguido, el de no repetirse. Por eso, el jazz era cada vez más protagonista de sus composiciones y sus discos eran más experimentales. En *The Hissing of Summer Lawns* introducía los primeros sonidos afri-canos en su música, como percusiones originarias de Burundi, mucho antes que otros artistas lo hiciesen o simplemente se les pasara por la cabeza. Además, fue su primer disco no confesional, uno en el que las letras no hablaban de sus relaciones persona-les. Algo que pareció no gustarle al público. Durante 1975 y 1976 además estuvo de gira con la Rolling Thunder Revue de Bob Dylan.

En 1976 precisamente publicaba su obra maestra, *Hejira*. Uno de sus trabajos más experimentales en el que colaboró Jaco Pastorius que también apareció en su siguiente trabajo *Don Juan's Reckless Daughter*, junto a Wayne Shorter, Chaka Khan, John Guerin y Airto. En *Hejira*, Mitchell narra un viaje, es lo que significa la palabra que da título al disco. Una peregrinación en busca de nueva música. Todas las canciones las compuso en un viaje en coche recorriendo Estados Unidos con dos amigos, uno de ellos su pareja, con el que rompería tras el mismo. El viaje de vuelta lo hizo sola. Se nota que las canciones fueron compuestas a la guitarra, si lo escucháis, no hay piano en el disco. De nuevo volvía a sus letras más personales pero de una forma diferente, una en la que el final de la relación se vive de una manera diferente, sin esa sensación de fracaso, sin culpar a nadie, sintiéndose diferente.

Sus acercamientos al jazz causaron cierto rechazo entre su público más rock y entre unas audiencias de jazz que la veían casi como una intrusa. Aun así, siguió la línea que le marcaba su música. En 1978 trabajó con Charles Mingus en *Mingus*. Un trabajo que el gran músico de jazz no llegó a ver publicado. Falleció antes de que saliese a la luz. Sus raíces en el jazz se hacían cada vez más profundas. Y durante años publicó y grabó discos rodeada de músicos de jazz, creando sus trabajos más ambiciosos, experimentales e innovadores.

Sus producciones en los ochenta se harían más esporádicas. En aquellos año fichó por la compañía de David Geffen. Alejándose de los focos de la fama, apoyándose en su arte y huyendo de la búsqueda del éxito comercial, no quedándose atrapada en la fórmula, sino innovando a cada paso. Ese ha sido el *leitmotiv* de su carrera desde entonces. Dedicándose más a la pintura, por ejemplo, muchos de sus discos tienen obras suyas en la portada. Aunque hace años había anunciado su retirada, en 2007 la guerra de Irak la sacó de su semirretiro para publicar *Shine*. No se podía quedar ajena a lo que estaba pasando, tenía que cantar sobre ello. Aun así, pocas veces aparecía en concierto. En marzo de 2015 sufrió un aneurisma cerebral del que se está recuperando poco a poco.

La intensidad de Laura Nyro

Laura Nyro fue también una de las cantautoras más intensas y emocionales que surgieron durante los sesenta y los setenta. En la línea de Joni Mitchell, Nyro nunca se dejó encasillar y siguió una carrera totalmente anticomercial, no buscaba el éxito. Su música iba más allá de modas. Quizás por eso no tuvo el reconocimiento que una compositora y cantante de su talento debió tener. A pesar de que sus discos no fueron grandes ventas, como compositora sí que hizo que otros las tuvieran. Ella es una de las joyas ocultas de la música. La importancia de Laura Nyro como compositora, su estilo de cantar y su forma de tocar el piano han abierto el camino que posteriormente siguieron cantantes como Kate Bush o Tori Amos. La poesía de sus letras ha marcado también la historia de la música con canciones de una belleza apabullante. Parece que el mundo no estaba preparado para Laura Nyro.

Laura Nigro nació en Nueva York, proveniente de una familia de ascendencia italiana. Su padre era trompeta de jazz y su madre la introdujo en la ópera y la música clásica. Ávida lectora de poesía, estudió en la High School of Music and Art. Durante esos años,

Laura Nyro

en los que descubrió el jazz y el folk, ella y sus amigas se dedicaban a cantar doo-wop, también llamado du-du-a, por las calles de su barrio. Pronto dio el salto y empezó a actuar en clubs locales. En 1967 y con apenas diecinueve años publicó su debut *More Than a New Discovery*. Aunque el disco no fue un gran éxito comercial, muchos intérpretes se beneficiaron de él, versionando sus canciones y alcanzando buenos puestos en las listas. The Fifth Dimension hicieron suya «Wedding Bell Blues», Barbra Streisand interpretó «Stoney End» y «And When I Die» fue popularizada por Blood, Sweat & Tears. Buscamos el primer disco de Nyro entre nuestras estanterías para escuchar esta última. Una canción que habla de la muerte y de la vida, Nyro nos canta que no merece la pena preocuparse por lo que vendrá después, disfruta de la vida y de lo que tienes ahora. «Porque cuando mueras», como dice la canción, «otro niño nacerá y el mundo seguirá girando». Con una alegría y una voz prístina, Nyro canta temas oscuros y los transforma.

David Geffen vio en una grabación su casi inadvertida actuación en el Monterey Pop Festival, inmediatamente dejó el trabajo que tenía y se convirtió en su mánager. Había descubierto a una joya a la que no podía dejar escapar. Poco después le consiguió un contrato para Columbia Records. En 1968 publicaba *Eli and the Thirteenth Confession,* un disco que coprodujo ella misma. Este disco obtendría otro número 10 en el Top 40, pero no de la propia Nyro, sino la versión de Three Dog Night de «Eli's Comin». Su voz de soprano tenía un alma y una intensidad emocional que pocas artistas poseían. Su pasión y la poesía de sus letras deberían haber conectado con el público, pero no lo hicieron. Necesitaron pasar por el tamiz de la comercialidad para hacerlo. En eso, su arte fue totalmente incomprendido.

En 1969 publicó *New York Tendaberry,* un trabajo en el que fusionaba rock y jazz. Siempre con su voz y el piano como protagonistas y algunos vientos de acompañamiento. En *Christmas and the Beads of Sweat* de 1970 se acompañaba de diversos músicos como el guitarrista Duane Allman de los Allman Brothers. En estos discos, Nyro se desnudaba y se sinceraba, mostrando sus sentimientos en la poesía de sus canciones. En 1971 publicó *Gonna Take a Miracle*, en el que la acompañaba el trío vocal LaBelle, formado por Patti LaBelle, Sarah Dash y Nona Hendryx. Un sentido homenaje a los grupos vocales de la era de los girl groups que tanto admiraba, junto a uno de los grupos de la época. Fue un disco plagado de R&B y soul, un guiño a la música con la que creció. Su único disco que no tenía canciones originales fue producido por dos maestros del Philly Sound, Kenny Gamble y Leon Huff.

Pero poco después, Laura Nyro se retiraba. No era muy dada a las promociones de discos. Lo que importaba era su música no lo que se dijera de ella. Apenas daba entrevistas y no actuaba demasiado. El retiro la llevó a Nueva Inglaterra donde se casó y tuvo un hijo. Pero las razones principales de este alejamiento de la música profesionalmente no eran dedicarse a su familia, no, era el desencanto con el negocio musical que no entendía y del que realmente no quería formar parte. Entre Geffen y ella hubo tensiones, la falta de ventas no gustaba a su sello. Y cuando Geffen fundó su propia discográfica, Nyro se vio entre dos aguas, permanecer en Columbia o irse con él. Optó por lo primero y rompió la relación con su mánager.

Reapareció a mediados de los setenta, esta vez con discos más tranquilos y meditativos. Sus trabajos no serían tan frecuentes. Los tiempos cambiaban, los artistas no tenían por qué sacar discos como churros. Podían tomarse su tiempo para realizarlos y eso es lo que hizo Nyro, ganándose así fieles seguidores que ansiaban sus álbumes. Cambiaba un modelo que había perdurado durante mucho tiempo, el de producir sin parar, a costa del resultado. Algo que también había hecho Joni Mitchell, cambiar los tempos para profundizar en su música y experimentar. El disco se tomaba el tiempo que necesitaba y eso a las compañías no parecía gustarles demasiado. Publicó *Smile* en 1976, *Nested* en 1978 y *Mother's Spiritual* en 1984. Su último trabajo de estudio apareció en 1993, *Walk the Dog & Light the Light*. En 1999 moría a causa de un cáncer de ovarios, tenía cuarenta y nueve años. En 2001 se publicó su disco póstumo *Angel in the Dark*. Un trabajo que ayudó a recuperar su figura, la de una de las grandes cantantes y compositoras de la historia del rock, que jamás debió olvidarse.

La voz adolescente de Janis Ian

Fue una época prolífica para estas mujeres que se adentraron en la música de una manera única y totalmente personal. Pero Joni Mitchell o Laura Nyro no fueron las únicas. Janis Ian fue otra de ellas. Estrella *teen* con un éxito fulgurante a una tierna edad, supo reciclarse y seguir sus pasos firmes hacia una forma de entender la música fuera de los cánones. Tras el éxito, fue olvidada durante décadas pero por suerte, consiguió resurgir. Janis Eddy Fink era hija de un profesor de música. No es de extrañar que el piano fuera algo natural para ella. En casa sonaban habitualmente cantantes como Edith Piaf, Joan Baez, Billie Holiday u Odetta, entre otras voces femeninas. Pronto tocaría diversos instrumentos con facilidad. Ya escribía sus primeras canciones con 12 años y tras estudiar en la High School of Music and Art de Nueva York, actuó por primera vez ante el público en las funciones de su instituto.

Pero no se quedó ahí, pronto actuó en el circuito de clubes de folk neoyorquinos, ya como Janis Ian (el segundo nombre de su hermano). Tenía 15 años cuando publicó su primer disco homónimo con Verve, consiguiendo su primer e inesperado éxito con la canción «Society's Child (Baby I've Been Thinking)». Aunque se publicó en 1965 no alcanzó el top 40 hasta 1967, llegando al número 14 en el Billboard. Recorramos las estanterías de nuestra particular discoteca musical en busca del single de esta canción. Ian narraba la relación entre una adolescente blanca y un chico de color. La madre de la chica no le deja entrar en casa porque «no es de los nuestros». En el colegio, sus compañeros y profesores le dicen lo mismo. Sometida a la presión de la sociedad, de sus amigos, de su propia familia, decide romper la relación con el chico. Lamentándose, aún son jóvenes, quizás cuando sean mayores las cosas hayan cambiado. Algunas emisoras de radio prohibieron la canción. ¿Un chico negro y una chica blanca juntos? Debían tirarse de los pelos. Era 1965. Fue la primera vez, pero no la última, que Janis Ian demostró que no tenía pelos en la lengua. Leonard Bernstein la invitó a su programa de televisión *Inside Pop: The Rock Revolution*. Así que la canción tuvo una larga vida, gracias a la controversia que causó.

A su primer disco le siguieron *For All the Seasons of Your Mind* (1967), *The Secret Life of J. Eddy Fink* (1968) y *Who Really Cares* (1969), pero con ninguno obtuvo el éxito que aquella primera canción le proporcionó. Fue entonces cuando decidió dar un cambio radical a su vida y alejarse de la música, con 20 años tiraba la toalla y se casaba. Pero el matrimonio duró poco y volvió a la música. En 1971 publicó *Present Company*. Un trabajo que tuvo poca repercusión. Le costó volver a encontrar el camino. Tres años después publicó *Stars*, el disco contenía otra de sus grandes composiciones «Jesse» que se convirtió en 1973 en un éxito gracias a la versión de Roberta Flack. Su propia versión, sin embargo, pasó bastante inadvertida.

Durante años el éxito de su primer tema la condenó al estigma del «one hit wonder». Pero en 1975 consiguió resarcirse con la publicación de *Between the Lines*. Gracias a «At Seventeen» volvió a las listas de éxitos. Pongamos el disco en el plato de nuestra discoteca para poder apreciar este retrato de la crueldad adolescente. Una canción que habla de los miedos y temores de la adolescencia y de la rabia que se siente al vivirlos. Aprendió la verdad a los diecisiete, el amor era solo para las chicas guapas y que las que no eran perfectas se quedaban solas, ignoradas e incluso vilipendiadas,

Janis Ian

inventándose amores que nunca existieron. Ian tocó la tecla adecuada, la de muchas adolescentes que no eran la reina de la promoción y que sufrieron en sus propias carnes historias tan amargas como esta.

A pesar de ganar su primer Grammy con «At Seventeen», tras tres discos publicados, su discográfica rescindió su contrato y se pasó doce años sin poder publicar. En 1993 reapareció con *Breaking Silence*, un disco con un título que ya lo dice todo. Con sinceridad y sin tapujos, hablaba de su lesbianismo, pero también hablaba del Holocausto o la violencia de género. Una narradora de la realidad más dura de la sociedad, Janis Ian fue y es una activista incansable. Incluso fundó junto a su compañera sentimental la Pearl Foundation para ayudar a estudiantes que dejaron sus estudios a volver a retomarlos. Su último disco *Folk is the New Black* data de 2006.

La voz bohemia de Rickie Lee Jones

Otra de esas voces que surgieron de ese entorno cercano a la poesía, en el que la música transmite un mensaje introspectivo y totalmente personal, fue la de Rickie Lee Jones. Pero a ella le pasó lo que a muchas mujeres, como comentaba antes con Mitchell. Aún hoy en día se sigue mencionando que Tom Waits fue su pareja. Algo que no sucede al contrario. Al final, parece que se trata de justificarse, una mujer puede tener éxito con una canción pero solo si está tocada por el halo de un hombre. Santificada. Por sí sola no vale nada. O al menos eso parece. Nadie dirá al hablar de la carrera de Tom Waits que fue novio de Rickie Lee Jones de joven, pero de ella sí que se dice. ¿No tiene suficientes méritos con su carrera como cantante? Por supuesto, los tiene. Una mujer irreverente e inclasificable como Rickie Lee Jones no se conforma con lo que tiene. Se lanza al lado salvaje de la vida y lo relata en sus composiciones.

Rickie Lee Jones se fugó de casa siendo adolescente huyendo de la difícil relación de sus padres. Su familia se había trasladado de una punta a otra del país sin cesar, a causa del trabajo de su padre, así que estaba acostumbrada a no tener residencia fija. Y

Rickie Lee Jones

encontró en Los Ángeles a mediados de los setenta la ciudad que alumbraría sus grandes canciones. Al principio, ganándose la vida como camarera y cantando ocasionalmente en varios clubs. Ya entonces, el éxito la sonrió pero no como cantante sino como compositora. Lowell George, ex miembro de Little Feat, incluyó su tema «Easy Money» en su disco en solitario *Thanks I'll Eat It Here*. Gracias a esta primera incursión discográfica como compositora, el ejecutivo de Warner Bros, Lenny Waronker, la fichó para el sello.

Su primer álbum homónimo y su primer single «Chuck E's in Love», fueron su carta de presentación. La mejor. No podemos pasar por el pasillo que recoge los trabajos de Rickie Lee Jones en nuestra particular discoteca y no escuchar este tema bañado de folk, jazz y R&B. En la cara B contiene «On Saturday Afternoons in 1963». Jones se inspiró en una llamada de teléfono de Chuck E. Weiss a su apartamento, contestó Tom Waits. Hacía días que no sabían de él y llamaba desde Denver para decir que se había ido allí enamorado de una mujer. Cuando colgó Waits le dijo a Rickie Lee Jones, «Chuck E's in Love» y a ella le llegó la inspiración. Aunque al final de la canción cante que está enamorado de «la chica que canta esta canción», lo cierto es que fue una licencia poética de la artista. *Rickie Lee Jones* era un disco maduro e inesperado de una mujer que cantaba a la cruda realidad, a la vida bohemia que vivía.

Su segundo disco, el excelente *Pirates* de 1981, fue un trabajo más experimental, en el que se tomó el tiempo para explorar sus vivencias y reflejarlas de manera más profunda en sus composiciones. Lo que caracterizó su carrera, y quizás una de las razones por las que no ha llegado al gran público, ha sido su querencia por experimentar y acercarse a diferentes estilos. Si en el EP *Girl at Her Volcano*, se acercaba a los clásicos del jazz. En *The Magazine*, daba paso a los sintetizadores. Se mantuvo alejada de los estudios de grabación casi durante cinco años hasta que en 1989 publicó *Flying Cowboys*, un disco producido por Walter Becker de Steely Dan y que grabó ayudada por el trío Blue Nile. En él se alejaba de su imagen más bohemia.

El éxito fulgurante de Carole King

Pero si hay una figura que representa el éxito más comercial, unido con el talento y la calidad, esa es sin duda Carole King. Antes de que *Tapestry* la convirtiera en una estrella, King había sabido con sus canciones hablar de tú a tú a toda una generación de jóvenes adolescentes. Poniéndose en su lugar y consiguiendo que se sintieran representadas en sus melodías. Como os he contado en el capítulo dedicado a los grupos vocales femeninos, Carole King entró en la historia de la música gracias a su talento como compositora. Escribiendo canciones para The Shirelles, The Chiffons,

Try (Just a little bit harder).
La explosión del rock: Paz, amor y psicodelia en los sesenta y los setenta.

143

Aretha Franklin, The Beatles o The Byrds y un sinfín más de artistas. Muchos de los grandes éxitos de aquellos años en el Brill Building, junto a su entonces marido Gerry Goffin, son parte ya de la historia del rock. Pero de esos primeros años de alegría juvenil, de vivir el Nueva York bullicioso y de convertirse en una de las grandes compositoras de su generación, Carole King maduró como mujer y como artista. Dejando atrás la gran manzana, partió hacia Los Ángeles en la treintena, con un divorcio a sus espaldas y dos hijos a los que criar. Todo ello la hizo reflexionar sobre su papel como mujer, sobre sus relaciones, sobre el hombre con el que vivió, sobre dónde estaba y hacia dónde iba. De todo ello surgieron las canciones del magistral, *Tapestry*. Y gracias a ello, también consiguió conectar con toda una generación de mujeres que se encontraban en aquellos años en su misma situación. Aportando además esas letras introspectivas que acompañaban a las mujeres del rock que surgieron durante estos años.

Carole King

Aunque durante su matrimonio con Goffin se centró en su carrera como compositora (juntos consiguieron más de cien éxitos en las listas), King no abandonó la idea de interpretar sus propias canciones. Cierto es que, mientras Carole King y Ellie Greenwich fueron parejas de sus respectos maridos, se las tomó más en serio que cuando emprendieron sus carreras en solitario. Al fin y al cabo, no tenían a un hombre detrás dándoles su aprobación. En cuanto a fama, desde luego, King tuvo mejor suerte que Greenwich pero tampoco le llegó a las primeras de cambio. A pesar de su indudable talento, King siempre sufrió de un pánico atroz a los escenarios, algo que no favoreció a sus primeros proyectos en solitario.

Lejos de Nueva York, la ciudad en la que tuvo sus grandes éxitos, tras divorciarse en 1967, se mudó a Los Ángeles. Allí fundó el grupo The City, un trío junto a Charles Larkey (su segundo marido) y Danny Kortchmar. Aún no se atrevía a lanzarse en solitario. Y aunque publicaron un disco en 1969 llamado *Now That Everthing's Been Said*, ese miedo escénico que ha caracterizado a la propia King durante años hizo imposible que pudieran actuar para presentarlo en directo. El disco fue un fracaso comercial, a pesar de que contenía temas que posteriormente popularizarían The Byrds o su gran amigo James Taylor e incluso una versión de su exitoso «You've Got a Friend». En Los Ángeles, en un principio, se ganó la vida como música de sesión, grabando discos con James Taylor o Jo Mama, entre otros. Fue precisamente Taylor, el que le insistiría una y otra vez para que dejase de lado esos miedos que la atenazaban y decidiese publicar como Carole King.

Afortunadamente para nosotros, rompió esa cadena de inseguridad y miedo que atenaza a gran parte de las mujeres cuando se lanzan en pos de sus sueños. ¿Seré lo bastante buena? Resonó durante años en las cabezas de muchas de estas féminas. Carole King publicó en 1970 *Writer*, su primer disco en solitario. Un trabajo producido por Lou Adler para su sello Ode. Aparte de incluir temas propios, también recuperaba algunas de las canciones que había escrito anteriormente y que otros habían popularizado como «Goin' Back», grabada por The Byrds. A pesar de ello, el disco no tuvo demasiado éxito. Pero con los mismos músicos de aquel trabajo y repitiendo de nuevo con Lou Adler a la producción, en 1971 llegó su gran obra maestra: *Tapestry*. Esta vez sí que se atrevió a subirse a un escenario para presentarlo en directo, iba de la mano de su gran amigo James Taylor, del que hizo de telonera.

Tapestry es un trabajo reflexivo y maduro que marcaría un antes y un después para el género del cantautor, influyendo en innumerables artistas que surgieron posteriormente. Y no solamente por la maestría de sus composiciones. Canciones como «So Far Away», «It's Too Late» y «I Feel the Earth Move» se han convertido en verdaderos himnos que hablan de una mujer fuerte y segura de su talento. También incluía canciones que había compuesto para otros como «You've Got a Friend», «(You Make Me Feel Like) A Natural Woman» o «Will You Love Me tomorrow». *Tapestry* vendió más de 15 millones de copias, ganó cuatro Grammy y estuvo un año entero en el Top 40.

Buscamos el primer single del disco entre nuestras estanterías. En la cara B «It's Too Late» nada menos. En la cara A, «I Feel the Earth Move» con ese piano rítmico y esa voz impresionante de King, donde nos canta a una mujer que no tiene miedo de expresar sus sentimientos, segura de sí misma, dispuesta a vivir la vida que ella ha escogido vivir. El tempo acelerado de la canción, con ese piano frenético, hace casi sentir la emoción de la cantante cuando describe lo que siente mientras está cerca del hombre al que ama. Sin duda, el piano es el gran protagonista de este disco, al contrario que en su anterior trabajo en el que la guitarra tenía preeminencia en las melodías. En contraposición, la tranquila «It's Too Late» muestra la otra cara de la moneda. El final de una relación. La historia de una mujer que abandona al hombre, algo bastante inusual en una canción, por otra parte. «Algo dentro ha muerto, no lo puedo ocultar y no puedo fingir». Desgarradora, el tono triste de la canción, viene marcado por el tempo de la misma y la suave voz de King. Una pequeña joya melódica construida con maestría y una letra que definitivamente da carpetazo al amor. Es demasiado tarde, lo nuestro se acabó. Las canciones de King en este disco denotaban una madurez emocional que tocaría a muchas de las personas que las escucharon cuando se publicaron pero que también lo siguen haciendo hoy en día. Son letras que hablan de una mujer que por fin se encuentra a sí misma, que es libre de hacer lo que quiere y es consciente de los cambios de su vida, que escribe y canta lo que quiere y lo que siente. Que ya no tiene que escribir para conquistar a los otros, sino para consquistarse a sí misma.

Tapestry está plagado de romance, sí, pero también de realidad, la de una mujer en la treintena que ha vivido un divorcio, que es madre y que por primera vez en su vida, se lanza a la piscina como ella misma, sin estar detrás del telón. Sus discos le proporcio-

Try (Just a little bit harder).
La explosión del rock: Paz, amor y psicodelia en los sesenta y los setenta.

145

naron constantes éxitos durante los setenta, tuvo otros siete Top 20 durante la década, pero no alcanzó de nuevo las cotas compositivas de su mejor trabajo. Lo cierto es que no le gustaba dar entrevistas ni actuar en directo tanto como componer o grabar. La escena musical de Los Ángeles no iba con ella y para evitar la presión que allí sentía se mudó a Idaho, donde se retiró a un rancho a vivir tranquilamente con su familia. *Tapestry* fue la cima de su carrera. Aunque publicó otros discos, tal vez, con aquella obra maestra tuvo suficiente para decir lo que sentía y expresarlo a través de su música y una vez lo hizo, perdió el interés. Las únicas veces que se permitía actuar era para actos benéficos, sobre todo a favor del medio ambiente. A pesar de ello, está claro que sin Carole King y sus composiciones la historia de la música no sería la misma.

La voz versátil de Linda Ronstadt

Desde una perspectiva totalmente diferente, Linda Ronstadt consiguió convertirse en una estrella en los sesenta, tras liderar una banda de folk rock de poco éxito. Fue una de las voces más populares de la década gracias a su voz clara, versátil y el don de hacer de cada canción, no importa el estilo que fuera, un tema totalmente personal, imprimiéndolo de su toque especial. Desde sus raíces folk pasando por la New Wave o

la música latina, Linda Ronstadt se ha convertido en una de las grandes voces de la historia del rock. A pesar de ello, nuestros amigos del Rock and Roll Hall of Fame no se dignaron incluirla entre sus nominados hasta 2014, reconociéndola como una de las cantantes más versátiles e influyentes de la historia de la música. Tardaron un poco demasiado, ¿no? Ella ya se había retirado a causa del Parkinson que la aquejaba.

Linda Ronstadt nació en 1945 en Tucson, Arizona y se crio en el rancho de sus padres. Sus primeros pasos musicales fueron con el trío de folk Three Ronstadts que formó con sus hermanos. A principios de los sesenta y siendo estudiante de la Arizona State University, Linda Ronstadt conoció al guitarrista Bob Kimmel. Juntos se mudaron a Los Ángeles en busca de su camino hacia la música de forma profesional. Fue allí donde conocieron al guitarrista y compositor Kenny Edwards con el que formaron el trío de folk rock The Stone Poneys. Aunque el grupo tuvo cierta repercusión en el circuito folk de California y grabaron tres discos para Capitol, únicamente tuvieron un éxito, «Different Drum». El propio compositor del

Linda Ronstadt

tema Mike Nesmith afirmó que su interpretación le dio un nuevo nivel de pasión a la canción que no tenía cuando la compuso. Demostraba así el talento de la cantante para llevar todas las canciones que interpretaba a su terreno. Después de grabar su tercer disco en 1968 junto a The Stone Poneys, Ronstadt dejó la banda para emprender su carrera en solitario en el mismo sello.

Sus primeros discos en solitario no tuvieron demasiado éxito. Aun así, *Hand Sown... Home Grown* de 1969 está considerado uno de los primeros discos de country alternativo grabado por una artista femenina. Tanto en este como en *Silk Purse* de 1970 se acercaban más al country. Con este último y el tema «Long Long Time» llegó al Top 40 e incluía una versión del tema de las The Shirelles «Will You Love Me Tomorrow?» o el «Lovesick Blues» *de* Hank Williams. Pero no fue hasta 1971 cuando su destino se selló definitivamente con la publicación de su disco homónimo. En aquellos días conoció a los músicos que más tarde se convertirían en The Eagles. La banda realmente se formó cuando la propia Ronstadt y su mánager John Boylan contrataron a Glenn Frey y Don Henley como su banda de apoyo. Su camino se cruzó con el llamado soft-rock, un estilo mucho más suave. Aunque no componía sus temas, se rodeaba de grandes compositores en sus canciones, gente como Jackson Browne o Neil Young. En 1973 publicó su primer disco con Asylum, tras dejar Capitol. *Don't Cry Now* fue un gran éxito.

Pero el verdadero disco que marcó un antes y un después en su carrera lo publicó con Capitol en 1974, *Heart Like a Wheel.* Un disco que le debía a su antigua compañía y que supuso un tremendo éxito gracias a versiones como «You're No Good». Cojamos el single de esta canción de nuestras estanterías, en la cara A tenemos «You're No Good» y el la cara B una versión del «I Can't Help It (If I'm Still in Love With You)» de Hank Williams a dúo junto a otra de las grandes voces femeninas de la época, Emmylou Harris, de la que hablaremos más adelante. Este tema además le valió su primer Grammy. Pero de momento, quedémonos con la primera cara y escuchemos a la cantante interpretar esta canción en la que se reafirma después de haber dejado al hombre que le ha roto el corazón. «Me siento mejor, porque estoy por encima de ti, he aprendido mi lección, me dejó una cicatriz, ahora veo cómo eres realmente». El título de la canción es todo un revulsivo. El de una mujer segura de sí misma que canta a la libertad que supone desprenderse de un lastre como ese.

Da igual el autor original o la canción, Linda Ronstadt siempre conseguía hacer suyo cualquier tema que cantase. Se atrevía con el rock & roll, con éxitos de la Motown o temas de R&B. Los Grammy llegaron uno detrás de otro. Tiene diez en su poder más uno por toda su carrera. Y estos Grammys además los ha ganado en categorías muy diferentes. Como he comentado, es una de las cantantes más versátiles. En sus siguientes trabajos *Prisoner in Disguise* (1975), *Hasten Down the Wind* (1976) y *Simple Dreams* (1977) seguía incluyendo versiones variadas cercanas siempre al rock pero con la habilidad de cruzar géneros con el country o incluso el pop. También empezó a escribir canciones propias como «Lo Siento Mi Vida» ayudada por su padre, que influiría en una de las grandes etapas musicales de su hija más adelante.

En los ochenta cambió de rumbo y debutó en Broadway con el musical *Pirates of Penzance* y su posterior película o incluso en la ópera *La Bohème.* A partir de entonces se movió entre los estándares pop con discos como *What's New, Lush Life* (1984) o *For*

Linda Ronstadt

Sentimental Reasons (1986). Recuperó sus raíces en el country con uno de sus discos más exitosos, *Trio,* junto a otras dos grandes voces femeninas Dolly Parton y Emmylou Harris. En 1987 y con *Canciones de Mi Padre* obtuvo un éxito sorprendente para un disco de canciones tradicionales mexicanas que repitió de nuevo con *Más Canciones* en 1991. Ambos obtuvieron sendos Grammy. Su último disco data de 2007, *Adieu False Heart.* Fue entonces cuando anunció su retirada aquejada de la enfermedad de Parkinson.

La reina del country rock

Ya he mencionado a Emmylou Harris cuando hablaba de nuestra anterior protagonista. Así que es de recibo dar su lugar a esta estrella del country rock en estas páginas. Una mujer que encontró en Gram Parsons a su gran mentor y amigo y con el que aprendió a armonizar su voz y convertirla en su gran baza. Su trabajo juntos revolucionó el mundo del country y del rock, fusionando estos dos géneros de forma irreversible. Parsons lo llamaba rock cósmico pero bien podría haberse llamado americana, el género heredero de sus primeros pasos, que fusiona la música tradicional estadounidense con elementos de rock alternativo. Juntos consiguieron transformar un género anquilosado, convertir su patrón clásico en algo novedoso y así influir en innumerables artistas que siguieron sus pasos.

Emmylou Harris nació en Birmingham, Alabama. Su padre era militar así que ella y su familia viajaban de base en base a lo largo y ancho del país cada vez que le cambiaban de destino. La música siempre estuvo presente en su vida. Cuenta que una vez le escribió una carta a Pete Seeger diciéndole que quería convertirse en cantante de folk pero que creía que no había sufrido lo suficiente. Para su sorpresa, Seeger respondió a su carta diciéndole que la vida regresaría y la golpearía pronto. Así que tendría material suficiente para cantar. Genio y figura Mr. Seeger. Nuestra protagonista estudió música con una beca en la Universidad de Carolina del Norte y empezó a tocar con un compañero de clase. Pronto se mudó a Nueva York en busca de su camino en la música y empezó a cantar por el circuito de clubes. Allí conoció a su primer marido, el compositor Tom Slocum. En 1970 publicó su primer disco, *Gliding Bird*. Tuvo mala suerte, el sello que lo publicó se declaró en bancarrota y su matrimonio se fue a pique prácticamente al mismo tiempo. Así que se vio sola y abandonada y con una hija pequeña que mantener. Acabó mudándose con sus padres a Washington, D.C. Necesitaba ayuda, sobre todo si quería seguir dedicándose a la música. Una madre soltera veía sus posibilidades mermadas, cuidando a una niña no había tiempo para nada y menos para cantar.

Emmylou Harris se veía como la nueva Joan Baez, queriendo imitar a su ídolo musical, llevando sus pasos hacia el folk. Pero en 1971 un encuentro cambiaría su vida para siempre. El country no le interesaba para nada. Pero Gram Parsons, el pionero del country rock, se cruzó en su camino y todo cambió. Parsons buscaba una cantante femenina para su primer disco en solitario y la encontró en Harris. Como ella misma ha afirmado en innumerables entrevistas, encontró su voz cantando con Parsons. Hay momentos en la historia del rock en que las estrellas y los planetas se conjuntan a la perfección y este es uno de ellos. Gram Parsons y Emmylou Harris se encontraron mutuamente a través de la música. Como resultado, en 1972 publicaron juntos *GP* y en 1973 *Grievous Angel*, dos álbumes puntales en la fusión del country y el rock. Dos joyas musicales que son ahora discos de culto y dos pilares fundamentales del americana.

Tras dejar los Flying Burrito Brothers, Gram Parsons se fue primero de gira con los Stones, después una temporada a Londres y finalmente al sur de Francia con su buen amigo Keith Richards mientras los Stones grababan su famoso *Exile on Main Street*. Su proyecto de primer disco en solitario se retrasaba. Pero quizás las estrellas se conjuraban de nuevo para el momento en el que Parsons descubrió a Emmylou Harris. Chris

Emmylou Harris

Hillman se la recomendó. Buscaba una voz femenina diferente para su primer trabajo. Hasta aquel momento Harris no sentía ni el más mínimo interés por el country. Ya he comentado que su afán era seguir los pasos de su adorada Joan Baez. Algo que iba a cambiar irremediablemente. Gram Parsons abrió sus ojos y sus oídos a estas sonoridades que para ella sonaban anticuadas, les dio un nuevo significado y abrió una puerta que nunca se cerró a otro tipo de música, la Cosmic American Music, como él la llamaba. En *GP* ambos encontraron a su pareja vocal natural, sus voces armonizaban a la perfección. Prueba de ello son canciones como «We'll Sweep Out the Ashes in the Morning». Gram Parsons formó a su banda, The Fallen Angels, junto a Emmylou Harris por supuesto, para presentar el disco en directo.

Después de una gira para presentar su primer disco, Gram Parsons volvió a contar con su pareja vocal perfecta. Junto a Emmylou Harris contó con varios miembros de la banda de Elvis Presley, como James Burton o Glen Hardin y en canciones como «In My Hour of Darkness» con la voz de Linda Ronstadt. Pero cambiemos ahora el disco de nuestro plato y pongamos este *Grievous Angel* para escuchar «Love Hurts». Una canción que aunque fue compuesta por Boudleaux Bryant y grabada por primera vez por los Everly Brothers en 1960, quedará en nuestro recuerdo cantada por las dos voces maravillosamente combinadas de Parsons y Harris. Nos cuentan que el amor duele y tanto que duele, «el amor es una mentira, hecha para ponerte triste». Duele como la desaparición de una de las grandes figuras de la música. Gram Parsons fallecía antes de publicar el disco a causa de una sobredosis en el desierto de Joshua Tree. «Love Hurts» nunca falta en los conciertos de Emmylou Harris.

La desaparición de Gram Parsons dejó un vacío difícil de llenar. Cuando has encontrado a tu media naranja creativa se hace cuesta arriba seguir tu camino en solitario, pero eso no la frenó. Como ella misma ha confesado en diversas entrevistas, se vio impelida a continuar el legado que Gram Parsons había dejado. Junto a Tom Guidera formó The Angel Band y firmó por Reprise, con ellos grabó *Pieces of the Sky* en 1975. Entre las miles de maquetas que le ofrecieron con canciones, una destacó por encima de todas, la de «Bluebird Wine» de Rodney Crowell, el que se convertiría en su mejor pareja artística en décadas venideras, en aquel entonces una joven promesa. Un disco que también incluía «Boulder to Birmingham», un sentido homenaje a su fallecido mentor. Una canción en la que mostraba el dolor por la pérdida. «Caminaría desde Boulder a Birmingham, si pensase que podría ver su cara de nuevo».

Mucho ha llovido desde entonces. Desde sus colaboraciones con Linda Ronstadt, Dolly Parton o Neil Young, entre otros. En 1976 publicó *Elite Hotel* junto a The Hot Band que formó junto a los legendarios acompañantes de Elvis, James Burton y Glen D. Hardin y Rodney Crowell. En 1977 colaboró en el disco de Bod Dylan *Desire* y formó parte de *The Last Waltz*, la última actuación de la mítica The Band. Cuarenta años de carrera dan para mucho y Emmylou Harris no ha parado de publicar discos, ha ganado 13 premios Grammy y ha seguido su propio camino. Pensó que continuaba el trabajo de Gram Parsons pero en realidad era el suyo propio.

El éxito que se comió a Karen Carpenter

No puedo acabar este repaso a la música de los setenta sin mencionar a Karen Carpenter. La niña bonita de América moría de un infarto provocado por su anorexia con apenas 32 años. El fulgurante éxito de The Carpenters le hizo mella de una manera que nunca se esperó. Tras 15 singles en el Top, seis discos de ventas millonarios y tres Grammys, no consiguió ser feliz. Los números eran mareantes, 79 millones de discos vendidos se dicen pronto, pero te dan una idea de por donde se movían los tiros en los setenta. Era la era de los supergrupos, las supergiras y las compañías discográficas que nadaban en la abundancia. Daba miedo pensar en esa vorágine de éxitos en los que Karen Carpenter se vio inmersa. Ella era un símbolo de esa América perfecta que Nixon quería vendernos, un símbolo que ella no había pedido y que le colgaron como una losa. El de la América como la que nos vende Trump, perfecta y más grande que la vida. Con ella llegaba el retorno de las tradiciones y los valores de antaño, algo que chocaba con la contracultura que había dominado los sesenta y los setenta.

La historia de Karen Carpenter fue el ejemplo de cómo la imagen se comía a la persona. Ella era la hija perfecta que todo padre querría tener o la nuera que toda suegra desearía. Delgada e inmaculada, su imagen contrastaba con la realidad. Karen Car-

Karen Carpenter

penter fue una niña regordeta y cuando la fama la alcanzó solía sufrir por las críticas en las que miraban con lupa su aspecto y no su música. ¿Os suena de algo? Críticas de conciertos en las que se destaca lo guapa, lo delgada, lo gorda, lo fea o lo mal que le sienta ese vestido, el escote que lleva, si la falda es corta o larga. A día de hoy se leen cosas así en la prensa. Os invito a repasar las crónicas de conciertos con mujeres como protagonistas y compararlas con sus compañeros masculinos a ver si en algún momento se dedican a comentar lo bien apretados que le van los vaqueros a los músicos. Patético, pero cierto. Si aún hoy sigue pasando, imaginaos en los años setenta.

Karen empezó en la música acercándose a la batería. Escuchando a su hermano practicar y aprendiendo de oídas. Pero su hermano Richard tenía claro cómo quería que sonase su música y había decidido que su hermana estaría mejor como cantante que detrás de una batería. Ni sus padres ni sus hermanos la veían tocando la batería, no lo consideraban apropiado para una chica. Ella era una rebelde y siguió tocando. Lo hizo en casa, pero también en la banda de la escuela. Incluso convenció a sus padres, reacios en un principio, para que le compraran una batería nueva y reluciente, dorada y verde. Una joya para ella.

En 1966, Karen y su hermano Richard junto a Wes Jacobs formaron The Carpenter Trio y ganaron una batalla de bandas. Algo que les ayudó a conseguir un contrato con RCA. Aunque grabaron cuatro canciones, estas jamás vieron la luz. Los hermanos formaron poco después Spectrum junto a John Bettis con el que tocaban por los clubs de Los Ángeles. El grupo no duró mucho. Fue entonces cuando ambos decidieron que seguirían su camino como dúo. Una de sus demos llegó a manos de Herb Alpert de A&M Records que los contrató en 1969. Así nacieron The Carpenters. El dúo se convirtió en poco tiempo en una de las bandas más famosas de las década de los setenta. Y la suave voz de Karen Carpenter tuvo buena parte de responsabilidad en ese éxito. Su hermano la convenció de que dejara la batería y se concentrara en cantar. Algo que hizo a regañadientes. La batería era su vida, de hecho más tarde tendría un modelo único, solo había tres en el mundo, uno de ellos lo poseía Ringo Starr.

Su primer disco *Offering* no tuvo demasiado éxito al menos con su primer single «Ticket to Ride». Hasta que llegó su versión de Burt Bacharach y Hal David «(They Long to Be) Close to You» en su disco de 1970, *Close to You*. Rebuscamos en nuestras estanterías, por la C de Carpenter y sacamos el single de esta canción, en la portada aparecen los dos hermanos con esa sonrisa perfecta con la que siempre aparecían en sus discos y en sus actuaciones. Escuchamos la suave voz de Karen Carpenter cantándonos al amor, de sueños hechos realidad, de vidas maravillosas y perfectas en las que la felicidad colma sus deseos. A partir de ahí, fueron cinco años de éxitos en las listas. Trabajaban únicamente con sus voces y un sinfín de *overdubs* para crear su sonido característico. La voz de Karen era siempre la protagonista de sus grandes canciones como «We've Only Just Begun» o «Yesterday Once More». Karen Carpenter no cantaba solamente sus canciones, las interpretaba y las hacía reales. Ese era su gran talento. Convertía sus canciones en delicadas piezas vocales pop que llevaron al grupo al estrellato, a la fama y a un mundo para el que no estaban preparados. Su hermano Richard acabó adicto a las drogas mientras la salud de Karen empeoraba a causa de su anorexia.

Nadie parecía darse cuenta. Simplemente estaba más delgada, pensaban. En aquellos años ni se hablaba de la anorexia. No era una enfermedad tan conocida como ahora. La familia lo ocultó y prefirió barrer para casa. Las presiones de su madre tampoco ayudaron. Su favorito siempre fue Richard, al que adoraba, a Karen prácticamente la ignoraba. Hasta que empezó a enfermar, entonces le prestaba la atención que siempre había ansiado. En 1975 una gira por Inglaterra con todas las entradas agotadas y más de 30 fechas tuvo que ser suspendida. Pero nadie se atrevía a señalar a su anorexia como responsable, a pesar de que sus dietas eran demasiado estrictas para ser normales. La fama del dúo decayó y su hermano decidió tomarse un respiro para tratarse su adicción ingresando en una clínica de desintoxicación. Karen aprovechó el momento para dar un salto en su independencia como mujer y como artista. Grabó su disco en solitario junto a Phil Ramone en Nueva York, lejos de su hogar y del control familiar. Todas sus ilusiones se fueron al traste cuando ni su hermano ni la compañía la apoyaron, vio cómo el único intento de ser ella misma y demostrar su talento caía en saco roto. Su hermano prefería que todo siguiera igual.

Su vida personal tampoco reflejó sus éxitos profesionales. Excepto su breve matrimonio con el supuesto empresario de éxito Tom Burris. Un desastre desde el principio. En realidad se aprovechó de Carpenter sacándole el dinero, justo antes de casarse le confesó que se había hecho una vasectomía, truncando los deseos de Karen de ser madre. Ella se lo contó desesperada a su madre que la reprendió por no querer casarse, los invitados estaban llegando y se habían gastado demasiado dinero para echarlo todo por la borda. Eso sí que es una madre amorosa. No es de extrañar que junto a su enfermedad y los reveses sentimentales y emocionales que sufría su carácter se fuese minando poco a poco.

Al final volvió a los Carpenters como quería su hermano. En 1981 publicarían *Made in America*, su último disco juntos. Los continuos problemas de salud de Karen obligaban al dúo a cancelar una gira tras otra. Con una apariencia cada vez más cadavérica, Karen vio en el control de su cuerpo la única forma de controlar algo en su vida y decidir por sí misma. Aunque le costase la vida. Seguía adelgazando y siempre quería perder un poco más de peso. Ella se veía estupenda, así que vestía ropa cada vez más ajustada que mostraba su fragilidad física con horror. Finalmente decidió mejorar su salud, había empezado a ganar peso, a cuidarse y querer grabar un nuevo disco, lamentablemente su corazón no aguantó. En 1983 Karen Carpenter moría de un infarto. Desaparecería una gran voz, víctima de las presiones que la sociedad y su propia familia le impusieron por estar guapa, delgada y perfecta, por cumplir el papel que como mujer se suponía que tenía que cumplir: estar mona y sonreír. Cuando lo único que ella había querido hacer era cantar y tocar la batería.

Capítulo 6

I Love Rock and Roll.
El rock se endurece.

A medida que van avanzando las décadas, la presencia de la mujer en la historia del rock se hace más patente. Solo faltaría que el mundo fuese avanzando y evolucionando y nos quedáramos siempre atrás. Aun así, esta presencia era juzgada siempre de forma distinta a la de sus compañeros masculinos. Las mujeres no pueden rockear. ¿Cuántas veces tendremos que escuchar frases como esta? Como he comentado en el capítulo anterior, el rock de grandes estadios estaba siendo capitalizado por bandas masculinas. Los setenta abrieron las puertas a toda una serie de grupos en los que había guitarristas virtuosos, baterías impresionantes, bajistas espectaculares y cantantes desatados, pero en los que las mujeres brillaban por su ausencia. El rock empezaba a endurecerse y a primera vista parecía que las mujeres eran apartadas de este suculento pastel. Probablemente si preguntas a alguien por bandas femeninas de aquella época que se acercaran al rock surgirían quizás un par de nombres como mucho: Suzi Quatro o The Runaways. Y no es que lo tuvieran demasiado fácil.

A finales de los sesenta y principios de los setenta las mujeres parecían haber encontrado un reducto en el que expresarse con libertad en la canción de autor o más bien dicho de autora. Sobre todo como cantantes, compositoras e instrumentistas. En el terreno estrictamente del rock había muchas más cantantes que mujeres reconocidas por su forma de tocar la guitarra, por ejemplo. El campo de los *riffs* de guitarra parecía estar relegado a los hombres, dioses del mástil. Las mujeres parecían ser meras musas o voces de acompañamiento. O peor aún, solamente eran *groupies* de la banda que servían para complacer los deseos de sus ídolos. Pero lo cierto es que en el camino había algunas mujeres intentando dar una imagen diferente y rompedora. Y lo hacían también como instrumentistas, aunque pudiera parecer que eran una rareza.

Un buen ejemplo de ello es Suzi Quatro, que con su éxito «Can The Can» cambió por completo la perspectiva que se tenía de una mujer rockera sobre el escenario. Una que lideraba su propia banda y que tocaba el bajo. Una que se atrevía a embutirse en cuero negro. Era 1973, pero ya hacía casi diez años que Quatro se paseaba por el rock. No acababa de caerse del cielo. Y como ella, muchas formaciones más. Quatro tuvo éxito en solitario pero venía de una tradición de bandas de garage rock como The Pleasure Seekers, Goldie & The Gingebreads, The Luv'd Ones o The Liverbirds, de las que ya hemos hablado. Pero también había otras muchas formaciones femeninas con instrumentistas en sus filas como Fanny, Birtha o Mother Superior, por mencionar solo unas cuantas. Así que vamos a recorrer nuestra biblioteca musical de Alejandría para escuchar y descubrir a algunas de estas formaciones. Recordad que partíamos de esa planta baja llena de polvo en la que los discos parecían languidecer esperando ser salvados. Ahora estamos en los años sesenta y setenta, las estanterías se llenan cada vez más de discos con mujeres protagonistas y no solamente en la portada como un florero. Aunque es cierto que no todas llegaban al gran público o lo hacían por los motivos equivocados.

¿Quién es esa chica? Suzi Quatro grita en el escenario

Lo cierto es que nadie sabía muy bien qué hacer con Suzi Quatro cuando surgió. Fue única en su género. Pocas mujeres había en el momento en el que alcanzó la fama que tuvieran una actitud como la suya. El público no estaba acostumbrado a ver a una mujer como ella sobre el escenario: cantando, gritando y tocando el bajo. ¿Por qué resultaba tan extraño? Como comentaba antes, parecía que había salido de la nada. Pero eso no es verdad, llevaba muchos años viviendo la música, y más concretamente el rock, con absoluta pasión. Suzi Quatro empezó su andadura en The Pleasure Seekers, el grupo que formó con sus hermanas.

Susan Kay Quatro nació en Detroit en 1950. Su padre tocaba en un trío de jazz. Desde muy pequeña, tanto ella como sus hermanas, empezaron a tocar diversos instrumentos musicales. Con ocho años Suzi debutó como percusionista en la banda de su padre. Entre los instrumentos que estudió estaban el piano y la batería. Aunque sería el bajo el que la conquistaría cuando su padre le regaló un Fender Precision Bass de 1957. Su imagen ya no se separaría de este instrumento. Se convirtió, años más tarde, en la primera mujer bajista que alcanzaba el éxito. Quatro y sus hermanas formaron The Pleasure Seekers siendo adolescentes y empezaron a tocar en los clubes nocturnos de Detroit. Siempre con el apoyo de su padre. Se convirtieron en uno de los grupos regulares del Hideout, uno de los clubs más famosos de su ciudad. Con ellos grabaron su primer single en 1966. Incluso hicieron giras por Estados Unidos y las bases estadounidenses en Vietnam. Imaginaos. Un grupo de chicas rockeras de gira para animar a los chicos que se dejaban la vida en una guerra sin sentido. Una guerra además en la que las mujeres no podían participar como soldados. Para luchar las mujeres no servían, eso sí, para cantar entreteniendo al público masculino, por supuesto.

La banda firmó un acuerdo con Mercury Records con los que publicaron un solo single. En 1969 se transformaron en Cradle. Con un sonido mucho más duro se acercaban al rock progresivo. Fue en esta encarnación cuando el productor británico Mickie Most las vio en directo. Inmediatamente le ofreció un contrato a Suzi para lanzar su carrera en Inglaterra. Así que tras la disolución de Cradle, Quatro decidió cruzar el charco en busca de su suerte en solitario. Su primer single no tuvo gran repercusión. «Rolling Stone» fue compuesto por la propia Quatro junto a Phil Denny y Errol Brown. Busquemos el disco entre las estanterías de nuestra discoteca para escucharlo en el tocadiscos. El tema se acerca al pop rock más que al rock agresivo de canciones como «Can The Can». Pero prestemos atención a la letra. En ella Suzi nos cuenta en primera persona cómo es la vida en la carretera: tenía apenas dieciséis años, hacía cosas que nunca había visto, se sentía usada y confusa, tratando de vivir la vida que quería llevar. Porque como dice en el estribillo: nadie le puede decir lo que tiene que hacer, ni cómo pasar su tiempo, no tiene nada que esconder, quiere ser libre para ser lo que quiere ser, nadie es dueño de su mente. Toda una declaración de principios. Y quizás un relato fidedigno de las presiones a las que una mujer de su edad tenía que enfrentarse para hacerse oír y evitar que la manipulasen como una marioneta.

Aunque tardó 18 meses en alcanzar el éxito, cuando lo hizo fue imparable. Most decidió poner a su servicio al dúo formado por Mike Chapman y Nicky Chinn. Ambos se pusieron a componer temas para ella. Eran conocidos por crear éxitos para bandas inglesas como Mud o The Sweet. Con «Can The Can» dieron en el clavo. En 1973 colocó a Quatro en el top de las listas inglesas. Muchas veces se ha comentado que Suzie Quatro fue un producto creado por hombres, como si ella no hubiera aportado nada a su propio éxito. Porque claro, es más comprensible que este viniera dado por un hombre experto que la guiase (es cierto que Most la guió) que por su propio talento. Pero negar el aporte fundamental de Quatro a la ecuación es ser obtuso. Para esta grabación Quatro contaría además con su propia banda. Con ella hizo de telonera de grupos como Thin Lizzy. Saquemos el single de «Can The Can» de su funda para escucharla. Es la cara A, en la B aparece «Ain't Ya Somethin' Honey», escrita por la propia Quatro. Agresiva, directa, potente y pegadiza. No puedes meter en una lata otra lata del mismo tamaño. No puedes hacer que alguien que es de una manera sea de otra a la fuerza. Aunque la canción hablaba de un hombre, supuesto objeto amoroso de la protagonista, podría ser perfectamente al revés. Nadie hubiera podido atar en corto a Quatro. La canción fue un éxito inmediato, así como «48 Crash».

El primer disco contaba además con una banda formada por su futuro marido Len Tuckey a la guitarra, Alastair McKenzie a los teclados, Keith Hodge a la batería y por supuesto, Quatro al bajo y las voces. Se ha prestado muchas veces atención a los grandes hits de Quatro compuestos por Chapman y Chinn dejando de lado el resto de temas del disco, sin contar las versiones, que fueron compuestos por la propia Quatro y Tuckey. La razón es simplemente que no fueron escogidos como singles. Temas como «Glycerine Queen», «Shine My Machine», «Get Back Mamma» o «Rockin' Moonbeam» son buen ejemplo del talento compositivo de Quatro.

La fama de Quatro se disparó gracias a estos primeros singles, sobre todo en Inglaterra y en Australia, donde su primer disco homónimo se tituló *Can The Can*, a causa del éxito fulminante del single en el país austral. Entre 1973 y 1976 publicó sus cuatro discos más exitosos: *Suzi Quatro, Quatro, Your Mama Won't Like Me* y *Aggro-Phobia*. Vendieron 50 millones de copias. Estados Unidos siempre se le resistió más. La tierra de las grandes oportunidades y de la estatua de la libertad no estaba preparada para esta mujer pequeña pero poderosa que cantaba con rabia, vestía un traje de cuero negro ajustado y tocaba su bajo Fender con contundencia. La críticas musicales de la época solían fijarse más en su atuendo y su sexo que en su música.

En su país natal llegó al gran público en 1977 interpretando a Leather Tuscadero en la serie de televisión *Happy Days*. Fue más conocida por este papel que por su música. Aunque en la misma encarnaba a una cantante de rock and roll, la serie no ayudó precisamente a que su música triunfara. Se interpretaba a sí misma, una mujer diferente, una música que vivía en la carretera. Una rebelde. En la serie sufría los típicos comentarios machistas. «¿Una chica vestida de cuero y tocando el bajo, igual sabe hasta cantar?», decía uno de los protagonistas. Su imagen era vista como agresiva por América. Aunque no pasaba lo mismo si eras un rockero masculino. De nuevo, el rasero para los hombres y las mujeres era diferente.

En 1978 publicó su último disco destacable *If You Knew Suzi*, incluía canciones como «If You Can Give Me Love» y su éxito «Stumblin' In» a dúo junto a Chris Norman del grupo glam Smokie. El único que alcanzó los primeros puestos de las listas. Además en este disco se alejaba de sus característicos temas más rockeros y se acercaba a canciones más melódicas. En los ochenta, Suzi Quatro se recicló como actriz de musical o presentadora de programas televisivos y DJ de la BBC. A pesar de sus indudables éxitos y de ser una pionera en su género, no hay duda de que el verdadero punto fuerte de Quatro fue algo que ella no tuvo: ser un referente. Lo fue para artistas como Joan Jett que siempre la ha mencionado como una de sus ídolos musicales y la razón por la cual quiso colgarse la guitarra.

The Runaways, el grupo femenino que revolucionó la historia del rock

Si Suzi Quatro no hubiera existido, quizás Joan Jett no habría seguido el mismo camino que tomó en su carrera. Aunque gracias a su fuerza de voluntad, seguramente habría encontrado otro que la habría llevado al mismo sitio. Es ese tipo de artista incansable y luchadora que tiene un objetivo en mente, lucha por él y lo consigue alcanzar. Así que tras contar la historia de Suzi Quatro no podemos dejar de hablar de Jett, su más fiel fan. Capaz de esperarla durante horas avergonzada en el vestíbulo de un hotel simplemente para ver pasar a su ídolo musical. Pero antes de convertirse en Joan Jett, era simplemente Joan Marie Larkin. Nació en Filadelfia pero se mudó con su familia a Los Ángeles cuando tenía 12 años. Inquieta y curiosa, aprendió a tocar la guitarra de forma autodidacta encerrada en su habitación y escuchando discos de T Rex, David Bowie o de su adorada Suzi Quatro.

Con 15 años formó su primera banda. Pero una vez convertida en Joan Jett alcanzó la fama gracias a The Runaways. La historia de la formación de la banda es confusa. Muchas son las voces que las consideraron un producto prefabricado por Kim

The Runaways

Fowley, restando importancia al trabajo que sus miembros hicieron como músicas. Fowley aseguraba que fue idea suya formar un grupo de chicas adolescentes rockeras mientras Jett afirmaba que él simplemente ayudó a hacer realidad la idea que le venía rondando desde siempre en la cabeza: formar su propia banda de chicas. Sea como fuere, ambos se conocieron en Los Ángeles en 1975 y decidieron empezar a trabajar juntos en el proyecto.

Desde el principio The Runaways fueron vilipendiadas por la prensa, por hacer lo mismo que hacían los grupos masculinos. Parecía que era de recibo alabar las actuaciones llenas de sexualidad mientras fueran llevadas a cabo por estrellas masculinas, pero no estaban acostumbrados a que una mujer hiciera lo mismo. A pesar de lo que pensaran, tanto el público como los críticos, las mujeres no son esos seres ideales que se inventaron en su imaginario colectivo. También ligan, beben, dicen tacos o fuman como los hombres. Y por supuesto, tocan la guitarra, la batería, el bajo o cantan en un grupo de rock. Las chicas rockean, por mucho que les pese a unos cuantos. La prensa especialmente se cebó riéndose de ellas hasta la extenuación. Si hubiesen sido una banda de tíos seguramente les hubieran vitoreado como héroes, pero resulta que eran mujeres. A pesar de todos los esfuerzos por ridiculizarlas, dejaron su huella en la historia del rock como The Runaways, uno de los primeros grupos de rock totalmente femeninos. Ahora todo el mundo parecer adorar a las Runaways pero en su momento les dijeron de todo menos guapas. Por suerte, el tiempo las ha colocado en el lugar que se merecen.

La banda la formaron Jett a la guitarra y Sandy West a la batería junto a Micki Steele a las voces. Sandy West tenía 15 años pero tocaba desde los nueve. A propuesta de Fowley, Joan pilló un bus y se acercó un día a su casa para tocar algo con ella. La chispa saltó de inmediato, había química musical. Dos almas gemelas del rock cruzaban su camino, gracias a Fowley, que las puso en contacto. Junto a ellas estaba Micki Steele como cantante y bajista. Empezaron a tocar como power trío en Los Ángeles, aunque duró poco. Se comenta que Fowley quería una rubia como cantante, así que tras una audición, Cherie Currie sustituyó a Steel, que acabaría en The Bangles. Más tarde Lita Ford entró como guitarrista y Jackie Fox como bajista. Ford se había mudado con su familia desde su Londres natal a la soleada California. Tocaba la guitarra desde los 11 años inspirada por su ídolo Ritchie Blackmore.

El cóctel de hormonas adolescentes y música desbocada dio sus frutos. Mientras, Fowley manejaba la situación como compositor de algunas de las canciones y mánoger de la banda. Ya desde el principio las tensiones se veían venir. Fowley ordenaba y mandaba, mientras ellas intentaban no ser simplemente sus marionetas y dejar oír su voz. En 1976 publicaron su disco homónimo. En la portada aparecía solo Cherie Currie, no la banda al completo. Algo que no parecía favorecer la relación entre las chicas. Aunque su primer disco tuvo buenas críticas, la prensa las escogió como broma del año y no paró de tratarlas con condescendencia y desprecio absolutos. Pocos discos han mostrado mejor la rabia y efervescencia adolescente que este. Aun así, las emisoras de radio no programaban sus canciones, la prensa las criticaba y las ventas no acompañaban. Fueron incomprendidas en su tiempo. Nadie parecía hablar de su talento. Y en los innumerables artículos que se escribían sobre ellas se hablaba de sus vidas personales, su comportamiento o sobre todo, la imagen sexy que la banda proyectaba. Es bastante bochornoso un artículo que apareció en la revista *Crawdaddy* en 1976. En él el periodista se dedicó a escribir las medidas de las miembros del grupo, se las habían pedido para hacerles un traje. En sus páginas, el periodista, se lamentaba por no poder anotar la medida del pecho de Sandy West. Un dato esencial para su crónica, que quedaba así incompleta. El artículo no tiene desperdicio, chorrea babeo masculino en cada palabra. Como veis, muy profesional. Dan ganas de vomitar. Pero esto solo es una muestra de los artículos con los que The Runaways se enfrentaban día sí y día también.

En 1977 publicaron su segundo disco *Queens of Noise*. La relación entre la banda y Fowley era cada vez más difícil, así que esta vez buscaron a otro productor, Earle Mankey, que había trabajado con los Beach Boys. La distancia con Fowley les permitió participar más en la producción del disco, alejándose de los arreglos más simples de su primer trabajo, subiendo el volumen enteros y trabajando más las melodías, manteniendo aún el sonido característico de la banda. Componían la mayoría de los temas ellas mismas. Mientras tanto, en Japón se convirtieron en todo un fenómeno. Hicieron una gira en grandes estadios con entradas agotadas. «Cherry Bomb» el primer single de su primer disco se convertía allí en un hit y publicaban *Live in Japan*, un disco que no se editó en Estados Unidos y que mostraba su poderoso directo.

Busquemos el single japonés de «Cherry Bomb», en él sí aparecen las cinco miembros de la banda bajo un fondo rosado y letras amarillo chillón. Típico estilo japonés. La canción fue compuesta rápidamente por Fowley y Jett durante la audición que hizo Cherie Currie como cantante. Por lo visto, Currie se preparó una canción que el resto de la banda no se sabía, así que improvisaron sobre la marcha. Todo un acierto. El título además es un juego de palabras con el nombre de la cantante y también una especie de juguete explosivo para niños muy popular en aquellos años. Aunque aquí es una

metáfora que describe a esta adolescente salvaje que desafía a sus padres con su comportamiento promiscuo y alocado. Una chica salvaje que le dice al mundo: «Prepárate que vengo». Cansada de estar en casa y en la escuela, deseando salir a la aventura. El hecho de que Cherie cantara en ropa interior no ayudó a que se las tomara más en serio. Pero así era el mundo en aquellos días, y ¿para qué negarlo?, en estos días. La sexualidad femenina activa era vista como agresión, como algo malo y feo que era mejor esconder. Las chicas eran puras hasta que querías que fueran unas guarras para acostarte con ellas. Pero no lo podían ser mucho, no sea que quisieran ser demasiado independientes.

Poco después de volver de Japón los problemas internos se hicieron cada vez más acuciantes. Jackie Fox y Cherie Currie abandonaron el grupo. Joan Jett ocupó el lugar como líder natural de la banda. Vicki Blue entró como la bajista en su tercer disco *Waitin' for the Night* embarcándose en una gira mundial con los Ramones. Fowley perdió el interés en la banda cuando vio que no podía controlarlas tanto como quería. De hecho en 1977 dejó de ser su mánager tras varias discusiones sobre el dinero que se embolsaba a costa del trabajo de las chicas. A pesar de ello, en 1987 intentó reflotar la marca Runaways sin sus protagonistas y aprovechando el éxito de Joan Jett y Lita Ford en solitario. *And Now... The Runaways* de 1978 fue el último disco de la banda. Un año después se separaban. Ford y Jett fueron las únicas que continuaron su carrera con éxito. Ya hablaremos de ellas más adelante.

Las chicas rockean, grupos femeninos en los setenta

Antes de sumergirnos en lo que fue de las componentes de The Runaways, tenemos que repasar a muchas otras mujeres que estuvieron allí durante esa época y de las que no se ha hablado tanto, por no decir nada. Grupos como Birtha, Fanny o The Deadly Nightshade, por ejemplo. Aunque todas ellas tocaron durante años, se encontraban con la reticencia de un público masculino que no creía que un grupo de mujeres pudieran tocar rock y mucho menos hacerlo bien. Así que cuando las veían tocar, alucinaban. Probablemente debieron de cansarse de oír aquello de: «Oye, pues tocas bien para ser una mujer». Vamos a conocer un poco más a estos grupos. Empezando por The Deadly Nightshade, una de las primeras bandas femeninas en firmar con una *major*, un sello grande y potente. El grupo se formó en Nueva Inglaterra en 1967 como Ariel, aunque algunas de sus componentes ya habían tocado como The Moppets.

The Deadly Nightshade, el primer contrato discográfico

El trío estaba formado por Pamela Brandt, Anne Bowen y Helen Hooke. Brandt nació en Montclair, Nueva Jersey y estudió piano y guitarra clásica durante diez años antes de ni siquiera plantearse dedicarse al rock. Se decantaba más por el folk de Peter, Paul and Mary. Fue en su primer año en la universidad cuando se juntó con unas compañeras que la convencieron para que se uniera a The Moppets. El grupo estaba formado por Phyllis Hess al órgano, Beverley Rodgers como guitarrista, Alisa Damon al bajo y Kathie Ross a la batería. Solían mezclar versiones con temas propios en sus actuaciones. Grabaron un single del «Just a Little» de The Beau Brummels e incluso fueron objeto de artículos en el *New York Times* o la revista *Life*. A pesar de ello no consiguieron un contrato discográfico. Parecía que un grupo femenino no encajaba en la mente de los ejecutivos de los grandes sellos. Phyllis dejó el grupo y Pamela Brandt y Gretchen Pfeifer entraron para sustituirla. Aunque la banda se separó, Pfeifer y Brandt quisieron continuar tocando juntas y se les unieron Bowen y Hooke ya como Ariel en 1967. El grupo tocó en el Filmore East de Nueva York atrayendo la atención de diversas discográficas pero una y otra vez se encontraron con la barrera de la banda femenina que parecía asustar a los jefes de las mismas. Desalentadas por la situación, la banda se separó en 1970.

Brandt y Hooke se fueron a vivir juntas a Northampton, actuando de vez en cuando como dúo mientras intentaban ganarse la vida como podían. Hasta que Anne Bowen las contactó. Bowen había trabajado el último año en un centro de mujeres que organizaba un festival. Allí volvieron a unirse de nuevo para tocar juntas como trío y así nació The Deadly Nightshade. El nombre era uno falso que usaban en la época de Ariel cuando pensaban que los promotores las contrataban más porque eran mujeres que no porque fuesen buenas músicas. Al fin y al cabo, la novedad también atraía al público y muchas salas usaban grupos femeninos como reclamo para atraer al público masculino. En 1974 por fin consiguieron firmar con RCA, convirtiéndose en la primera banda femenina en conseguir un contrato con una gran discográfica. Y además se aseguraron de que hubiese una clausula que les permitía prohibir cualquier tipo de publicidad sexista que a los creativos del sello se les pasara por sus calenturientas mentes.

The Moppets

Una clausula que tuvieron que usar bastante más pronto de lo que pensaban. En su publicidad siempre intentaron destacar que eran mujeres y el atractivo que representaban para el público masculino, algo que a ellas no les gustaba en absoluto.

La banda publicó dos discos de los que no están demasiado contentas. No reflejaban el sonido del grupo en directo. La discográfica quiso pulirlo, hacerlo bonito y limpio, consiguiendo que perdiera parte de su fuerza en el proceso. Para desgracia de la discográfica, quisieron tocar sus propios instrumentos en la grabación. Incluso, sacrilegio, quisieron traer para trabajar con ellas a los vientos de la banda femenina Isis, liderada por Carol MacDonald. Pero por si acaso, los productores se aseguraron de tener un repuesto masculino en el estudio dispuesto a sustituirlas si no daban la talla. Con semejante espada de Damocles pendiente del cuello, seguro que grabar fue una fiesta para ellas. Las habían fichado sí, pero parecía que no estaban interesados realmente en su música. ¿No creían que fueran lo suficientemente buenas para tocar sus propias canciones? Entonces, ¿por qué las ficharon? Surrealista, ¿verdad? Aun así, *The Deadly Nightshade* de 1975 y *Funky & Western* de 1976 obtuvieron buenas críticas.

En sus discos siempre incluyeron canciones de temática feminista como en «High Flying Woman» en la que cantan a una mujer libre y empoderada o la sentida «Ain't I a Woman» basada en el discurso de la activista afroamericana Sojourner Truth que dio en la Ohio Women's Rights Convention de 1851, una mujer que luchaba por la abolición (nació esclava) y los derechos de la mujer. En canciones como «Johnny the Rock & Roll Star», de su segundo disco, hablan del típico macho estrella de rock con el que a veces se encontraban de gira. Su experiencia como mujeres músicas era muy diferente de la de otros artistas masculinos. Su sello no las apoyaba demasiado, así que en las giras tenían que conducir su propia furgoneta y montar su propio equipo incluso cuando teloneaban a Billy Joel, que viajaba en avión mientras sus *roadies* estaban siempre listos para montarle el equipo rápidamente.

The Deadly Nightshade en *Barrio Sésamo*

En 1975 obtuvieron una nominación al Grammy como mejor grupo revelación y tuvieron un hit que llegó al número 68 de las listas con su versión del tema principal del show de televisión *Mary Hartman, Mary Hartman*. Incluso salieron en Barrio Sésamo interpretando el himno de la Carter Family «Keep on the Sunnyside». Ese mismo año fueron la banda de apoyo de Florence Ballard, cumpliendo así un sueño. Las tres eran fans absolutas de The Supremes.

Desgraciadamente, dos años después Anne Bowen dejó la banda y se separaron. Fue entonces cuando su nombre pareció desaparecer de los anales de la historia musical. Lo cierto es que resulta difícil encontrar información sobre la banda, incluso vídeos en YouTube, de sus actuaciones en directo. Una lástima.

El funk rock progresivo de Isis

Antes os hablaba de Isis, el grupo de Carol MacDonald con el que quisieron grabar The Deadly Nightshade para espanto de su discográfica. Pues bien, este grupo nació de la separación de Goldie & the Gingerbreads, de las que os hablé en el capítulo de los girl groups. La guitarrista Carol MacDonald y la batería de la banda Ginger Bianco formaron Isis, un octeto femenino que hacía funk rock progresivo de altura en el que sonaban vientos, congas y bongos. Después de formarse como banda en el circuito de clubes de Nueva York, consiguieron firmar con Buddah Records, convirtiéndose en la quinta banda femenina en conseguir un contrato discográfico.

Por supuesto, en su momento fueron comparadas con bandas masculinas como Blood Sweat & Tears, Chicago o Earth Wind & Fire. Estas comparaciones parecían despreciar en cierta manera su labor como músicas. Al final, la excelencia es siempre masculina y eran buenas porque sonaban como un hombre, no por el simple hecho de ser buenas. El pan nuestro de cada día. Las críticas musicales solían remarcar el hecho de su feminidad cuando las comparaban con sus compañeros masculinos, en vez de hablar de su música. *Rolling Stone* informó de la creación de la banda, pero nunca reseñó ninguno de sus tres discos. Como casi todas las protagonistas de este capítulo, como mujeres, tuvieron que luchar para ganarse el respeto como músicas que los hombres parecían recibir con mucha más facilidad. Isis era una banda de directos potentes llenos de improvisaciones proverbiales. Tomaba su nombre de la poderosa diosa egipcia. En sus inicios compartían escenario con otras bandas femeninas como Fanny, pero también con artistas como Three Dog Night, Leon Russell, ZZ Top, Aerosmith, Beach Boys o Kiss.

La banda formada en 1973 contaba también con Suzi Ghezzi a la guitarra; Stella Bass al bajo y voces; Nydia «Liberty» Mata a la percusión, congas y bongos; Lauren Draper a la trompeta, trompa y voces; Lolly Bienenfeld al trombón y voces y Jeanie Fineberg al saxo tenor. Después de firmar con Buddah Records publicaron su primer disco homónimo. Grabaron tres antes de separarse. En el primero, publicado en 1974

y titulado *Isis*, eran ocho miembros, 10 en
su disco de 1975 *Ain't No Backing Up Now*
y seis en su último trabajo, *Breaking Through* de 1977. Eso sin contar las músicas de
sesión, siempre mujeres, que las acompañaron en la grabación de sus discos. Un
grupo además que era de lo más diverso y
multiétnico. Una comunidad femenina de
grandes artistas.

Isis

El primer trabajo de Isis fue producido por George «Shadow» Morton, el pro-
ductor de las Sangri-Las. La portada del disco creó cierto revuelo cuando llegó a las
tiendas. Los miembros de la banda aparecían desnudas y pintadas de plateado bajo
una pirámide egipcia, cual diosas reencarnadas. Pero lo que verdaderamente debió
de llamar la atención no era la portada del disco, sino su interior, o sea, sus canciones.
Empezando por la voz rasgada y poderosa de Carol MacDonald, la comparaban con
Maggie Bell o Janis Joplin. Pero la música de Isis era un compendio de lo que tanto ella
como Ginger Bianco componían y la instrumentación que sus compañeras aportaban.
Como las percusiones, congas y bongos de Nydia Mata, que formó parte también de
la banda de acompañamiento de Laura Nyro.

Aunque el grupo obtuvo muy buenas críticas, no alcanzó al gran público. Probablemente, uno de los factores fue la abierta sexualidad de MacDonald que en sus
canciones hablaba con normalidad de su lesbianismo. Buenos ejemplos son «She
Loves Me» de su primer trabajo y «Bobbie & Maria», incluida en el segundo. En una
época en la que socialmente estaba mal visto y la homosexualidad se enfrentaba
con una intolerancia brutal, es de elogio que MacDonald no se escondiera. A pesar
de pagar un precio por ello, decidió ser sincera sobre su sexualidad tras haberlo ocultado en su anterior formación. Algo de lo que hablaba a sus compañeras. Aunque
ella era la que escribía las canciones y hablaban de sus experiencias, se les encas-
quetó la coletilla de grupo de lesbianas por la sexualidad de MacDonald, cuando no
todas sus miembros lo eran.

Busquemos el disco entre nuestras estanterías, saquémoslo de su funda y escuchemos esta última canción en concreto. Quizás no es la más rockera pero no hay duda, es
rompedora. Una balada blues tranquila y uno de los momentos más íntimos del disco,
en la que nos cuenta esta historia de amor entre dos mujeres. Para los momentos más
souleros, coloquemos la aguja en «April Fool» y dejémonos llevar por esta canción que
empieza con una frase que ya es toda una declaración de principios: «No me importa
lo que pienses de mí. Todo el mundo intenta decirme lo que hacer. Todo lo que he querido es estar sola y libre». Esto es quizás lo que mejor define a MacDonald: hizo siempre
lo que quiso y como quiso costase lo que le costase. Fiel a sí misma.

Su segundo disco, *Ain't No Backin' Up Now*, producido por Allen Toussaint y con la
colaboración de June Millington de Fanny, llegó apenas un año después. Fue entonces
cuando Margo Lewis, teclista de Goldie & The Gingerbreads se unió al grupo. También se incorporaba el soul a su sonido gracias al toque del productor, seguramente.

Toussaint acababa de producir el «Lady Marmalade» de LaBelle y también se nota en el sonido de este disco, en el que el propio Toussaint firmaba alguna de las canciones. Grabaron en su estudio de Nueva Orleans.

A pesar de las buenas credenciales, Buddah no renovó el contrato de la banda. A la discográfica no le sentó nada bien que MacDonald saliera del armario y las tensiones con la banda se hicieron evidentes. No era bueno para el negocio. Su tercer y último disco, *Breaking Through* lo publicaron ya con United Artists. Los cambios en la formación se hicieron habituales. Aunque tenían buenas reseñas, el éxito no acompañaba y tras la gira de presentación, la banda se disolvió a finales de los setenta. Una lástima que un grupo tan potente desapareciera del panorama musical tan rápidamente. Y sobre todo, que tuvieran que enfrentarse a una doble discriminación, la de ser mujeres y la de tener una líder lesbiana.

Fanny, la primera banda de rock femenina que publicó un disco

Aunque los grupos femeninos cercanos al garage de los que os he hablado en capítulos anteriores fueron predominantemente grupos de directo y nos han quedado pocos testimonios grabados de ellos, en los setenta hubo algunos grupos como The Runaways o Fanny que consiguieron cierto éxito y proyección internacional. Quizás no coparon las listas en los Estados Unidos, parece que el rock siempre bascula alrededor del éxito en este país, pero su importancia es indudable. Fanny se convirtieron en la primera banda femenina de rock en publicar un disco con una gran discográfica en 1970 y consiguieron meter dos de sus canciones en el Top 40 de Billboard. Las hermanas June y Jean Millington fueron el alma máter del grupo. Nacieron en las Filipinas en 1949 y 1950, respectivamente. En 1961 se mudaron a California con su familia. Su padre era un oficial de la marina estadounidense destinado en las islas y su madre una *socialite* nativa. De pronto se encontraron en un ambiente que desconocían y del que no eran partícipes y buscaron en la música la forma de expresarse y sentirse parte de algo. De pequeñas habían aprendido a tocar el ukelele y posteriormente la guitarra. Una vez que aterrizaron en la Costa Oeste descubrieron todo un abanico de posibilidades musicales que se abría ante ellas, el rock había entrado en sus vidas.

Sus primeras actuaciones fueron como dúo en su instituto y en el YMCA local, June a la guitarra y Jean al bajo. Allí conocieron a las que serían sus compañeras en su primer grupo como cuarteto, The Svelts. Después de ver una actuación de Grateful Dead, June supo que eso era lo que quería hacer. The Svelts empezaron haciendo versiones acústicas de los Beatles o la Motown pero pronto cambiaron los instrumentos por guitarras eléctricas. Solían tocar junto a sus novios, The Psychics, una banda de surf. Pero esta unión músico-amorosa terminó cuando The Svelts fueron escogidas en una audición para un concierto al que también se presentaron sus novios. No soportaron que ellas les ganaran. En vez de alegrarse por ellas. Patético, ¿verdad? A esto se sumaban por supuesto los incesantes comentarios en la prensa sobre su femineidad. El comentario más usual era aquel en el que certificaban su talento con un: «tocan como hombres». Porque al fin y al cabo, una mujer no podía tocar bien rock porque no era un hombre, ¿no? Así que nos encontramos de nuevo con comentarios que a día de hoy muchas mujeres siguen oyendo sobre su interpretación. Esa fascinación y sorpresa

Fanny

porque tocan tan bien como un hombre lo haría. Como si hubiesen visto un unicornio o algo por el estilo. Parecía, y tristemente sigue pareciendo, que una mujer tiene que demostrar que toca como un hombre para que se la tome en serio.

La banda, mientras tanto, fue curtiéndose en directo, cambiando de miembros e incluso de nombre a Wild Honey. Se marcharon a Los Ángeles en busca de un contrato discográfico, con la intención de conseguirlo o dejarlo. Su entonces mánager Linda Kavars había llamado a todas las puertas habidas y por haber, sin resultado y teniendo que enfrentarse a las risas de los ejecutivos que descubrían que les estaba presentando una banda femenina de rock. Pero en su último concierto en la ciudad, la secretaria de Richard Perry de Warner Bros las vio tocar y llamó la atención de su jefe. Tras una audición, firmó con ellas para su subsidiaria Reprise. El grupo en aquel momento era un trío formado por las hermanas Millington y la batería Alice de Buhr, a la que se añadió la teclista Nickey Barclay, que a pesar de su juventud era una experimentada música de sesión en Los Ángeles. Con ella empezaron a grabar su primer disco.

Decidieron cambiar de nombre. Buscaban uno corto de mujer, que las representase, y Fanny fue el que se les ocurrió. Nunca pensaron en la gracia del nombre, «fanny» también significa culo en inglés americano. Algo que su compañía aprovecharía para hacer pegatinas para promocionarlas con el eslogan «Get behind Fanny». Ellas afirman que nunca pretendieron darle un toque sexual a su nombre y que era una broma. Pero claro, si eras una mujer no podías jugar con la sexualidad, estaba mal visto. Su primer disco homónimo se publicó en 1970 y la portada era una foto de ellas de espaldas. La banda tocaba habitualmente en el Whisky-A-Go-Go. Emprendieron una gira para presentar su disco y músicos como David Bowie o los Stones se declaraban fans. La prensa en cambio las trataba como la novedad, una banda de chicas que cantaba, tocaba

June tocando la guitarra

y componía sus propias canciones pero no las veían como músicos profesionales, un grupo que se pudieran tomar en serio.

En Inglaterra «fanny» también significa vagina, así que el revuelo en el país de su graciosa majestad fue diferente que no positivo. Se las vio como feministas radicales. O sea, como el demonio en persona. Ellas seguían haciendo lo único que sabían hacer, tocar bien su música y defender sus canciones. Su primer disco incluía temas propios y una versión del «Badge» de Cream. Si eso no es rock, que venga Janis Joplin y lo vea. Su música era puro rock y algo de psicodelia, potencia sonora y talento, sobre todo el formado por las hermanas Millington como compositoras, complementadas por las canciones que componía Barclay.

En 1971 publicaron su segundo disco *Charity Ball*. El single que da nombre al disco llegó al número 40 del Billboard. Fue su primer hit. Un boogie lleno de funk que da ganas de bailar desde la primera nota. En este disco, la banda suena mucho más cohesionada y destaca de nuevo el talento tanto de June Millington a la guitarra como de Barclay al teclado. Las canciones son más redondas. En «What Kind of Lover», por ejemplo, hablan de los tipos con los que se encuentran en su camino y no precisamente para bien. Cojamos el disco de nuestras estanterías con su elegante portada en la que nos invitan a participar en este baile de caridad del que son protagonistas musicales. June canta: «¿Qué clase de amante crees que eres? Me bebes hasta secarme, luego me dices que estás sediento. Me haces pensar que soy una superestrella y luego intentas hacerme daño por todos los medios». Con este disco demostraron que tenían talento de sobras para triunfar. La banda hizo giras por todo el mundo abriendo para bandas como Jethro Tull o Humble Pie.

Para su tercer disco se fueron a los estudios Abbey Road en Londres. Volvía a producirles Richard Perry y conseguían su trabajo más redondo. Trabajaron con el ingeniero de sonido Geoff Emerick, habitual de los Beatles. *Fanny Hill* es su mejor disco, el más rockero. En él escuchamos las increíbles armonías vocales de las cuatro cantando, los desarrollos espectaculares de June a la guitarra, los teclados desbocados de Barclay y la compenetrada sección rítmica formada por Jean y Alice al bajo y la batería respectivamente. Como en la poderosa «Blind Alley». En el disco incluían una electrizante versión del «Ain't That Peculiar» de Marvin Gaye con Bobby Keys al saxo y «Hey Bulldog» de los Beatles. En Inglaterra su música sonaba en la BBC y tocaban en el Royal Albert Hall.

Todd Rundgren se hizo cargo de la producción de su cuarto disco *Mother's Pride*. Un álbum mucho más duro que el anterior en cuanto a sonido y más oscuro, quizás las tensiones dentro de la banda, que llevaron a su posterior ruptura, empezaban a salir a flote. June Millington dejó el grupo después de este disco, retirándose incluso de la música durante un tiempo. La banda siguió sin ella y sin Alice de Buhr. Fueron sustituidas por Patti Quatro, la hermana mayor de Suzi Quatro, y Brie Howard, miembro original de The Svelts. Poco después publicaron su último trabajo *Rock and Roll Survivors* que les proporcionó su segundo Top 40 con el single «Butter Boy». La canción alcanzó el número 29 de las listas en 1975 aunque para entonces la banda ya se había separado definitivamente.

Fanny fueron importantes por varios motivos, no solo por ser la primera banda femenina de rock en publicar un disco con una *major*. Fueron de vital importancia como rol y modelo para muchas otras mujeres. Por primera vez, mujeres que tocaban instrumentos eléctricos tenían visibilidad y eran reconocidas como músicas. Con ellas se abrió una puerta que muchas discográficas traspasaron, sumándose al carro y fichando a grupos femeninos. Pero a pesar de sus logros durante los setenta, nadie parece acordarse de ellas. Bowie aseguraba en una entrevista hace años que eran una de las bandas femeninas de rock más importantes de los setenta y que fueron borradas sin dejar huella. Algo totalmente incomprensible. Pero no estuvieron en el momento justo en el lugar adecuado. El mundo no estaba preparado para algo así. ¿Alguna vez lo estará?

Birtha tienen pelotas

Dentro de esa oleada de nuevas bandas femeninas que empezaron a florecer a raíz del éxito de Fanny, una de ellas fue Birtha. Su sonido era incluso más contundente que el de Fanny, pero tuvieron menos éxito comercial que las primeras. Eran músicas consumadas y sus canciones así lo demuestran. Rosemary Butler y Shele Pinizzotto se conocieron en el colegio donde formaron su primera banda, The Rapunzels. Butler tocaba el bajo y Pinizzotto la guitarra. Rosemary acabó formando parte de The Ladybirds, un grupo que llegó a ser telonero de los Stones en 1965. Mientras que Pinizzotto se decantaba por el trabajo de estudio. Años después se reencontraron para formar Birtha junto a Sherry Hagler a los teclados y Liver Favela a las voces y la batería. El grupo también se caracterizaba por usar las armonías vocales de los cuatro miembros. En un principio tocaban versiones rock o de la Motown hasta que empezaron a componer sus propios temas.

Como comenté anteriormente, cuando en 1971 Fanny consiguieron su primer top 40 con su disco *Charity Ball*, otros sellos vieron un nicho de mercado y se lanzaron a fichar grupos femeninos de rock. Dunhill Records, que tenía entre sus filas a grupos como Steppenwolf, hizo lo propio con Birtha. La banda publicó dos discos, *Birtha* y *Can't Stop The Madness* hasta que Dunhill se deshizo de ellas en 1973. Parece que la fiebre de los grupos femeninos de rock no les había convencido. Lo cierto es que en la escena rock de la época parecía haber poco sitio para las mujeres, con una banda, Fanny, tenían suficiente. Algunos grupos se lamentaban de que los dueños de las discográficas les decían que ya tenían una banda con chicas en cartera y que dos eran demasiadas. Cuando de hombres tenían a porrones, pero eso era diferente, por supuesto.

Mientras el sello de Fanny las promocionaba con el famoso «Get Behind Fanny», a Dunhill se le ocurrió algo mucho mejor: «Birtha Has Balls» (Birtha tienen pelotas). Hasta hicieron camisetas con el lema en un rojo rampante y las letras en amarillo chillón. Porque para tocar rock hay que tener pelotas como los hombres, ¿verdad? El maravilloso

mundo de los creativos publicitarios. Lo cierto es que Birtha parecía tener más que pelotas. En Inglaterra posaban en topless para la revista *Titbits* mientras reclamaban: «Queremos tener *groupies* masculinos». No se cortaban un pelo.

Su primer disco homónimo fue producido por Gabriel Mekler, productor de Steppenwolf, sus compañeros de sello. En él hay toneladas de funk y blues, rock de altura y contundencia bañadas por sus armonías vocales, casi todas cantan pero es Liver Favela la que se lleva la palma con ese toque rasgado tan característico de su voz. Y además tocaba la batería de forma salvaje al mismo tiempo. Recorramos las estanterías de nuestra discoteca particular, en ella hay toda un sección dedicada a estas bandas de los setenta de las que nadie parece acordarse. El debut de Birtha está en estas estanterías. En portada una enorme Jukebox en un restaurante que parece desdoblarse mientras la música vibra a todo volumen. Ponemos el vinilo en el tocadiscos y escuchamos su primer single, «Free Spirit». El tema empieza con la contundente entrada del bajo de Rosemary y la guitarra de Pinizzotto para lanzarse en un *crescendo* de rock puramente setentas, que suena a clásico por los cuatro costados. Y además cantado por la voz característica de Olivia Favela. «Free Spirit» nos habla sobre una relación con un hombre posesivo, una que no tiene futuro, aunque ella le quiere no va a dejar que sus tonterías la coarten. Ella es un espíritu libre, como dice bien la canción.

Su segundo disco fue quizás su trabajo más redondo. *Can't Stop The Madness* fue publicado en 1973, se grabó en los Crystal Studios de Hollywood y fue producido por Christopher Huston. En la portada esta vez aparecían las cuatro miembros de la banda, su nombre emulando la grafía del de la Coca-Cola. Cuando escuchas el disco no puedes parar de pensar, ¿cómo es posible que estás mujeres no triunfaran? Tienen un sonido tan arrollador, tan rock de los setentas. Si hubieran surgido quizás unos años después, otro gallo hubiera cantado. En su segundo disco se sentían más libres, parecía que no existía ya esa presión de intentar emular a sus compañeros masculinos que había marcado su primer álbum. Se relajaron y ofrecieron su mejor trabajo. Eran músicas excepcionales, solo hay que dar una escucha al disco para darse cuenta. La perfecta armonía de voces de las cuatro, sobre todo el chorro de voz de Liver Favela y la de Rosemary Butler, además de su potente sección rítmica, a la batería y bajo. El disco incluía canciones en las que las mujeres tomaban protagonismo y se revelaban como «My Man Told Me» que fue publicada como single en Holanda, Alemania, Japón e Inglaterra o «Freedom», reflejando los sentimientos de estas mujeres liberadas que adoptaron el rock como bandera.

Su última publicación con Dunhill fue un single en el que versionaban «Dirty Work» de Steely Dan. Poco después se deshacían de ellas por falta de ventas. A pesar de hacer giras incansablemente, abriendo para bandas como The Kinks, Fleetwood Mac o Alice Cooper y ser habituales del Whisky-A-Go-Go y el Troubadour, la banda se separó en 1975. Birtha no tuvieron suerte, les faltó un gran éxito, estar en el momento adecuado en el sitio justo y haber vivido quizás en una época en la que se las hubiese tomado más en serio.

El rock progresivo de la madre superiora

Dentro del rock progresivo, también hubo hueco para las bandas femeninas. Un buen ejemplo de ello es Mother Superior. No, no estamos hablando de la banda de Jim Wilson y compañía. Estas son otras Mother Superior. La banda se formó en Londres en 1974 a raíz de la ruptura de otro grupo femenino, Cosmetix. La formaron Audrey Swinburne a la guitarra, Lesley Sly al teclado, Jackie Crew a la batería y Jackie Badger al bajo. Las cuatro compartían además las tareas vocales. Las armonías de voces serían protagonistas de sus canciones. Jackie Badger entraba para sustituir a la bajista justo cuando sus dos cantantes y guitarristas empezaron a pelearse el primer día de ensayo. Una de ellas se marchó y Swinburne se quedó. Aún quedaban varios conciertos de Cosmetix pendientes, incluido uno en el Marquee y había que cubrirlos. Ya no como Cosmetix, tenían que buscar un nuevo nombre, fue la propia Badger la que sugirió lo de Mother Superior como una broma, aunque al final a todas les gustó. Su primer concierto consistió en varias versiones: «All the Young Girls Love Alice», «Long Train Running» de los Doobie Brothers y «Rikki Don't Lose that Number» de Steely Dan, fueron algunas de ellas. Aún tuvieron tiempo de improvisar dos instrumentales propias y también tocaron un tema de la propia Badger, «No Time Toulouse». Su primer concierto era en una base militar en Norfolk. Tremenda introducción musical, tuvieron que pasar una barrera de seguridad con soldados armados en la puerta.

El Marquee las esperaba en su siguiente actuación. La mítica sala las recibió con los brazos abiertos, fue todo un éxito. Volverían. Pronto empezaron a hacer conciertos sin parar por Inglaterra y Europa. Las bases militares europeas las esperaban. Por lo visto a la armada le encantaba contratar a grupos de chicas rockeras. ¿Por qué será? En las giras pasaron hambre y frío, ¿dónde quedaba el *glamour* de los músicos? Por lo visto, ni los promotores ni sus agentes tuvieron a bien decirles que para pasar su equipo por aduanas necesitaban un permiso y tuvieron que pagar de su propio bolsillo la multa.

Audrey Swinburne, Jackie Badger, Jackie Crew y Lesley Sly

Comían lo que podían, en los B&B desayunaban al menos, en las bases donde tocaban conseguían algo de comida gratis, el resto era la aventura. Tras el regreso, Audrey se desmayó en pleno concierto en Londres, en el hospital le dijeron que era agotamiento, probablemente a causa del tour por Alemania. Tras recuperarse y conseguir un mánager, firmaron contrato con Polydor para grabar un disco que nunca se hizo realidad.

Su primer y único trabajo se llamó *Lady Madonna*. Lo grabaron en los IBC Studios por la noche, cuando no había nadie. Era más barato. Y aunque se lo presentaron a varios sellos discográficos, nadie parecía estar interesado. Uno de esos avispados A&M de Sony les dijo que no veía un público para ellas, justo después de verlas tocar en directo para una sala abarrotada. Su teoría: a las chicas no les gustaría su música y tampoco les haría gracia que a sus novios les gustara. El grupo no hacía singles, no eran una banda de pop, tocaban brillantemente, pero no eran hombres. Porque a una banda de tíos jamás les hubieran dicho tremenda gilipollez, hablando claro. En multitud de ocasiones se encontraron con la dificultad de tener que justificarse o defenderse, cuando aunque tocaban con excelencia y maestría, el público eminentemente masculino no se podía creer que una mujer pudiera tocar tan bien. Muchas bandas masculinas de la época fichaban por sellos discográficos sin que se les exigieran tener singles potenciales entre sus canciones o vestir de una manera determinada, con las mujeres era diferente.

Lady Madonna incluía temas propios, pero también un par de versiones. Una, el «Love the One You're With» de Stephen Stills y la otra, la que daba título al disco, el «Lady Madonna» de los Beatles. Aunque son grandes versiones, su verdadera fuerza está en los temas propios como «Mood Merchant», siete minutos de psicodelia progresiva con unas armonías delicadas y efectistas, acústica y eléctrica acompañando a la melodía. Un claro ejemplo del talento compositivo de la banda.

Al final el disco, difícil de encontrar incluso para nuestra biblioteca de Alejandría particular, lo publicó un sello sueco llamado SMA. De ahí que hicieran giras por los países escandinavos en varias ocasiones. Mantener a una banda y además hacer giras no es precisamente barato, sobre todo si no tienes un sello detrás que te apoye. En una de sus giras suecas, la furgoneta las dejó tiradas. Su mánager de entonces, ni les cogía el teléfono. Al borde de la hipotermia, consiguieron que el sello sueco que había publicado su disco les proporcionara transporte. Cambiaron de mánager para su gira por Finlandia. Lamentablemente parecía que el nuevo mánager quería acercarse demasiado a las chicas. A la vuelta, les exigió que hicieran hits o se vistieran de forma sexys para atraer al público masculino, si no, les quitaría sus instrumentos. Después de todos los esfuerzos, las cansadas giras, tenían además que aguantar esto. Audrey y Lesley dejaron la banda a las pocas semanas. Ya habían tenido suficiente. Poco después mientras estaban haciendo audiciones para conseguir nuevos miembros, este personaje, por llamarlo de alguna manera, secuestró su equipo amenazándolas con no devolvérselo si no le pagaban un dinero que según él le debían. Empezaban en breve una gira por Inglaterra. Tuvieron que demandarlo.

En septiembre de 1975 grabaron su único single, «Back Track» que nunca se publicó. Al público le gustaba la banda y los conciertos se llenaban, pero los sellos discográficos no sabían que hacer con el grupo. Con semejante panorama, no es de extrañar que la banda empezara a hacer aguas. Aparte, encontraron algunos buenos músicos masculinos como repuesto, lo que no fue precisamente bien visto por los agentes que les conseguían bolos. Ya no podían venderlas como una banda femenina. Así que tras varios cambios en la formación decidieron tirar la toalla como banda en 1977. No es de extrañar. Su disco fue reeditado en CD en 1996 por Audio Archives, aunque es difícil de encontrar.

Mujeres que lideran sus propias bandas

Como hemos visto, había un buen puñado de bandas femeninas en los setenta recorriendo los escenarios de medio mundo, curtiéndose en conciertos, grabando discos e intentando sobrevivir. De muchas de ellas, probablemente no habréis oído hablar nunca. Pero también había otras bandas lideradas por mujeres y con miembros masculinos en sus filas que dejaron huella en la historia del rock. Las más conocidas por supuesto son Heart, pero había muchos más nombres. Hablemos primero de las hermanas Wilson. Mientras Suzi Quatro o The Runaways no conseguían cambiar la idea que el público en su mayoría tenía sobre las mujeres encima de un escenario, sufrían constantes mofas de la prensa y se ponía en duda su habilidad como músicas, a las hermanas Wilson no les pasó o al menos lograron que este hecho no impidiera que llegaran al gran público. Y a pesar de que era una banda mixta, estaba claro que tanto Nancy como Ann Wilson eran las líderes de la misma. Aunque por supuesto, en las entrevistas tuvieron que defender a capa y espada que eran una banda y no un dúo de mujeres. Ellas escribían y componían sus canciones y como a otros grupos con miembros femeninos en sus filas, recibían una atención mayor por el simple hecho de ser mujeres y no precisamente por su talento musical. Una imagen contra la que lucharían toda su carrera.

Ann Wilson nació el 19 de junio de 1950 en San Diego y su hermana Nancy el 16 de marzo, cuatro años después, en San Francisco. Su padre era capitán de los marines, así que se movieron de un lado a otro entre el sur de California y la lejana Taiwan hasta que aquel se retiró y se mudaron a Seattle. Ambas estaban rodeadas de música desde que eran jóvenes y sus padres las apoyaron en todo momento. Al contrario que otras familias que en esos años veían como una desgracia que sus hijos, especialmente sus hijas, se dedicaran a la música. Los Beatles causaron un gran impacto en ambas hermanas, que empezaron a tocar instrumentos y querer formar sus propias bandas después de escucharlos y verlos en televisión. En un principio solamente formaban bandas de chicas, no se relacionaban demasiado con chicos, no tenían hermanos y siempre estaban en movimiento a causa del trabajo de su padre. Instaladas ya en Seattle empezaron a tomarse más en serio su carrera como músicas, especialmente Ann que publicó dos singles con el grupo Daybreak. Aunque al principio montaron sus grupos juntas, la diferencia de cuatro años entre las hermanas separó sus caminos durante una temporada. Nancy estaba en el instituto mientras su hermana empezaba a formar grupos con miembros masculinos y dedicándose de una forma más profesional a la música.

Nancy mientras tanto fue a la universidad, empezó a tocar en solitario con su guitarra acústica, buscando su camino sin que su hermana la llevara de la mano. Era 1970, Ann por entonces ya había recalado en Heart, una banda formada por el guitarrista Roger Fisher, el bajista Steve Fossen, el guitarrista y teclista Howard Leese y el batería Michael DeRosier. El grupo tenía Vancouver como base de operaciones, Canadá era un lugar seguro para evitar el alistamiento forzoso en el ejército, la guerra de Vietnam aún estaba en marcha. En un principio la banda se llamaba Army, posteriormente White Heart o incluso Hocus Pocus, hasta que al final se decidieron por Heart. En 1974 Nancy se unió a ellos como guitarrista y vocalista. En Canadá empezaron a tocar en el circuito

Ann y Nancy Wilson

de clubes locales, grabaron algunas maquetas y buscaron incansablemente una disco-gráfica. En EE. UU. recibieron un rechazo unánime, parecía que dos mujeres liderando una banda era algo que no encajaba en sus planes.

Finalmente, en 1975 publicaron su primer disco *Dreamboat Annie* en el sello cana-diense Mushroom. Se publicó en EE. UU. al año siguiente. El álbum fue un éxito inme-diato. Vendieron 30.000 copias en Canadá y 25.000 al otro lado de la frontera. Además, el disco consiguió que dos de sus singles se convirtieran en hits, «Crazy on You» y «Ma-gic Man». *Dreamboat Annie* llegó al número 7 del Billboard y vendió más un millón de copias. Ganaron dos premios Juno, los Grammy canadienses. El grupo conquistó al público actuando a lo ancho y largo de los EE. UU. El disco es melódico pero agresivo al mismo tiempo, una combinación perfecta que asaltó las listas en una época en la que las mujeres que se estilaban en el rock se acercaban más a su aproximación folk como Joni Mitchell o Carly Simon por ejemplo. Por supuesto, no faltó el apelativo «las Led Zeppelin femeninas». Siempre hay que comparar a las mujeres con un hombre para certificar su calidad.

Recorramos de nuevo los pasillos de nuestra discoteca en busca del vinilo del pri-mer disco de Heart. En portada ambas hermanas, espalda contra espalda. Escuchare-mos ambos singles, están en la Cara A del disco. Primero «Magic Man», se dice que este hombre mágico es Mike Fisher, el guitarrista original de la banda. Era el novio de Ann cuando la compuso y a él lo siguió hasta Canadá. La canción habla de estar enamorada hasta el punto de no ver la realidad. Ese hombre mágico que te tiene atrapada con su embrujo. Su madre le dice que vuelva a casa pero Ann le contesta que tiene que entender que es un hombre mágico, uno que ha lanzado un hechizo sobre ella. En «Crazy On You» combina la guitarra acústica de Nancy apoyada por la eléctrica de Roger Fisher y con la potente voz de Ann de nuevo cantándole a Mike Fisher (hermano de Roger, este último además era novio de Nancy por aquella época). Mike, después de dejar la banda se convirtió en su técnico de sonido. De nuevo, nos habla de un amor desaforado pero con un trasfondo de la época lleno de violencia y guerra y de cómo quisieron huir de ello. «No hay tiempo para ser joven», canta Ann Wilson, rodeados de bombas y el demonio, en referencia a la guerra del Vietnam.

Con sus siguientes discos dieron el salto a los Estados Unidos cambiando Mushroom por una subsidiaria de CBS, algo que les causó problemas legales. Mushroom sacó un disco sin su permiso con temas inacabados y algunos en directo titulado *Magazine*. Tuvieron que ir a juicio consiguiendo que el disco no apareciese en el mercado hasta que el grupo editase y quedase contento con el resultado del mismo. No es de extrañar que abandonaran el sello, la compañía se había dedicado a extender el rumor de que eran lesbianas y tenían una relación incestuosa. Todo ello para atraer las ventas. Si no estuviera sentada me caería al suelo del espanto. ¿En serio? Para escarnio de Mushroom, este hecho inspiró el mayor hit de la banda «Barracuda», incluido en su siguiente disco *Little Queen*. La canción nos habla de la rabia que sintieron ambas, de su desilusión ante la industria discográfica y la forma en la que las mujeres eran tratadas.

Aparte de sufrir este desprecio por el que fue su sello discográfico, las hermanas Wilson tuvieron que enfrentarse a ser el objeto favorito de la prensa. Aunque Page y Plant lo eran también en Led Zeppelin, algo las diferenciaba, eran mujeres y el tratamiento no era el mismo. Y los miembros de su banda, todos hombres no se sentían muy a gusto con el hecho de que ellas recibieran siempre toda la atención, cuando eran una banda y no un dúo con banda de acompañamiento. Esto creó tensiones que causaron la marcha de alguno de sus integrantes. Roger Fisher la dejaba antes de la publicación de *Dog & Butterfly* en 1978, un disco que contenía dos nuevos singles de éxito, el que da título al disco y «Straight On». Su siguiente trabajo, *Bebe Le Strange* de 1980 estaba inspirado en todas la cartas de apoyo que las fans enviaban a la banda mostrándoles lo mucho que les había ayudado tenerlas como modelo a seguir. Por supuesto, tras romper sus relaciones sentimentales con los hermanos Fisher, ambas hermanas tuvieron que responder durante años a las preguntas sobre la ruptura. Parecía que nadie quería hablar de su música sino de su vida sentimental.

En 1985 publicaban su disco homónimo. Número uno en EE. UU. y que les abrió las puertas a nuevas generaciones del rock con singles número uno como «These Dreams». Aún siguen en activo tras décadas sobre los escenarios. Las hermanas Wilson fueron las primeras mujeres en liderar una banda de rock de éxito masivo y además lo hacían como compositoras de sus propias canciones y como instrumentistas. Ellas fueron las más reconocidas, pero hubo otras bandas que no tuvieron ese éxito.

La voz potente de Genya Ravan

Entre ellas tenemos a Ten Wheel Drive. El grupo de Genya Ravan, más conocida como Goldie Zelkowitz, la cantante de Goldie & The Gingerbreads. Aunque no formó parte de Isis, sí que formó parte de Ten Wheel Drive durante tres de sus discos. Después de la ruptura de su anterior banda, Genya se topó con Michael Zager y Aram Schefrin. El mánager de Ravan los puso en contacto. Ellos tenían canciones que necesitaban que alguien las cantara y ella buscaba canciones. Así que se encontraron en el momento justo. Como ellos no tenían banda, ella misma les presentó a algunos músicos de jazz que les parecieron adecuados y así nació Ten Wheel Drive y su jazz rock experimental. El grupo seguía la misma línea que sus antiguas compañeras de formación habían tomado en Isis, con una fuerte presencia de vientos y un sonido muy soul y funk.

La banda se nutría de las composiciones de Schefrin y Zager, pero también de las de Ravan. Fue precisamente la combinación de los tres la que hizo poderosa su propuesta. La banda fichó con Polydor Records con los que publicaron su primer disco *Construction #1* en 1969. En las fotos que acompañan el disco tanto en portada como en contraportada, aparecen los miembros de la banda tocando en directo. Su punto fuerte. Ese mismo año actuaban en el Filmore East de Nueva York causando gran revuelo cuando Ravan salió sin camiseta y con el torso pintado. En el Atlanta Pop Festival se convirtieron en una de las revelaciones musicales. Con la subyugante voz de Ravan como protagonista, la comparaban con Janis Joplin (en la mayoría de los artículos que se escribía sobre Ravan se mencionaba a Joplin), pero también la podrían haber comparado con Tina Turner, Bessie Smith o Etta James, por ejemplo. Su voz es de esas que no dejan indiferente, igual que las canciones que la acompañan y los músicos que las interpretan, como ese quinteto de vientos que le da el toque más soul y funk. Un buen ejemplo de ello es «Tightrope», uno de los temas compuestos por la propia Ravan. El único de este disco, que en posteriores aumentaría de número. «Tightrope» son más de cinco minutos de psicodelia pura en la que Ravan nos explica cómo un hombre la tiene en la cuerda floja. Cómo cada vez que lo necesita, no sabe dónde encontrarlo. Todo ello bañado de buen blues, jazz, rock y soul.

Aunque la banda estaba formada por diez músicos, el núcleo compositivo fue el de estos tres músicos: Schefrin a la guitarra y Zager a los teclados, con la voz de Ravan por encima de todo. En la potente «Eye of the Needle» hay un *crescendo* musical impresionante, con esos vientos a pleno rendimiento, que muestra la calidad compositiva del trío. El acierto fue que rompieron barreras musicales y experimentaron como otras bandas no habían hecho. La prensa alababa la calidad vocal de Ravan, el grupo tras su actuación en el Atlanta Pop Festival comenzó a despegar. Su siguiente trabajo *Brief Replies* se publicó en 1970. Incluía su único single que alcanzó las listas de éxitos, «Morning Much Better». Pero también una impresionante versión del «Stay With Me» de Jerry Ragovoy, en ella Genya Ravan demuestra su poderío vocal y su dominio de la armónica. Janis también la versionó, lo que vino a aumentar las comparaciones entre ambas cantantes.

Poco después actuaban en el Carnegie Hall presentando un proyecto ambicioso junto a la American Symphony Orchestra y un coro: una ópera rock sobre la batalla de Little Bighorn y la historia de los indios nativos norteamericanos. Fue la única vez que lo tocaron en directo y nunca se grabó, no consiguieron que nadie se interesara en el proyecto. La frustración fue en aumento. Su primer álbum fue muy bien recibido y el reconocimiento internacional que les dio el Atlanta Pop Festival no parecía ayudar a la banda a despegar. Cuando llegó el tercer álbum, *Peculiar Friends*, el grupo estaba cansado de picar piedra y no obtener nada a cambio. Era difícil mantener a una banda tan numerosa. Ganar lo suficiente para no perder dinero se hacía casi misión imposible sobre todo si tenías ambición. Nunca pudieron hacer giras por Europa ante la imposibilidad de poder llevar a toda la banda. Económicamente no era rentable. Fue entonces cuando Genya Ravan dejó el grupo para emprender su carrera en solitario. Grabó cinco disco antes de retirarse y dedicarse a la producción musical, convirtiéndose en una de la primeras productoras femeninas de renombre, aparte de crear su propio sello independiente. Produjo a Ronnie Spector y a los Dead Boys de Stiv Bators, entre otros.

Joy of Cooking, el placer de cocinar buen rock

Otro ejemplo de banda liderada por mujeres, en este caso dos, es Joy of Cooking. Formada en Berkeley, California en 1967 por Terry Garthwaite, guitarra y voces y Toni Brown, piano y voces. Tampoco era muy usual en los sesenta encontrarse a dos mujeres que componían sus propias canciones y las cantaban y tocaban sus propios instrumentos, y a las que además acompañaban tres hombres. La revista *Time* lo vio tan inusual que incluso escribió una pieza sobre ello. La música de Joy of Cooking era una mezcla de folk, rock, country, jazz y blues con un sonido particular y propio. Un sonido que funcionaba por la suma de las influencias que cada miembro de la banda aportaba. Como siempre, las comparaciones con Janis estaban presentes. O una de dos, había pocas mujeres con las que comparar, o Janis era tan buena que era imposible no tenerla siempre en mente. Un poco de las dos cosas podría ser, pero me temo que la primera era más usual. No por el hecho de que no hubiera mujeres, sino porque seguramente no las tenían presentes.

Terry y Toni se conocieron a través de amigos comunes. Ambas habían estado componiendo canciones y experimentando con las armonías con la idea de formar una banda, así que Joy of Cooking no tardó en florecer. Garthwaite siempre dijo que ver a los Beatles en el Ed Sullivan Show la hizo querer dedicarse a la música. Benditos sean los Beatles que hicieron que tantas mujeres (y hombres) quisieran colgarse la guitarra y lanzarse al rock. Su primer concierto fue en la escuela de arte de Oakland y fue todo un éxito. Garthwaite se había formado musicalmente en un coro, hasta que la contactaron para formar un trío de folk junto a su hermano. Viniendo de una tradición más folk, el sonido de la banda fue evolucionando y añadiendo con la experimentación, a su base folk-blues, toques de rock, country y jazz. El grupo lo completaban al bajo el hermano de Garthwaite, David, Ron Wilson a la percusión y Fritz Kasten a la batería. David Garthwaite fue sustituido por Jeff Neighbor antes de grabar su primer disco homónimo en 1970 con Capitol Records.

Antes de grabar su debut, la banda tocó en un festival de tres días que se hizo en la Brooklyn Academy of Music de Nueva York en 1969, abriendo para Allen Ginsberg y The Band. *Joy of Cooking* se publicó un año después, consiguió un single menor en «Brownsville/Mockingbird». Busquemos el disco entre nuestras estanterías con esa portada con la banda al completo. Ponemos la segunda cara en el tocadiscos, primera canción, para escuchar su único single. Una rítmica y adictiva melodía guiada por la guitarra y el teclado de ambas mujeres, y por supuesto, por la armonía de sus voces.

Pronto se convirtieron en una de las bandas puntales de la escena universitaria de Berkeley y del sonido de la famosa Área de la Bahía de San Francisco. Tocaron junto a artistas como B.B. King, Janis Joplin o Santana. Una mujer tocando la guitarra en los setenta era casi una *rara avis*. Pero Berkeley, con su comunidad universitaria parecía un lugar más abierto y tolerante que otros para que las mujeres pudieran expresarse libremente. Aunque no era fácil para una mujer ser tomada en serio en el rock. Algunos músicos se negaban a hacer audiciones o *jams* improvisadas con Joy of Cooking por el simple hecho de tener miembros femeninos.

Joy of Cooking

Closer to the Ground de 1971 y *Castles* de 1973 fueron sus siguientes trabajos. Y aunque los discos obtuvieron muy buenas críticas, no recibieron la respuesta esperada del público. *Same Old Song And Dance* que grabaron en 1973 nunca vio la luz y la banda acabó separándose. Toni y Terry grabaron como dúo en Nashville el excelente *Cross-Country* en 1974 y en 1977 *The Joy*. Dos joyas a recuperar. Luego separaron sus caminos emprendiendo carreras en solitario. En noviembre de 1974 Bill Graham presentó una de sus noches especiales en la sala Winterland con las mejores bandas de la zona de San Francisco con mujeres como líder. Brown y Garthwaite montaron un grupo para la ocasión que incluía al bajista de Joy of Cooking, Jeff Neighbor junto con Dan Hicks, vientos y vibráfono y Bob Scott a la batería. Para completar la noche, Anna Rizzo & the A-Train y Yazoo. En otra de las noches en el Fillmore, Graham incluyó a esta banda junto a Cold Blood de Lydia Pense y Lamb de Barbara Mauritz como teloneras de Crosby, Stills, Nash and Young. En el Área de la Bahía el público estaba acostumbrado a ver bandas femeninas sobre el escenario. Aunque luego la prensa en sus reseñas ni se acordara de mencionar a las teloneras.

Lydia Pense y sus Cold Blood

Otra de estas mujeres que mencionaba antes formó una de las bandas habituales del Filmore de Bill Graham. Pense nació en San Francisco en 1947 donde vivió durante diez años antes de que su familia se trasladase a Redwood City, California. Con 14 años ya cantaba en un grupo en su instituto. Aunque era fan de Brenda Lee y le encantaba cantar sus canciones, la banda la animó a explorar los sonidos del R&B que la harían conocida. En 1968 se unió a Cold Blood que formó Larry Field. Las comparaciones son odiosas pero la voz de Pense siempre tuvo que pasar por el filtro de Janis, la prensa las comparaba sin cesar. Fue precisamente Joplin quien recomendó a Cold Blood al empresario Bill Graham, que los fichó como la primera formación de su nuevo sello

Lydia Pense

Fillmore Records y que los convertiría en una de las bandas habituales de su sala de conciertos en San Francisco.

En los años sesenta la psicodelia parecía dominarlo todo en la ciudad, intentando explorar la psique y el interior de la mente y proyectarlo al exterior mediante la música. Pero más allá de los sonidos más lisérgicos inspirados por las drogas y la experimentación, había otras bandas y otras sonoridades. Cold Blood son prueba de ello. Su música era una mezcla rabiosa de rock, blues, jazz y funk. Sus directos tenían una protagonista clara y era la voz poderosa de Pense y su fuerte presencia escénica. Acompañada además por una banda sólida con una sección de vientos que marcaba el ritmo funk de sus canciones. El grupo se formó a golpe de concierto en el Área de la Bahía durante dos años, en pequeños clubs y conciertos al aire libre en el Golden Gate Park. Fueron pioneros, junto a Tower of Power del sonido East Bay Grease de San Francisco que nació en los sesenta y que mezclaba los vientos y el funk rock. De hecho, varios miembros de Tower of Power tocaron también en Cold Blood.

Cold Blood estaba formada por su fundador y guitarrista Larry Field, Lydia Pense a las voces, Danny Hull, como compositor y saxofón, Larry Jonutz y David Padron a la trompeta, Pat O'Hara al trombón, Raul Matute al Hammond y piano, además de como compositor y arreglista, Jerry Jonutz como saxo barítono, alto y tenor, Rod Ellicott al bajo y Frank Davis a la batería. Sandy McKee sustituyó a este último durante la grabación del segundo disco de la banda. Su primer álbum homónimo tenía en la portada a una clara protagonista: Lydia Pense. Y no es de extrañar. Canciones como «If You Will», compuesta por Raul Matute, eran el vehículo perfecto para lucir su impresionante voz. Sin olvidarse de la potente sección rítmica, de la guitarra de Field y de los vientos funk que bañaban toda la composición.

El disco además abría con una versión del «I Wish I Knew How It Would Feel to Be Free» de Nina Simone, un gospel tocado de la magia funk de la banda y de la voz impresionante de Pense. Recorremos nuestras estanterías para encontrar el vinilo de este primer disco de la banda para escucharlo. No es fácil de encontrar. Gracias a la penosa gestión de Graham, que podía ser un gran empresario pero a veces se metía en negocios de los que no tenía ni idea, como un sello discográfico. Esta canción que abre el disco es una declaración de intenciones, un canto a la libertad de una mujer que quiere decir lo que piensa, sentir lo que quiere y vivir la vida en libertad, sin prejuicios, sin miedos y sin ataduras. Pura Nina Simone, cantada por una mujer con la suficiente alma dentro como para hacerla suya.

Su segundo trabajo *Sisyphus* tenía un sonido más agresivo y potente. También había más temas originales. Cinco de los seis que componen el disco. Publicado en 1970, un año después que su antecesor, ya mostraba la evolución y cohesión de la banda con nuevo batería. En 1972 salía *First Taste of Sin*, ya sin Field en la banda y un año después *Thriller!* que sería su último disco en el sello de Graham. Los acuerdos de distribución que el empresario tenía con Atlantic Records y Columbia no favorecían precisamente la visibilidad de sus grupos. *Lydia*, de 1974, no alcanzaba las cotas de sus anteriores trabajos, aunque la fama de su cantante auguraba ya el futuro. En su siguiente disco ya se llamarían Lydia Pense & Cold Blood. La banda se separó a finales de los setenta y Pense dejó la música a principios de los ochenta para criar a su hija. Como siempre, las mujeres cuando se convierten en madres dejan su carrera. Aunque la recuperó con el nuevo milenio ya en solitario.

Los ochenta, las herederas del rock de los setenta

Antes de lanzarnos de lleno a los años del punk y la presencia de las mujeres en este estilo musical, adentrémonos un poco en los ochenta. Esa década prodigiosa. Fue precisamente durante esos años, cuando la semilla de los grupos de que os hablaba hasta hace un momento floreció. La influencia de Suzi Quatro y de las Runaways fue más allá de su propia existencia y no solamente porque Joan Jett o Lita Ford emprendieran carreras exitosas en solitario, sino porque fueron el timón que guió a muchísimas mujeres que se adentraron en el rock en esa década. Unos años además en los que la MTV empezó a abrirse camino y a cambiar la industria musical, años en los que si no eras sexy y atractiva (siempre según el canon masculino, por supuesto), poca presencia podías tener en la tele. Reconozcámoslo, los ochenta no fueron una buena época para casi nadie. Y menos para la mujer en el rock. Casos como el de Joan Jett son buen ejemplo de ello. Aunque luego consiguiera triunfar, el hecho de tener que crear su propio sello para lanzar su primer disco en solitario, ya que no encontraba discográfica que quisiera hacerlo, ya lo dice todo.

Joan Jett, la leyenda del rock

Creo que todo el mundo estará de acuerdo conmigo en esto. Cuando uno dice Joan Jett, dice rock. Ella es la artista que todas querríamos ser, íntegra de la cabeza a los pies. Es el concierto que todos querríamos ver. Es leyenda viva. Una de las figuras más importantes del género, con una larga carrera tras de sí que empezó siendo vilipendiada por su trabajo en The Runaways. Joan Marie Larkin nació en Filadelfia pero se mudó con su familia a Los Ángeles cuando tenía 12 años. Fan absoluta de Suzi Quatro, gracias a ella decidió colgarse la guitarra que aprendió a tocar de manera autodidacta. Con 15 años formó su primera banda. Y empezó a escribir su nombre en la historia del rock gracias a The Runaways. Ya os he hablado del grupo y las críticas que tuvieron que aguantar durante su corta existencia. La banda no ganó un duro. Cero patatero. Ni un beneficio. Además, se separaron con un contrato pendiente para hacer la banda sonora de una película. La principal compositora era Joan Jett así que se vio pobre como una rata y con la soga al cuello. Fue entonces cuando conoció a Kenny Laguna, el que se convertiría en su futuro mánager. Él produjo aquella banda sonora y participó junto a Jett en la composición de los temas. Laguna era bastante conocido por su trabajo con The Shondells o Darlene Love. En aquellas primeras sesiones, Laguna se encontró con la verdadera Joan Jett. Cuando le sugirió usar un guitarrista de sesión, ella se negó en rotundo: «O toco yo o no toca nadie». Eso le impresionó.

Así que cuando el grupo se separó, Joan Jett supo pronto encontrar su propio camino. Uno que la alejaba por completo de su pasado. Primero porque no quería formar otro grupo de chicas y sufrir el mismo trato ridiculizante que soportó con su anterior banda y segundo porque tenía muy claro que lo suyo era el rock y que nada ni nadie iba a decirle jamás como llevar su carrera, su vida o lo que fuese. Muchos compararon el trabajo de Laguna y Jett con el de Kim Fowley, venga otra vez el mito del Svengali. Está claro que la idea básica era (y muchas veces sigue siéndolo, para qué negarlo) que una mujer por sí sola no puede tener el talento suficiente para vender millones de discos como hizo Joan Jett, pero me estoy adelantando a los acontecimientos.

Tampoco fue fácil el camino a la gloria. Las dificultades empezaron desde el primer momento. Parecía imposible encontrar sello para una mujer líder de su propia banda y guitarrista principal. Pero Jett encontró en su mánager a su mejor aliado. Laguna tiene colgadas en la pared algunas de las cartas de rechazo que recibió de las discográficas cuando les presentaba el primer disco de Jett. Les gustaban las canciones y la producción, pero la voz de Joan, no era lo que buscaban. Eran algunas de las frases que se podían leer. Uno tras otro, la mayoría de sellos rechazaban fichar a Joan Jett por razones variadas. Laguna se llevó a Jett a Inglaterra. Allí, junto a Steve Jones y Paul Cook graba-ron parte de lo que sería su primer disco, llamado *Joan Jett*.

En 1980 lo publicaron en Europa. Mientras, en EE. UU. no había manera de conseguir discográfica. Aun así, el álbum triunfaba en el viejo continen-te y se colaba como uno de los discos de importación más vendidos. No en-contrar discográfica en Estados Unidos no la detuvo. Editó su primer trabajo en el país bajo su propio sello, Blackheart Records. *Joan Jett* era un disco mucho más rockero que los trabajos de las Runaways. Buscamos entre nuestras estanterías una copia. En la portada por supuesto apare-ce Joan Jett con su inseparable guitarra. Lo ponemos en el plato. Primera cara, primera canción. «Bad Reputation» es toda una declaración de intenciones. 100% Joan Jett. En ella nos canta: «Me importa un bledo mi mala reputación. Estás viviendo en el pasado, es una nueva generación. Una chica puede hacer lo que quiere hacer y eso es lo que voy a hacer». Oh, yeah. Palabras mayores.

El disco lo vendían en sus conciertos y en el maletero del coche de Laguna. Se paraban en las tiendas de concierto en concierto para venderlos directamente a los dueños. La policía tenía que cortar las carreteras de acceso a los conciertos por las aglomeraciones. El disco subía como la espuma y vendía sin parar, pronto se agotó pero seguían sin tener contrato con ninguna discográfica. Era ridículo. 23 le habían dicho ya que no. Hasta que Neil Bogart y sus Broadwalk Records le ofreció un contrato. Relanzaron su debut como *Bad Reputation* en 1981.

Antes de la grabación de su siguiente disco, Joan Jett formó The Blackhearts, necesitaba una banda que la apoyase en directo. Ricky Byrd como guitarrista (sustituyó a Eric Ambel después de la primera grabación de *I Love Rock'n Roll*), John Doe a la batería y Gary Ryan al bajo. Lee Crystal sustituiría a Doe en la primera gira de la banda, completando así a la formación original y clásica que acompañaría a Jett durante sus años más gloriosos. Y con ellos grabaría su mayor éxito *I Love Rock'n Roll* publicado en 1981. Originariamente, el tema que dio título a su segundo disco fue una cara B de la banda Arrows. A Jett le gustaba tanto que la hizo suya convirtiéndola en un clásico del rock. Y además, la disparó a los primeros puestos de las listas. Le siguieron otros singles que llegaron al Top 20 como «Crimson and Clover» de Tommy James & The Shondells y «Do You Wanna Touch Me (Oh Yeah)» de Gary Glitter. El disco se colocó en el número 2 de las listas. El single que da título al disco lo escuchó Jett en la primera gira de las Runaways en Inglaterra, se lo compró y se quedó esperando su turno. Años después lo grabó también en el país inglés junto a Steve Jones y Paul Cook de los Sex Pistols. Fue de las primeras grabaciones que hizo en solitario. Todo un acierto.

A pesar de este éxito, el disco salió en navidades y la temporada festiva se lo comió, pocas emisoras lo pasaban y «I Love Rock'n Roll» ni siquiera fue el single que escogieron, se escogió a sí mismo. Desde promoción les habían dicho que el single era demasiado duro para que las radios lo pincharan. No así para las radios de rock que lo hicieron suyo en poco tiempo. En seis semanas estaba en el top. Es curioso y gratificante para un músico al que nadie ha querido publicar sus canciones que finalmente éstas tengan un éxito tan brutal y que encima ese éxito le pertenezca enteramente a ese músico. Eso es lo que le pasó a Joan Jett, afortunadamente. Cada centavo que ganaron sus canciones, es suyo.

Aparte de hacer sus propios discos, Jett empezó a producir otras bandas. Su primera experiencia fue con The Germs en 1979. Eran fans de las Runaways, sobre todo Darby Crash y Pat Smear. Intentó siempre hacer sonar a las bandas igual que suenan en directo. Esa es su filosofía para sus discos y también para los que ha producido. Fue esa manera de hacer la que también la llevó a producir a Bikini Kill, a las que conoció por mediación de Ian MacKaye de Dischord Records. Con este sello produjo a Circus Lupus. Pero eso ya fue en los noventa, cuando toda una generación de *riot grrrls* la marcaron como uno de sus grandes referentes. Fue precisamente en esos años cuando su carrera tuvo un resurgir importante con el disco *Pure and Simple*.

La fama de Joan Jett va más allá de su música y sus éxitos discográficos, indudables por otra parte. Y aunque sus posteriores discos no han marcado cotas tan altas como sus primeros álbumes, sigue siendo una de las fuerzas vivas en directo del mundo del rock. Ella es el rock. Y cuando se habla de los grandes nombres del género, es imposible olvidarse de ella.

Lita Ford, la reina del metal

Su compañera en The Runaways, Lita Ford fue la otra superviviente del grupo que tuvo una carrera importante después de la disolución de la banda. Aunque le costó mucho más que a Jett. Ford se acercó al metal, además desde una postura muchas veces criticada. Después de toda una época de trabajo en solitario, por fin consiguió alcanzar las listas de éxitos. Lita Rossana Ford nació en Londres pero emigró a los Estados Unidos siendo niña. Con once años empezó a tocar la guitarra de forma autodidacta imitando a sus grandes ídolos: Hendrix, Iommi y Blackmore. Cinco años después se convirtió en la guitarrista de The Runaways y en una de las primeras mujeres hacha de las guitarras. En esos años vivió el éxito y viajó por medio mundo. Ya os he contado las andaduras de The Runaways en este capítulo.

Tras la ruptura de la banda, decidió tomar clases de canto y emprender su carrera en solitario. No fue fácil. Para poder sobrevivir mientras tanto trabajó como peluquera, empleada de una gasolinera o instructora de *fitness*. Había que comer y pagar las facturas. Un año después del éxito de Joan Jett, Ford publicaba su primer disco en solitario, *Out for Blood*. Un trabajo en el que aunque demostraba sus grandes habilidades como guitarrista, no acababa de cuajar el conjunto. El material más cercano al pop más melódico no parecía el más acertado.

El problema de Lita Ford con los críticos empezó pronto. Se la veía como la encarnación femenina de los deseos de todo adolescente fan del metal. Pero teniendo en cuenta que se movía en uno de los géneros más masculinizados que han surgido del rock, hay que reconocer el mérito de esta mujer. Le costó pero logró hacerse un hueco en el heavy y ahora es una de sus estrellas femeninas indiscutibles. Pero antes de eso, siguió publicando discos que no iban a ningún lado. Tras el fracaso de *Out for Blood*, en 1984 salía a la luz *Dancin' on the Edge*. Este disco seguía sufriendo los mismos tics que el primero. Ford demostraba su valía como guitarrista, sí, pero la calidad de los temas no acompañaba. A pesar de ello, dos de sus canciones alcanzaron buenos puestos en las listas de mainstream rock, «Fire in My Heart» y «Gotta Let Go». Estos dos primeros trabajos fueron publicados por el mismo sello que acogía a The Runaways, pero este se negó a sacar su tercer disco, *The Bride Wore Black*. Este trabajo, que nunca se llegó a publicar, estuvo producido por Tony Iommi con el que Ford estuvo brevemente prometida. Aunque parece que no acabaron muy bien.

Fue entonces cuando decidió que su carrera necesitaba un cambio. Tras fichar por RCA, contrató a Sharon Osbourne como su mánager. Ford buscaba una mujer que llevara su carrera, una que la entendiese y la ayudase a conseguir grabar el disco que ella quería grabar. Parece que lo consiguió. Fue con la publicación de *Lita*, un disco en el que colaboraba Ozzy Osbourne y que producía Mike Chapman. El pop metalero que había estado ofreciendo en sus anteriores trabajos parecía que se abría camino entre las grandes audiencias, así que llegó en el momento justo. Junto a Ozzy cantaba y coescribía uno de sus singles más exitosos, «Close My Eyes Forever» que llegó al número 8 de las listas. Nikki Sixx de Mötley Crüe y Lemmy Kilmister de Motörhead colaboraron también en un par de temas.

«Close My Eyes Forever» fue escrito durante una noche de juerga y borrachera casi como una broma. Y se convirtió curiosamente, en el único Top 10 de Ozzy en EE. UU. de toda su carrera. Un medio tiempo con una buena dosis de dramatismo heavy y las voces de ambos en plena forma. Pero este no fue el single que lanzó al estrellato a Ford. Un año antes, «Kiss Me Deathly» asaltaba las listas. Es una de las dos canciones que no había coescrito del disco pero que aun así se ha convertido en la más representativa de la música de Lita Ford. Sacamos el disco de nuestras estanterías. Estamos en la sección de los ochenta, vemos cardados, cueros y laca a raudales en todas las portadas. Tanto de grupos femeninos como masculinos. Lita nos mira, sexy y atractiva, se nota que está segura de sí misma. Cierto que sus portadas han explotado su físico desde el principio, pero aquí hablamos de música y de lo que hay dentro de ese cartón con la foto de Ford impresa. La ponemos en nuestro plato, cara A, canción cuarta. La aguja baja y empieza a recorrer los surcos del disco. «Fui a una fiesta el pasado sábado por la noche, no me acosté con nadie y tuve una pelea, no es nada del otro mundo. Llegaba tarde al trabajo, el tráfico era

Lita Ford

horroroso, tuve que pedirle 10 pavos a mi viejo, no es nada del otro mundo», canta Ford. Es puro Los Ángeles en los ochenta. Si esto lo cantase Axl Rose o Sebastian Bach, nadie se tiraría de los pelos. Pero una mujer, era otro cantar. Ford nunca ha ocultado lo mucho que le ha costado ser reconocida como música en este reinado masculinizado que es el metal. Si aún hoy en día, las cantantes de grupos de este género sufren el machismo, imaginaos entonces.

Este doble rasero para valorar a las mujeres hacía que a una cantante o guitarrista se la viese primero por su físico y luego por su trabajo. Buena prueba de ello es que ambas canciones aparecieron en la MTV repetidamente, algo que sin duda las benefició, la mayoría de los televidentes de la MTV eran hombres jóvenes y el atractivo indudable de Ford parecía llamarlos, más allá de sus dotes musicales. Esa es una de las críticas que más se le han achacado a Lita Ford, convertirse en el sueño de todo adolescente metalero. Por lo visto, no se puede ser atractiva y sexy y tocar la guitarra al mismo tiempo. Mientras en aquellos mismos años Skid Row o Poison iban vestidos con mallas de colores, pelos cardados y maquillaje y no parecía pasar nada, a Ford se la criticaba por ir demasiado sexy en las portadas de sus discos y sus videoclips. Fueron también momentos agridulces. Su familia la había apoyado desde el principio pero su padre murió de cáncer justo antes de poder disfrutar del éxito de su hija.

Su siguiente disco *Stiletto* no tuvo tanto éxito como *Lita*. A pesar de singles como «Hungry» o «Lisa» que le dedicó a su madre. Quizás no fue muy buena idea grabar un vídeo en el que cantaba que estaba hambrienta de sexo mientras se mostraban imágenes de una niña representando *Alicia en el País de las Maravillas*. Esos maravillosos ochenta en los que se hacían vídeos como churros, había que alimentar a la todopoderosa MTV. Ella te podía ensalzar hasta la cumbre pasando tus vídeos aunque no tuvieran ni pies ni cabeza. Por suerte en «Lisa», el vídeo fue más acorde con el homenaje a su madre, que estaba enferma.

Lamentablemente para la carrera de Lita Ford, en los noventa se topó con la explosión de la música alternativa y el estilo musical que hacía se pasó de moda. Y además estaba sin sello. Después de casarse con Jim Gillette, cantante de la banda de metal Nitro, se mudó al Caribe con sus dos hijos. Despareciendo durante una larga temporada de la música tras un matrimonio y un divorcio bastante polémico. No volvió hasta 2009 con *Wicked Wonderland*, un trabajo mucho más metalero que publicó en su propio sello JLRG Entertainment. Tras su divorcio, en 2012 salió a la luz *Living Like a Runaway*, un trabajo centrado en los sinsabores de su separación y que supuso un regreso a su sonido original, el que le dio la fama en los ochenta y que acompañó también de una autobiografía en la que relata sus problemas para alcanzar el éxito por su condición de mujer. En este libro el relato de sus aventuras amorosas parece haber restado importancia a su historia personal y musical. Es curioso que todas las reseñas mencionen este hecho, en vez de decir si está bien o mal escrito. Me pregunto qué pasaría si fuera al contrario, si fuera un as de la guitarra masculino el que escribiera sus memorias y hablara de sus conquistas. Ah, es verdad que eso ya ha pasado y parece que muchos le han aplaudido. Qué raro, ¿verdad?

La reina de los ochenta

Pat Benatar fue una de las grandes voces femeninas del rock en los ochenta. No le costó alcanzar el estrellato tanto como a Lita Ford, al contrario. La década fue suya. Su potencia vocal le facilitó cambiar de registro con soltura pasando del rock duro a la balada melódica o el pop-rock. Y además llegó en la era MTV. Sus vídeos eran de los más emitidos en los inicios de la cadena, lo que benefició el auge de su carrera. Patricia Andrzejewski cambió de apellido tras casarse con su novio Dennis T. Benatar. Su madre era cantante de ópera y ella misma tenía formación clásica, de ahí su versatilidad vocal. Pero su verdadera pasión era el rock and roll. Tras casarse, Benatar se mudó a Virginia, su marido era militar y fue destinado allí. Abandonó la música por un tiempo y trabajó como cajera de un banco. Aunque pronto volvió a cantar en clubs de la zona. La música le tiraba demasiado y las horas detrás de la caja de un banco se le hacían eternas.

En 1975 se mudó a Nueva York. Se marchó en pos de su sueño. Allí ganó un concurso en el club Catch A Rising interpretando una canción de su adorada Judy Garland. El dueño del club, Rick Newman vio el talento en ella y se convirtió en su mánager. Durante un par de años intentaron encontrar discográfica sin éxito. Era demasiado dulce, le decían. Pero eso ayudó a fortalecer su carácter. Si había que ser dura, sería dura. Finalmente firmó con Chrysalis. Allí conoció al que se convertiría en su segundo marido y guitarrista de su banda, Neil Giraldo. Con su álbum de debut en 1979, *In the Heat of the Night*, Pat Benatar se convirtió rápidamente en una estrella. Consiguió dos Top 20, uno de ellos fue con «Heartbreaker», el tercer single del disco. La canción fue compuesta por los ingleses Geoff Gill y Clint Wade. Benatar se encargó de reescribirla y adaptarla al inglés estadounidense, ya que en su letra original tenía muchos toques del lenguaje coloquial británico.

En 1980 publicó el que es considerado su mejor disco, *Crimes of Passion*. Fue el que verdaderamente le abrió las puertas de la fama y de los Grammy. Ganó durante cuatro años consecutivos el premio a mejor interpretación vocal femenina de rock. Con temas tan rockeros como «Hit Me with Your Best Shot», «Treat Me Right» o «You Better Run», no es de extrañar.

Cojamos el primero de ellos de nuestras estanterías para escucharlo. Es curioso que la mayoría de los éxitos de Pat Benatar fueron escritos por hombres, pero ella siempre supo llevarlos a su propio terreno

Pat Benatar

y hacerlos suyos. «Hit Me with Your Best Shot» creó cierta polémica, algunos la calificaron de sexista, aunque su compositor Eddie Schwartz la escribió desde un punto de vista masculino y de una manera metafórica. El título le vino a la mente después de una sesión de terapia en la que le hicieron dar golpes a unos cojines para desfogarse. Aunque seguramente en la actualidad una canción así habría creado mucha más polémica. En los ochenta se convirtió en todo un hit. Los grandes éxitos de Benatar, como este, siempre mostraban a una mujer dura y poderosa. Aunque estuviesen escritos por hombres, su interpretación les daba ese cariz. Y mientras suena este single en nuestro tocadiscos, podemos leer entre líneas, Benatar nos dice que: «no importa qué me eches encima, sé que puedo con ello y no puedes vencerme». Puro empoderamiento femenino.

Y hablando de empoderamiento, este disco sufrió de lo contrario en uno de los anuncios que Chrysalis colocó en la revista *Billboard*. En él aparecía Pat Benatar como en la portada del álbum, de perfil y con los hombros desnudos. Bueno, en el disco lucía un top negro de tirantes que la discográfica decidió borrar de un plumazo. Algo que a Benatar no le gustó en absoluto. Supongo que debieron pensar que unos tirantes marcarían la diferencia entre vender o no vender discos. Es de una lógica aplastante. Se puede decir que ella había explotado su imagen sexy pero de nuevo nos encontramos con el doble rasero, una mujer solo puede ser sexy cuando y como un hombre decide que lo sea. Lo del talento es lo de menos. Las dos cosas al mismo tiempo eran imposibles por lo visto. Parecía que si querías vender discos tenías que ser sexy sin importar el contenido. Y era mejor asegurarse el tiro poniendo una imagen falsa en la que parece que Benatar está haciendo *topless*, aunque no se ve nada, pero se sugiere, que poner la imagen original, porque claro, eso va a hacer que sus discos se vendan muchísimo más. Lo dicho, de una lógica aplastante.

Cambiando totalmente de tema, *Crimes of Passion* incluía la canción «Hell is for Children», uno de las primeras canciones en hablar del abuso a menores. Inspirado por unos artículos que Benatar había leído en el *New York Times*, la compuso junto a Giraldo y su bajista Roger Capps. Benatar quería que la música sonara a dolor, el que sentían las víctimas de estos terribles abusos, y ciertamente lo consiguió. Muchos creyeron que Benatar los había sufrido en su infancia, no fue así. Lo que sí es cierto es que la canción ayudó a que un tema como este obtuviera una visibilidad que nunca antes había tenido.

En 1981 llegaba su tercer trabajo *Precious Time* que alcanzó el número 1. En los años venideros tuvo 11 singles en el Top 20 y seis discos en el Top 30 de álbumes. Sus tres primeros álbumes son los más rockeros, sin duda, y con ellos consiguió llenar estadios. Era una de las pocas mujeres que llegaba a un público tan amplio en aquellos años. Durante la década de los ochenta publicó prolíficamente, *Get Nervous* en 1982, *Live from Earth* en 1983, *Tropico* en 1984, *Seven the Hard Way* en 1985 y *Wide Awake in Dreamland* en 1988. Pero a pesar de todos sus éxitos, en las reseñas de sus conciertos se solía hablar de sus modelitos chillones y sexys. Recordemos que en los ochenta la moda era de lo más llamativa. La de hombres y mujeres, pero seguramente, nadie comentaba el traje que los artistas masculinos lucían sobre el escenario.

Con los años, la música de Pat Benatar se ha ido suavizando y acercando más al pop-rock. En 1991 cambió de registro con *True Love*, un álbum de blues y R&B. Ha formado una sólida pareja profesional con su marido Neil Giraldo y ambos siguen haciendo giras para celebrar sus más de 35 años de carrera. Pero no hay duda de que Pat Benatar será recordada como una de las reinas de la música de los ochenta, protagonista de la MTV y mujer que abrió muchas puertas a otras que vinieron detrás.

Bonnie Raitt, la guitarrista de blues rock

Pocas mujeres instrumentistas consiguieron triunfar durante estos años, ya hemos visto las dificultades que atravesaron Joan Jett o Lita Ford para conseguir el éxito. Podían cantar, eso se les permitía, pero tocar la guitarra ya era otra historia. Como ya he comentado, los ochenta fueron muy masculinos y a las mujeres les resultó difícil destacar entre tanto machote demostrando su hombría a golpe de *riff*. Uno de los casos más flagrantes fue el de Bonnie Raitt. Le costó unos cuantos años de carrera hasta que en 1989 su décimo disco, *Nick of Time*, la hizo despegar. Hacía dos décadas que con su guitarra le cantaba al blues mezclándolo sabiamente con rock y algo de R&B. Lo cierto es que nunca le preocupó el éxito comercial, prefirió seguir su propio camino, el que le guiaba sabiamente su guitarra. Así pudo tener total libertad compositiva. Le costó años demostrar no solo su valía como cantante sino también como guitarrista, no es que no fuera buena pero no se la tenía tan en cuenta como a sus congéneres masculinos. Pero fue prácticamente la única mujer a la que se consideró por su talento como instrumentista sobre todo por su uso del *slide* al tocar, una técnica de guitarra que se caracteriza por pulsar las cuerdas en el mástil con un objeto deslizante.

Bonnie Raitt

Su madre era pianista y su padre era una estrella de Broadway. Con ocho años recibió por Navidad su primera guitarra y aprendió a tocar de forma autodidacta escuchando discos de Odetta. Aunque en su adolescencia se enamoró del folk gracias a Joan Baez, pronto el blues llamó a su puerta. En 1967 se marchó a estudiar a Radcliffe en busca de la escena folk y dejó la universidad a los dos años para dedicarse a tocar en el circuito de clubs de folk y blues de Boston. Allí se cruzó con Dick Waterman, que se convertiría en su futuro mánager. Gracias a él y su catálogo de artistas tocaría con leyendas como Howlin' Wolf, Sippie Wallace, Muddy Waters o Mississippi Fred Mc-Dowell. Con ellos se forjó un bagaje musical excepcional. Cuando empezó a tocar en clubs ella sola, el público alucinaba. Una blanca tocando la guitarra con *slide* y encima canciones de Robert Johnson. Pronto empezó a tocar asiduamente con Junior Wells y Buddy Guy, incluso cuando abrieron para los Rolling Stones.

Debutó en 1971 con un disco homónimo en el que incluía versiones de Robert Johnson y Sippie Wallace y que contó con Junior Wells y A.C. Reed como colaboradores. Con Warner grabó ocho discos hasta 1986. Pero le costaba encontrar a alguien que la ayudara a trasladar el sonido de sus directos al estudio. Su mezcla de géneros entre el rock y el blues, incluso el country, no ayudó tampoco a que sus canciones fuesen vistas como singles potenciales. Con su disco de 1977 *Sweet Forgiveness*, Raitt consiguió por fin que uno de sus temas sonara en la radio, aunque era una versión de Del Shannon, «Runaway». Sus dos siguientes discos no consiguieron el ansiado hit que Warner esperaba y antes de publicar *Nine Lives* en 1986 le comunicaron que ya no deseaban contar con sus servicios. Tenía una gira a punto de empezar. Hacía tiempo que no promocionaban sus discos, ¿cómo pretendían que vendiera o fuera un éxito? Los problemas económicos se hicieron acuciantes, se dio cuenta de que no necesitaba una banda de rock detrás de ella para tocar. Ella y su guitarra se valían para eso. Fue en aquellos años también cuando sus problemas con el alcohol y las drogas le pasaron factura. Veía un futuro incierto, pero una posible colaboración con Prince, le dio la fuerza necesaria para desintoxicarse y volver a trabajar. Aunque dicha colaboración nunca se hizo realidad, fue el acicate que Raitt necesitaba.

Pocos apostaban por ella, cuando en 1989 con *Nick of Time,* se convirtió de la noche a la mañana en una estrella. Era su décimo disco. Vendió tres millones de copias y entró en el número 1 de álbumes con varios singles en el Top 40. Se llevó a casa unos cuantos Grammy, los primeros de otros tantos que ganaría a lo largo de su carrera. Siempre fue más una intérprete, apoyándose en el trabajo de los mejores compositores. Pero este disco marcó también un tono diferente, la canción que da título al mismo fue compuesta por ella. Un tema que conseguía conectar con un público que estaba pasando por lo mismo que Raitt. En sus cuarenta, decepcionada sin saber cuál va a ser su futuro pero con la sabiduría que los años vividos le dan. En unos años, los ochenta, en los que el culto a la juventud empezaba a ser acuciante, una canción como esta fue prácticamente revolucionaria. Existían otras realidades, otras mujeres posibles y Bonnie Raitt estaba dando voz a una de ellas.

Su siguiente disco *Luck of the Draw* siguió la misma estela y le dio su primer gran hit en 20 años de carrera, «Something to Talk About». Una canción escrita por la cantante canadiense Shirley Eikhard pero que no pudo publicar en su disco de 1986. Su discográfica no la consideró un single potencial. Raitt demostraría que se equivocaban. Una composición que habla de los rumores que extiende la gente sin importarle si son ciertos. En este caso, el amorío entre un hombre y una mujer que no es cierto, en el que ella se pregunta por qué no hacerlo realidad y darles algo de lo que hablar. Gracias a este disco y esta canción en particular se llevó otros cuantos Grammy. Pues sí que se equivocaban.

Desde sus inicios Raitt ha participado en innumerables causas humanitarias. Durante los años ochenta pasó a formar parte de la directiva de la Rhythm & Blues Foundation fundada por Ruth Brown para ayudar a músicos del blues mayores a pagar seguros médicos, comida, alojamiento e incluso funerales. Una tarea necesaria ya que muchos músicos de blues nunca vieron un centavo de los éxitos que proporcionaron a sus discográficas.

La leona del rock sigue dando guerra

Aunque no era instrumentista, no hay que olvidarnos de una de las grandes estrellas del rock de los ochenta: la gran Tina Turner. La dejamos tras años de éxitos, divorciada por fin de su cruel marido Ike y sin un centavo. Ocho años tardó en volver a reconstruir su carrera de los trozos en los que la había dejado su matrimonio funesto. Se divorció en 1978 y casi tuvo que pedir limosna a pesar de la cantidad de beneficios que el grupo había hecho a su costa. Se pasó buena parte de esos años recorriéndose el circuito de *night clubs*. Muchos creían que su carrera estaba acabada, pero, sorprendentemente, Tina volvió para convertirse en una de las mayores estrellas del rock mundial. Fue gracias a su trabajo con Heaven 17. Martyn Ware y Ian Craig Marsh la llamaron para que participara en su proyecto B.E.F. Estaban haciendo un álbum con sus canciones favoritas interpretadas por sus artistas favoritos. Con ella grabaron «Ball of Confusion» de los Temptations para el disco recopilatorio *Music of Quality and Distinction*. Capitol, con reticencias, firmó a Tina después del éxito de la canción en Europa. Su siguiente single fue de nuevo para B.E.F, una versión del «Let's Stay Together» de Al Green que

Tina Turner

fue todo un éxito en Inglaterra y Europa. Así que, tras no editar el anterior single en EE. UU., Capitol se rindió a la evidencia y lo estrenó allí también en 1984.

Renacía de entre las cenizas la gran Tina Turner y comenzaba una carrera de singles exitosos. Capitol publicó ese mismo año *Private Dancer*. «What's Love Got to Do With It» consiguió llegar al número 1 y Tina Turner entró de nuevo en los hogares de EE. UU., arrasando y por la puerta grande. ¡Chúpate esa, Ike! *Private Dancer* nos descubría a una nueva Tina que ponía énfasis en su voz. En canciones como «I Might Have Been Queen» Tina cantaba que era una superviviente del soul. Y sin duda una reina del rock. Otro de sus temas en este disco, «Better Be Good to Me» lo dice todo con su título. El disco vendió más de diez millones de copias y llegó al número 3 de las listas, ganando algunos Grammy más por el camino. Verla interpretar este tema en directo en los últimos años de carrera da buena prueba de la fuerza y energía que Tina Turner posee en su interior.

Tina Turner en *Mad Max 3. Más allá de la cúpula del trueno*

En 1985 Tina protagonizó *Mad Max 3. Más allá de la cúpula del trueno*, alcanzando de nuevo las listas de éxitos con la banda sonora y el tema «We Don't Need Another Hero». Encarnaba Tina a una mujer de rompe y rasga, personaje carismático. Fuerte, poderosa e imponente dejaba atrás años de maltrato y los fracasos posteriores que parecían haberla hecho desaparecer de la primera línea. La leona del rock renació cual ave fénix. En 1986 publicó *I, Tina*, una sincera autobiografía escrita junto al periodista Kurt Loder. Tenía 46 años y rompía otro cliché, el de las mujeres que ya no son tan jóvenes y a las que se las marginaba por su edad. Parece una tontería pero era una barrera bastante importante, especialmente para las mujeres.

Desde sus éxitos de los ochenta, ha publicado numerosos álbumes, que quizás no han alcanzado la popularidad de sus anteriores trabajos, pero que la han mantenido como una de las grandes del rock. Pocas mujeres lograron en su día llenar estadios y grandes arenas y mucho menos mujeres de color. El rock a pesar de haber nacido de la música negra pasó por un periplo de blanqueo en el que rara vez se veían grupos de color interpretándolo. Los blancos se apoderaron de su sonido. Cuesta encontrar representantes femeninas cercanas al rock. Lástima que la última gira de Tina Turner fuera en 2008, tras diez años sin pisar los escenarios, celebraba 50 años de carrera. Ahora vive prácticamente retirada en Suiza. Bien merecido descanso.

Las mujeres del metal

Durante los ochenta, como hemos comentado Pat Benatar reinó en las listas gracias al apoyo de la MTV. Fue una excepción. De la mayoría de grupos o solistas femeninos que se acercaban al rock, solo Joan Jett tuvo una presencia importante en las listas de éxitos. Mientras, la música se endurecía más y más y el rock daba paso al heavy metal, con más *riffs* de guitarra, a más velocidad y más volumen. Los grandes titanes del rock de los setenta daban paso a grupos que iban más allá, como la nueva ola del heavy inglés que estaba pegando fuerte en tierras americanas. Nuevas bandas inglesas de heavy empezaban a cruzar el Atlántico. Iron Maiden, Judas Priest o Motörhead dominaban el rock en aquellos años gracias a su mezcla del heavy metal tradicional con elementos del punk rock, por ejemplo. Herederos de grupos como Black Sabbath o Led Zeppelin, endurecían su sonido y lo aceleraban. Junto a estas bandas, hubo una femenina que no se quedó atrás, Girlschool fue la primera banda de chicas en surgir del heavy metal y el hard rock, géneros totalmente dominados por los grupos masculinos. Cuando se les preguntaba por qué formaron una banda femenina, la respuesta era aplastante, ningún chico quería tocar con ellas.

Girlschool, la primera banda de metal

El grupo se formó en Londres en 1977, la bajista Enid Williams y la cantante y guitarrista Kim McAuliffe fueron el germen del mismo. Vivían la una enfrente de la otra en la misma calle de Wandsworth. Sus hermanos y primos tocaban en bandas pero ninguno las quiso aceptar como miembro, no tocaban con chicas. Así que decidieron montar su propio grupo. En aquel entonces se llamaban Painted Lady pero cambiaron de nombre a Girlschool al añadir a la banda a Kelly Johnson como guitarrista y Denise Dufort como batería. Eran los tiempos de la nueva ola de heavy metal británico y Girlschool llegaron en el momento adecuado. Su primer single «Take It All Away» llamó la atención de Doug Smith, el mánager de Motörhead. Fue él quien decidió llevárselas como teloneras de la banda en la gira del *Overkill* en 1979 y también fue su mánager. Tras la gira, la banda firmó con Bronze Records y publicó su primer disco, *Demolition* en 1980. Alcanzó el Top 30 en las listas inglesas.

Buscamos entre nuestras estanterías por la G de Girlschool, en la portada aparece ese Demolition Boy protagonista de una de sus canciones. Colocamos el vinilo en el plato para escuchar dos de ellas. La primera es «Not for Sale», es la segunda de la cara A. Una canción que parece hablar del último modelo de coche, hecho para satisfacer los sueños de cualquier hombre, pero que en realidad es una crítica al sexismo imperante. Una metáfora de la mujer que no está a la venta, que no está para servir al hombre y cumplir sus sueños sexuales. Un no es un no, cantan en la canción. No estamos a la venta.

La segunda canción está también en la primera cara del vinilo. La última. La potente y rítmica «Nothing to Lose». Una canción que habla de ser uno mismo, hacer lo que uno quiere a pesar de lo que digan los demás, al fin y al cabo, como dice el título de la canción: no tienes nada que perder. «¿A quién le importa lo que digan? Lo voy a hacer de todas maneras. Nada que perder, todo por ganar. Fuera de mi cabeza bajo la lluvia torrencial. Quiero ser como cualquier otro. Pero todo parece tan molesto. No me importa lo que digas. Lo voy a hacer de todas formas». No nos importa que no nos queráis en vuestra banda, vamos a tocar de todas formas, parecen decir. Su furioso «Race with the Devil» sorprendió al mismísimo Jeff Beck. Según una entrevista

Girlschool

a McAuliffe en la revista *Traffic* en 1989, Beck no se creía que una chica pudiera tocar en esa canción. Ellas le invitaron a su concierto para que pudiera comerse sus palabras, guitarra incluida.

Su siguiente disco *Hit and Run,* publicado en 1981, tuvo incluso más éxito y llegaron al Top 5. Fue su primer álbum editado fuera y que no tenía que ser comprado en EE. UU. de importación. A ello también ayudó la publicación de su EP junto a Motörhead. *St. Valentine's Day Massacre* fue publicado el día de San Valentín de 1981. En la portada aparecían las dos bandas disfrazadas de gánsters, metralletas en mano, listos para perpetrar la masacre del título. El EP escaló hasta el número 5 de la lista de singles e incluía tres temas. El primero compartido entre Motörhead y Girlschool «Please Don't Touch» de Johnny Kidd & the Pirates. Motörhead junto a la batería Denise Dufort atacaban el «Emergency» de Girlschool, mientras ellas versionaban «Bomber». Todo un acierto. Aunque *Hit and Run* fue el disco que les consiguió compañía en EE. UU., no alcanzaron allí el éxito que sí habían cosechado en su Inglaterra natal. Stiff Records decidió ficharlas pero lanzó un disco que combinaba temas de sus dos primeros trabajos, parecía que no se fiaban del éxito de la banda.

Sus dos siguientes discos *Screaming Blue Murder* de 1982 y *Play Dirty* de 1983 no mantuvieron el nivel de sus predecesores. Las tensiones entre las integrantes de la banda también empezaban a pasar factura. Algo que no ayudó fueron los continuos cambios en la formación. Aunque siguieron publicando discos, Girlschool fueron incapaces de emular el éxito de sus primeros trabajos, incluso en su país natal. Eso unido a la falta de ímpetu de su carrera en EE. UU. hizo que la banda se separara después de publicar *Take a Bite* en 1989. Han vuelto a reunirse y siguen pateando culos sobre el escenario de festivales del metal, demostrando que las mujeres tienen su sitio en una escena tan masculinizada y machista como la del heavy.

El hard rock de Rock Goddess

Aunque han sido pocos los nombres que nos han llegado, quizás precisamente por esa preeminencia de los grupos masculinos en los géneros más duros del rock, había grupos femeninos. No nos engañemos, estaban allí, dando guerra a golpe de *riff* de guitarra. Rock Goddess es otro de los pocos grupos femeninos cercanos al hard rock más metalero que surgieron en esta época y tuvieron algo de éxito. Formado por las hermanas Jody y Julie Turner como guitarrista y batería a muy temprana edad, trece y nueve años respectivamente. Eran de Wandsworth, la misma localidad de las fundadoras de Girschool. Su padre era el dueño de una tienda de discos que tenía un local de ensayo al lado. Allí las hermanas empezaron a tocar junto a su compañera de instituto Tracey Lamb. Desde el principio, su padre, que también había tocado en bandas desde la adolescencia, las apoyó y se convirtió en su mánager.

En 1981 grabaron su primera demo y empezaron a tocar en todos los clubs de Londres que podían, creándose una base de seguidores fieles. Karine, cantante de Androids Of Mu, las invitó a participar en el tema «Make My Night» dentro del recopilatorio de bandas femeninas *Making Waves A Collection Of 12 Womens Bands From The UK*. Su padre les consiguió un contrato con A&M Records tras tocar en el Reading Festival. En 1983 publicaron su primer disco *Hell Hath No Fury*. Alcanzó el número 65 en las listas inglesas de álbumes. La nueva ola del heavy metal inglés estaba en pleno auge y ellas se beneficiaron del éxito de su sonido. Su primer single fue «Heavy Metal Rock 'n' Roll», una canción que no tenía nada que envidiar al metal que sus compañeros masculinos hacían por aquellos tiempos. *Riffs* potentes, la voz rasgada de Jody Turner y el heavy metal como protagonista. Con otro de sus singles, «My Angel» alcanzaron el número 64 en las listas de singles.

El mismo año sacaron su segundo disco, titulado *Rock Goddess*. Un trabajo más redondo que el primero, de esos que se escuchan sin aliento canción a canción. Desgraciadamente el buen hacer de la banda no tuvo repercusión en las listas. Lamb dejó el grupo por entonces y más tarde se unió a Girlschool y fue sustituida por Dee O'Malley, que también se marchó en 1986 cuando se quedó embarazada. Fue justo antes de su primera gira por EE. UU. Así que la maternidad, de nuevo, se interpone en la carrera de una banda femenina. Porque cuando tienes hijos tienes que dejar de tocar y dedicarte a ellos. Al menos eso pasaba entonces. Bueno, aún sigue pasando hoy en día, para qué negarlo. Poco después publicaron su último disco, *Young & Free*. Pero Jody dejó la banda, el interés por la misma había decaído. Aunque tras algunos intentos de reunión y con su formación original de trío han vuelto a asaltar los escenarios con la misma actitud y fuerza de antaño.

Es curioso ponerse a repasar entrevistas de la época, maravilloso YouTube, en ellas no faltaba la pregunta: ¿cómo es estar en una banda de rock siendo una chica? En una entrevista televisiva a Jody, el presentador del programa, hombre por supuesto, no para de preguntarle cómo era para una chica tocar en una banda o si era normal o natural para ella. Cuando Turner contestaba desde el principio diciendo que empezó a tocar con 13 años, que su padre era músico, que ha vivido la música desde siempre. Pero oye, que es una chica, así que hay que hacerla justificarse. ¿Alguien ha leído alguna vez la misma pregunta en una entrevista a un tío? Sobran las palabras.

El glam rock de Vixen

Durante los años ochenta sobre todo a finales, con el auge del glam rock en EE. UU. y en la escena californiana de Los Ángeles en particular, surgieron diversas bandas femeninas de metal. Entre ellas grupos como Vixen o Precious Metal, por poner solo un par de ejemplos. A Vixen las recuerdo perfectamente, especialmente, los comentarios hacia sobre sus miembros. Vestían, cantaban y tocaban igual que otros grupos ochenteros, pero claro, eran mujeres. A pesar de ello, su éxito fue claro. Aunque facturaban un rock más atemperado y comercial. Las llamaban entonces «las Bon Jovi femeninas», porque como siempre hay que comparar a las mujeres con un ejemplo masculino, si no, no parece que tengan el mismo empaque, ¿verdad? Vendían millones de discos pero recibían el varapalo de los críticos sin piedad.

Roxy Petrucci y Jan Kuehnemund de Vixen

A finales de los ochenta el punk más crudo y simple estaba siendo sustituido en Los Ángeles por el metal, ya hablaremos del punk en el siguiente capítulo. No os impacientéis. Mucho de ese movimiento nacía heredero del glam rock de los años setenta que gente como David Bowie o T-Rex acuñaron. Un género que aunaba música y una estética cuidada surgida en contraposición al machorock imperante en aquellos días. Rebelándose contra lo puramente masculino, vistiéndose con elementos de vestuario típicamente femeninos y exhibiendo una actitud provocativa. El Sunset Strip de Los Ángeles se llenaba del sonido de bandas como Poison, Mötley Crüe o Cinderella y por supuesto, Guns N'Roses. Pero en los ochenta, el glam rock se transformó en laca, pelos cardados, maquillaje y chicos que parecían chicas. Lo opuesto al punk en el que la androgínia había dado más libertad a las mujeres pudiendo librarse por unos años de la cosificación y sexualización a las que eran sometidas inevitablemente por su sexo. Así que aunque había muchas bandas masculinas con kilos de laca en el pelo y rímel para parar un carro, a las mujeres que decidieron seguir el mismo camino se las crucificó desde el primer día. Vixen tuvo dificultades para encontrar una compañía discográfica, curiosamente su aspecto les brindó la posibilidad de salir en la película *Hardbodies* o la serie de televisión *Cagney y Lacey*. Incluso recibieron el despectivo sobrenombre de «Bimbo Monkeys» por hacer exactamente lo mismo que Bon Jovi, Cinderella o Def Leppard hacían en aquellos años.

La banda se formó en Los Ángeles en 1981, aunque la guitarrista Jan Kuehnemund ya había montado la misma en su Minnesota natal. Se trasladó a California poco después para buscar nuevos miembros. Janet Gardner se encargaría de las voces, Share Pedersen del bajo y Roxy Petrucci de la batería. Pateándose los clubes de L.A. y Hollywood consiguieron firmar con EMI en 1987. Aunque la propia compañía no tenía muy claro si ellas tocaban realmente los instrumentos en la maqueta que les enviaron. Por supuesto, una mujer no puede tocar bien. Seguimos con la mentalidad del pleistoceno. Su primer disco homónimo salió en 1988 y vendió millones de copias, sobre todo gracias a uno de sus singles, «Edge of a Broken Heart». Que levante la mano quien no lo vio en la MTV en aquellos días. Aunque la banda no quedó contenta con el sonido del disco, no compusieron los temas y eso no les daba la libertad para expresarse como querían.

Su siguiente disco, *Rev It Up* se publicó en 1990 y contenía 11 temas, 10 de ellos compuestos por la banda. Pero a pesar de ser mejor material y más duro, el auge del rock alternativo de bandas como Nirvana y Pearl Jam perjudicó las ventas de sus discos. EMI no se lo pensó mucho y las echó sin contemplaciones. Tardaron ocho años en publicar nuevo disco con *Tangerine* en CMC International. La banda se separó poco después.

El rock duro de Precious Metal

Bandas de metal femenino había, pero pocas recibieron la atención y el éxito de grupos como Vixen. En cambio, todas sufrieron de ese techo de cristal que impide a las mujeres escalar posiciones en la sociedad. Pocas de ellas consiguieron contrato discográfico por una simple razón: no eran consideradas vendibles. Las mujeres no venden, esa es la excusa que aún hoy en día siguen dando. Algo que no es cierto.

Vixen fueron un ejemplo, pero, claro, si en el segundo disco vendes menos, ya tienen la excusa perfecta para darte la patada. Otra de esas bandas fue Precious Metal. Tras poner un anuncio en una revista local en Los Ángeles, la batería Susette Andres y la guitarrista Mara Fox formaron el grupo a mediados de los ochenta. Desde los ocho años, Mara Fox soñaba con formar una banda femenina de rock. Aquel anuncio fue una señal para ella. Se les unió Janet Robin, que había recibido lecciones de guitarra de Randy Rhoads. Sussette Andres puso en contacto a la banda con el productor Paul Sabu antes de dejar el grupo. Ficharon por Polygram/Mercury, y publicaron su primer disco *Right Here, Right Now* en 1985. El vídeo de su single «Bad Guys» fue uno de sus hits.

Pero a pesar del éxito, la banda tuvo que acostumbrarse a oír las dudas sobre su talento como instrumentistas en sus

Precious Metal

discos y sus directos. Incluso se les llegó a preguntar si sus novios tocaban detrás de una cortina, en un club en el que tras el escenario no había ninguna cortina sino un muro de piedra. Las mujeres tenían que ganarse lo que los hombres con subirse a un escenario ya tenían: respeto. Este tipo de actitud no ayudaba precisamente a la estabilidad de la banda. En 1986 publicaban *That Kind Of Girl* y su disco homónimo en 1990, pero tuvieron que sacarlos con otras discográficas tras retirarles el apoyo Polygram. Se separaron poco después.

Doro, la gran voz del metal

No quiero sumergirme demasiado en el mundo del metal, daría para otro libro, pero no puedo dejar de mencionar a una de las reinas del género, Doro Pesch. Porque eso es lo que es Doro, una de las pocas voces femeninas con un largo recorrido en el rock más duro. Esta rockera incombustible alcanzó la fama en el heavy como cantante de la banda alemana Warlock. Dorothee Pesch estudió piano y canto a muy pronta edad. Mientras estudiaba diseño gráfico, cantaba en diversas bandas de garage en su Düsseldorf natal. A principios de los ochenta empezó a cantar en la banda Snakebite con la que grabó una demo, antes de formar Warlock en 1983 junto a Peter Szigeti, Rudy Graf, Thomas Studier y Michael Eurich. La banda seguía la senda de grupos como Judas Priest o Ronnie James Dio, tanto en sus melodías como en sus fantasiosas letras. Aunque Joan Jett, Girlschool, Lita Ford o Pat Benatar eran de las primeras figuras femeninas que se acercaban al rock más duro, lo cierto es que no había nadie más que se dedicara a este género en concreto lleno de canciones plagadas de brujas, demonios y fantasmas.

La banda se curtió en los clubes de Düsseldorf, formando una base de fieles seguidores. Grabaron una demo que les valió fichar por el sello independiente Mausoleum, aunque su disco debut *Burning the Witches* lo editaron para Mercury/Polygram en 1984. Doro se convirtió rápidamente en líder de la banda, atrayendo a fans y prensa a partes iguales. Pero lo curioso es que la imagen de Doro no era la habitual de otros grupos femeninos de la época. Vestía de cuero sin necesidad de ataviarse de faldistas extra cortas y enseñar pechuga en sus vídeos o actuaciones, quizás por eso se ganó el respeto del público más que sus contemporáneas. Doro siempre ha afirmado en sus entrevistas que nunca tuvo problemas por ser mujer, que ya era difícil que se respetara al metal como género, así que quizás por eso no se tenía en cuenta su sexo. Lo que sí es cierto, es que a diferencia de bandas como Vixen, Doro se acercaba con su música a la vertiente más dura del metal. Su impresionante voz y su presencia escénica, junto a la combinación de canciones potentes y baladas hicieron que Warlock triunfara.

Nos paseamos por la sección de heavy metal de nuestra discoteca particular. Abundan los cardados y las melenas al viento en las portadas. Pero también los dibujos fantasiosos llenos de seres sobrenaturales. La portada del primera disco de Warlock no iba a ser menos. Una especie de duende gigantesco porta en la mano una cerilla que está a punto de encender una vela en la que está atada una joven rubia, la bruja a la que debe hacer referencia el título. Escuchamos el tema que titula el disco. Doro Pesch canta aquello de «Por el arder de las brujas, el demonio muere». Ya veis que la temática fantasiosa de las canciones deja poco al análisis. Cantar sobre brujas y demonios es lo que tiene. Teniendo en cuenta la situación económica y laboral de muchas personas en los ochenta, quizás les apetecía más escuchar cantar sobre mundos fantasiosos que oír la triste realidad.

En 1985 publicaban su también exitoso, *Hellbound* y un año después *True As Steel*. Fue ese año cuando Pesch se convirtió en la primera mujer en liderar una banda en el famoso festival de heavy Monsters of Rock actuando ante 120.000 personas. Parece una tontería contar esto de la primera vez, pero da una justa medida de lo inusual que era encontrarse a una mujer en un escenario como ese. Con Warlock, Doro Pesch grabó cuatro álbumes. El último *Triumph & Agony* fue disco de platino y vendió tres millones de copias en el mundo. Incluye además uno de sus temas más conocidos «All We Are». Por aquel entonces, ella era el único miembro original de la banda, se había traslado a grabar a los EE. UU. y la banda la formaban músicos americanos y no alemanes.

Tras la disolución del grupo, Doro emprendió una batalla legal contra su mánager que perdió por el nombre y los derechos del *merchandising* de Warlock. Aunque los recuperó en 2011. A partir de la disolución de Warlock y sin poder usar ese nombre, Pesch emprendió carrera en solitario como Doro. *Force Majeur* sería su primer disco de esta nueva etapa. Tuvo bastante éxito en Europa pero no en EE. UU. Seguía tocando y componiendo con la misma banda que era Warlock pero sin poder usar su nombre. Tras este disco decidió centrarse en su carrera en solitario, tomar las riendas de la misma y ser simplemente Doro, no por exigencias legales sino por derecho propio. Y en 1990 publicó su álbum homónimo producido por Gene Simmons de Kiss. Doro siempre obtuvo el respeto de sus compañeros masculinos, trabajó y forjó amistad con Lemmy y Ronnie James Dio. Pero como todas las demás estrellas del metal, los noventa trajeron el grunge más alternativo y su tipo de música pareció pasar de moda. Aun así, Doro aún tendría mucha guerra que dar.

Doro

Capítulo 7

La rabia del punk.
Some people think little girls should be seen and not heard.

Tras repasar el rock más duro durante los setenta y los ochenta, hacemos un salto temporal para volver a los setenta: la era del nacimiento del punk. En nuestra discoteca de Alejandría hay una planta entera dedicada al punk. En ella se acumulan los *singles* y vinilos dispuestos a ser escuchados. Hay mucho material interesante. En aquellos años, la música se acercaba al disco. Mientras, los grandes grupos de rock acumulaban toneladas de equipo para perfeccionar el sonido de sus directos. La técnica superlativa de los genios de la guitarra se alejaba de la gente más joven. Aquella que descubrió a los Beatles y sus «sencillas» canciones y pensó: «yo también quiero y puedo tocar». Pocos eran los que se creían virtuosos, la generación más joven había quedado huérfana de ese: «yo lo puedo hacer». Entonces surgió el punk. Las grandes compañías se habían adueñado del rock, la única manera de recuperarlo fue volver a las raíces, a los tres acordes, al garaje de casa en el que tocar con tus amigos. Surgieron sellos independientes, fanzines, nuevos circuitos de conciertos...

El punk cambió la perspectiva musical del mundo. Cualquiera podía hacer música, tener una banda, hacer conciertos... Ya no tenías que ser un maestro zen de la guitarra para ello. Como decía, volvíamos a recuperar el espíritu de los primeros Beatles. El primer éxito del año en el Billboard de 1970 fue «Raindrops Keep Fallin' on My Head» de B.J. Thomas. La cerraba el «My Sweet Lord» de George Harrison. Las listas estaban coronadas por lo mejor del pop, pero esa rabia adolescente que empezaba a explotar no se veía por ninguna parte. La Guerra de Vietnam seguía en marcha, las luchas por los derechos civiles, los de las mujeres, los de los homosexuales... EE. UU. vivía una época convulsa que no se veía reflejada en su música, al menos en la de consumo de masas. Pero la juventud encontraba su forma de expresarse a través de otra música muy diferente. Una con la que sentirse identificados, una que no hablaba de dioses celtas sino de como esnifar pegamento. Y fue en parte, gracias a los Ramones. La banda de Nueva York consiguió revolucionar la música con su aproximación al rock and roll desde una perspectiva simple, de cuatro acordes tocados de forma acelerada y potente. Sus letras hablaban de temas que antes no se trataban: la calle, las drogas, el paro, el sexo... Las preocupaciones que los jóvenes tenían en aquellos días. Consiguieron así conectar con toda una generación desencantada que no veía un futuro a su vida. Pero no fueron los únicos, bandas como The Stooges o MC5 ya habían empezado a revolucionar la música con sus canciones.

Y en esa tesitura, las mujeres pasaron de tener un papel de fan y adoradora del dios de la guitarra y mera espectadora, que les adjudicaba el rock de masas, a encontrar su propio espacio gracias al punk. Un sitio en el que expresarse y dar rienda suelta a su verdadero yo. Uno salvaje y libre, alejado de los estereotipos de la época en el que además podían expresar su sexualidad con libertad. Algo totalmente impensable en la filosofía del amor libre *hippie* que en realidad no dejaba espacio a la mujer para decidir por sí misma. La sociedad no estaba preparada ni quería estarlo, pero eso a las mujeres del punk, poco les importaba.

Patti Smith, guía nuestro camino

Patti Smith no inventó el punk. La han llamado innumerables veces la madrina del punk. Lo es, sin duda, pero ella no lo inventó. Simplemente con su música, mezcla de poesía y garage rock, consiguió conectar con toda una generación ansiosa por encontrar en la música algo más. Deseosa por escuchar una canción que reflejase su realidad, su rabia y la energía que quería y no podía rebosar a raudales. Eso fue el punk. Su primera gran influencia fue Arthur Rimbaud. En Nueva Jersey, donde vivía, Smith se sentía alienada, ajena a todo, desconectada. Aquel no era su sitio. Rimbaud le enseñó que había algo más que estar horas en una fábrica de mierda para ganar cuatro chavos. Había nacido en Chicago pero pronto se trasladó con su familia a una pequeña ciudad de Nueva Jersey. Un sitio donde no había nada que hacer y en el que se moría de asco mientras se desahogaba escribiendo poesía y escuchando a los clásicos del rock and roll.

Patti Smith tenía sus propios héroes, todos eran hombres. De Rimbaud a Hendrix, Dylan, los Stones o Baudelaire. No había mujeres en las que fijarse, en las que querer convertirse. Al final, si no tienes referentes te agarras a lo que tienes a mano. Los hombres podían hacer cosas que las mujeres parecían no poder alcanzar, así que mejor identificarse con ellos. La vida interesante era la suya. Pocas figuras femeninas le podían servir de inspiración. La expulsaron del instituto tras quedarse embarazada, muy generoso y educativo. Dio al bebé en adopción. Poco después empezó a trabajar en una fábrica y con lo que ahorró decidió mudarse a la gran ciudad en busca de su propia senda. Su primera intención era ser artista, poeta. Allí conoció también al que sería su gran amigo y cómplice, el fotógrafo Robert Mapplethorpe. Vivían en el famoso Che-

Patti Smith

Isea Hotel, epicentro cultural en el que todo artista que pisara la ciudad se encontraba alguna vez. Por aquellos días, ambos empezaron a presentarse en la puerta del club Max's Kansas City. No los dejaban entrar, pero ellos se sentaban en frente, desafiantes. Llegaría su momento. Con actitud, más que muchos de los que sí podían entrar, sin duda.

Fue entonces cuando se cruzó en su camino el guitarrista, crítico de rock y dependiente de tienda de discos Lenny Kaye. Su inseparable cómplice musical desde entonces. La primera vez que actuaron juntos fue para su recital en la iglesia de St. Mark de febrero de 1971. Ella recitando y él a la guitarra. Continuaron actuando juntos en el propio Max's Kansas City o en el Mercer Arts Center y, cuando este cerró en 1974, en el CBGB. Durante ese tiempo, Smith escribía crítica musical para *Cream* y *Rock* e incluso coescribió e interpretó una obra de teatro, *Cowboy Mouth* junto a Sam Shepard. Su fama como poeta crecía. Cuando el CBGB and OMFUG («Country, Bluegrass, and Blues and Other Music for Urban Gourmets», por si alguien se pregunta por el significado de las letras) abrió sus puertas, Smith se convirtió rápidamente en habitual. Kaye y Smith fortalecieron su relación musical añadiendo al pianista Richard Sohl en 1973. Al principio Smith solo recitaba pero la publicista Jane Friedman le sugirió que cantara. Después de eso, se convirtió en su mánager.

En 1974 el grupo grababa su primer single. «Hey Joe» un monólogo sobre Patty Hearst en una cara y en la otra «Piss Factory», donde Smith rememoraba de forma descarnada su trabajo encadenado al horario de una fábrica. Tom Verlaine de Television puso las guitarras en esa ocasión. Busquemos el single entre nuestras estanterías. Está publicado por Mer, el sello de Lenny Kaye y el propio Mapplethorpe. Lo ponemos en el plato, Patti nos canta sobre el calor asfixiante, el trabajo agotador y alienante de la fábrica. Acompañada del piano de Sohl y las guitarras de Kaye y Verlaine. Nos canta sobre cómo este trabajo no va nunca a matar sus aspiraciones y sus deseos: «Nunca me desmayaré. Se ríen y esperan que me desmaye, pero nunca me desmayaré. Me niego a perder, me niego a caerme». Y más adelante: «Tengo algo que esconder llamado deseo. Y saldré de aquí». Para finalizar: «Voy a coger ese tren e ir a Nueva York. Voy a ser alguien. Voy a ser tan mala que voy a ser una gran estrella y nunca volveré. Nunca volveré, no. Nunca volveré para quemar esta fábrica de pis».

Posteriormente, se unieron a la banda Ivan Kral al bajo y el batería Jay Dee Daugherty. Fue entonces cuando tocaron por primera vez en el CBGB teloneando a Television. Hilly Kristal, el dueño de la sala lo vio claro. El éxito fue espectacular y durante dos meses Patti Smith y su grupo fueron la banda de la sala. Había nacido el Patti Smith Group. Una de las razones por las que sus actuaciones eran tan espectaculares era por la presencia escénica de Smith. Ser mujer era totalmente irrelevante para su arte, su androginia le daba la libertad que otras mujeres no tenían para expresar su sexualidad sin ser objetivizada sexualmente por los hombres. Encima del escenario, Smith encarnaba el poder del rock de una forma que ningún hombre antes había hecho, ni ninguna mujer. Sus audiencias eran una mezcla de punks, artistas, escritores y *celebrities*. Consiguiendo atraer a un público tan diferente como heterogéneo. Entre los asistentes de una de sus cuatro noches a la semana en el CBGB estuvo Clive Davis de Arista, que les ofreció un contrato discográfico.

Y entonces llegó *Horses*

Horses se publicó en 1975 y estaba producido por otro monstruo musical a la altura de Patti Smith y los suyos, John Cale. Cojamos una copia del mismo, en portada por supuesto, la imagen andrógina de Patti Smith fotografiada por Mapplethorpe, con su camisa blanca, corbata masculina desabrochada, la chaqueta sobre el hombro y la mirada que nos observa serena y segura de sí misma. Un trabajo redondo que mezcla canciones originales, spoken word, relatos experimentales y versiones de temas como «Gloria». Adaptación de un clásico de Van Morrison, transformado por completo por Smith y su grupo. «Gloria» habla de una mujer, es una canción escrita por un hombre a su musa, su objeto de deseo y que Patti transforma por completo, la hace suya. Empieza la canción con un: «Jesús murió por los pecados de alguien pero no los míos», toda una declaración de principios. En este tema escuchamos una jam, como empezó la canción según Kaye, en la que la banda toca y Smith recita, musita, canta y entra en trance mientras embelesa a su público. Este disco se convirtió en un éxito de crítica y de público. Un trabajo que impactó en el rock de una manera que jamás se habían imaginado.

Por supuesto, tuvo también malas críticas. Algunos la alababan como el gran descubrimiento del rock, otros como un *bluff* pretencioso por su mención como referentes a poetas como Rimbaud o Baudelaire. Por lo visto, una mujer que citaba a poetas como ídolos era una pedante. Pero había críticos que se alegraban de verla en directo tanto que incluso alababan ver a una mujer escupir sobre el escenario. Algo que he escuchado en innumerables ocasiones mencionar, sobre todo a hombres, con desprecio sobre ella, no sobre otros artistas hombres que hacen lo mismo. Sus actuaciones en directo eran pura transfiguración mística, una hipnosis de voces, música y recitado. Un trance sonoro en el que el público se veía arrastrado con gusto. Pocos artistas, no digamos mujeres, habían causado tal frenesí sobre el escenario. Y aún lo sigue haciendo. En sus canciones habla de alienación como en «Birdland», basado en *A Book of Dreams* de 1973, las memorias del psicoanalista austríaco radical Wilhelm Reich escritas por su hijo Peter a través de su visión de niñez. La radical propuesta de Reich afirmaba que los sueños y la realidad eran indistinguibles. En la canción Smith repite: «No eres humano», «No soy humana», «No somos humanos». Algo que ya sentía en su niñez en Nueva Jersey o en aquella fábrica maldita donde sentía que no encajaba, alguien que no encontraba su sitio, desconectada de una realidad que era todo lo contrario a lo que ella misma representaba.

En 1976 llegó su segundo disco *Radio Ethiopia,* con algunas de sus canciones más rockeras pero también más experimentales. La crítica no recibió este disco con la misma alegría que *Horses*. Algunos calificaban la canción que da título al mismo como 10 minutos de ruido. En cambio, otros afirmaban no haber escuchado nada igual. Cuando sonaba en los conciertos, la consideraban el peor momento. Años después Smith se disculpaba por haberla escrito. No hacía falta, es una maravilla sonora impredecible y arriesgada. Mientras, en canciones como «Pissing in a River» hacía de mear en un río una potente metáfora del amor perdido. Sin embargo, en 1977 la suerte no la acompañó, se cayó del escenario durante un concierto en Florida rompiéndose dos vértebras del cuello. Alejada de los escenarios, mientras se recuperaba, escribió el poemario *Babel*. Imposible estarse quieta y más en plena efervescencia del punk.

En 1978 volvió recuperada a la música con *Easter*, ¿puede una resurrección tener mejor título? Un disco más accesible que curiosamente le dio su primer éxito en las listas radiofónicas: «Because the Night», un tema coescrito con Bruce Springsteen. Coincidieron en el mismo estudio mientras el Boss grababa *Darkness on the Age of Town*. A pesar de ser una figura de culto y una de las grandes voces del rock, Patti Smith solo ha tenido un hit y es este. Algunos la acusaron de venderse por tener éxito, como si tenerlo o no tenerlo fuese algo que uno elige. Springsteen le dio la música que creía que encajaba con su voz, Smith escribió la letra mientras esperaba una llamada de su pareja Fred «Sonic» Smith, que vivía por aquel entonces en Detroit. Los teléfonos en aquella época eran otra historia, no existían los móviles y llamar no era precisamente barato. Así que una llamada de teléfono era algo excepcional que se esperaba con ansia y si era de alguien a quien querías, más aún. Sacamos el single de la estantería que contiene las obras de Smith. En la portada de nuevo, nos mira segura mientras nos canta aquello de que la noche pertenece a los amantes, nos pertenece a nosotros. «El deseo es hambre, es el fuego que respiro. El amor es el banquete en el que nos alimentamos». Pura poesía.

Las canciones de Patti Smith siempre han tenido un componente provocador. Uno de los temas de *Easter* quizás es la más provocadora de todas ellas. «Rock N Roll Nigger» nos habla de los *outsiders* de la sociedad, aquellos que se atreven a desafiar y romper con lo establecido. Canta Smith: «Fuera de la sociedad, ahí es donde quiero estar». En esta canción la palabra *negro* se usa de una forma admirativa describiendo a rebeldes, gente fuera de la sociedad, rompedores como Hendrix o como Jesucristo. Evidentemente, gracias a esa misma palabra, la canción no recibió ningún tipo de emisión radiofónica. Algunos críticos se lanzaron a la yugular contra Smith, afirmando que no entendía las connotaciones de usar esa palabra, pero está claro que las entendía perfectamente y con ella se identificaba.

Todd Rundgren produjo su siguiente disco en 1979, *Wave*. En él hablaba de su relación con el guitarrista de MC5 Fred «Sonic» Smith, se casaron en 1980. Poco después, Smith se retiró cerca de Detroit para dedicarse a sus dos hijos y su familia. Lo que no dejó de hacer es escribir poesía. Smith se ha quejado en varias entrevistas de cómo la prensa veía su retiro. Asumían que no había hecho nada durante ese tiempo como si criar a sus hijos no fuera nada. Otro de los grandes desprecios de la sociedad hacia la mujer. Un trabajo como el de criar y educar a los niños es muchas veces considerado como algo poco importante. Manda ovarios. Cuando una mujer se retira para cuidar de su familia es criticada, cuando no lo hace y sigue su carrera, también.

No volvió a la música hasta 1988 con *Dream of Life,* un trabajo coescrito con su marido. Él también tocaba la guitarra en el disco que contenía otro de los himnos de Smith «People Have the Power», un clásico del rock que compusieron juntos. Fue también su primer álbum sin Lenny Kaye. Los años que siguieron fueron los más duros de su vida. En 1989 murió su gran amigo Mapplethorpe, en 1990 su pianista Richard Sohl y en 1994, con apenas un mes de diferencia, su hermano Todd y su marido. Sin apenas tiempo para llorar a sus seres queridos, la vida la había golpeado duramente, la música fue su salvación y su terapia.

En 1996 reformó de nuevo el Patti Smith Group con Kaye, Dauherty, Tony Shanahan y Oliver Ray. Tras algunos conciertos, publicó *Gone Again.* Canciones de amor y de perdida en las que volvía a desfogarse. Un disco que contaba con colaboraciones de Tom Verlaine, John Cale y Jeff Buckley y con el que Patti Smith volvió a conectar con el público, con el que aún hoy sigue conectando. Ella es la prueba de que la edad no importa, que puedes llegar con tus canciones a todo tipo de público. Sus actuaciones se han convertido en algo legendario. Su nombre es sinónimo de rebeldía, de compromiso, de perseverancia, de fuerza de carácter. Pocas mujeres que se dediquen al rock no la mencionarán como una de sus grandes influencias. Su increíble creatividad y sus constantes giras demuestran que es una de los grandes artistas del rock. Recomiendo encarecidamente, no solo escuchar su música sino leer sus libros, sobre todo sus particulares memorias. En 2010 editó su excelente libro *Just Kids*, relato exquisito de su vida junto a Mapplethorpe. Y *M Train* apareció en 2016 sobre su vida en constante movimiento. En 2017 salió a la luz *Devotion* sobre sus razones para escribir. Indispensable para conocer la figura imprescindible de esta leyenda viva del rock, escritora, poeta, periodista, cantante, compositora. Artista.

Nueva York, la explosión punk

En la escena punk inglesa, como veremos más adelante, los grupos femeninos abundaban y las mujeres encontraron una forma nueva de expresarse como tales. En EE. UU., en cambio, el punk tenía muchas menos mujeres protagonistas. Las que lo eran, sobre todo como miembros de bandas mixtas y como instrumentistas. Parecían ser tratadas como iguales y no se solía prestar tanta atención a su género, pero tampoco eran la voz cantante y eso quizás las salvó del escrutinio al que eran sometidas otras. Algo que sí sufrirían cantantes como Debbie Harry, de la que hablaremos más adelante. Un buen ejemplo de esto que os comentaba antes son bandas como los Cramps o Talking Heads, ambas con mujeres en sus filas. Seguimos en Nueva York, aún tenemos mucho de lo que hablar antes de saltar a la soleada California. Muchos parecen olvidarse de los Cramps cuando se habla de la historia del punk, pero lo cierto es que estaban ahí, hacían algo único, un punk bañado de psychobilly, pero punk al fin y al cabo. Un mezcla de música de los cincuenta y los setenta plagada de referencias pulp, pelis de serie B, cómics y la cultura estadounidense más underground. Probablemente, los críticos lo tuvieron difícil para encasillarlos cuando aparecieron a mediados de los setenta con su personal y alocada propuesta.

La irreverencia de The Cramps

The Cramps lo formaron Kristy Wallace, más conocida como Poison Ivy Rorschach y su inseparable Erick Purkhiser, más conocido como Lux Interior. Se conocieron en Sacramento, donde nació Wallace. Purkhiser la recogió en su coche mientras hacía autoestop del campus en el que ambos estudiaban arte. Adoraban las pelis de serie B y el rock and roll clásico de los años cincuenta. Congeniaron desde el primer momento. Ella lo había visto por el campus vestir pantalones con una pierna de cada color y eso le llamó la atención. No se separaron desde entonces. Así que Kristy se mudó a Cleveland en Ohio, de donde era originario Erick. Pero esta ciudad no parecía ofrecerles todo lo que querían y ansiaban. Y menos, poder formar una banda. Escuchaban música del sur. Y por suerte para ellos, muchos habitantes del sur del país se trasladaban al norte en busca de mejores trabajos y por el camino abandonaban sus maravillosas colecciones

de 45" que ambos se apresuraban a adoptar encantados. Así que mezclaron esas influencias con las bandas actuales que les gustaban: los Stooges o los New York Dolls. Decidieron plantarse en Nueva York en 1974 donde el CBGB estaba empezando a florecer, en busca de un futuro mejor alejado de trabajos aburridos y vidas anodinas.

Allí conocieron a Bryan Gregory, por aquel entonces se llamaba Greg Beckerleg y era compañero de Lux Interior en la tienda de discos en la que trabajaban. Él se encargó de la guitarra junto a Poison Ivy mientras Lux Interior se hizo con las voces y Miriam Linna a la batería, tras una breve participación de la hermana de Beckerleg. Aunque pronto fue sustituida por Nick Knox. No querían formar una banda demasiado numerosa, así que como ya eran bastante rítmicos, decidieron prescindir del bajo. Debutaron en el CBGB en 1976 y sa-

Erick Purkhiser y Kristy Wallace

caron su primer single en 1978, con «Surfin' Bird» de The Trashmen en una cara y «The Way I Walk» en la otra. Publicado bajo su propio sello Vengeance Records y producido por el mismísimo Alex Chilton. Aunque Lux Interior era la voz cantante y la atención se centraba sobre todo en él, no hay duda de que Poison Ivy también atrajo la atención de los medios y no precisamente por su excelente forma de tocar la guitarra sino todo lo contrario. Evidentemente, también tuvo que oír esa frase tan condescendiente de: «tocas como un tío».

En 1978 la banda se trasladó a Los Ángeles. En Nueva York no encajaban con la estética de bandas como Television o Talking Heads, que en esos momentos dominaban la escena. Aunque llenaban las salas, no recibían la más mínima atención de la prensa. Después de abrir para las Runaways y recibir una muy buena acogida, decidieron probar suerte en el sur. La escena punk de Los Ángeles era mucho más ecléctica y una propuesta como la suya parecía encajar más. Firmaron con IRS para publicar en 1980 su primer y excelente disco *Songs the Lord Taught Us*, producido de nuevo por Chilton. Saquemos el disco de nuestras estanterías para escuchar su primer single «Garbageman». Empieza el aullido desaforado de Lux Interior a cantarnos aquello de: «No eres ningún punk, tú punk. ¿Quieres hablar de la basura verdadera? Si alguna vez me caigo, voy a ser prohibido porque soy tu hombre de la basura» y unas líneas más abajo se definen perfectamente: «Mitad hillbilly y mitad punk».

Diferentes problemas legales, primero con IRS y después con otros sellos, llevaron a la banda a autoeditar y así controlar todo su material. En eso The Cramps se aseguraron tener control sobre sus discos y canciones, reeditándolos a su gusto bajo su propio sello. Poison Ivy no solo componía e interpretaba las canciones de la banda sino que también se convirtió en productora y mánager de la misma. Aparte de escribir temas también para otros grupos.

Los Cramps fueron hasta su último suspiro, tras la muerte de sus dos fuerzas motoras, únicos. Primero en su mezcla única de rockabilly y punk pero también en su manera de destilarlo a través de la cultura estadounidense más retro y pulp. Además de romper tabús sobre género y sexualidad con sus actuaciones en directo, lo hacían con humor y una estética rompedora. Lux Interior con esa imagen andrógina y Poison Ivy todo lo contrario, exacerbando su femineidad y su sexualidad con una libertad que pocas mujeres han experimentado sobre el escenario. Poison Ivy y Lux Interior consiguieron con su música crear algo diferente. Una forma de expresarse totalmente ajena a lo que el público había visto hasta entonces. Poison Ivy además ha sido siempre un ejemplo de mujer independiente, a pesar de estar siempre asociada a su pareja. El rockabilly es un género muy machista, como ya os conté cuando os hablaba de Wanda Jackson, una mujer con una guitarra tocando rockabilly con la rabia del punk, sin duda, rompió muchos moldes.

El ritmo de los Talking Heads

El papel de Tina Weymouth en Talking Heads, sin embargo, fue bastante diferente. Siempre se mantuvo en un segundo plano. Weymouth creció en una familia de militares, viajando constantemente de una base a otra de su California natal a diferentes partes de los EE. UU. y Europa. Amante del folk, aprendió a tocar la guitarra de forma autodidacta a los catorce. Chris Frantz, Weymouth y David Byrne se conocieron en la escuela de diseño de Rhode Island donde formaron la banda de Artistics. Frantz a la batería, ella al bajo y Byrne a las voces. Justo antes de mudarse a Nueva York para transformarse en Talking Heads. Byrne reconoció que no estaba muy a favor de incluir a una chica en la banda, según le dijo a Caroline Coon en una entrevista para *Melody Maker*. De hecho, cuando firmaron con Sire Records la hizo volver a pasar una audición para quedarse según explica Gillian G. Garr en su libro *She's a Rebel*. Ay, mr. Byrne, menos mal que ha cambiado usted de parecer y nos ha regalado discos excelentes junto a grandes mujeres como el que hizo con St. Vincent.

A principios de 1975 tocaron por primera vez en el CBGB abriendo para los Ramones. Desde luego su propuesta frente a la de los Ramones debía chocar. Con su

Tina Weymouth

«rock literario», como algunos críticos lo calificaron, con las letras llenas de ironía de Byrne, su forma sincopada de cantar, el ritmo que marcaba el bajo de Weymouth y la imagen de niños buenos que debían transmitir. Todo ello ayudó a crear su leyenda. Añadieron a la ecuación al guitarrista y teclista Jerry Harrison. El trabajo de Weymouth al bajo era hipnótico y atrayente, convirtiéndose en un pilar fundamental de la música de la banda. Su primer álbum *Talking Heads: 77* incluía uno de sus clásicos, «Psycho Killer». Una canción que la banda nunca pensó que se convertiría en un éxito pero que lo fue. Byrne escribió la rítmica letra de esta canción inspirado por el Norman Bates de Hitchcock.

En 1978 publicaron *More Songs About Buildings and Food* producido por ellos mismos y Brian Eno y que incluía uno de sus primeros Top 40: la versión del «Take Me to the River» de Al Green. *Fear of Music* llegó en 1979 y un año después *Remain in the Light*.

Frantz y Weymouth se casaron en 1977 y emprendieron un proyecto paralelo, The Tom Tom Club con el que firmaron en 1981 en Island Records. Weymouth como vocalista esta vez, tomando un protagonismo que no tenía en Talking Heads. Un grupo que además les ayudó a mantenerse activos durante los periodos en los que el resto de miembros de la banda se lanzaron también en sus proyectos en solitario. Las hermanas de Weymouth, Lani y Laura, añadieron también sus voces, haciendo que la de Tina sonase doblada o triplicada. En sus temas avanzaban los sonidos más rítmicos que anunciaban el rap que recién florecía en las calles de Nueva York. Su primer single fue la innovadora «Wordy Rappinghood». La canción cuestionaba el valor de las palabras y de cómo se pueden manipular y transformar. En ella se preguntan si las palabras merecen la pena. La música es puro groove. «Genius of Love» es otro buen ejemplo de ello. El tema ha sido «sampleado» en incontables ocasiones. Y se convirtió en un mayor éxito que los propios temas de Talking Heads, a los que telonearon cuando una vez la banda volvió a reunirse. Incluso tocaron «Genius of Love» en su directo en DVD *Stop Making Sense*.

En 1983 Talking Heads lanzaron el disco que marcaría un antes y un después en la carrera de la banda, *Speaking in Tongues*, gracias sobre todo al single «Burning Down the House». El vídeo de esta canción se pasó hasta la saciedad por la MTV, convirtiéndolo en el mayor hit de la banda. Un tema compuesto por Weymouth y Frantz en una *jam* después de que éste último asistiese a un concierto de P-Funk en el que el público pedía a gritos que quemasen la casa. La letra se compuso después para adaptarse al ritmo desenfrenado de la canción, quizás por eso no tiene demasiado sentido si te pones a analizarla. «¡Todo mojado! Ey, puede que necesites un impermeable. ¡Chantaje! Sueños caminando en plena luz del día. Trescientos sesenta y cinco grados. Quemando la casa». Pues eso. Después de un par de discos más, la banda se separó en 1994. Aunque tanto Frantz como Weymouth han seguido su carrera como Tom Tom Club.

Tina Weymouth ha representado un tipo de mujer totalmente diferente. Uno en el que el sexo no es la marca de la casa, uno en el que el hecho de ser mujer puede pasar inadvertido y en el que se la ve como un miembro más de la banda. El de una mujer que aprendió a tocar de forma autodidacta, que compone y que canta, que tiene éxito sin que su sexualidad sea destacada por encima de todo lo demás. Una *rara avis*.

La New Wave de Blondie

Mucha gente dirá ahora que Blondie no hacían punk pero lo cierto es que el grupo nació en Nueva York dentro del movimiento. En sus conciertos compartían salas y público con bandas como los Ramones. Ha sido posteriormente cuando se les ha puesto la etiqueta de new wave o punk pop. Con su música, la banda creó una mezcla heredera de las melodías de los sesenta del Brill Building y las nuevas sonoridades del punk. El papel de Debbie Harry como líder de la banda rompía convenciones, no solo por el tipo de música que componía sino también por la presencia y actitud agresiva de la cantante, algo poco usual en una mujer sobre el escenario y fuera de él.

Angela Tremble nació en 1945 en Miami pero fue adoptada a los tres meses por Catherine y Richard Smith con los que se crio en los aburridos suburbios de Nueva Jersey. En 1965 decidió largarse de allí a la gran ciudad y aterrizó en una Nueva York efervescente de cultura y vida nocturna. Empezó su carrera musical en la banda de folk rock Wind in the Willows, aunque solo publicaron un disco homónimo para Capitol en 1968. El grupo se separó en breve y sin éxito alguno. Durante aquellos años Harry hizo innumerables trabajos para sobrevivir, de conejita de Playboy a camarera en el Max's Kansas City. Hasta que en 1973 se cruzó con Chris Stein. En aquel entonces Harry cantaba con el trío femenino The Stilettos y empezaba a componer temas como «I Want to Be a Platinum Blonde». Stein se unió al grupo como guitarrista,

Debbie Harry

Blondie

pero pronto Harry y él decidieron montar su propia banda junto al bajista Gary Valentine, James Destri al teclado y Clement Burke a la batería. La banda se curtió en los escenarios del CBGB durante seis meses.

En 1976 firmaron con Private Stock y publicaron su primer disco homónimo aunque con poco éxito, incluía el single «X-Offender». Sacamos el disco de nuestras estanterías para escucharlo. Es la primera canción de la cara A y nos habla de una prostituta detenida. En la letra, Harry canta: «Defensor público, tienes que admitir que quieres el amor de una delincuente sexual». Aunque la letra la compuso el bajista Gary Valentine, después de ser acusado de violación cuando dejó embarazada a su novia menor, Harry la cambió para convertir a la protagonista en femenina y en prostituta. Una letra poco convencional, y menos cantada por una mujer que además lo hacía de una forma agresiva. Una presencia así sobre el escenario no era algo habitual. Las mujeres que cantaban no tenían la actitud desenfadada que Harry poseía. Gracias al punk muchas otras mujeres pudieron experimentarlo por primera vez. Una liberación, sin duda.

En 1977 ficharon con el sello Chrysalis, Valentine dejaba la banda y editaron *Plastic Letters*. Sus discos triunfaban en Inglaterra, pero en EE. UU. parecía que no existían en la radio. A pesar de ello, tocaban incansablemente en la escena de Nueva York. Pero fue en 1978 y con *Parallel Lines*, producido por Mike Chapman, cuando la banda logró despegar verdaderamente llegando al número uno. Además añadieron dos nuevos miembros, Nigel Harrison y Frank Infante. Este fue el disco que abrió las puertas del éxito al movimiento new wave que evolucionó desde el punk, sobre todo con singles como «Heart of Glass».

La llamada new wave surgió a finales de la década y mezclaba la música de los sesenta con ritmos funk, reggae y sintetizadores. Pero vamos a comprobarlo escuchando a Blondie. Sacamos el disco de su funda, en ella aparece la banda al completo sobre un fondo de líneas paralelas en blanco y negro, ellos vestidos con traje negro y camisa blanca, ella con vestido blanco. En contraste. Aunque destacaba sobre los demás, Blondie siempre fue una banda, no la banda de Debbie Harry. Escuchamos el single, una canción que Harry y Stein escribieron juntos y que narraba la historia de un *stalker* que perseguía a Harry. Una historia de amor que acaba mal, pero que muestra a una mujer fuerte que logra seguir adelante. Una mezcla de punk y disco que sin duda molestó a más de uno. En aquella época, la música disco no era algo *cool* así que en su entorno no fue bien recibida. A ellos les divertía y les dio igual, más cuando obtuvieron un gran éxito con ella.

Por supuesto, el hecho de ser una mujer en una banda de hombres hizo que recayera más atención sobre ella que en el resto del grupo. Más con la actitud provocativa y agresiva de Harry sobre el escenario. Los medios se cebaban y Chrysalis no perdía el tiempo. En una campaña de promoción sobre el single «Rip Her to Shreds» lo anunciaban con una imagen de la cantante y el eslogan: «¿No te gustaría romperla a pedazos? (Wouldn't You Like to Rip Her to Shreds?)». Y en otro anuncio, «Merece la pena cada centímetro» bajo una imagen de Harry vestida con un traje con estampado de leopardo. Al primer mánager de la banda se le ocurrió la estupenda idea de acuñar el eslogan: «Blondie is a band» haciendo que aún se remarcase más el papel de Harry en el grupo. Su representación como mujer sexy además ocultaba su talento como compositora, la mayor parte de los grandes éxitos del grupo están coescritos por ella. Aunque siempre acabaran destacando más sus actuaciones o su apariencia sexy que su papel como compositora de canciones como «Heart of Glass», «Call Me» y «One Way or Another», entre otras. Este remarcar la figura de Harry como mujer pasó factura a la banda que no se cansaba de tener que justificar que eran una banda y no Debbie Harry y compañía. Los titulares de la prensa de la época eran para verlos, la llamaban «Bombshell» o «Nymphette», entre otros apelativos cariñosos.

Su siguiente disco, *Eat to the Beat* de 1979, no alcanzó las cotas de *Parallel Lines*, pero «Call Me», canción incluida en la banda sonora de *American Gigolo*, consiguió colarse de nuevo en el número 1. Le siguieron otros dos números 1 con tintes reggae «The Tide Is Hide» y «Rapture» de su disco *AutoAmerican* de 1980. «Rapture» fue una de las primeras canciones que introdujo el rap entre las grandes audiencias, fruto de la pasión de Harry y Stein por la cultura del *graffiti* de Nueva York. Parecido a lo que hicieron también por aquel entonces las canciones de Tom Tom Club que os comentaba antes. Ese mismo año, Harry publicó su primer disco en solitario *KooKoo*, un trabajo menos accesible que sus discos con Blondie. Seguro que ahí nadie le preguntaba sobre cómo era ser mujer en una banda.

Tras publicar *The Hunter* en 1983, Blondie se separaron. Chris Stein, afectado de pénfigo estuvo tres años fuera de combate y Harry se retiró para cuidar a su pareja. Pasarían cinco años antes de que volviera a cantar. Y aunque publicó en 1986 *Rockbird*, aquellos años se dedicó más a su carrera como actriz. Incluso participó en la alocada *Hairspray* de John Waters. Tras publicar varios discos en solitario, podía disfrutar de su estatus de estrella de culto y de su floreciente carrera cinematográfica. También giró con la banda de jazz de vanguardia The Jazz Passengers. En 1999 Blondie volvieron a reunirse para una gira y la edición de su primer disco en 17 años, *No Exit*. Un gran éxito gracias al single «Maria» que supuso un redescubrimiento para la banda por parte de las nuevas generaciones amantes del rock. Tres años después publicaban *The Curse of Blondie*. En 2007 Debbie Harry editó su último disco en solitario *Necessary Evil*. Y ahí siguen en activo. Ahora por fin parece que Debbie Harry ha dejado atrás el san benito de «rubia tonta» que se suele colgar a todas las chicas guapas y rubias que tienen éxito. Han hecho falta décadas para que la prensa le dé el justo lugar que se merece como mujer fuerte y pionera de toda una generación de rockeras que vinieron después de ella.

Los Pretenders de Chrissie Hynde

Los mismos problemas que tenía Debbie Harry para que no se centrase la atención sobre ella los tuvo Chrissie Hynde. Aunque ésta última ha conseguido que se hagan realidad. A pesar de que Pretenders siempre se han considerado una banda, Chrissie Hynde ha sido la indiscutible líder del grupo. Casi podría decirse que Pretenders es ella, ya que junto con el batería son los únicos miembros originales que siguen en la misma. Natural de Akron, Ohio, Chrissie Hynde descubrió el rock gracias a la radio a la que se pasaba horas pegada. Aprendió a tocar el ukelele y después la guitarra. Estudió en la universidad durante tres años pero aquello no la convencía, así que decidió que lo suyo era la música y que Inglaterra era el lugar ideal para formar un grupo. En 1973 se mudó a Londres. Pasar de la América profunda a la revolucionaria Londres de los setenta debió de ser un shock. Pero eso era lo que estaba buscando. Trabajó como camarera para ganarse la vida, hasta que Nick Kent la ayudó a conseguir trabajo como periodista para la revista *NME*. Escribir de música no acabó de convencerla. Ella quería ser esa música. Así que lo dejó para trabajar en la tienda de ropa SEX de Vivienne Westwood y Malcolm McLaren, uno de los puntos claves del nacimiento del punk.

Aunque tocó en varias bandas durante su estancia en Londres y en The Frenchies, en una corta estancia en París, no acababa de encontrar su sitio. Volvió a los Estados Unidos en 1975 pero un año después ya estaba de vuelta en el país de su graciosa majestad. Allí formó una banda junto a Mick Jones, que más tarde formaría The Clash y otra junto a Dave Vanian y Rat Scabies antes de que estos formaran The Damned. Ninguna llegó a buen puerto. Seguía sin encontrar a su banda, a los músicos con los que sentirse a gusto y trabajar sus canciones. Su actitud aguerrida también parecía asustarlos.

Por fin en 1978 Hynde encontró a los músicos que tanto le había costado descubrir y así nacieron Pretenders. La acompañaban el guitarrista James Honeyman-Scott, el bajista Pete Farndon y el batería Martin Chambers. The Pretenders consiguió un mánager, Dave Hill, que acababa de fundar su sello Real Records y publicó su primer disco.

Pretenders

Nick Lowe produjo su primer single con la versión de «Stop Your Sobbing» de los Kinks por una cara y la original «The Wait» por la otra. Ray Davies la escribió hablando de la novia que tenía entonces y de como su forma de llorar la hacía sentirse culpable. En la voz de una mujer fuerte como Hynde cantándole: «Hay una cosa que tienes que hacer para que siga queriéndote, parar de sollozar ahora», tenía que ser bastante fuerte. La canción llegó al top 30 en Inglaterra, donde la banda se ganó una reputación a fuerza de tocar. Hynde y los suyos mezclaban el pop y el rock con habilidad. Su siguiente single «Kid» también fue un éxito en Inglaterra. Pero realmente fue con «Brass in Pocket» con el que la banda despegó. Una canción que a Hynde nunca le gustó y que en un principio no quiso grabar.

En 1980 publicaron su primer álbum *The Pretenders*, un disco que se convirtió en un éxito inmediato gracias precisamente a «Brass in Pocket». El rock accesible de la banda se alejaba del punk del que habían nacido, pero destacaba sobre todo la presencia de Hynde. Dura y directa, se notaba que a pesar de ser una banda, ella era la que mandaba, la líder natural del grupo. Pero no solo como cantante y compositora sino también como instrumentista. Era una de las pocas mujeres de la época que no solamente cantaba sino que tocaba la guitarra. Hynde incluso rompió clichés en cuanto a la maternidad. Su banda siguió funcionando cuando se convirtió en madre. No solía suceder entre las mujeres que se dedicaban a la música, ya que se veían obligadas a dejar su carrera de lado durante unos años tras convertirse en madres.

Chrissie Hynde

La banda despegaba pero también empezaron los primeros problemas. Disputas contractuales retrasaron su segundo disco *Pretenders II*. Hynde despidió a Pete Farndon por sus problemas con las drogas. Moría poco después. Igual que Honeyman-Scott moría de un ataque al corazón por una sobredosis. Un mazazo para Hynde. Dos de los pilares de la banda se iban. A pesar de ello, fue capaz de llevar su proyecto adelante. En 1983 publicaron *Learning to Crawl*, el disco que consagró a The Pretenders. En aquella época su hija estaba aprendiendo a gatear, de ahí el título del disco. Con «Back on The Chain Gang» consiguieron su mayor éxito en EE. UU. Un sentido homenaje a Honeyman-Scott. Sacamos el disco de su funda y lo ponemos en el tocadiscos: «Los poderes que nos obligan a vivir como lo hacemos. Me ponen de rodillas. Cuando veo lo que te han hecho. Pero moriré mientras estoy aquí hoy. Sabiendo que en el fondo de mi corazón. Ellos caerán en la ruina un día. Por hacernos partícipes».

Con los cambios en la formación, la cantante se afianzó cada vez más como líder de la banda. Ella era y es Pretenders. En 1986 publicaron *Get Close* con otro de sus grandes éxitos «Don't Get Me Wrong». Una historia de amor contada desde el punto de vista femenino en la que Hynde usa metáforas del tiempo para mostrar sus diferentes estados de ánimo. Hynde hizo también sus primeros pinitos fuera de la banda junto a UB40 con las canciones «I Got You Babe» y «Breakfast in Bed». Pero no fue hasta 2014 cuando decidió dar el salto en solitario, publicando *Stockholm*. Curiosamente, es el único disco en el que en vez de escribir los temas ella sola colaboraba con otra persona, Björn Yttling, de la banda sueca de pop Peter Bjorn and John.

Pretenders siguen haciendo giras, en sus conciertos, Chrissie Hynde es la jefa. Y es muy jefa. Con su guitarra eléctrica, con una actitud dura y desenfadada, ha conseguido el respeto que siempre se mereció. Muchas mujeres que la vieron sobre el escenario, decidieron seguir sus pasos. Ella no tuvo esos referentes. Pero siempre quiso tener su propia banda y lo consiguió. En lo que no ha sido ejemplo precisamente es en sus afirmaciones: desde que el machismo en el rock es un mito, hasta que las mujeres que son violadas se lo buscan. Ella lo fue cuando tenía 21 años y afirma en su autobiografía que fue culpa suya. Numerosas asociaciones de víctimas pusieron el grito en el cielo al leerlo y no es de extrañar. La culpa es del violador, señora Hynde. La culpa siempre es del violador. Aunque no es de extrañar que haga estas afirmaciones, siempre ha dicho lo que le ha dado la gana, sin importarle un bledo lo que piensen los demás.

Wendy O. Williams y sus Plasmatics

A quién nunca le importó que la atención recayera en su persona sino todo lo contrario fue a Wendy O. Williams. La reina del Shock Rock revolucionó los escenarios como cantante de los Plasmatics y su mezcla de rock y elementos teatrales. Si el punk erizaba el pelo de las mentes bien pensantes, lo que hacían los Plasmatics les quitaba el sueño y cosas peores. Sus desenfrenadas actuaciones podían incluir la destrucción de equipo y televisores con motosierras o martillos. Siempre a manos de su cantante que podía estar cubierta de crema de afeitar o cinta adhesiva sobre su cuerpo semidesnudo y que lucía su distintiva cresta mohicana. Plasmatics atacaban al corazón de Estados Unidos, a los tabús de una cultura que se las daba de liberal pero que era de un mojigato excesivo. Y además lo hacían con un rabioso punk y unos *riffs* de guitarra acelerados cercanos al metal, abriendo puertas al hardcore.

Wendy Orleans Williams nació en un suburbio en Rochester, Nueva York, pero estaba claro que aquello se le quedaba pequeño. Así que decidió marchar hacia la gran ciudad en busca de su sitio. En Nueva York respondió al anuncio de la revista *Showbusiness* para una audición en 1977, se buscaban «anti-artistas» para hacer teatro experimental. Allí conoció a Rod Swenson, el cofundador de la banda, su futura pareja y mánager de los Plasmatics. La fascinación que Williams ejercía y su presencia escénica hicieron de ella el centro alrededor del cual giraba el grupo. Para completar la formación se reclutó a la guitarra a Richie Stotts y Wes Beech, a Chosei Funahara al bajo y a Stu Deutsch a la batería. La banda pronto se hizo un nombre gracias a su potente directo. En cuanto se subieron al escenario no pararon de hablar de ellos. Su debut fue en 1978 en el mítico CBGB. Un año después ya tocaban a lo largo de la Costa Oeste y llenaban a reventar el New York Palladium, sin ni siquiera tener contrato discográfico. También quemaban coches en sus actuaciones, pero eso ya es otra historia. Evidentemente, conseguir un contrato era bastante difícil, con una banda tan explosiva como aquella, los sellos se acojonaban, literalmente. Por eso crearon su propio sello Vice Squad, aunque finalmente Stiff Records se dignó a publicar sus discos en Inglaterra en 1980 y en 1983 firmaron con Capitol. Pero estamos adelantando acontecimientos.

Stiff Records publicó su primer disco *New Hope for the Wretched*. Jean Beauvior sustituyó al bajo a Funahara. El contrato con Stiff les llevó a Londres de gira, aunque no pudieron actuar. Las autoridades cívicas habían prohibido su concierto por inmoral y anarquista. Aun así, en Estados Unidos llenaban salas y colgaban el cartel de no hay entradas. El disco, «una nueva esperanza para los miserables» como rezaba su título, fallaba en capturar lo que mejor se le daba a la banda: los directos. El grupo epataba en sus conciertos, pero no en este primer álbum. Y sobre el escenario no había duda que Williams era la que tomaba el mando, su voz gutural y su presencia escénica lo decían todo. Verla romper televisores con un martillo debía ser algo demencial. Ninguna mujer era capaz de provocar de la forma en la que ella lo hacía sobre el escenario. «Monkey Suit» o «Butcher Baby» fueron dos de sus clásicos surgidos de este disco y que en directo ganaban enteros.

No es de extrañar que los problemas les persiguieran. En su actuación del New York Palladium estrellaron un coche contra un muro de televisiones. En Milwaukee los detuvieron por escándalo público y la policía agredió físicamente a Williams. Algo que la

Wendy O. Williams

mayoría de las bandas punk sufrirían en Estados Unidos, las amables visitas de la policía dispuesta a suspender conciertos y agredir a los músicos a la mínima de cambio. De hecho, fueron detenidos en más ocasiones, aunque nunca acabaron en la cárcel. La imagen de Williams sobre el escenario medio desnuda y cubierta de crema de afeitar debía revolverles el estómago. Wendy O. Williams jugaba con su sexualidad, era sexual pero no de una forma marcada por la sociedad, no era un objeto para el disfrute visual de los hombres. Con su actitud desafiaba las convenciones establecidas de lo que una mujer podía o no podía ser sobre el escenario y fuera de él. Su actitud agresiva y destructora servía tanto para canalizar su rabia como para demostrar lo absurdo de la sociedad consumista, todas esas teles que disfrutaba tanto apaleando y haciendo añicos. De hecho, usaba sus apariciones en la televisión (bastante usuales por cierto, algo que criticaban los más puristas del punk) para denunciar esa explotación. Muchos la acusaban de usar su actitud como una estrategia para conseguir vender más, salir más en la televisión.

En 1981 publicaron *Beyond the Valley of 1984* y el EP *Metal Priestess* y en 1982 el que es considerado por muchos su mejor trabajo, *Coup d'Etat*. Un disco lleno de agresividad punk pero también de guitarras cercanas al heavy metal. En eso también se adelantó Williams. En la portada aparece con su característica cresta rubia sobre un tanque. Saquemos el disco de su funda para escucharlo en nuestro tocadiscos, escojamos una canción: «The Damned». En su vídeo, Williams aparece conduciendo un autobús escolar que atraviesa un muro de televisores en mitad del desierto. O subida encima del techo del mismo autobús cantando mientras este está en marcha. Evidentemente, el autobús al final explota. No podía faltar la explosión final. Las visiones oscuras que marcan la canción siguen hablándonos de una sociedad que nos consume: «La noche termina pero el sol no se levanta. Tumbas abiertas y los muertos se levantarán. El mercado negro compra tu alma muy barata. No escaparás, lo que siembras, vas a cosechar».

Fue entonces cuando Williams conoció a Lemmy, al que la uniría una gran amistad. Grabaron juntos el EP *Stand by Your Man* que firmaron como Wendy and Lemmy. La banda siguió publicando discos hasta que Williams decidió emprender carrera en solitario hasta que se retiró de la música en 1988. Sentía que no hacía suficiente para cambiar la sociedad, que con la música no bastaba. Dedicó los siguientes diez años a trabajar con animales, rehabilitándolos. Hasta que en 1998 se suicidó cerca de su casa en Connecticut. Alejada de todo y de todos, con una vida muy diferente. Se iba una mujer irrepetible. Pocas ha habido con la energía y la rabia que Wendy O. Williams mostró sobre el escenario.

Seattle antes del grunge: Fastbacks

Antes de dar el salto hacia la costa californiana y hacer un repaso a las bandas de punk que surgieron en los setenta y ochenta, sobre todo en la ciudad de Los Ángeles, hacemos parada y fonda en Seattle. La ciudad gris del noroeste del país fue la cuna del grunge en los noventa. Pero mucho antes de que Kurt Kobain y los suyos arrasaran con todo, Seattle ya había sido un hervidero musical. Una de las primeras bandas de la primera oleada de punk en la ciudad fueron Fastbacks, y no solamente como pioneros sino que han sobrevivido a lo largo de las décadas conservando la frescura de sus primeros días. Cosa harto difícil. Quizás esa falta de interés por las modas y continuar haciendo la música que querían hacer fue lo que los mantuvo 20 años sobre los escenarios. Fastbacks nacieron en Seattle cuando tres amigos del instituto: Kurt Bloch, Kim Warnick y Lulu Gargiulo decidieron formar una banda.

Gargiulo empezó a tocar la guitarra clásica con nueve años. Mientras Bloch y Warnick lo hicieron en el instituto. Aunque venían de inicios musicales diferentes, los tres encontraron en el punk, sobre todo en los Ramones, la música que verdaderamente querían tocar. Gargiulo fue a un concierto de una banda de punk que le pareció tan mala que quiso formar su propio grupo. Ella podía hacerlo mejor, pensó. Para ello reclutó a sus amigos. Kurt Bloch ya tocaba en los Cheaters con su hermano, mientras Kim Warnick tocaba el bajo en los Radios. La propuesta de Gargiulo les entusiasmó. Adoraban a los Ramones, pero también el pop de los sesenta y esa mezcla de influencias fue lo que dio forma a su sonido característico. Gargiulo no había tocado nunca rock pero se lanzó de lleno a ello, mientras Bloch aporreaba la batería y Warnick le daba al bajo. Un amigo común, Shannon Wood se hizo cargo de las voces, pero pronto dejó la banda y Kim se puso al frente de ella. Bloch cogió la guitarra temporalmente pero al final se quedaría en esa posición durante los 20 años de existencia de la banda. Mientras, irían alternando baterías a lo largo de su historia.

Aunque se formaron en 1979, no publicaron su primer disco hasta 1987. Eso no significa que estuvieran quietos, singles, EP y conciertos se sucedían uno tras otro. Lo cierto es que por aquel entonces no había demasiado movimiento punk en la ciudad. Solo había un club en los inicios donde bandas de punk podían tocar: el Bird. Si te gustaba el género ese era tu punto de encuentro. Pero de entre todos los grupos que pasaban por aquel escenario, había pocos referentes femeninos. Así que realmen-

Fastbacks

te, Gargiulo y Warnick fueron pioneras en la escena de Seattle. Su primer single fue «It's Your Birthday»/«You Can't Be Happy» que publicaron en 1981. En aquel primer 7", el batería era un quinceañero Duff Mc-Kagan que luego sería el bajista de Guns N'Roses. Kurt Bloch era el letrista de la banda. El hecho de que un hombre escribiera las canciones que una mujer interpretaba podría retraer a la época dorada de los girl groups, pero no hay duda de que las canciones de Bloch tenían la capacidad de saltar la barrera de género. Con la diferencia además de que tanto Warnick como Gargiulo eran miembros de pleno derecho en la banda y buenas instrumentistas, tanto al bajo como a la guitarra. Además, el grupo funcionaba como un conjunto perfecto en el que el famoso DIY, do it yourself, encajaba a la perfección.

Cojamos de la estantería correspondiente de nuestra discoteca este primer single, que representa muy bien el sonido característico del grupo. En la portada se ve el cuerpo de una guitarra. En la contraportada fotos de cada uno de los miembros de la banda junto a un amplificador y una guitarra. Ponemos la primera cara del single en nuestro tocadiscos para oír a Warnick cantar: «Adiós, sé que tus últimos años se han ido. ¿Crees que algo salió mal? El próximo año será una historia diferente. Tendrás la oportunidad de revivir la gloria. Por favor, pide un deseo, es tu cumpleaños». El futuro está ahí, el pasado se fue, aprovecha el momento para darte una segunda oportunidad.

The Fastbacks se convirtieron, a fuerza de conciertos, en todo un fenómeno local, su adictivo punk pop enganchaba desde la primera canción, pero no lograron dar el gran salto. Aun así, no paraban de dar conciertos y lograron ser teloneros de sus grandes ídolos, los Ramones. En 1987 sacaron su primer disco ...And His Orchestra con el sello Popllama. Ya habían publicado dos EP, Play Five of Their Favorites y Everyday is Saturday. En 1989 Bloch empezó a compaginar su trabajo en Fastbacks con su papel como guitarrista en Young Fresh Fellows y a producir a otras bandas. Mientras, Kim Warnick empezó a trabajar en Sub Pop, que posteriormente publicaría los discos de la banda y Gargiulo empezó a trabajar como documentalista. El hecho de no despegar hacía que necesitaran mantener trabajos diarios para ganarse la vida. El mundo cambió cuando el grunge aterrizó en Seattle y la música se transformó. Lo bueno que tuvo el grunge para Fastbacks fue que empezaron a recibir atención de otras partes de EE. UU. De repente todo el mundo se interesaba por las bandas de Seattle y a ellos también les tocó su parte del pastel. Las discográficas buscaban grupos de la ciudad de debajo de las piedras. Querían emular el éxito de Nirvana. Ya se sabe, el dinero llama al dinero.

Sub Pop sacó un recopilatorio de la banda en 1989 The Question Is No. Fue el primer disco de Fastbacks que realmente llegó a la prensa y al público fuera de las fronteras de la ciudad y alrededores. Se convirtieron en una banda de culto a nivel nacional. Tras este disco, publicaron quizás su mejor trabajo, *Zücker* con canciones como «Believe Me Never» o «Gone to the Moon». Pero lo que verdaderamente les dio visibilidad fue que sus compañeros de Seattle fueran sus mejores fans. Bandas como Mudhoney y Pearl Jam se los llevaban de gira. Eddie Vedder los adoraba y clamaba su maestría. Recorrían el mundo y tocaban ante miles de personas acompañándolos. Y luego volvían a su realidad de banda local. No acabaron de despegar ni llegar a las masas. Siguieron tocando y girando por su cuenta hasta que en 2002 Warnick decidió que quería escribir sus propias canciones y dejó la banda.

L.A. is a *lady*, el punk de la escena angelina

Mientras en Nueva York el punk nacía de inquietudes artísticas, en Los Ángeles la rabia surgía de la incomprensión, del aburrimiento, de unos jóvenes rebeldes que buscaban una forma de expresar lo que sentían y que encontraron en el punk a su mejor aliado. The Germs fueron un buen ejemplo de ello. Al servicio de su incendiario cantante, Darby Crash, su música creaba una amalgama sonora de rabia que se enfrentaba a la vida rápida y peligrosamente. Crash moría con apenas 22 años para continuar con los clichés del rock. Pero no hay que olvidar la importancia de la banda para la escena punk de California. Ellos fueron el caos, pero menudo caos.

En 1976, Pat Smear (en realidad Georg Ruthenberg) y Darby Crash (Jan Paul Beahm) cambiaron sus nombres de nacimiento para convertirse en el germen de la banda. Mientras estaban en el instituto fueron juntos a ver a Freddie Mercury. Fue allí donde acabaron conociendo a dos estudiantes de instituto, Belinda Carlisle y Terri Ryan. Todos estudiaban arte y tenían inquietudes musicales. Iggy, Sex Pistols, los New York Dolls o Bowie eran el menú de cada día. Los cuatro decidieron formar una banda y así fue como Germs nació. Ryan, al bajo, también cambió su nombre por el de Lorna Doom. Carlisle contrajo la mononucleosis y fue sustituida a la batería por Donna Rhia (en realidad se llamaba Becky Burton). Como los Sex Pistols, cada uno de ellos encontró un alter ego que se convirtió en ellos mismos. Una personalidad radical con la que sentirse libre y expresarse sin cortapisas. Carlisle tendría su parte en la historia del punk más adelante con The Go-Go's. Tras la marcha de Rhia, la banda sufrió de la enfermedad del batería. Muchos pasaron por ese asiento.

Lo que sí tenía claro la banda era que tenían que hacer ruido. Su primera actuación como teloneros de The Weirdos duró apenas diez minutos de total descontrol. No importaba. Causaron impresión. Sus impredecibles actuaciones musicales estaban basadas en un desatado Crash y en un caos sonoro buscado pero efectivo que no dejaba a nadie indiferente. Su primer single «Forming» lo publicaron en el sello de un colega en 1977, What? Records. En el single avisaban: «El dueño de este sello advierte que la escucha de este single puede producir cáncer de oído». En aquel single Crash aún no se había encontrado y se hacía llamar Bobby Pyn. El grupo aprendió a tocar a medida que actuaban en directo. Abriendo la puerta del hardcore con su música, una escena bastante cerrada para las mujeres, Lorna Doom como bajista se colocaba en una posición como la de Poison Ivy o Tina Weymouth, pioneras al fin y al cabo. Una instrumentista, no una cantante, era algo inusual y más en una escena en la que Doom

The Germs

se movía. El hardcore era demasiado macho y dejaba poco espacio para las mujeres. Se asociaba a las actuaciones de este género a una violencia física en la que las mujeres no se sentían cómodas. Los *pogos* echaron a muchas mujeres de los conciertos del punk más hardcore mientras los hombres se tiraban unos contra otros violentamente al ritmo de la música.

Siguiendo con los Germs, su única grabación fue su primer disco *(GI)* publicado por Slash Records y producido por nada más y nada menos que Joan Jett. La banda era fan absoluta de Jett y para ellos fue un sueño que les produjera. Era difícil capturar la energía de Germs en directo en un disco, pero lo cierto es que Jett lo consiguió. Evidentemente, surgieron rumores en los que Lorna Doom no tocaba el bajo en el disco. Ya que, claro, la chica siempre toca mal y era imposible que lo hiciera bien. Seguro que lo grabó un hombre que sabía tocar de verdad. Y seguimos como siempre, luchando contra el falso mito de que los hombres nacen con un gen especial que les hace tremendos músicos, un gen que por lo visto las mujeres no tenemos. Es curioso que en un género como el punk, en el que prima la rabia y la energía al tocar, mucho más que la técnica, se siguiera juzgando a las mujeres con una vara diferente de medir. El hombre toca mal punk y es la reostia, la mujer toca mal y simplemente toca mal porque es mujer (si es que toca mal, que eso es bastante discutible). Le pasó a Gaye Advert también pero le pasaría a bandas como Hole o Bikini Kill un par de décadas después. Evidentemente, el papel de Doom se mantuvo en un segundo plano. Ella tocaba casi sin moverse, comedida, mientras Crash se desbocaba por la banda entera.

«Lexicon Devil» fue su primer single. Lo buscamos para escucharlo en su versión en EP. Aparecía junto a dos canciones más «Circle One» y «No Good» en la cara B. En «Circle One», Crash canta: «Soy Darby Crash. Una explosión social. Maestro caótico», perfecta definición del cantante. Las letras de las canciones eran un revulsivo, escritas como si de un mesiánico Hitler se tratara. Crash estaba obsesionado con los cultos y el control mental. Ese que la sociedad intentaba ejercer sobre sus jóvenes, sobre todo si se convertían en rebeldes punks. En la portada, una imagen del cuadro de Hubert Lanzinger usado como propaganda nazi, con una imagen de un Hitller como héroe. Mientras en la contraportada se reproduce una tira cómica antifascista de Arthur Szyk que muestra a Hermann Göring, la Parca, Benito Mussolini y el emperador Hirohito como alter egos de los miembros de la banda. Todo ello en negro sobre fondo rojo sangre. En «Lexicon Devil» Crash juega con la idea del control mental a través de la palabra: «Soy un diablo léxico con un cerebro maltratado. Y estoy buscando un futuro, el mundo es mi objetivo. Así que dame, dame tus manos, dame, dame tu mente».

Toda esa rabia, talento y explosión sonora se fueron al traste por culpa de la volatilidad de su cantante. Cada vez más descontrolado. Lorna Doom dejó la banda a mediados de los ochenta, su forma de tocar el bajo era la columna vertebral del sonido de la misma, cuando ella se fue, la banda se deshizo. Smear y Darby Crash hicieron algún concierto más como Darby Crash Band. El proyecto no duró demasiado ya que Crash murió de sobredosis poco después.

La rabia chicana de Alice Bag

Una de las grandes amigas de Darby Crash fue Alicia Armendariz, más conocida como Alice Bag. Con su banda The Bags fue uno de los puntales de la primera oleada del punk en Los Ángeles. Además de ser una de las pocas representantes chicanas del movimiento. Aparte de ser cantante, compositora y líder de su propia banda, Bag también es autora, educadora y una activista incansable. La cultura underground de Los Ángeles no sería la misma sin ella. Aunque nació en L.A., sus padres eran inmigrantes mexicanos y la cultura chicana siempre tuvo una gran importancia tanto en su crecimiento como en su vida personal y profesional. Su padre era un hombre violento con su madre, una actitud que marcó la vida de la joven Alicia y que le creó una rabia incontenible que supo canalizar gracias al punk. De adolescente escuchaba sin parar a grupos de glam rock y sobre todo, era fan alocada de Elton John. Incluso se escapaba de clase para verlo a la entrada de varios premios o programas de televisión. Esperando a Elton, conoció a Patricia Morrison, la que se convertiría en su gran amiga y con la que formaría su primer grupo Femme Fatale. En aquel entonces Kim Fowley estaba preparando una nueva banda, a la Runaways, ambas se presentaron a la audición. Por suerte, no las cogieron pero decidieron montar su propia formación. The Bags habían nacido.

Alicia se transformó en Alice y adoptó el Bag del nombre de la banda como apellido, al estilo de los Ramones. Su primer concierto fue en el mítico local Masque en 1977. Lo de Bags, bolsas en inglés, vino porque se ponían bolsas de papel en la cabeza para actuar, ocultando así su identidad. Lamentablemente, en pleno frenesí del directo las bolsas acababan destrozadas y su identidad desvelada. Sobre todo, cuando su gran amigo Darby Crash subió al escenario y se la arrancó a Alice de la cabeza de cuajo. Ya desde sus inicios, las feroces actuaciones de Alice Bag destacaron en la escena angelina. Su furia desatada sobre el escenario no tenía igual. En 1978 publicaron su primer single con las canciones «Survive» en una cara y «Babylonian Gorgon» en la otra.

Alice Bag

Fueron sus únicos trabajos grabados. La banda se completaba con los guitarristas Rob Ritter y Craig Lee y Terry Graham en la batería. La fama de la banda creció en 1980 cuando fue una de las protagonistas del mítico documental sobre el punk dirigido por Penelope Spheeris *The Decline of Western Civilization*. Ya sin Pat Bag en la banda, los productores del documental decidieron cambiar el nombre del grupo por Alice Bag Band. Querían evitar problemas legales con el uso del nombre tras la marcha de Patricia. Aunque cuando el film se estrenó, The Bags ya se había disuelto. Y Alice Bag y su icónica interpretación adquirieron fama internacional.

Cuando The Bags se separaron, Alice Bag formó el grupo Castration Squad, que incluía a Phranc y la cantante Dinah Cancer. Morrison, Graham y Ritter acabaron en The Gun Club y Morrison más tarde en Sisters of Mercy. Bag también formó parte del grupo Cholita, pero ya por entonces se había alejado de la escena punk llena de sobredosis de heroína y amigos que morían uno detrás del otro. Se apuntó a la universidad y se sacó el título de magisterio, enseñando en escuelas bilingües en Los Ángeles pero también viajando a Nicaragua para ayudar a educar a niños en zonas conflictivas. Cuando nació su hija, dejó temporalmente de lado su carrera, pero para poder canalizar la energía que tenía dentro formó la banda Stay at Home Bomb con otros rockeros que se habían convertido en padres. En 2011 publicó su interesante autobiografía *Violence Girl: From East LA Rage to Hollywood Stage: A Chicana Punk Story*. Una crónica perfecta para conocer la formación de la escena punk angelina. Tras su segundo libro en 2015, autopublicado y titulado *Pipe Bomb for the Soul* sobre sus experiencias en Nicaragua, publicó su primer disco en solitario, *Alice Bag*. En «He's Sorry» narra una historia de violencia conocida por ella misma, la de un hombre que maltrata a su mujer. En «Modern Day Virgin Sacrifice» critica las presiones de la sociedad sobre la mujer. Y en «Programmed» denuncia lo mal que funciona el sistema educativo que simplemente programa a la gente. Como siempre una mujer reivindicativa y luchadora que no duda en alzar su voz contra lo que cree incorrecto.

Exene Cervenka y X

El punk angelino era diferente al punk de Nueva York. La ciudad, cuna de los sueños rotos de muchos jóvenes, era más rápida, más dura y más agresiva como demostraban las canciones de bandas como The Germs o X. Estos últimos mezclaban el rockabilly, el country y el punk con la poesía que John Doe y Exene Cervenka escribían en sus letras. Christine Cervenka nació en Chicago pero creció en Tallahassee, Florida, antes de mudarse a Santa Mónica en 1976. En Los Ángeles se cruzó en el camino de John Doe. Ambos se conocieron en un taller de poesía. Exene quería ser poeta, no tenía la más mínima intención de dedicarse a la música. Pero Doe tenía una banda en la que tocaba el bajo con unos amigos, Billy Zoom a la guitarra y Mick Basher a la batería. Las letras de Cervenka acabaron convirtiéndose en canciones. Cuando John les dijo a sus amigos que había invitado a Exene a cantar con ellos, no les hizo gracia, de hecho la consideraban la novia de John, no un miembro más de la banda. Las cosas cambiaron pronto. Las voces de ambos combinaban a la perfección y las letras de Cervenka aportaban ese punto que los diferenciaba del resto de los grupos de la escena.

Exene Cervenka

X empezaron a actuar en los clubs de punk de la ciudad, consiguiendo una gran base de seguidores. En 1978 D.J. Bonebrake sustituyó a Basher a la batería como miembro definitivo, juntos grabaron su primer single «Adult Books» en el sello Dangerhouse. Un año después, Ray Manzarek de los Doors se convertía en su productor tras verlos tocar en el Whisky-a-Go-Go. Con él grabarían sus primeros cuatro discos. En 1980 publicaban con éxito *Los Angeles*, su disco debut. Cojamos el álbum de nuestras estanterías para escucharlo. En la portada aparece la X que da título a la banda, ardiendo, como una cruz encendida en una noche aciaga. Un disco que mostraba la visión que la banda tenía de la ciudad que los acogía. Nada complaciente, oscura, lasciva, llena de negrura y bajos fondos. Nada que ver con la bonita, dorada y perfecta Los Ángeles que nos vendía Hollywood. Escuchemos el segundo tema de la primera cara «Johny Hit and Run Paulene». Una historia de drogas y sexo, en la que Johny se toma una droga que le permite practicar sexo durante 24 horas sin parar. Una canción sobre como un hombre es capaz de tratar a una mujer como un trozo de carne del que puede abusar cuando quiera. En la que Johny se convierte en un violador que hace de las mujeres objetos sin nombre, todas son Paulenes.

En «Los Angeles», canción que da título al disco y uno de sus temas clásicos, Exene y Doe describen a una racista que se ve obligada a dejar la ciudad en busca de ambientes menos diversos, donde no encontrarse con la gente que realmente le molesta. Los que nos son como ella. Hacían un retrato así de esa masa votante de elementos como Trump. Esos que se creen superiores por ser blancos de piel que no de corazón. Otro de sus clásicos es la angustiante «Nausea» cantada por Exene. «Esta noche te quedarás dormido con la ropa puesta, tan tarde como una barra de caramelo envuelto. Para el almuerzo es todo lo que tienes para probar. Pobreza y escupitajo».

En 1981 publicaron su segundo disco *Wild Gift*. Aunque lo hicieron en un sello pequeño como Slash, vendieron 50.000 copias. Una nada desdeñable cifra para un grupo

X

de punk. La banda se convirtió pronto en estrella dentro de la escena angelina. Exene y Doe ya se habían casado por entonces. Para su tercer álbum dieron el salto a Elektra. *Under the Big Black Sun*, que se publicó en 1982, navegaba entre el dolor y el duelo en sus canciones. La hermana de Exene murió atropellada por un conductor borracho justo antes de entrar a grabar el disco. Se nota especialmente en temas como la dolorosa y con ritmo cincuentas «Come Back to Me». Uno de sus discos más redondos, sin duda. Mientras tanto, Exene también continuaba su carrera como poeta y publicaba su libro *Adulterers Anonymous* junto a Lydia Lunch.

En 1984 publicaron *More Fun in the New World* y un año después *Ain't Love Grand* producido por Michael Wagener, que provenía del mundo del metal. Poco después Exene y John Doe se separaron y la banda se disolvió. Exene empezó entonces su carrera en solitario con sus dos primeros discos *Old Wives' Tales* de 1989 y *Running Sacred* de 1990. Tanto Exene como John han continuado trabajando juntos. La diferencia entre Exene Cervenka y otras mujeres del rock, probablemente venga dada por su estatus marital. A ella y a John Doe siempre se les consideró un dúo de artistas, trabajaban y componían juntos. En cambio, Cervenka ha asegurado en algunas entrevistas posteriores que una vez la banda se separó, el efecto «la culpa de todo la tiene Yoko Ono» también recayó sobre ella.

X volvió a reunirse a principios de los noventa. Mientras, Exene Cervenka no dejó nunca de lado su vena poética y en 1995 publicó en el sello de Henry Rollins un disco de spoken word, *Surface to Air Serpents*. Ese mismo año X publicaban un acústico *Unclogged* y volvían a separarse. Exene formó después Auntie Christ junto a Bonebrake y el bajista de Rancid, Matt Freeman. Y posteriormente The Original Sinners y The Knitters. X han vuelto a reunirse para una gira de celebración de su cuarenta aniversario.

Y llegaron The Go-Go's

The Go-Go's fue el primer grupo de rock formado por mujeres en colocar un disco en el número uno con *Beauty and the Beat*. Todo un logro si se piensa que ya hacía unas cuantas décadas que el rock pululaba por las ondas. Además lograron cruzar las barreras del punk de sus inicios hacia el mainstream y llegar al gran público. Antes de ellas, las bandas femeninas eran consideradas poco o nada vendibles. Por lo tanto no recibían el más mínimo apoyo o interés por parte de las discográficas. Algo que no pasaba en los cincuenta cuando los girl groups dominaban las listas. ¿Os acordáis?

The Go-Go's surgieron de la escena punk de finales de los setenta y principios de los ochenta en California. Formada en 1978 por Belinda Carlisle, Jane Wiedlin, Charlotte Caffey, Margot Olavarria y Elissa Bello. Empezaron para divertirse, sin ninguna ambición. El punk tenía la cualidad de permitir tocar a cualquiera, incluso a los que no tenían ni idea de cómo hacerlo. Belinda Carlisle solía pasarse los fines de semana en los clubs de punk de Los Ángeles como el Masque y el Starwood, allí conoció a Wiedlin. Tras un viaje a San Francisco para ver el que sería el concierto final de los Sex Pistols, decidieron formar su propia banda. La única que había tocado y tenía realmente conocimientos musicales era la guitarrista Charlotte Caffey. Empezaron a tocar en fiestas locales e incluso hicieron una gira por Inglaterra con The Dickies. Pero antes de eso tuvieron que enfrentarse a los prejuicios que aún seguían imperando. Las bandas femeninas eran una broma y se reían en su cara. Por supuesto, en la prensa sus cualidades como músicas eran puestas en duda. La historia de siempre.

En 1979 Gina Schock sustituyó a Elissa Bello a la batería. La banda tenía su propia mánager Ginger Canzoneri y telonearon a Madness en el Whisky a-Go-Go, con la suerte de que el mítico grupo de ska inglés decidió llevárselas de gira con ellos a Inglaterra en 1980. Grabaron el single «We Got the Beat» en Stiff Records en Inglaterra pero aunque llenaban sus conciertos y tenían un público fiel que las seguía, no conseguían firmar con ningún sello en Estados Unidos.

Fue a finales de los ochenta cuando Kathy Valentine entró en la banda sustituyendo a Olavarria al bajo. Nunca antes lo había tocado, de hecho, lo suyo era la guitarra. Y aunque era un miembro temporal, a causa de la enfermedad de Olavarria, acabó quedándose. Hasta 1981 no consiguieron un contrato discográfico, cuando Miles Copeland las fichó para IRS Records. Ese mismo año publicaron su primer disco, *Beauty and the Beat*, convirtiéndose en una de las sorpresas musicales incluso para la banda y su propia discográfica. Acallando aquello de que las mujeres no venden. Un disco con más de dos millones de copias vendidas es buena prueba de ello. Consiguió además diversos puestos en lo más alto de las listas de éxitos con «Our Lips Are Sealed» o «We Got the Beat».

Busquemos en nuestra biblioteca el primer disco de la banda. En la portada aparecen las cinco componentes con toallas en su cabeza y alrededor del cuerpo y una máscara facial, como si estuvieran relajándose en un spa. Mostraban una imagen totalmente opuesta al punk pero, ¿quién ha dicho que una no pueda ponerse guapa y ser punk al mismo tiempo? Jugaban con esa idea de la femineidad que enervó a algunas feministas de la época. Escuchamos el primer single del disco «Our Lips Are Sealed», escrito por Jane Wieldin. Narra la historia romántica que tuvo con un miembro de los

The Go-Go's

Specials, banda con la que hicieron una gira. Él tenía una novia esperándole en Inglaterra. Es el primer tema de la cara A. El punk inicial de la banda se fue dulcificando con un toque pop elegante. «¿Puedes oírlos? Hablan de nosotros, contando mentiras. Bueno, no es una sorpresa». Sus labios están sellados, sin rumores ni habladurías.

El segundo single fue una nueva versión de «We Got The Beat» compuesta por Charlotte Caffey. Una rítmica invitación a bailar que se convirtió en uno de los himnos de la banda, que evidentemente componía sus propias canciones. La fama llegó de sopetón y les pasó factura. En dos años estaban agotadas. Las drogas y el lado salvaje de la vida hacían acto de presencia. Para acabar de rizar la papeleta, la banda se embarcó en una batalla legal con su compañía. Les acusaban de escatimarles *royalties*. En 1982 publicaron su segundo disco, *Vacation,* en cuya portada aparecían haciendo esquí acuático vestidas con tutús. Al más puro estilo años cincuenta. En 1984 volvían con *Talk Show*, tras el cual la banda se disolvió. Ambos discos no consiguieron llegar a las cotas de su debut pero tuvieron sus éxitos en el Top 40 con temas como «Vacation» o «Head Over Heels».

Tras la ruptura, todas las componentes de la banda emprendieron carreras en solitario, aunque fue Belinda Carlisle la única que consiguió asentarse profesionalmente a finales de los años ochenta. Han sido varias las reuniones: en 1990 para un concierto benéfico y en 1994 para grabar tres nuevas canciones para el recopilatorio *Return To the Valley of the Go-Go's*. Momento en el que decidieron hacer de su unión algo permanente. En 2001 publicaron su último disco *God Bless the Go-Go's*. El éxito de The Go-Go's fue el de las punks guapas y femeninas. Aquellas que desafiaban el orden establecido, que reivindicaban, que gritaban con rabia, eran normalmente ignoradas por la industria musical.

Kira Roessler, la dura bajista de Black Flag

El rock era un mundo de hombres y aunque el punk era más igualitario, lo cierto es que la mayoría de los grupos eran masculinos. Algunas mujeres lideraban sus propias bandas como os he explicado y otras eran simplemente instrumentistas. Esa difícil posición cuando eres mujer y todo el mundo se cree con derecho a juzgar la forma en la que tocas el instrumento, no por tu talento sino por tu sexo. Por eso mujeres como Kira Roessler son importantes para la historia del rock, tuvo su sitio en la historia del punk como bajista de Black Flag. Es curioso como pocos libros hablan de ella, quizás porque «simplemente tocaba el bajo». Ya sabemos que es uno de los instrumentos más desprestigiados, se dice que es más fácil y que por eso muchas mujeres lo escogen. Menuda sandez, ¿verdad? El bajo junto a la batería son los instrumentos que sostienen la canción, sin su ritmo, no serían nada.

Roessler empezó a tocar el piano con seis años pero con 14 se pasó al bajo. Es curioso que como zurda toque el bajo con la derecha. Se pasaba de seis a diez horas al día practicando para poder tocar en una banda lo antes posible. Su hermano tenía un grupo de rock progresivo que buscaba bajista y quería formar parte del mismo. Para cuando estuvo lista, la banda había dejado de existir pero no importaba. El punk había entrado en su vida. Montó su primer grupo a los dieciséis, ella como bajista y con su hermano Paul al teclado que pronto se pasó a la batería. Juntos tuvieron varios proyectos. Estuvo en infinidad de bandas como Waxx o Sexsick, curtiendo su forma de tocar. Durante un tiempo trabajó en las salas de ensayo del Masque para ganarse horas gratis en el local y poder practicar con sus grupos. Hasta que recaló en los DC3 de Dez Cadena junto a su hermano. En uno de los ensayos de la banda, los miembros de Black Flag la vieron tocar y le pidieron que se uniera a ellos sustituyendo a Chuck Dukowski, uno de los miembros fundadores. Eso cuenta la leyenda, aunque ella afirma que fue Henry Rollins el que la llamó para unirse a la mítica banda pionera del punk rock. Kira estuvo en Black Flag de 1983 a 1985 y participó en siete de sus discos.

Mientras estuvo en Black Flag, Roessler estaba estudiando en la universidad así que pidió como condición para unirse a la banda que las giras coincidieran con sus descansos universitarios y así poder seguir estudiando. Quería sacarse la licenciatura en Ingeniería Aplicada en UCLA. Lo hizo. Su último disco con la banda fue *In My Head* en 1985. En varias entrevistas Roessler ha afirmado que en un principio el punk era bastante igualitario, las mujeres tenían un papel importante en el mismo. La escena era pequeña, las mujeres aparecían en las portadas de los fanzines como referentes de la estética punk. Luego la escena fue creciendo y la agresividad fue dando paso a un entorno mucho menos abierto y más restrictivo. Cuando los hombres empezaron a pensar que el punk era ser duro y pegarse de ostias en los conciertos, cuando ir a ver una actuación en directo significaba que tu integridad física corría peligro. Desgraciadamente, eso hizo que muchas mujeres dejaran de ir a según qué conciertos por mucho que la música les gustara.

La ética de Black Flag era tocar sin parar y dejarse la piel en ello. Kira Roessler nunca se quejó por las intensas giras, al contrario. Se dejaba la piel como el que más. No debía de ser fácil hacer giras con ellos. No por el hecho de ser mujer, ella misma ha confesado que siempre ha tocado en bandas con chicos y que nunca se ha sentido discriminada

Kira Roessler

por ello. Tras dejar Black Flag, decidieron prescindir de ella, Kira montó un grupo, con su luego marido, el bajista de Minutemen Mike Watt. Ya había colaborado escribiendo algunas letras para Minutemen en el disco *3-Way Tie (For Last)*. En Dos, ambos tocan el bajo y ella canta. Dos instrumentos que podrían parecer de acompañamiento se convierten en protagonistas. Llevando al bajo hacía terrenos inexplorados. Kira toma también el liderazgo vocal que en sus otros grupos no había tenido. Cuando se mudó a New Haven, Connecticut, empezó a grabarles a sus sobrinos cuentos con música, la base de los mismos eran dos bajos. Se los mandaba para que los escucharan al irse a dormir. Lo hizo durante años. Muchas de estas historias acabaron siendo canciones de Dos. El grupo fue una especie de catarsis para ambos, para ella por su marcha de Black Flag, para él por la disolución de Minutemen tras la muerte en accidente de tráfico de su cantante D. Boon.

Su primer disco homónimo, publicado en 1986, estaba compuesto por temas instrumentales, menos el último «Taking Away the Fire». Recorramos nuestras estanterías para buscarlo. Lo sacamos de su funda, en la portada aparecen dos bajos apoyados contra lo que parece ser una verja. En la contraportada aparecen ambos en un estudio, sonriendo. Pongamos la segunda cara del vinilo, última canción, compuesta por Kira. «Llorando de nuevo a través de otra canción. No puedo enfrentarme al día sola. Mintiendo y peleando todo el tiempo. Nadie escucha y no puedo dejar de sentir como gritar y decir, todos los delirios que me comen. Se los lleva el fuego». A pesar de divorciarse en 1994, siguen grabando y actuando como grupo, aunque no de manera frecuente en lo que se refiere a los directos. Los compromisos musicales de Watt y el trabajo de Roessler como editora de sonido de películas les hace tener poco tiempo para dedicarle al grupo. Aunque es la banda en el que ambos han estado más tiempo. Siguen trabajando en ello. En 2016 Kira Roessler ganó su primer Oscar por la edición de sonido de *Mad Max: Fury Road*.

Penelope Houston y Avengers

Desde San Francisco, tenemos a otra de estas mujeres pioneras del punk, Penelope Houston. Su grupo, Avengers fue una de las primeras bandas punk de la bahía de San Francisco. También fueron teloneros de los Sex Pistols en su show final en el Winterland en 1978. Y telonearon a X y las Go-Go's antes de separarse. Tuvieron una vida breve, tan solo dos años, pero fue intensa y dejaron huella. Houston se crio en Seattle hasta que en 1977 se mudó a San Francisco para estudiar en el Art Institute. Allí conoció a los que se convertirían en los miembros de su banda: Greg Ingraham a la guitarra, Danny Furious a la batería y Jonathan Postal al bajo, que en 1977 sería reemplazado por Jimmy Wilsey. El grupo empezó haciendo versiones de Lou Reed o Patti Smith. Aunque pronto empezaron a componer sus propios temas, las letras eran territorio de Houston y la música era composición de la banda al completo.

Su primer concierto fue en el único local punk de aquella época el Mabuhay Gardens. La propia Houston ha afirmado en varias entrevistas que en aquel primer concierto cada uno tocaba una canción diferente al mismo tiempo. Aun así, salieron airosos. Un año después abrían para los Sex Pistols junto a los Nuns de Alejandro Escovedo en el mítico show del Winterland. La cuna del hippismo, uno de los templos de Bill Graham, fue invadido por miles de punks que verían la última actuación en directo de los Pistols. Por lo visto, a Rotten todo aquello le parecía una broma y se sentía engañado. O al menos eso dijo antes de abandonar el escenario y disolver a los Pistols. Lo cierto es que aquel directo llevó al punk a un escenario de conciertos masivos de rock, uno que estaba totalmente alejado a su medio natural: las salas pequeñas llenas hasta la bandera. La mayoría del público que fue a ver a los Pistols probablemente no había visto una banda de punk en su vida. Y allí estaban los Avengers calentando la sala.

Durante la corta vida de la banda solamente publicaron un EP con tres temas titulado *We are The One* con Dangerhouse en 1977 y otro con cinco temas en 1979 llamado *Avengers* y publicado por White Noise Records. No fue hasta que la banda se separó cuando en 1983 se editó su primer disco homónimo, el famoso álbum rosa que estuvo durante décadas totalmente descatalogado. Se separaron en 1979. Penelope Houston,

Avengers

con su pelo corto y rubio y sin maquillaje, presentaba una imagen totalmente opuesta a otras de sus compañeras del punk durante aquellos años. Muchas veces jugando con el género, sin saber si era una mujer o un hombre gracias a su androginia, hasta que cantaba con esos gritos desgarrados. Escuchemos su tema más conocido y casi un himno de la banda, «We Are The One». Una canción en la que hablan de la capacidad de la juventud punk para cambiar el futuro. En contra del «No Future» de los Pistols. Canta Houston: «Somos los líderes del mañana. Somos los que más nos divertimos. Queremos control, queremos el poder. No voy a parar hasta que venga. No somos Jesús (Cristo) que te jodan. No somos fascistas (cerdos) te jodes. No somos capitalistas (industriales). No somos comunistas. Somos el uno. Construiremos un mañana mejor. La juventud de hoy será nuestra herramienta. Los niños de América están hechos para la supervivencia. El destino es nuestra fortuna y gobernaremos».

Las letras de Penelope Houston eran muy articuladas, un discurso claro que abogaba por el cambio desde las bases, que aún creía en la fuerza del punk. En canciones como «The American in Me» cuestionan los valores estadounidenses que te hacen mirar en la televisión violencia por violencia, guerras inútiles y asesinatos de presidentes, con esa línea final: «Es el estadounidense en mí que nunca se pregunta por qué Kennedy fue asesinado por el FBI». Cruda realidad de un país que no es el sueño que muchos pretendían vender. Mientras en «White Nigger» Houston narra la historia de esas personas que van a trabajar con el cerebro lavado, que tienen un trabajo anodino que las mata por dentro. «Cuando eras joven tenías tantos grandes planes, ambiciones tan grandes de ser un buen hombre. Te miro ahora, oh, qué cobarde, viviendo tu vida pero sin saber cómo vivir».

Tras la separación de la banda, Houston dejó San Francisco y se mudó primero a Los Ángeles y luego a Inglaterra donde empezó a trabajar con Howard Devoto de Buzzcocks. Luego descubrió otras sonoridades como Tom Waits o Violent Femmes que influyeron en su propia música llevándola hacia sonidos más acústicos en su floreciente carrera en solitario como cantautora folk. Algunos la acusaban de venderse. A ella le importaba un pimiento, su filosofía era punk, simplemente hacía la música que le gustaba.

Lene Lovich y la nueva ola

Lene Lovich está a medio camino entre los Estados Unidos e Inglaterra, por eso la coloco al final de esta parte del capítulo. Antes de dar el salto al otro lado del Atlántico. Aunque nació en Detroit, se convirtió en una de las figuras más importantes de la New Wave en Inglaterra. Su música sorprendía por su originalidad y su extravagancia. Lili-Marlene Premilovich nació en Detroit, de padre yugoslavo y madre inglesa. Cuando Lene tenía 13 años, su madre decidió volverse a Inglaterra con sus hijos. Su padre amenazaba con llevarlas a vivir a la Unión Soviética, detrás del telón de acero. Una fea perspectiva. Pronto dejó su nueva casa en el frío y norteño Hull por la bulliciosa y atractiva Londres para estudiar en la Central School of Art. El arte que se estudiaba allí le parecía que tenía demasiados límites, ella necesitaba más. Mientras estudiaba, tuvo innumerables trabajos para subsistir, desde go-go a cantante callejera. También aprendió a tocar el saxofón, la guitarra y el violín. La música la atraía más, era más libre. Su voz era demasiado particular y le resultaba difícil encontrar gente que quisiera trabajar con ella. Estuvo cinco años aprendiendo a tocar, a estar en bandas de otros y esperando el momento para iniciar su propio proyecto.

Su primer trabajo musical fue escribir canciones para la estrella disco francesa Cerrone. Incluso trabajó grabando gritos para películas de terror mientras esperaba el momento de lanzarse en solitario. Empezó a componer canciones con Les Chappell, al que había conocido en la escuela de arte. Primero en la banda The Diversions, con los que lanzaron algunos singles. Hasta que en 1978 consiguió llevarle una maqueta suya a Dave Robinson de Stiff Records. Contenía su versión del tema de Tommy James and the Shondells «I Think We're Alone Now». Ese mismo año, la canción apareció como single de su primer disco para Stiff, *Stateless*. El álbum también incluía una de sus canciones más famosas «Lucky Number» que fue la cara B de su primer single y que llegó al número 3 de las listas. Todo un himno en Inglaterra. Repasemos los discos en nuestras estanterías y saquemos el single para escucharlo. En la portada aparece la propia Lovich con sus características trenzas y una bola de cristal. Con una canción que habla de números de la suerte no es de extrañar. Una melodía extraña y rítmica acompañada de la voz única de Lovich. El disco en sí era innovador. Pocas mujeres cantaban como ella.

En 1979 Lene Lovich publicó *Flex*, y *No Man's Land* le siguió en 1982. Siempre trabajó con su pareja sentimental y creativa, Les Chappell. En 1990 editó de forma independiente el álbum *March*. Tras el cual desapareció de la escena musical durante 15 largos años. No volvería hasta 2005 con el disco *Shadows and Dust*. En 2013, creó su propio sello, Flex Music. Consiguió el control de su catálogo y reeditó sus trabajos en una caja de edición limitada.

Inglaterra, punta de lanza del punk

Aunque siempre se señala a Estados Unidos como la cuna de todo lo relacionado con el rock. Y es cierto, no hay duda de que Gran Bretaña ha sido una de las catalizadoras de los grandes movimientos dentro del mismo. Primero gracias a los Beatles y luego gracias al punk. Porque el punk tal y como lo conocemos, nació en Inglaterra con grupos como Sex Pistols, The Clash o The Damned. Aunque esta floreciera en Inglaterra, surgió también gracias a los Ramones. Cuando los Ramones hicieron su primera gira por Gran Bretaña, todos los que serían miembros de las grandes bandas de punk inglesas los vieron tocar en directo. La mecha se encendió y sus canciones hicieron que la música inglesa también cambiara. De una forma mucho más radical y nihilista, la situación social de la juventud en el país era bastante precaria. El paro galopante y la crisis económica que se vivía abocaba a los jóvenes a un «No Future» como cantaban los Sex Pistols. Gracias a los conservadores y la mano dura de la dama de hierro que era Thatcher. Pero ¿había mujeres entre esos grupos? Pocos a los que preguntes hoy en día podrán citarte a muchas, no porque no estuviesen, simplemente porque no se les ha dado la importancia que verdaderamente tuvieron. Recordad el mantra, las mujeres no venden y como no venden, no interesan a los que mueven el dinero, a los que hacen promoción, a los que venden los discos, a los que los colocan en las estanterías de las tiendas o los radian en las ondas.

Pero volvamos al punk. Este género dio voz a toda una generación de jóvenes descontentos y desilusionados que no veían un futuro posible. Con esta música pudieron gritarles a las injusticias, hicieron política activa, lucharon por causas justas, contra el racismo, el sexismo... Las mujeres encontraron en el punk una vía de escape para expresar su rabia por las injusticias que como mujeres vivían. Con su música, pudieron explorar su agresividad, su rabia y su poder. Nadie iba a decirles qué decir, qué cantar, qué hacer con su vida. Pero no solo eso sino que gritarían con fuerza contra todo lo que no les gustaba de una sociedad que esperaba de ellas que fueran buenas niñas, encontraran un trabajo decente hasta que se casaran y lo dejaran para tener hijos y cuidar de su marido. La perspectiva de las mujeres en el punk era también la de ser la *groupie* del grupo. El papel oficial que los grandes titanes del rock parecían reservar a sus seguidoras.

El punk no fue fácil para las mujeres, consiguieron abrirse paso las más duras, las más contestatarias. Los hombres esperaban de las chicas que fueran sus novias, monas pero sin derecho a réplica. Algo que muchas de estas mujeres del punk cambiarían. La imagen rompedora del punk, luego banalizada gracias a la moda, también fue importante para romper con el ideal de mujer que se vendía a la sociedad: dulce, mansa y guapa. La moda fue una puerta de entrada de muchas de estas mujeres al punk. No solo gracias a la intervención de Vivian Westwood en la historia de los Sex Pistols, con sus diseños llenos de cuero negro, imperdibles y cadenas que se convirtieron en la imagen «oficial» del movimiento. La forma de vestirse, rompedora y vista como agresiva, quería alejar a la mujer de esa imagen cosificada que otros le habían otorgado sin siquiera pedirle permiso. Era una moda antimoda, antimachismo, anticlichés, anticonvenciones, antiesclavitud.

La rabia incontenible de Poly Styrene y sus X-Ray Spex

Poly Styrene empezó su carrera en el mundo de la moda creando su propia línea de ropa, la que luego dio nombre a su grupo X-Ray Spex. Pretendía crear algo diferente y colorido, juvenil y loco, libre. Algo totalmente alejado de la imagen sexualizada que McLaren y Westwood vendían con su ropa. Y precisamente fue ella la primera mujer que con su grupo publicó un disco de punk. Poly Styrene era diferente. Tenía una fuerte personalidad y una apariencia distinta que impactaba. En sus canciones atacaba al sistema establecido, con sus grandes empresas, su consumismo y su anquilosamiento decimonónico. Y además lo hacía desde el humor y la inteligencia. También era hija de un matrimonio mixto, entre una persona de color y otra blanca, algo bastante inusual en la escena y que hizo su presencia más importante si cabe. No solo rompía barreras en cuanto a género sino a raza. Llegó a afirmar que prefería raparse la cabeza antes que ser considerada una *sex symbol*, por eso siempre se vestía de una forma asexual.

Poly Styrene

Marianne Joan Elliott-Said nació en Bromley, hija de una secretaria legal inglesa y de un inmigrante somalí. A los 12 años ya escribía sus propias canciones. A los 15 dejó el colegio para trabajar en los grandes almacenes Woolworths (de ahí se inspiraría seguramente uno de sus grandes temas «Warrior in Woolworths»). Aburrida de una vida con un futuro gris como dependienta, la joven Marion decidió viajar por Inglaterra durante dos años de festival en festival. Cuando volvió a casa creó su propia línea de ropa X-Ray Spex. Poco después cambió la moda por el punk y decidió formar una banda. Puso un anuncio en el Melody Maker pidiendo «Young punx who want to stick it together». Marion se cambió el nombre por Poly Styrene y nombró a su grupo por su marca de ropa, X-Ray Spex. Respondió al anuncio una quinceañera Susan Whitby que tocaba el saxofón y que, siguiendo el ejemplo de Styrene, se cambió el nombre a Lora Logic. Completaban la banda el bajista Paul Dean, el guitarrista Jak «Airport» Stafford y el batería Paul «BP» Hurding. Lora Logic hacía tres años que tocaba el saxo. Sus padres querían que tocara un instrumento pero no quiso conformarse con los estudios clásicos y vio en el saxo mucha más libertad de acción que en el piano. Logic complementaba la rabia de los gritos de Styrene con el sonido de su saxofón.

X-Ray Spex

El single debut de la banda fue el visceral «Oh Bondage, Up Yours», un clásico del punk. Publicado en 1977. Lo buscamos en nuestras estanterías. En la portada una foto de Styrene en blanco y negro. En la cara A el single y en la B «I'm a Cliché», otro de sus grandes temas. Muchos confundieron «Oh Bondage, Up Yours» con una canción sobre el bondage o el sadomasoquismo. Algo que causó que, equivocadamente, la BBC la prohibiese. Nada más lejos de la realidad. En una entrevista en *Mojo* en 2008, la propia Styrene afirmaba que la canción hablaba de romper las cadenas de la esclavitud del mundo material. Se refiere en ella a los esclavos encadenados o las imágenes de las sufragistas que usaban las cadenas para denunciar la opresión que las mujeres sentían. En la primera línea de la canción dice: «Alguna gente piensa que las chicas tienen que ser vistas pero no oídas». Está claro que Styrene no está de acuerdo y esta canción es buena prueba de ello.

Le siguieron como singles «They Day the World Turned Day-Glo», «Identity» y «Warrior in Woolworths». En 1978 publicaron su primer trabajo, *Germfree Adolescents*. Un álbum seminal que aunque no alcanzó grandes puestos en las listas, llegó al número 30 y se ha convertido en uno de los discos imprescindibles del punk. En él, Styrene mostraba un mensaje tremendamente articulado de libertad y contra la superficialidad imperante en la sociedad inglesa. Mientras tanto la prensa inglesa, sobre todo periodistas masculinos, atacaban a Styrene por su aspecto, por ser mujer o incluso por llevar aparatos en los dientes. Porque no respondía a la imagen que una mujer debía mostrar: guapa y perfecta. Y si podía ser blanca mejor que mejor. Si no cumplías el estándar de belleza, eras fea. A pesar de ello, Poly Styrene nunca tuvo miedo de decir lo que pensaba. Y lo demostraba en sus explosivos directos marcados por su rabiosa voz y su fuerte presencia escénica. El sonido característico de la banda se nutría de la voz de Styrene pero también del saxo que la acompañaba.

Recomiendo encarecidamente escuchar *Germfree Adolescents* y prestar especial atención a sus letras llenas de denuncias contra el consumismo, contra lo que se supone que una mujer tiene que ser, contra la sociedad y las apariencias falsas. No tiene desperdicio. Sacad el disco de su caratula y ponedlo en vuestro tocadiscos si es vinilo o en vuestra cadena si es un CD, o escuchadlo en *streaming*. Pero escuchadlo. En portada aparecen los cinco miembros de la banda vestidos con atuendos coloridos dentro de unos tubos de ensayo. Adolescentes que han querido mantener libres de gérmenes, encerrados en sus convenciones sociales, libres de la vida al fin y al cabo. Canta Poly Styrene en la canción que da título al disco: « Sé que eres antiséptica, tu desodorante huele bien, me gustaría conocerte, estás congelada como el hielo. Ella es una adolescente libre de gérmenes, la limpieza es su obsesión, se lava los dientes diez veces al día». En la primera canción del disco, «Art-I-Ficial» nos canta: «Sé que soy artificial, pero no me acuses, me criaron con electrodomésticos, en una sociedad de consumo. Cuando me pongo el maquillaje, esa preciosa máscara no soy yo, esa es la forma en la que una chica debe ser, en una sociedad de consumo». Ahí es nada.

Lamentablemente, tras esta primera joya del punk la banda se separó en 1979. Lora Logic había dejado la banda después del primer single y formado Essential Logic, pero tampoco tuvo mucho recorrido. Styrene publicó en 1980 *Translucence*, su primer trabajo en solitario. Un disco más jazzístico que dejaba de lado la rabia de su trabajo con X-Ray Spex. Después abandonó la música para hacerse Hare Krishna. En 1986 volvió brevemente a la música con el Ep *Gods & Goddesses* que grabó en el estudio de los Krishna, donado por George Harrison. La banda se reunió de nuevo en 1995 para algunos conciertos y grabaron un segundo disco, *Conscious Consumer*. En 2011 Styrene publicó su último trabajo en solitario, *Generation Indigo*. Ese mismo año murió a causa de un cáncer de mama.

Atrapados en el hechizo de Siouxsie & The Banshees

Styrene abrió una puerta a otras muchas mujeres que encontraron en el punk esa forma de expresar la rabia que sentían. X-Ray Spex no tuvieron una larga carrera pero hubo una banda de punk, una de las pocas, que sí consiguió mantenerse durante años: Siouxsie & The Banshees que publicaron su primer single en Polydor en 1978. Siouxsie Sioux nació como Susan Janet Ballion en Kent. Fue una adolescente solitaria hasta que los Sex Pistols irrumpieron en la escena inglesa con su punk rabioso. Fue uno de los miembros del Bromley Contingent, un grupo de fans que seguía a los Pistols allá donde tocaran. Incluso estaba con ellos en la famosa entrevista del programa *Today* con Bill Grundy que aterrorizó a los televidentes. En el inicio de su entrevista, el presentador comentaba jocosamente que los Rolling Stones eran limpios comparados con los Sex Pistols. Steve Jones le llamó «Dirty fucker» tras unos comentarios que el presentador le hizo a Susan mientras flirteaba con ella descaradamente. Los viejos retrógrados contra los jóvenes radicales. Fue la puerta de entrada del punk a las grandes audiencias.

Pero Susan no se iba a quedar como mera espectadora. Con 19 años se subió al escenario por primera vez en el 100 Club Punk Festival para cantar junto a Marco Parroni, Sid Vicious y Steve Severin. La banda adoptó su nombre del clásico del terror protagonizado por Vincent Price, *Cry of the Banshee*. Susan se transformó en Siouxsie gracias a su pasión por la tribu india. El set incluía versiones de «The Lord's Prayer», «Twist & Shout» y «Knockin' on Heaven's Door». Por lo visto el concierto fue horroroso, así que no consiguieron contrato discográfico hasta dos años después. Tras el éxito de los Sex Pistols, todas las discográficas empezaron a fichar bandas de punk como si no hubiera mañana. Recordad que había que hacer caja. La formación de aquel primer concierto duraría poco. La banda continuó con Siouxsie y Severin como centro compositivo. En sus primeras encarnaciones, Siouxsie ya mostraba su característica imagen vestida de negro y con maquillaje dramático. Aunque posteriormente abandonó la polémica imagen de la esvástica nazi y pechos al aire que lucía en sus primeros tiempos como miembro del Bromley Contingent. No es de extrañar que al principio e incluso antes de tener contrato discográfico se hablara de ellos en la prensa. Sobre todo de Siouxsie. Su desnudez denunciaba la represión sexual de la sociedad inglesa.

Un año después de su debut sobre el escenario, Polydor fichó a la banda y en agosto de 1978 publicaron su primer single «Hong Kong Garden». Una canción que hablaba sobre un restaurante chino al que iban a comer habitualmente y al que grupos de skins solían aterrorizar. Este fue su primer single en el Top 40 de los diecisiete que tuvieron. Aunque sus discos no vieron la luz en los EE. UU. hasta los ochenta. Ese mismo octubre salió su debut, *Scream* con el que alcanzaron los primeros puestos de las listas británicas. Siouxsie siempre insistía en que las entrevistas fuesen con la banda al completo pero para su propia frustración y la del grupo, siempre acababan citándola a ella. El disco trataba canciones de temática atemporal, no querían hablar de lo que pasaba. Siouxsie tuvo problemas con la prensa desde el principio. Por supuesto, se centraban en su imagen. Una mujer no podía comportarse de esa manera. Siouxsie además usaba su propia sexualidad para repeler a los machotes babosos, no para atraerlos, denunciando así la sexualización de la mujer en la sociedad. Aunque a veces consiguiera todo lo contrario.

Siouxsie Sioux

En 1979 publicaron *Join Hands*, un trabajo en el que su sonido evolucionaba hacia temas más bailables y oscuros. Siempre quisieron diferenciarse del resto de las bandas de punk, crear su propio sonido identificativo. Y lo consiguieron. Con atmósferas oscuras y la voz de Siouxsie casi como un encantamiento atrapándote. Empezaban a introducirse en la new wave más gótica. Se produjeron varios cambios en la formación. El cantante de The Cure, Robert Smith fue un miembro intermitente de la banda. El que se mantuvo fijo fue el batería Budgie, que había tocado con Slits y que más tarde formó The Creatures junto a Siouxsie. En 1980 salió a la luz *Kaleidoscope*, un disco más melódico. En 1981, volvieron a obtener otro de sus grandes éxitos en las listas con el álbum *Juju*. Incluía además uno de los tema que se convirtió en clásico del grupo,

Siouxsie & The Banshees

«Spellbound». En 1982 publicaron un disco más experimental, *A Kiss in the Dreamhouse*. Dos años después llegaba el turno de *Hyaena*, un álbum atmosférico que seguía la estela gótica y oscura tanto en su sonido como en sus letras. En 1986 y con *Tinderbox* por fin alcanzaron las listas americanas gracias a su excelente single «Cities in Dust», una canción que hablaba sobre la destrucción de Pompeya por la terrible erupción del Vesubio. Otro de sus grandes éxitos fue la versión del «Dear Prudence» de los Beatles. Un año después publicaron su disco de versiones *Through the Looking Glass*.

En 1988 llegó *Peepshow*. «Peek-A-Boo», uno de sus singles, fue calificado como pop mezclado con hip hop. Se acercaba a la electrónica en sus sonoridades. Fue una innovación sonora refrescante. La banda desapareció de escena durante una temporada antes de retornar en 1995 con *The Rapture*. Aunque poco después se separaron definitivamente y Siouxsie se centró en The Creatures junto a su ahora ya marido Budgie. En 2007 publicó su primer disco en solitario, *Mantaray*.

The Slits no son chicas típicas

El punk nacía con una idiosincrasia particular, no importaba tu técnica o lo bien que tocabas, sino la energía que ponías en ello. Grupos como The Slits eran buena prueba de ello aunque eso no significa que no dejaran su legado. Fueron la primera banda punk formada únicamente por mujeres que grabó un disco. Su música ha influido a muchas *riot grrrls* y rockeras posteriores. Se subían al escenario prácticamente sin saber tocar. En su primer tour Mick Jones solía afinarles las guitarras. Pero no importaba, sus directos eran incendiarios. El grupo se formó en 1976 cuando unas adolescentes Ari Up (Arianna Forster) y Palmolive (Paloma Romero) se juntaron para crear su propia

The Slits

banda. Acababan de ver actuar a Patti Smith en Londres. Apenas sabían tocar dos o tres acordes pero aun así consiguieron lanzarse a la aventura. Aunque para ellas fuera más allá de duro. Eran odiadas y las críticas eran demoledoras. Iban desde visten fatal o son desagradables a no saben tocar. Sus compañeros masculinos sufrían también por este tipo de insultos pero no se centraban tanto en su imagen física, no eran mujeres y no se les exigía ser guapas y agradables a la vista.

La primera formación estaba compuesta por Ari Up a las voces, Suzi Gutsy al bajo, Kate Korus a la guitarra (antes había formado parte de The Castrators) y Palmolive a la batería. Posteriormente, Gutsy fue sustituida por otra miembro de Castrators, Tessa Pollitt y Korus por Viv Albertine que había tocado también en Flowers of Romance junto a Sid Vicious y Palmolive. Su nombre era polémico y causó bastante revuelo. The Slits podría traducirse como Las Rajas. Algo que dificultó que sus temas sonaran en la radio. Demasiado radical por su connotación sexual, pero, espera un momento. ¿Cómo se llamaba ese grupo que fue el gran adalid del punk? ¡Los Sex Pistols! Pistolas del sexo. Ummm, claro, claro. En 1977 telonearon a The Clash en su gira por Inglaterra. La madre de Ari Up era amiga de Joe Strummer y estaba casada con John Lydon de los Sex Pistols. Así que tuvieron acceso a un público, aunque no fuera el suyo, que les dio visibilidad en la escena punk. Antes de la gira con The Clash habían ensayado tres semanas como mucho, no sabían lo que era el directo, pero se lanzaron a ello con rabia y energía, aunque no con destreza. Había veces en los primeros conciertos en los que cada una iba a la suya, parecía que tocaban canciones diferentes. Pero no importaba, la energía explotaba. Mejorarían con el tiempo. Hay muy pocas grabaciones de esos primeros años de existencia de la banda, aparte de algunas sesiones para el programa de John Peel en la BBC. En ellas ya se podía escuchar la crudeza de sus composiciones.

En 1979 lanzaron su primer disco, *Cut*, producido por la leyenda del reggae Dennis Bovell. Las guitarras rabiosas de sus primeras composiciones dieron paso a los ritmos reggae. En aquel disco Palmolive ya no era miembro y Viv Albertine se había unido a la banda, tras su reticencia inicial. Ella haría que el grupo sonase cohesionado, les aportó el equilibrio que necesitaban. *Cut* es considerado uno de los discos más importantes del punk rock inglés. Un ejemplo de la libertad creativa de la banda y del espíritu hazlo tú mismo que las guiaba. La portada también fue polémica, las mostraba desnudas y cubiertas de barro, como si fueran salvajes surgidas de la selva. Busquemos entre

nuestras estanterías su single más representativo, «Typical Girls». Un alegato feminista contra lo que la sociedad dicta cada día sobre lo que una chica tiene que ser. Pongámoslo en el plato y dejemos que la aguja recorra sus surcos. Ni crean, ni son rebeldes, no pueden decidir. Eso son las chicas típicas. Se asustan fácilmente, no pueden controlarse, están confusas, no piensan con claridad, son impredecibles. Pero también caen bajo hechizos, compran revistas, se sienten fatal, se preocupan por los granos, la grasa o los olores naturales. Son sensibles y emocionales. Y se preguntan al final de la misma: «¿Quién inventó a la chica típica? ¿Quién traerá al nuevo modelo mejorado? Las chicas típicas consiguen al chico típico». Que es de lo que se trata, ¿verdad?

Todo este relato de la realidad de una sociedad, que exigía a las mujeres que se rigieran por un modelo anticuado que los hombres podían saltarse a la torera porque eran hombres, hacía que se viese a The Slits como algo agresivo. Las mujeres no podían quejarse de esa manera y mucho menos comportarse así. Era una ofensa a sus valores bien pensantes. El disco fue un salto cualitativo en el sonido de la banda, tanto que la gente les preguntaba si en realidad el productor tocaba todos sus instrumentos. Imposible que fueran ellas las que tocaban.

Su siguiente trabajo, *Return of the Giant Slits* de 1981, fue un paso más allá en la experimentación sonora. Nunca tuvieron miedo a probar nuevos sonidos. The Slits se separaron en 1981. Ari Up se unió a The New Age Steppers. Mientras, Albertine abandonó la música durante 25 años para dedicarse a su familia y a la edición de cine hasta volver a emprender carrera en solitario. Palmolive se hizo cristiana renacida y abandonó la música por completo. Pero en apenas unos años, la banda hizo uno de los discos más representativos del punk. No del punk femenino, del punk. Aunque claro, les costó que se las reconociera mucho más que a sus contemporáneos. Los chicos podían comportarse de forma loca, destrozar hoteles, ser agresivos en el escenario, decir tacos. Las chicas no. Las chicas tenían que ser chicas típicas.

Crass, más allá de una banda de punk

Seguimos en la tierra de su graciosa majestad, repasando los grupos de punk que asaltaron la escena musical en los años setenta. Crass fue una de las bandas que usaba sus letras y sus actuaciones para expresar sus puntos de vista anarquistas. Y aunque el grupo no estaba formado solo por mujeres, Joy de Vivre y Eve Libertine eran sus miembros femeninos, sus letras siempre lanzaron potentes mensajes feministas. Eran algo más que una banda, un colectivo artístico formado en 1977, vivían en una comuna en una granja en Essex. Cultivaban su propia comida, creaban arte, producían películas, protestaban contra la guerra y contra las injusticias y publicaban sus discos y los de otras bandas en su sello Crass Records.

Joy de Vivre

El grupo estaba formado a las voces por Steve Ignorant, Eve Libertine y Joy de Vivre, a las guitarras por N.A. Palmer y Phil Free, al bajo por Pete Wright, a la batería por Penny Rimbaud y Gee Vaucher se encargaba de los coros y todo el aspecto visual de la banda. Las letras de sus canciones eran directas como un puñetazo en el estómago y hablaban de temas que otros grupos no tocaban ni por asomo: la violencia sexual contra las mujeres, los roles de género o los estándares de belleza de la sociedad. Buscamos su primer disco *Stations of the Crass* de 1979 para escuchar el tema «Women». «Joder es el dinero de la mujer», canta Libertine, «Pagamos con nuestros cuerpos. No hay pureza en la maternidad. Ni atractivo. Sólo soborno. Es todo lo puto mismo. Todos somos esclavos de historias sexuales. Nuestra conciencia de prostitución puede ser puesta en libertad». Aunque es cierto que las canciones más feministas provenían de los miembros femeninos del colectivo, los masculinos no se quedaban atrás y mantenían una posición clara sobre el tema. Pero no solo denunciaban el machismo, sino que atacaban la guerra, el racismo, la tiranía, el capitalismo, la religión y todo sistema opresivo de nuestra sociedad occidental.

Era una banda diferente que denunciaba que los primeros punks se habían vendido al mismo sistema que en un principio atacaban. Un grupo que cuando eran entrevistados siempre contestaban como colectivo. Su primer trabajo tuvo problemas para conseguir una planta de impresión, teniendo que dejar fuera en una primera edición la canción «Reality Asylum». La razón: la polémica de su letra en la que acusaban a Cristo y la iglesia de oprimir a las personas. Y encima cantada por una mujer, las víctimas favoritas de la moral cristiana. ¡Pecado! Su segundo disco *Penis Envy* se lanzaba de lleno contra las presiones y opresiones que la sociedad ejercía sobre las mujeres para esclavizarlas. Todo el disco cantado por las dos mujeres del grupo, Joy De Vivre y Eve Libertine. A la prensa le gustó, ¡oh milagro! Pero tiene trampa, por supuesto en alguna de las reseñas remarcaban que eran lo suficientemente guapas para ser tenidas en cuenta. ¡Ole sus huevos! Teniendo en cuenta además que la idea mayoritaria sobre las mujeres del punk por parte de los críticos era destacar en las reseñas que eran feas.

Sacamos *Penis Envy* de la estantería. En su portada un corazón y dentro una imagen de la cara de una muñeca hinchable. En «Bata Motel» relatan la violación terrible de una mujer marcada por sus zapatos rojos de tacón alto. Son su nacimiento, su sexo, su historia, crecieron conmigo, mis mejores amigos. Terrible y rompedora canción. En «Poison in a Pretty Pill» denunciaban la esclavitud de los productos cosmé-

Eve Libertine

ticos. Le cantan a la mujer a la que han metido en una trampa de cristal. Y le preguntan: ¿Es tu reflejo todo lo que reconocerás? Esa mentira cruel te mirará a la cara.

Las cosas se pusieron cada vez más difíciles para la banda. Tras los problemas de «Reality Asylum», tuvieron que sacarla del disco para poder editarlo. Fueron perseguidos y acosados por la brigada antivicio gracias a unas leyes antiblasfemia anticuadas. Aunque los cargos fueron retirados pasaron a usar una estrategia diferente, acosar a la gente con la que trabajaban. Dueños de salas, tiendas de discos... así que era prácticamente imposible organizar conciertos o vender sus discos. Por supuesto, eran censurados en la BBC. Además se les ocurrió grabar una cinta imitando una conversación entre Reagan y Thatcher sobre la guerra de las Malvinas para denunciar la hipocresía de los políticos. En un principio se llegó a especular que era cosa de la KGB. Cuando se descubrió que habían sido ellos, el revuelo mediático les pasó factura. Tras otro cargo por obscenidad, la banda no pudo soportar la presión y se separó en 1984.

Crass no recibió nunca el reconocimiento que otros grupos menos políticamente incorrectos y menos contestatarios sí recibieron. Los Sex Pistols a su lado parecían niños de papá. Pero lo que sí es cierto es que representaron a la perfección la idea del punk como método de no solo expresar lo que sientes, la rabia contenida por las injusticia que ves a tu alrededor, sino de poder ir un paso más allá y luchar contra ello. Y además desde una perspectiva feminista que otras bandas nunca tuvieron.

The Raincoats, furia feminista

Otro de los grupos puntales del punk inglés eran The Raincoats. Fueron más allá del género añadiendo ritmos tribales con influencias del dub y el reggae a sus composiciones, aparte de mostrar en sus letras una conciencia política y feminista marcada. Gina Birch y Ana Da Silva eran el alma máter del grupo. Se conocieron a mediados de los setenta mientras estudiaban en la escuela de arte en Londres. Venían de entornos totalmente diferentes, pero se encontraron en el centro neurálgico de la contracultura de la época. Da Silva se había criado en la isla de Madeira y Birch en Nottingham. La primera había estudiado piano de pequeña y tocaba la guitarra, la segunda no había tocado ningún instrumento en su vida pero se compró un bajo que no sabía tocar y que pintó de azul. Ambas encontraron en Londres una nueva forma de expresarse, sobre todo Da Silva que venía de un entorno mucho más conservador. Cuando se juntaron decidieron montar su propia banda. Después de varios cambios de formación, Palmolive entró en el grupo. Acababa de dejar a las Slits y buscaba nuevos caminos. Su particular estilo tribal y forma descontrolada de tocar la batería marcaría el sonido del nuevo grupo en sus inicios. Buscaban algo especial y lo consiguieron poniendo un anuncio en una tienda de discos: «Se busca violinista». Contestó Vicky Aspinall que aunque tenía formación clásica pronto supo aportar un toque diferente a su música.

Rough Trade se fijó en ellas y publicó en 1979 su primer single «Fairytale in the Supermarket» y su primer disco homónimo. En este trabajo ya trataban temas espinosos como en la inquietante «Off-Duty Trip». Una canción que hablaba de un juicio notorio de la época por violación, en el que el autor fue tratado con indulgencia por un juez para evitar dañar su carrera militar. Hace poco surgió un caso similar en EE. UU., un juez absolvió a un estudiante acusado de violar a una chica en el campus de su universidad porque este tenía un brillante futuro y temía que condenarlo lo perjudicase. ¿Justicia? ¿Para quién? Esta canción es de 1979 y casi 40 años después sigue pasando exactamente lo mismo. Escuchamos la rabia de la canción: «Mujer, te han colgado en la pared delante de ti. La vida de un soldado es muy dura. Necesita amabilidad tierna cuando está luchando». Al profesional hay que salvarlo y evidentemente no va a la cárcel.

A pesar de ser alabadas por Johnny Rotten, no tuvieron el éxito que se merecieron. En 1981 publicaron su segundo disco *Odyshape*, en 1983 el Ep *Animal Rapshody* y el LP *Moving*. Palmolive dejó la banda tras el primer disco aunque Reach Out Internacional publicó cuatro años después una actuación en directo en la que ella tocaba, *The Kitchen Tapes*. Se grabó en la sala The Kitchen de Nueva York. En «No One's Little Girl» reclamaban la independencia de la mujer: «No soy la niña pequeña de nadie, no voy a serlo porque no quiero. Incluso si me preguntas, te diré que no. Nunca estaré en tu árbol de familia». Se separaron en 1984. Los miembros de la banda prácticamente abandonaron la música tras la ruptura, menos Da Silva que se dedicó a hacer bandas sonoras de películas. La huella del grupo se perdió durante años hasta que Kurt Kobain empezó a mencionarlas como uno de sus grupos de referencia.

En 1993 Cobain convenció a Geffen de que reeditaran los dos primeros discos de la banda. Él escribió las notas del primero y Kim Gordon las del segundo. Cobain conoció a Da Silva en un viaje a Londres durante una gira. Buscaba el vinilo de su primer disco y la encontró en la tienda en que trabajaba. Ella le envió el vinilo firmado por todos los miembros de la banda, con una portada especial, fotos... todo lo que un fan podría soñar. En sus notas para la edición de *Incesticide,* Cobain aseguraba que aquel regalo le hizo más ilusión que «tocar delante de miles de personas cada noche, ser idealizado como un dios del rock por los fans, el plancton de la industria musical besándole el culo y el millón de dólares que había ganado el año anterior». Gracias a este apoyo en 1996 publicaron nuevo disco, *Looking in the Shadows* y acompañaron a Nirvana en su tour europeo (la parte americana se suspendió tras el suicidio de Kurt). Steve Shelley de Sonic Youth publicó su EP *Extended Play* en su sello Smell Like Records en 1994 y actuó de batería del grupo en esa gira. De no haber sido por Kurt Cobain tal vez nadie se acordaría de esta banda, sin cuya existencia no sería posible el sonido de bandas como Nirvana o Sonic Youth.

El punk de denuncia de Au Pairs

Muchos de los grupos que surgieron en aquella época tenían una vertiente política muy marcada como ya hemos visto, una de denuncia. Los grupos mixtos se multiplicaban, un buen ejemplo eran X-Ray Spex, pero seguía habiendo un clima de tensión racial que hizo que se formaran asociaciones como el Rock Against Racism y el Rock Against Sexism. Se organizaban conciertos multiraciales tanto en las bandas como en el público. En el primero y en el segundo se defendían los derechos de las mujeres recolectando dinero para organizaciones como Women Aid y Rape Crisis. Au Pairs empezaron a tocar precisamente en los conciertos de Rock Against Sexism. Fueron uno de los grupos más abiertamente políticos en sus letras sobre todo en lo concerniente a la sexualidad femenina.

Lesley Woods

La banda la formó en 1978 en Birmingham la guitarrista, compositora y cantante Lesley Woods. La acompañaban June Munro al bajo, Paul Foad a la guitarra y voces y Pete Hammond a la batería. Un grupo que a pesar de ser mixto no se cortaba un pelo a la hora de hablar de los roles sexuales femeninos. Su primer disco *Playing with a Different Sex* es un clásico del punk lleno de letras rompedoras. Fue publicado en 1981 por Human Records. En la portada aparecen dos jóvenes de la milicia en Mongolia vestidas de forma tradicional mientras corren armadas por un prado. Una imagen impactante de la gran fotoperiodista Eve Arnold. Antes de sacar el vinilo y escucharlo, nos fijamos en las notas que contienen parte de las letras de las canciones, un añadido curioso: un «Basal Temperature Chart for use with Brannan Fertility Thermometer.» para calcular las menstruaciones y los periodos de fertilidad con sus pertinentes instrucciones de uso. Algo que nos habla de sexo desde una perspectiva totalmente femenina. En la galleta del vinilo, por un lado con fondo rosa las canciones y por el otro la imagen de unos labios rosas con dos dedos femeninos sobre ellos, con las uñas pintadas de rojo y unos relámpagos plateados sobre ellos.

En la primera canción de la cara A, «We're So Cool» nos cantan sobre relaciones abiertas que realmente no lo son: «Debes admitir, que cuando piensas en ello, tú eres mío». En «Repetition», una versión de Bowie, denuncian los matrimonios abusivos con líneas como: « Supongo que las marcas no se verán, si lleva manga larga». En «Armagh» ya en la segunda cara, mostraba las alegaciones de violación y tortura de mujeres irlandesas presas en la cárcel de Armagh en Irlanda del Norte: «Nosotros no torturamos, somos una nación civilizada. Evitamos cualquier confrontación. Nosotros no torturamos», canta Woods mientras relata cómo las mujeres tienen que vivir con su propia mierda en las celdas, cómo les quitan los hijos que tienen, cómo las drogan para los interrogatorios. La canción no tuvo distribución en Irlanda del Norte, evidentemente. En «Come Again» hablan de la obsesión y presión por conseguir el orgasmo en la mujer igual que en el hombre, cuando es evidente que nuestros cuerpos funcionan a diferentes niveles en ese aspecto. Habla de mujeres que fingen orgasmos por la presión de un hombre que les pregunta sin parar: «¿Es real? ¿Lo estás sintiendo?». Mientras un ritmo poderoso y una guitarras afiladas sientan la base, Paul como la voz masculina pregunta: «¿Lo estoy haciendo bien?», ella le asegura que «no eres egoísta, estás tratando de complacerme. Por favor, compláceme. ¿Te duele el dedo? Puedo sentir tu vacilación». Cuando el sexo parece más una competición que algo placentero, cuando las convenciones sociales marcan la agenda sexual de la pareja. Por supuesto, la BBC prohibió la emisión de «Come Again». En la canción que cierra el disco, «It's Obvious» gritan una y otra vez: «Sois iguales, pero diferentes. Es obvio, tan obvio». Algo evidente, que parece que parte de la población ha olvidado. Todas estas letras reivindicativas además vienen acompañadas de ritmos adictivos, música que acompaña a la perfección. Un clásico instantáneo que no ha perdido ni un ápice de actualidad en los temas que trata, ni en el sonido que nos muestra.

En 1982 publicaron su segundo disco, *Sense and Sensuality*. Este nuevo álbum no fue tan redondo en lo musical pero sus letras seguían cargadas de sarcasmo y denuncia, esta vez de la administración Reagan y la guerra del Vietnam como en «America». Pero también seguían mostrando de forma rompedora y clara la forma en la que la sociedad trataba a las mujeres. En canciones como «Stepping Out of Line» queda patente. No puedes salirte de la línea que se te ha marcado. Las mujeres son frívolas, *femme fatales* con intenciones malvadas. A una mujer histérica o neurótica no hay que hacerle caso. Grita Woods: «Cállate, cállate, hablas muy alto. Te hemos resumido, te hemos definido». Escalofriante. Lamentablemente un año después la banda se separó, estaban a punto de grabar su siguiente disco. Pero no ganaban dinero, sus canciones no eran radiadas... Aun así, no hay duda, Au Pairs marcaron un antes y un después en la forma en que una mujer podía expresarse a través de la música sobre temas que antes no se habían tratado de esta manera tan cruda y necesaria.

Gaye Advert, la mirada oscura de una celebridad punk

The Adverts fueron una de las bandas inglesas de punk con más éxito y carrera más breve. Su bajista Gaye Advert, fue de las primeras figura femeninas del punk rock. El grupo se formó en 1976, sus principales miembros eran Tim Smith y Gaye Black, más conocidos como T.V. Smith y Gaye Advert. Ambos se habían conocido mientras estudiaban arte en Bideford, su pueblo natal en la costa de Devon. Pronto se mudaron a Londres, donde conocieron al guitarrista Howard Pickup (Boak) y al batería Laurie Driver (Muscat). Juntos formaron The Adverts. En Londres empezaron a tocar en el Roxy Club atrayendo la atención del guitarrista de los Damned. Él los presentó a su sello Stiff Records, además de llevárselos de gira como teloneros. Con Stiff publicaron su primer single «One Chord Wonders» en 1977, incluido en su primer disco *Crossing The Red Sea With The Adverts*. Ya entonces se mofaban de la poca habilidad de la banda para tocar. Busquemos el single entre nuestras estanterías, en la portada, la mirada penetrante de

Gaye Advert

Gaye Advert. Cantaba T.V. Smith: «Me pregunto qué responderemos cuando nos digas: No nos gustáis, marchaos. Volved cuando hayáis aprendido a tocar». Muchas bandas de punk no sabían tocar ni tres acordes, pero poco importaba, ya que su falta de técnica era suplida por la energía de sus composiciones.

Con su segundo single «Gary Gilmore's Eyes» entraron en el top 20 en Inglaterra incluso tocaron en el famoso programa *Top of the Pops*. Una canción que hablaba sobre el deseo de un asesino en serie, a punto de ser ejecutado en EE. UU., de que sus ojos fueran donados a la ciencia. La prensa pronto se fijó en ellos gracias a la controversia. Pero no todos los miembros de la banda eran tratados de la misma forma. Mientras se alababa la labor compositiva de T.V. Smith a Gaye Advert le caían los palos. La prensa no paraba de destacar su poca habilidad como bajista, su estupenda figura femenina o su forma de vestir. La han calificado como la primera *pin-up* del punk y no precisamente por periodistas femeninas, ya me entendéis. Un icono vestida de cuero negro y maquillaje extremo con toneladas de *kohl* en sus ojos. En un movimiento en el que el amateurismo estaba a la orden del día, que se criticara un día sí y otro también a Advert y solo a ella por su forma de tocar dice mucho de la vara de medir para hombres y mujeres. *NME* la aclamaba como la única razón del éxito de la banda, eso es periodismo de altura, sí señor. Mientras Stiff Records aprovechaba el tirón y la convertía en imagen de la misma poniéndola en portada de su primer single, solo a ella y su cara, sin el consentimiento de ningún miembro de la banda.

El primer disco de The Adverts se ha convertido en una de los álbumes fundamentales de la historia del punk comparado con los primeros discos de The Clash o los Sex Pistols. Pero su segundo disco, *Cast of Thousands*, no tuvo la misma acogida y la banda se separó poco después. En parte por el resentimiento de algún miembro de la misma, dolido por la atención que su compañera recibía, sin pedirlo ni desearlo, de los medios de comunicación. Gaye Advert ocupaba una posición que no era femenina, no era la cantante, sino la bajista, una instrumentista, un lugar reservado para los hombres. Tras la disolución de la banda, Gaye recuperó su apellido y se dedicó al arte.

La madurez punk de Vi Subversa

Desde un punto de vista más radical, las Poison Girls de Vi Subversa llegaron también desde Brighton para remover las conciencias inglesas desde una visión anarco-feminista. Cuando la banda se formó, Frances Sokolov que era como se llamaba Subversa en realidad, tenía 44 años y dos hijos. Ella revolucionó la escena en muchos aspectos rompiendo estereotipos de edad, de feminidad e incluso de maternidad. La acompañaban Lance D'Boyle a la batería, Richard Famous a la guitarra y voces, Nil al bajo y violín eléctrico y Bernhardt Rebours al sinte y piano. Su primer disco lo editaron en el sello de la banda Crass en 1980 y se titulaba *Chappaquiddick Bridge*. Con ellos trabajaron durante bastantes años en varias causas sociales, montando conciertos juntos hasta que crearon su propio sello, X-N-Trix, donde también editaron a otras bandas.

Repasemos algunas de sus canciones más emblemáticas. En 1980 publicaron el single «Bully Boys» con «Pretty Polly» en la cara B. Un single que iba gratis con el número 15 del fanzine *In The City*. En la primera denunciaban la violencia machista con letras donde advertían de esos chicos violentos que se acercaban: «Pero no llores mi querida. No derrames una lágrima. Sólo ponte tu cuero negro. Los chicos que intimidan están aquí. No hay tiempo para ser una víctima. Cuando el enemigo es el miedo». Todo ello después de un ataque que la banda sufrió en uno de sus conciertos por parte del grupo fascista, National Front. En «Real Woman», en cambio, definen con ironía los estereotipos femeninos que la sociedad impone. «No soy una mujer de verdad, no parezco divina. Solo me gustan los niños de vez en cuando». Evidentemente, nos cuenta que para ser una mujer de verdad, tienes que ser joven. Y nos recuerda que está en la cuarentena. Le espeta al hombre que guarde sus plátanos para comérselos con el almuerzo. Para finalmente rematar. «No soy una mujer de verdad, no voy a cocinar tu comida. Y solo quiero sexo cuando estoy de humor». Evidentemente, con estas letras, sus canciones no se escuchaban en los tops de las listas de la época. Quizás por eso a nadie le sonará Vi Subversa. Pero tomad nota y escuchad sus discos. Su último trabajo data de 1985 y se titula *Songs of Praise*.

Vi Subversa

Los hijos de Vi Subversa, Pete Fender y Gem Stone, siguieron su ejemplo. Formaron la banda de punk anarco-gótico Rubella Ballet en 1979 cuando Crass invitó a la audiencia a tocar sus instrumentos al final de uno de sus conciertos. Para diferenciarse del movimiento más oscuro y gótico, sus miembros vestían colores chillones y fluorescentes, ropas que ellos mismos diseñaban. Eran diferentes y eso les valió insultos e incluso amenazas de muerte. Era la época gris de esplendor de la dama de hierro, Ms. Thatcher. A su política le dedicarían varias de sus canciones. Tras varios cambios de formación Zillah Minx se convirtió en su cantante. Años después sería la autora del documental *She's a Punk Rocker UK* que recoge la historia de las mujeres en el punk inglés, entre ellas muchas de las que hemos hablado aquí. En «Money Talks» nos cuentan que el dinero es el que manda. No importa que seas malo o bueno, blanco o negro, vivo o muerto, hombre o mujer, en esta tierra de leyes, el que manda es el dinero.

Otra de las bandas en las que participaron los hijos de Vi Subversa fue Fatal Microbes en la que también cantaba Honey Bane. La banda sacó un 12« junto a Poison Girls en 1978 de cierto éxito con su single »Violence Grows« que atrajo la atención del famoso DJ de la BBC, John Peel. Después de la ruptura de Fatal Microbes, Honey Bane acabó en un centro de detención de menores, algo que le dio más prensa que su propia música. Bane empezó a colaborar con Crass mientras estaba fugada de los Servicios Sociales. De ahí el título de uno de sus singles »Girl on the Run" de su EP *You Can Be You* de 1980. Una pena que dejara el punk para dedicarse a otros menesteres más pop. Estas canciones reflejaban el descontento y desencanto de una juventud, abandonada y maltratada por una Inglaterra gris bajo el yugo de la derecha más férrea.

Y Marianne Faithfull resurgió de las cenizas

No podemos olvidarnos de Marianne Faithfull. Una mujer que pasó de icono del pop de los sesenta a sin hogar drogadicta y mujer renacida en los ochenta. Los setenta fueron los años más tortuosos de su vida, tras su ruptura con Mick Jagger y sus problemas con las drogas que la llevaron a prácticamente convertirse en una mendiga. Pero en 1979 Faithfull renació de las cenizas cual ave fénix gracias al disco *Broken English*. Pero antes de eso, fue David Bowie quien la recuperó para la música. Nadie daba un penique por su carrera, pero en 1974, el músico inglés la llamó para participar en su especial para la televisión *1980-Floor Show*. Cantó tres canciones. Un año después publicaba el single «Dreamin' My Dreams» y un disco de country en 1978 llamado *Faithless*. Estaba intentando reencontrarse a sí misma y a su sonido. Pero entonces llegó el punk. Una música que sonaba enfadada y rabiosa, como ella misma se sentía por dentro en aquel entonces. Había encontrado su camino. Y aunque pueda parecer lo más alejado del punk, en cierta manera lo era. Era la manera punk a lo Marianne Faithfull.

Island Record la fichó y en 1979 publicó *Broken English*. Un disco en el que muchos descubrieron su nueva voz: rota, ronca y oscura. Una voz que describía con dolor la vida dura que había vivido en los últimos años. Dejaba de ser la dulce Marianne del pop de los sesenta y lo hacía con canciones como «The Ballad of Lucy Jordan». Una canción escrita por Shel Silverstein con la que Faithfull se sintió inmediatamente identificada. Una mujer que vivía una aburrida vida de clase media confortable y tranquila, pero aburrida. Una en la que se da cuenta de que nunca ha hecho nada espontáneo ni se ha dejado llevar por la libertad y de repente decide hacerlo, con fatales consecuencias. Escuchamos la voz de Faithfull mientras nos cuenta como a la edad de 37 años, Lucy Jordan se dio cuenta de que nunca había conducido por las calles de París en un descapotable mientras el viento mecía su pelo. En «Broken English», la canción que titula el disco, nos canta algo que el punk tenía muy presente: esa Inglaterra que ya no es nuestra, no es nuestra guerra, es la vuestra. No queremos saber nada.

La reina del punk alemán

No quiero terminar este capítulo sin hablar de Nina Hagen que a pesar de su origen alemán pasó por Inglaterra antes de despegar hacia la fama. En el mundo del rock, Estados Unidos es el país dominante. El rock nació allí, por eso muchas artistas que han triunfado fuera de sus fronteras ni siquiera han tenido una línea en la historia del mismo. Inglaterra es diferente. Pero en otros países también existía el rock. La alemana fue una de las voces del punk en sus inicios y no hay que obviar su influencia en otras cantantes que le siguieron.

Nacida en Berlín Este. Su madre fue una conocida actriz de la Alemania comunista. Allí ya era una cantante famosa y se había ganado un reputación en la escena punk de los setenta gracias a su característica voz y su irreverente presencia. Protagonista de diversas películas de éxito, ya había tocado en diversas bandas como Automobil con las que tuvo algún hit. En 1976 logró pasar al otro lado del muro. Allí formó su banda y firmó por CBS Alemania. Viajó a Londres y conoció a las Slits. Ari-Up y ella escribieron juntas uno de los temas del primer disco de Nina, «Pank». Publicó *Nina Hagen Band* en 1978 grabado junto a los músicos Manfred Praeker, Herwig Mitteregger, Bernhard Potschka y Reinhold Heil. Sus primeros trabajos, cantados en alemán, estaban protagonizados por su teatral voz que no dejaba indiferente a nadie. El single «TV-Glotzer» era una versión del «White Punks On Dope» de The Tubes con una letra diferente en alemán. Nina Hagen escribe desde el punto de vista de un alemán del este que no

Nina Hagen

puede salir de su país y que se escapa mentalmente viendo la televisión del otro lado, donde todo parece de color rosa. Ella misma era una expatriada que logró escapar siguiendo los pasos de su padrastro, Wolf Biermann.

En 1980 publicó *Unbehagen*, un disco que incluía una versión en alemán del «Lucky Number» de su gran amiga Lene Lovich. En 1986 grabarían juntas «Don't Kill the Animals». Este segundo disco lo grabó en solitario tras disolverse la banda, con la consiguiente batalla legal que supuso la separación. En 1980 dio el salto también a los Estados Unidos con *Nina Hagen Band EP*, una mezcla de temas de sus dos anteriores trabajos. En aquellos años ya escandalizaba en la televisión alemana explicando como se podía masturbar mejor una mujer. En Nueva York grabó su primer disco en inglés, *Nunsexmonkrock* en 1982. Y un año después publicó *Fearless*. Dos trabajos que le dieron cierta fama pero que no acabaron de despegar. Después de publicar *Nina Hagen in Ekstacy*, abandonó CBS. En 1989 volvió a Alemania con *Nina Hagen*. Sus últimos álbumes han sido sorprendentes, como siempre ha sido Nina Hagen. En *Personal Jesus* canta sobre descubrir a Dios y su conversión al cristianismo en clave de rock, blues, soul y gospel. En *Volksbeat* son protagonistas los derechos civiles y los movimientos antiguerra y antinucleares. Irreverente hasta el final, como el propio punk.

Capítulo 8

Women Power.
Experimentando con la química del rock.

El punk aportó a la música una filosofía de vida diferente, una en la que podías tener el control de tu música, la del *do it yourself*, el hazlo tú mismo que daba mucha más independencia a los artistas y la forma en la que trabajaban y enfocaban su música. Una experiencia liberadora que se unía a la energía rabiosa que el punk había aportado a sus canciones. Las mujeres tenían una voz que no dudaban en usar y una rabia que podían expresar sin miedo. Cuando el punk empezó a perder fuelle, muchas mujeres encontraron refugio para expresar sus emociones en la música más underground. Y lo consiguieron acercándose a las vanguardias, al arte e incluso a la performance. El arte las daba una libertad que muchas veces no encontraban en otras esferas de su vida. Muchas de ellas ni siquiera tenían intención de dedicarse a la música, pero su arte les llevó a ella. Directa o indirectamente, acabaron haciendo música que surgía desde el arte más conceptual, la poesía, la pintura o la escultura. La música se elevaba hacía el arte. Aunque muchas veces encontrara también otros impedimentos: el de los que no comprendían que desde una visión totalmente diferente e innovadora se podía hacer rock.

En esto también hubo una mujer pionera que se adelantó a su tiempo pero que lamentablemente fue vilipendiada, me refiero a Yoko Ono. En nuestra discoteca de Alejandría ocupa un lugar preeminente. El que se merece y el que muchas veces la historia del rock le ha negado. Su música entroncaba con las raíces del punk y más tarde con la música de vanguardia de la que os hablaba antes. Lamentablemente, su asociación sentimental con John Lennon ha borrado prácticamente de la historia de la música su importante papel. Yoko Ono tiene el dudoso honor de ser la mujer más odiada de la historia del rock. Ella fue la culpable de que los Beatles se separaran. Ese es su gran logro para la sociedad. Esa es la historia que se nos ha vendido. Siempre es más fácil echarle la culpa a una mujer de todo antes que reconocer que tus ídolos tienen unos egos tan descomunales que no pueden trabajar juntos. Ser la mujer de John Lennon debía de ser difícil por diversos motivos, primero porque Ono era una mujer de esas que no tenía pelos en la lengua, no se callaba, decía lo que pensaba y no se mantenía en un segundo plano como sí hicieron otras esposas de los Beatles. Aunque a Linda McCartney también le cayó parte de la cruz causante de la ruptura de los de Liverpool, Yoko se llevó la peor parte. Segundo, porque era una artista a la altura de su marido, segura de sí misma. Recordad, las mujeres mejor calladitas y como *groupies*. Las que pensaban por sí mismas eran vistas como algo malo por la sociedad conservadora. Y tercero y para colmo de desgracia, era japonesa. La prensa no paraba de ridiculizarla por su origen asiático. La Segunda Guerra Mundial y Pearl Harbor habían hecho mella en el ideario norteamericano. Y si no que se lo pregunten a los miles de inocentes estadounidenses de ascendencia japonesa que fueron recluidos en campos de concentración en los EE. UU. tras el ataque a Pearl Harbour. El país de las libertades, ¿verdad?

La culpa de todo la tiene Yoko Ono

Parece como si Yoko Ono hubiera salido de la nada para robar con sus malvados hechizos de bruja a John Lennon a los miles de fans de los Beatles. ¿Cómo iba John Lennon a fijarse si no en alguien como ella? Esto, jamás se pensaría de un hombre, pero el delito de Yoko Ono fue ser mujer y una que se acercó a un dios de la música y lo convirtió en simple mortal. Haceos un favor y superadlo de una vez. Pensar que Yoko Ono es la culpable de la ruptura de los Beatles es tan ridículo como pensar que los cerdos vuelan (y no estoy hablando de Pink Floyd). Pero antes de llegar al momento Beatles hay mucha historia que contar.

Yoko Ono nació en 1933 en Tokio en el seno de una familia adinerada. Su padre trabajaba para la banca, primero en Tokio. Posteriormente en San Francisco y Nueva York. Yoko Ono vivió una niñez solitaria. Su padre fue trasladado a San Francisco cuando era niña. Prácticamente fue una figura ausente durante los tres primeros años de su vida hasta que la familia se trasladó con él a los EE. UU. Pronto tuvieron que volver a Japón a causa de la oleada antijaponesa que invadió Estados Unidos justo antes de la Segunda Guerra Mundial. Yoko fue educada en una escuela privada de élite. Estudió piano clásico a muy temprana edad y más tarde recibió clases de canto y ópera. Desde pequeña anotaba en libretas sus escritos. El arte la llamaba. La Segunda Guerra Mundial llevó a la madre de Yoko a trasladar a la familia al campo huyendo de los bombardeos aliados. Una época terrible en la que pasaron hambre y mendigaron para poder comer.

Después de la guerra, el padre de Ono fue trasladado a Nueva York y en 1953 y tras estudiar dos semestres en la universidad de Japón, la familia se reunió en los EE. UU. Ono empezó a estudiar música en el Sarah Lawrence College. Fue durante esos

Yoko Ono

años cuando descubrió a compositores de vanguardia como Arnold Schönberg, Anton Webern y, sobre todo, John Cage. Músicos que marcarían su camino. Poco después conocería a un estudiante de Julliard, Toshi Ichiyanagi, con el que se casaría en 1956 a pesar del rechazo de su familia. Ambos se mudaron a Manhattan a un apartamento en el Lower West Side. Yoko enseñaba arte japonés y música en escuelas, no quería el dinero de sus padres. Su apartamento se convirtió en el centro artístico por el que pasaban numerosos artistas y músicos. Ono organizaba en su casa *happenings* junto al compositor minimalista La Monte Young y John Cage enseñaría también allí clases de composición experimental.

Ono empezó a experimentar con la música y organizaba eventos con el grupo Fluxus. Se convertía así en una figura underground en la Nueva York de la época. Pionera de las performances y el arte conceptual. Su obra *Cut Piece*, representada en 1964, es una de las primeras performances de la historia. Se realizó en el Sogetsu Art Center en Tokio. Ono iba vestida con su mejor traje, sentada en una silla. Delante, unas tijeras con las que invitaba al público a cortar su vestimenta a trozos. En 1964 publicó su famoso libro *Grapefruit*, una de las primeras muestras de arte conceptual. Por aquel entonces se había divorciado de su primer marido y vivía en Japón. Las críticas a su arte no eran precisamente buenas. Era una incomprendida. Y más por una sociedad japonesa que esperaba de una mujer que fuera una callada y obediente esposa y madre de familia. Intentó suicidarse con una sobredosis de pastillas y fue recluida en un hospital psiquiátrico del que fue rescatada por La Monte Young y Anthony Cox, un músico de jazz que se convertiría en su segundo marido. Con él tuvo a su primera hija Kyoko. Aquella a la que le cantaría con un lamento hiriente en «Don't Worry, Kyoko (Mummy's Only Looking For a Hand In The Snow)».

Y Lennon se cruzó en su camino

En septiembre de 1966 viajó a Inglaterra para un simposio titulado «Destruction in Art» en el que exhibió *Cut Piece* entre otras obras. Se convirtió en la sensación del momento. Fue entonces invitada a exponer su obra en la Indica Gallery. En el estreno de la exposición conoció a John Lennon que financió una de sus exposiciones «Half the Wind» en 1967, objetos cotidianos pintados de blanco y partidos por la mitad. Con su marido empezó a crear films experimentales como *Bottoms*, censurado y que escandalizó a la sociedad inglesa, extremadamente conservadora. En él mostraba 365 imágenes de culos. Algo que sirvió para que Yoko Ono aumentara su popularidad. Establecida en Londres, actuó junto al saxofonista Ornette Coleman en el Royal Albert Hall. Y poco después empezó su romance con John Lennon.

Tras invitarla a pasar la noche en su casa, ambos empezaron a trabajar en las cintas que se convertirían en su primer trabajo juntos: *Unfinished Music Nº1: Two Virgins*. Como su arte, la música que Yoko Ono hacía era tremendamente experimental y así fue la de Lennon. Algo que no gustó a los fans de los Beatles. Ono y Lennon se influyeron mútuamente musical y personalmente, de eso no hay duda. El disco causó un gran revuelo. En la portada y contraportada aparecían desnudos. Evidentemente, EMI que distribuía los discos de Apple (la discográfica de los Beatles) se negó a sacarlo. Al final tuvieron que optar por venderlo a través de dos sellos pequeños y con una cubierta de papel marrón encima. El álbum fue todo un experimento sonoro no apto para todos los públicos y totalmente incomprendido. Después de publicarlo empezaron una serie de apariciones conjuntas, *happenings* artísticos que recibieron por un lado la mofa y por otra el escarnio público. Nadie entendía lo que hacían. Pero si las críticas eran hacia ambos, contra Ono fueron feroces y encarnizadas. En una de sus apariciones se mostraron escondidos dentro de bolsas denunciando la importancia que se le daba a las apariencias, al físico. En 1969 se casaban en Gibraltar y posteriormente harían sus famosos «Bed-Ins for Peace» en Amsterdam y Montreal. Su primer single «Give Peace a Chance» surgiría de ahí. Y también la Plastic Ono Band. Su primera actuación no se entendió. Ni el mundo del arte sabía qué demonios hacía Yoko metiéndose en la música ni los fans de John qué hacía en el del arte y menos con Yoko Ono.

Su segundo disco *Unfinished Music, Nº 2: Life with de Lions* fue publicado seis meses después de su boda. La voz de Ono, un lamento improvisado, un grito feroz, era la protagonista. Se grabó en parte en el Hospital Queen Charlotte donde Ono estaba convaleciente de un aborto. En la portada aparece ella en la cama del hospital y Lennon en el suelo tumbado junto a su esposa. En la contraportada una foto de Lennon protegiendo a Ono, que se resguarda en él, rodeada por policías ingleses, seguramente contra los contantes improperios de los fans de los Beatles hacia su persona. La foto fue tomada después de su arresto por posesión de hachís, el que le causaría tantos problemas a Lennon para conseguir el permiso de residencia en EE. UU. Cojamos el álbum de nuestra estantería. La primera cara es un solo tema de más de 26 minutos «Cambridge 1969» grabado en directo. La segunda fue grabada en el mismo hospital y contiene canciones como «No Bed for Beatle John» que consiste en Ono en primera línea y Lennon en segundo plano cantando los textos que la prensa había publicado sobre ellos y el aborto. El hospital no le había dado cama para estar junto a ella, de ahí

Yoko Ono y John Lennon

la imagen de portada del disco. El disco incluía también la canción «Baby's Heartbeat» un doloroso recuerdo de la perdida que acababan de sufrir. De hecho, eran los latidos del propio Lennon. Evidentemente, el disco obtuvo críticas feroces.

Wedding Album fue el tercero de esta trilogía experimental. Un repaso a su matrimonio con una caja especial que además del disco incluía toda una serie de fotografías que ilustraban la relación de la pareja. Solamente dos temas, en la primera cara la experimentación con la voz de Ono como protagonista y en la segunda simplemente ambos diciendo sus nombres una y otra vez. Tras estos discos más experimentales llegaron los trabajos como la Plastic Ono Band, ya no eran simplemente Yoko y John como firmaban su anterior disco. *Yoko Ono/Plastic Ono Band* era un disco inclasificable que aunque se acercaba más al concepto de rock evidentemente estaba alejadísimo de ser algo usual. Caos musical, en la primera canción simplemente una palabra repetida hasta la extenuación por Ono, el *why* que le da título. En «Greenfield Morning I Pushed an Empty Baby Carriage All Over the City» Ono usaba letras de sus poemas publicados en *Grapefruit*. Lamentablemente, los críticos de rock no sabían qué hacer con los discos de Yoko Ono. No encajaban dentro de sus esquemas y por esos los ignoraban, como poco. La crítica negativa era lo más usual. Por lo arriesgado de su propuesta pero también por un clima de odio hacia ella por la ruptura de los

Beatles, totalmente incomprensible. Aunque algunos críticos como Lester Bangs lo alabaron. Ahora se cita como un disco influyente para numerosos músicos.

Fly de 1971 seguía la línea de su antecesor. A caballo entre un disco y una obra de arte conceptual. Incluía la canción cincuentas «Midsummer New York» o la delicada y dramática «Mrs. Lennon». Vamos a escuchar esta última. Una visión de como ella misma veía su posición ante el público. Desgarradora. Canta Yoko acompañada por un piano: "La señora Lennon, la Sra. Lennon, Comprobando el cielo para ver si no hay nubes. No hay nubes. Entonces, supongo que debe estar bien«. Los gritos desaforados de Yoko Ono volvían a ser protagonistas de la cruda »Don't Worry, Kyoko (Mummy's Only Looking For a Hand in the Snow)" dedicada a su hija Kyoko Cox, a la que su padre secuestró y a la que Ono no vio durante años. En este tema tocaban Ringo Starr y Eric Clapton.

La Yoko Ono más feminista

En 1972 ambos publicaban su álbum protesta *Sometime in New York City*. Un disco que continuaba con su compromiso con la lucha por los derechos civiles. Entre sus temas, la primera canción un canto feminista titulado «Woman is the Nigger of the World» inspirada en una obra de Zora Neale Hurston y en una frase de Ono en una entrevista. Evidentemente, usar la palabra *nigger* en el título les valió la censura en la mayoría de las emisoras de radio. Pero la canción era un canto profeminista. Saquemos el disco de su funda, en la portada una reproducción de la primera página de un diario parecido al *New York Times* con las letras de las canciones como noticias. Pongamos la primera canción y escuchemos a Lennon cantar: «Las hacemos pintar su cara y bailar. Y si no quiere ser una esclava, decimos que no nos quiere, si ella es real, decimos que está intentando ser un hombre, mientras la reprimimos, hacemos como si estuviera por encima de nosotros». La frase de Yoko Ono en la entrevista también aparece en la letra de la canción: «Woman is the slave of the slaves» (la mujer es el esclavo de los esclavos). En «Angela» le cantaban a la activista y defensora de los derechos civiles Angela Davis. Mientras «Sisters O Sisters», con letra de Yoko, también apostaba por la unidad de las mujeres ante la adversidad.

En 1973 Yoko Ono realizaba sus dos discos más feministas, *Feeling The Space* y *Approximately Infinite Universe*. En ellos las mujeres eran protagonistas y en ellos cantaba historias en femenino. Del primero escuchamos «Women Power», un alegato feminista. «Cada mujer tiene una canción que cantar. Cada mujer tiene una historia que contar. No os equivoquéis hermanos. Nosotras las mujeres tenemos el poder de mover montañas». Y continúa: «¿Tenías que cocinar las comidas?¿Tenías que tejer? ¿Tenías que cuidar la vida en lugar de matar? No hay error, hermanas. Las mujeres tenemos el poder de cambiar el mundo». Una canción que cantaron ambos en una de las conferencias sobre feminismo a la

que atendieron en Massachusetts. Cada canción hablaba de temas que preocupaban a la mujer en aquellos años. En «Angry Young Woman», cuenta la historia de una mujer que conoció en aquella conferencia, una que pasó de la inocencia de casarse a los tres hijos llorando, su marido gritándole y su decisión de marcharse. A ella le canta: «No hay vuelta atrás, sigue caminando y deja tu pasado en el bolsillo de tu chubasquero». En «Women of Salem» nos cuenta las terribles acusaciones y asesinatos de mujeres acusadas de brujería en el pueblo de Salem. Otra de las lacras que sufrió la mujer en la historia, con la excusa de la brujería se torturó y asesinó a un gran número de mujeres que eran diferentes, libres y sin ataduras, de esas que dan tanto miedo. En *Approximately Infinity Universe*, continuaba narrándonos historias de mujeres, desigualdad, sumisión, relaciones como la que nos describe en «What a Bastard the World Is»: «A la mayoría de nosotras se nos enseñó a no gritar nuestra voluntad. A pocas de nosotras se nos alienta a conseguir un trabajo de habilidad. Y todas vivimos bajo la misericordia de la sociedad masculina. Pensando que su deseo es nuestra necesidad». Clara y certera. Las letras de estos dos discos merecen una escucha en profundidad. Aún resuenan en la actualidad como si las hubiese escrito ayer mismo.

En aquella época la pareja colaboró menos creativamente. Tuvieron una crisis y se separaron durante un tiempo. A todo ello se unían los problemas legales de John para conseguir la visa en EE. UU. Su divorcio de su primera mujer y su boda con Yoko centraron el interés de los tabloides. El secuestro de la hija de Yoko Ono por su exmarido tiñó a la pareja de dolor. Los abortos que sufrió antes de dar a luz a su Sean Ono Lennon tampoco ayudaron. Además de vivir estas experiencias tan traumáticas, Ono tuvo que aguantar ser vista como la bruja desde un principio, fue la mujer a la que se torturó y condenó a la hoguera sin remisión. Cuando en 1975, tras la reconciliación con Lennon dio a luz, ambos se retiraban de la escena pública. Pero la prensa solo lamentaba que el cantante se alejase de la música y se dedicara a ser padre. Porque claro, un hombre que se queda en casa cuidando a su hijo era algo impensable. Una mujer sí, pero un hombre, nunca. Estaba claro que Yoko le había sorbido el cerebro. Y ella se reafirmaba. En 1974 había grabado *A Story*, un disco que no vio la luz hasta los años noventa y que incluía el tema «Yes, I'm a Witch». En ella cantaba: «Sí, soy una bruja, soy una puta. Y no me importa lo que digas. Mi voz es real. Mi voz es verdad. No encajo en tus maneras. No voy a morir por ti. Podrías enfrentarte a la verdad. Voy a quedarme por aquí bastante tiempo». Está claro que Yoko Ono no tenía pelos en la lengua y que no le importaba expresar lo que pensaba y lo que sentía, costase lo que costase. A pesar de las críticas constantes.

Hay vida después de John Lennon

John Lennon nunca se cansó de reivindicar el papel fundamental de su mujer en la música. Pero nadie le hacía caso. Hasta que ambos volvieron a la música en 1980. *Double Fantasy* describía su relación. Fue un disco que hicieron juntos como en un diálogo de pareja. El trabajo de Ono fue alabado casi por primera vez pero duró poco. El asesinato de Lennon tiempo después de la publicación del disco lo eclipsó todo. Si durante sus años de vida, John Lennon, muy a su pesar, le hizo sombra a su mujer artísticamente, después de su muerte, el efecto sería multiplicador. La leyenda había nacido y el papel de Yoko Ono, ahora ya como la viuda de John Lennon, quedaría más oculto si cabe.

Su primer single en solitario desde los setenta fue «Walking on Thin Ice», su mayor éxito en las listas, un tema compuesto por ella y en el que Lennon puso la guitarra. Ambos habían estado trabajando en él el día que Chapman lo asesinó. El single se convirtió, no en el mayor éxito de Yoko Ono, sino en el último trabajo de John Lennon, una especie de homenaje póstumo. Pero es imposible desligar esta canción de la vida de Ono y acabar leyendo entre líneas. Una canción que habla de una mujer que camina sobre el hielo frágil de un lago, sin importarle el precio alto que tiene que pagar por tamaña hazaña.

Su siguiente trabajo sería el doloroso *Season of Glass*. En la portada una foto de las gafas ensangrentadas de Lennon. En la contraportada una foto melancólica de una Yoko sobre el fondo de Nueva York visto probablemente desde su apartamento. Una ciudad gris y lejana junto a la oscuridad que la rodeaba. El dolor de la pérdida que no pudo soportar. Encontramos a una Yoko Ono desatada y rota. En «I Don't Know Why» le lloraba al vacío que su marido había dejado pero también en el que expresaba su rabia por la forma en la que les habían tratado. Gritaba: «¡Vosotros, bastardos! ¡Odiadnos! ¡Odiadme! ¡Lo teníamos todo!».

Hubo una época, tras varios discos y una gira, en la que Yoko Ono decidió que ya no podía más. Que estaba navegando contra viento y marea. Que estaba harta de que la gente la odiase sin motivo y se retiró de la música. Pero en los noventa, tras publicar la caja antológica *Onobox*, parecía que los que décadas antes la criticaban ahora milagrosamente la alababan como una precursora y una adelantada a su tiempo. Ha continuado publicando discos, entre ellos destaca el irónico *Yes, I'm a Witch* de 2007 y en 2009 reformaba la Plastic Ono Band junto a su hijo Sean. En 2013 publicaba *YokoKimThurston*, su colaboración con Kim Gordon y Thurston Moore de Sonic Youth. Fueron precisamente ellos, sobre todo Kim Gordon que la ha citado siempre como una de sus referentes musicales, los que hicieron llegar la obra de Ono a un público nuevo, el de la música alternativa. Su último disco producido por su hijo data de 2013, coincidiendo con su ochenta cumpleaños, *Take Me to the Land of Hell*. Secretly Canadian está haciendo una labor excelente volviendo a reeditar los discos de Yoko Ono. Una ocasión perfecta para recuperar la obra de este pilar fundamental de la música actual que no ha tenido la atención que se ha merecido, simplemente por haberse enamorado de un Beatle. Aún a día de hoy hay gente que expresa su odio hacia Yoko Ono sin siquiera conocerla, acusándola del mayor mal sobre la tierra, haberse cargado a los Beatles. Parece que no avanzamos en absoluto, triste, muy triste. Pero esas voces serán incapaces de acallar el indudable legado musical de Yoko Ono, mal que les pese.

Y de repente soy un hit, Laurie Anderson y «O, Superman»

Cuando empezó su carrera como artista visual, probablemente nunca se imaginó que acabaría dedicándose a la música. Esta era un elemento más de sus obras que fue adquiriendo vida propia más allá de sus límites artísticos. Sus obras precisaban de una banda sonora así que su música nació para acompañarlas. No tenía tiempo ni ganas de grabar discos, no era su intención. Pero tras el éxito inesperado del single «O Superman», Anderson acabó no solo introduciéndose en el mundo de la música sino llevándola aún más allá. Sin dejar de lado, por supuesto, su faceta como innovadora artista multimedia. Sus obras y sus conciertos son performances artísticas, proyectos multimedia que aúnan música, proyecciones y danza junto al lenguaje hablado y escrito. La palabra es siempre protagonista en sus obras. Su música también gira en torno a ella. Laurie Anderson es una de las figuras más importantes del arte de vanguardia y del art-rock. Pero si haces una encuesta en la calle y preguntas quién es, probablemente casi nadie te lo sabrá decir, a no ser que estés muy metido en el mundo del arte. Y algún avezado dirá aquello de: «la mujer de Lou Reed». Porque la sombra de Reed era y es muy alargada, como lo era la de Lennon para Yoko Ono.

Laurie Anderson estudió violín durante su adolescencia. Con veinte años se mudó desde su Chicago natal a Nueva York para estudiar historia del arte en el Barnard College. Acabó su carrera en 1969 y en 1972 obtuvo un máster de bellas artes en escultura por la Universidad de Columbia. Tras acabar la carrera, empezó a enseñar historia del arte y arquitectura egipcia para ganarse la vida. En 1972 hizo también su primera performance, *Automotive*. En ella dirigió una orquesta de bocinas de coches de los vecinos de Vermont, lugar donde se realizó la representación. A pesar de estar enseñando arte clásico, sus performances eran tremendamente experimentales, situándola como una de las artistas pioneras del formato multimedia. Siguiendo el camino que los *happenings* que gente como Yoko Ono organizaban en los sesenta, las performances se sumaron a esta corriente añadiendo filmaciones en vídeo y música. Al no tener tiempo para grabar sus propias composiciones, Anderson empezó a incluir música en directo en sus performances, especialmente tocando su violín. Empezaba a hacerse un nombre en el círculo de vanguardia artística en la Nueva York de finales de los setenta y principios de los ochenta pero aún seguía sin pensar en la música como algo aparte del arte.

Fue su productora y también guitarrista Roma Baran la que le sugirió que le diera más importancia a la música de sus espectáculos. Anderson no estaba por la labor, pero Baran se convirtió en su mano derecha y la ayudó en la producción de la música

en directo de sus performances. Finalmente la convenció para que grabara un single con una canción creada para una de sus performances, *United States Live*. Así nació en 1981 «O Superman». Lo grabaron en su propia casa y lo produjeron con el dinero de un proyecto de disco de spoken-word que se quedó atascado. Era una canción de 8 minutos y medio cantada o más bien medio hablada, con elementos electrónicos y su voz a veces distorsionada digitalmente junto a un loop de «ahs» cantados hasta el infinito. Anderson se basó en un aria de Massenet para inspirarse y en ella hablaba del conflicto entre EE. UU. e Irán de 1979 y de como la tecnología falla, de helicópteros que se estrellan, de rehenes,

de víctimas. La aria era una plegaria a la autoridad que Anderson convertía en una conversación, una llamada telefónica que no recibía respuesta. Donde Massenet escribía «Oh Soberano...», Anderson canta: «Oh Superman. Oh juez. Oh Mamá y Papá. Mamá y Papá». El ah, se repetía una y otra vez a través de un vocoder, un sintetizador de voz que nació para usos militares para la seguridad en comunicaciones y que acabó usándose como instrumento musical.

«O Superman» fue una canción innovadora pero poco se imaginaban cuando hicieron las 1.000 copias, que la propia Anderson enviaba por correo, que se convertiría en un éxito comercial. El famoso DJ inglés John Peel empezó a pincharla en sus programas de radio, un sello inglés quería editar allí 80.000 copias. Algo que ella no podía manejar sola. Cuando Warner Bros le ofreció un contrato por ocho discos, aceptó. El single llegó al número 2 en las listas inglesas. Anderson afirmó en un artículo en *The Guardian* de 2016 que cuando «O Superman» se convirtió en un éxito sus amigos del círculo artístico le dijeron que se había vendido. Meses después era una visionaria por llevar el arte a las ondas. En 1982 publicó su primer trabajo *Big Science*, que basaba sus canciones en su show multimedia de ocho horas *United States I-V*. El disco estaba producido por la propia Anderson y Roma Baran.

Big Science le abrió a Anderson las puertas de la comunidad rock a pesar de ser casi anti-rock. La discográfica le dejó total libertad a la hora de grabar y eso se nota. Probablemente porque no sabían por dónde hincar el diente. Es un disco que retrata la sociedad estadounidense y sus miserias, pero también las difíciles relaciones entre los sexos. Anderson canta desde su papel de narradora de historias, porque eso es lo que son sus canciones, historias. La imagen de la propia artista, andrógina, daba más importancia a las canciones. Sus trajes chaqueta blancos o negros o su presencia en sus espectáculos, a veces un elemento visual tenía más preeminencia que la propia artista, hacían que el acento siempre estuviera en la música, no en su persona. Y aunque Laurie Anderson no es precisamente una superventas, ni sus discos han copado las listas de éxitos, su fama como artista de vanguardia le ha dado una posición privilegiada, que ha hecho que sus seguidores fieles dentro del rock más experimental no mermen y por lo tanto que su discográfica siguiera interesada en publicar sus trabajos.

En 1984 editó *Mister Heartbreak* junto a Peter Gabriel y William S. Burroughs. También vio la luz ese año *United States Live*, una grabación de la performance que dio forma a su primer disco. Sus siguientes proyectos la llevaron al cine con *Home of the Brave*, un directo que ella misma dirigió y que también convirtió en álbum y la banda sonora del film de Jonathan Demme *Swimming to Cambodia*. Estos discos se acercaban más a lo que podría ser considerado un álbum de rock. Pero siempre con una visión particular del mundo como protagonista, una visión en la que la palabra y la historia oral llevaban la voz cantante. No volvió a grabar en estudio hasta 1989 con *Strange Angels*. Los siguientes años la mantuvieron apartada de la música y centrada en sus performances hasta que en 1994 publicó junto a Brian Eno y Lou Reed, *Bright Red*. Con este último se casaría en 2008 formando una de las parejas más interesantes y curiosas del rock. Desde entonces ha publicado discos de forma irregular, prestando más atención a su carrera como artista pero siempre con la música presente en sus trabajos. Palabra y música, unidas inseparablemente, para darnos una visión del mundo inteligente y articulada, una visión que va más allá del arte, de la música y del rock.

Kate Bush, el control creativo te lo da todo

Como artista que siempre ha seguido su propio camino, Kate Bush ha centrado su música en el propio proceso creativo, creando con ello un mundo único, un imaginario particular. Antes de Kate Bush no se había oído nada igual, especialmente su impresionante voz. Su ascenso a la cumbre fue directo gracias al éxito de «Wuthering Heights» aunque el proceso para llegar allí fue largo y arduo. Desde el principio fue tildada de rara y a veces no se la tomó en serio. Aun así, Bush consiguió algo impensable para una mujer e incluso para un hombre, control absoluto de su carrera en todos y cada uno de sus aspectos. Contra viento y marea, logró ser algo más que una simple estrella, aunque para ello tuviera que enfrentarse a su propia discográfica.

Catherine Bush nació en el seno de una familia artística. Su padre tocaba el piano y su madre era bailarina. De pequeña estudió violín y posteriormente aprendió a tocar el piano de forma autodidacta. Pronto empezó a escribir sus propias canciones. Aunque su familia siempre la animó a seguir su carrera musical, es cierto que ella dudaba

Kate Bush

incluso en mostrarle sus canciones a sus amigos. Fue precisamente un amigo de la familia quien le llevó una demo de Bush a David Gilmour de Pink Floyd. Fue este quien financió su primera maqueta profesional e intercedió para que EMI la fichase. Vio el talento. Debido a su juventud, la compañía le permitió desarrollarse como artista sin presionarla para sacar su primer disco. Tomó lecciones de danza, mimo y canto. Escribió canciones y su talento como compositora creció. Esto sería algo impensable hoy en día, cuando si no tienes un éxito inmediato las discográficas te borran de su lista de contactos.

Bush formó la KT Bush Band para coger experiencia sobre los escenarios. Con esta banda tocaba en pubs locales. Necesitaba coger confianza en directo. En 1977 empezó a grabar su primer disco, *The Kick Inside*. Ella misma insistió en que «Wuthering Heights», basado en la novela de Emily Brontë, fuera el primer single a pesar de la negativa de la discográfica que prefería un tema más rockero. Aun así, su visión fue la que prevaleció y eso es algo que Kate Bush tuvo claro desde el principio: debía luchar para defender sus ideas por encima de todo. El tema se convertiría en un clásico que marcaría su carrera. Busquemos su primer disco entre las estanterías de nuestra discoteca. En la portada, de tintes orientales, Kate Bush aparece colgada de una cometa volando. «Kite» sería la segunda cara de su primer single. En esta canción Cathy es la protagonista, que cuenta en primera persona su historia. Elementos literarios y cinematográficos pueblan sus canciones llenas de referencias. Pero sobre todo, está esa voz tan característica, total protagonista de sus discos. Con esta canción alcanzó el número 1 de las listas británicas.

Kate Bush se basaba en la literatura para inspirarse, en obras de Brontë o de Tolstói, por poner dos ejemplos. Su arte era lo importante, por eso no hacía giras, no concedía apenas entrevistas, se recluía en el estudio y como mucho hacía vídeos de sus canciones, pero encontraba las giras demasiado estresantes y que la alejaban del proceso creativo que es lo que realmente le interesaba. En cambio, eso no la libró de ser vista como una *sex symbol*. Su propia compañía quería como portada de su primer disco una foto de primer plano en la que se destacaban sus pechos. Bush se negó y aunque consiguió la portada que quería, la compañía usó la foto para los pósters que servían para promocionar el disco. Mientras, no había entrevista en la que no le preguntaran sobre qué era ser una *sex symbol*. Obviando muchas veces su papel como compositora e incluso instrumentista, la colocaron en la casilla de mujeres cantantes. Además, en sus composiciones mostraba referencias sexuales directas y provocativas. Algo bastante inusual para una mujer, e incluso para un hombre, lo cual contribuía a cosificarla como mujer sexy o sexual, ya que las mujeres no hablaban de esas cosas, nunca, jamás de los jamases. Al menos, las mujeres de bien.

A pesar de hacer valer su opinión desde un principio, en su segundo disco *Lionheart,* la inexperiencia causada por su juventud le pasó factura. Andrew Powell, el productor del primer álbum quiso imponer su criterio sobre el de una jovencita que no sabía nada del negocio musical. Su primer trabajo lo preparó durante casi tres años, este tuvo que grabarlo en tres meses y con constantes interrupciones para hacer promoción. Cansada y descontenta con el resultado que supuso este álbum, Bush tomó el control de su trabajo en posteriores discos formando su propia compañía de *management*. Y pasó a gestionar los derechos de sus canciones directamente, junto a su familia como ayudantes. Distanciándose de la industria, Kate Bush consiguió sentir la libertad que la hacía componer y crear sin intromisiones. Poco después haría su primera, y prácticamente única gira. Quiso involucrarse en cada aspecto de la misma. Participó en todo el proceso desde la creación del vestuario, las luces o la selección de los músicos que la acompañaban. Fue una de las primeras cantantes en usar micros sin cable para poder bailar con libertad por el escenario. Fueron 28 conciertos exitosos que la dejaron exhausta. No volvió a actuar en directo durante más de una década.

A principios de los ochenta publicaba su tercer disco *Never For Ever* que incluía su famoso single «Babooshka». Fue el primero de sus trabajos que coprodujo, un paso esencial para tener el control que ansiaba de su obra. Además de ser su primer álbum directo al número 1 en las listas inglesas, también fue el primero de una artista en conseguirlo. En la portada, aparece una ilustración que muestra a la propia Kate Bush mientras de debajo de su falda surgen animales y monstruos, simbolizando lo bueno y lo malo que hay en el interior de cada uno. Precisamente en «Babooshka» canta la his-

toria de una mujer llena de paranoia que le envía cartas a su marido como si fuera otra mujer más guapa y joven para ver si le es fiel: «Justo como su mujer cuando era bella», dice la canción. Sonoramente, el disco introducía el uso del sintetizador que había descubierto colaborando con Peter Gabriel. A partir de *The Dreaming* empezó a producir en solitario sus trabajos. Este fue su disco que menos vendió de los tres primeros, aun así, alcanzó el tercer puesto en Inglaterra y con los años se lo ha considerado una de sus obras maestras y también el más experimental. En él jugaba con sonidos más sincopados, con ritmos más duros y agresivos.

Tras *The Dreaming* EMI quiso ponerle un productor. Por lo visto, alcanzar el número 3 no era suficiente. No les gustó que no vendiera tanto como sus anteriores discos, aunque no tuvo malas ventas. Así que mejor que alguien que sabe lo que hace se encargue, ¿verdad? Su respuesta: irse a casa, construir su propio estudio y grabar y producir en solitario *Hounds of Love*. Era 1985 y con «Running Up That Hill», Kate Bush se abrió paso en las listas estadounidenses. Originalmente, la canción se llamó «A Deal with God», pero la compañía insistió en cambiarle el nombre por temor a que el uso de la palabra *Dios* limitara su difusión en la radio. Tampoco la veían como single y quisieron cambiarla, algo a lo que Bush no accedió. Fue otro de sus grandes éxitos. Sacamos el single de la estantería, en la portada aparece Bush cual amazona a punto de lanzar una flecha. La canción cuenta el trato que una mujer hace con Dios para intercambiarse con su amado, una forma de entenderse el uno al otro, vivir cómo es ser un hombre para ella y como ser mujer para él. Su sonido había evolucionado y madurado.

Poder dedicar el tiempo que necesitaba y quería a sus discos hizo que estos se espaciaran en el tiempo. Cuatro años pasaron hasta que publicó *The Sensual World* y cuatro más hasta *The Red Shoes*, un álbum inspirado en el film de Michael Powell y Emeric Pressburger y con colaboraciones de Prince, Jeff Beck o Eric Clapton. Un trabajo además que estuvo rodeado de pérdidas, la de su madre, la de su guitarrista, la separación de su pareja. Una época triste que marcaría el devenir del disco. Fue su último trabajo en 12 años en los que se retiró y se dedicó a cuidar de su hijo. Volvió con el álbum doble *Aerial*. En 2014 sorprendió a todos con una gira cuyas entradas se agotaron en apenas 15 minutos. Afortunados los que pudieron verla. Ha vuelto a su retiro y al misterio que la rodea. Uno de los mitos de la música actual. Una mujer que se ha hecho a sí misma, a su música y a su carrera y que tuvo claro desde un principio que para poder hacer lo que quería, tenía que tomar las riendas de su carrera. Con ella se abrió la puerta a que artistas como Tori Amos o Amanda Palmer pudieran desarrollar su carrera como ellas quisieron.

Experimentando con el dolor

Si Kate Bush usaba la literatura como fuente de inspiración, Lydia Lunch llevó la poesía de su spoken word a la música. Y aunque nació dentro del movimiento No Wave, como cantante de Teenage Jesus & The Jerks, se fue transformando en poeta, escritora y abanderada del spoken word. Probablemente, sus irreverentes letras causaron que viviera su carrera desde el underground, pero no hay que perder de vista la importancia de este verdadero icono que nunca ha tenido miedo a decir lo que piensa por muy chocante que le parezca a quien escucha.

Lydia Koch fundó con apenas 16 años Teenage Jesus & The Jerks junto al saxofonista James Chance. Era 1976. Fue una de las bandas fundamentales dentro de la No Wave, un movimiento surgido del punk pero que eliminaba de la ecuación los ritmos que la acercaban más al rock and roll. Sus guitarras afiladas, su sonido crudo y los gritos desaforados de Lunch fueron protagonistas y dejaron huella en una época de florecimiento musical. Rabia, dolor y frustración llenaban sus letras. Lydia cambió su nombre a Lunch cuando empezaron a llamarla así ya que robaba comida para sus amigos que tenían hambre. No vivían precisamente en la abundancia en aquel Nueva York de 1977. Tras escaparse de casa, Lunch acabó en la ciudad trabajando de lo que podía para subsistir. Le gustaban los Stooges o la Velvet Underground, pero cuando quiso hacer música necesitaba algo diferente, algo menos tradicional. Tras ver a Suicide, el grupo de Alan Vega y Martin Rev, supo cuál sería su camino. Al contrario que sus compañeros del punk, los grupos que formaban parte de la No Wave se alejaron de las grandes salas del género como CBGB o Max's Kansas City para acabar en lugares más alternativos.

En su momento Teenage Jesus & The Jerks aparecieron en la compilación seminal del No Wave *No New York* de Brian Eno. Aunque fueron una de las bandas centrales del movimiento, no llegaron a publicar ningún disco. Sus conciertos duraban entre 10 y 15 minutos, estaban llenos de distorsión, gritos y cacofonías. Quizás por todo esto no se les ha dado la importancia que debería. Eso y su corta trayectoria vital. Lydia Lunch también formó parte del grupo Beirut Slump hasta que en 1980 publicó *Queen of Siam*, su primer álbum en solitario y quizás su mejor trabajo. Uno oscuro y retorcido, en el que canta y también recita con voz desesperada canciones oscuras y directas entre el jazz y el noise. Un trabajo rompedor que mantiene la frescura a pesar del tiempo. Su segunda banda 8 Eyed Spy combinaba saxofones, guitarras surf y la voz desquiciada de Lunch. Lamentablemente, no duró mucho, se separaron tras un disco homónimo publicado en 1981, por la muerte de su bajista.

En 1983 Lunch publicó *13.13*, su segundo trabajo en solitario y uno de esos discos que causan desconcierto y reciben críticas buenas y malas por igual. Seguía con los drones como protagonistas, la música caótica y por supuesto la voz de Lunch. Fue en-

Lydia Lunch

tonces cuando empezó su prolífica carrera como colaboradora cantando con Birthday Party, Einstürzende Neubauten, Nick Cave, Die Haut, Swans, Rowland S. Rowland, Henry Rollins o Sonic Youth, entre otros. Con estos últimos colaboró en la canción «Death Valley 69» sobre los asesinatos de la familia Manson. Lydia Lunch siempre ha vivido la música y el arte desde el underground, alejada de las grandes discográficas, sintiendo la libertad y la independencia que ello le permite, por eso en 1985 creó su propio sello y editorial Widowspeak. Si no encontraba el camino para llevar su música y sus proyectos a término, lo crearía ella misma. Su tenacidad fue la que la impulsó a ello.

Su primera publicación, el EP *The Uncensored Lydia Lunch* también fue el primero de su extensa carrera dentro del spoken word. Tuve la oportunidad de verla en uno de sus espectáculos en Holanda y es increíble la fuerza que tiene sobre el escenario, no le hace falta gritar aunque lo haga, con un susurro es capaz de provocar. Siempre con un tono cercano e íntimo, tratando temas que pueden herir sensibilidades, como el deseo, la rabia hecha mujer (esa que tan poco gusta que se vea, recordad, las mujeres son dulces y delicadas), el abuso, la violencia, la religión...

Lydia Lunch ha encontrado siempre diferentes formas de expresarse, no solo a través de la música, que servía de vehículo para expresar sus poesías y sus pensamientos. Y siempre además de una manera controvertida, sin pelos en la lengua, exponiéndose, desnudándose y mostrándose vulnerable. Es difícil que no asuste a un público acostumbrado a todo lo contrario, a una industria acostumbrada a vender lo bonito que es ser mujer. En su álbum de spoken word *Conspiracy of Woman* afirmaba: «Mi lenguaje no es el silencio, mi canción es el grito» mientras describía cómo el hombre había sometido a la mujer a través del poder. En «Daddy Dearest» sin embargo, narraba el doloroso trance de sufrir abusos por parte de su padre. La opresión contra la liberación, el poder de la palabra es su mejor arma. Lunch tampoco ha dejado de lado su vertiente literaria de la que destacan su primera publicación de 1987, *Adulterers Anonymous* coescrito junto a Exene Cervenka o *Paradoxia: A Predator's Diary* de 1997, en la que relata sus inicios en el mundo de la música plagados de sexo, drogas y lo más granado del underground de Nueva York.

Aunque el spoken word vienen dominando su trabajo artístico, la música siempre está presente. En 2004 publicaba *Smoke In The Shadow* donde colaboraba Nels Cline de Wilco por ejemplo o en 2013, *Retro Virus* que es también el nombre de su banda, con la que hace giras actualmente por Europa junto a Bob Bert, Weasel Walter y Tim Dahl. Sin olvidar siempre, los spoken words, que son una constante en su vida. Es fácil entender porque una mujer como Lydia Lunch se ha mantenido en el underground, su manera de expresarse, sin cortapisas y sin tapujos, no es apta para todos los públicos que ven amenazada la serenidad del statu quo por una mujer fuerte sin miedo a decir lo que piensa.

El aullido doloroso de Diamanda Galás

Diamanda Galás ha experimentado también con la rabia y el dolor toda su carrera, incluso llegando a afirmar que cada actuación era para ella como si le rompieran la piel a tiras. Con una de las voces más impresionantes y virtuosas del rock, Galás no deja a nadie indiferente y lo hace gracias a su manera operística de cantar, es capaz de alcanzar las cuatro octavas. Su hipnótica voz, sus gritos desgarrados y sus dolorosas composiciones la han convertido en una de las artistas más interesantes de las últimas décadas. Sus canciones suelen hablar de sufrimiento, dolor e injusticias. Es una música que requiere su tiempo, que necesita ser escuchada. Pero no solamente se ha quedado en la superficie, en la música sino que ha luchado contra el sida y la defensa de los derechos de los seropositivos, haciéndolos protagonistas de su obra. Aun así, su carrera se ha visto salpicada por la polémica. Cuando hablas de temas tan delicados no es extraño que causes controversia. Pero ha llegado a ser acusada de satanismo o vampirismo. Algo bastante ridículo, pero siempre hay una persona de mente obtusa esperando una excusa para atacar y si es a una mujer, mejor que mejor.

Hija de griegos ortodoxos, Diamanda Galás aprendió a tocar el piano clásico gracias a su padre, músico de jazz y director de un coro de gospel. Como ortodoxos en su casa tenían prohibido escuchar la radio. A su padre tampoco le hacía gracia que las mujeres cantaran, era algo muy mal visto. Por eso Diamanda nunca siguió estudios de canto de joven, pero eso no la paró a la hora de buscar su propio camino. Finalmente acabó tomando lecciones por su cuenta. En sus inicios, a mediados de los setenta, se curtió cantando en instituciones mentales. Allí fue donde desarrolló su particular estilo de cantar, sin límites para interpretar y gritar lo que sentía.

El compositor de vanguardia Vinko Globokar la hizo protagonista de su ópera *Un Jour Comme Un Autre* estrenada en 1979 en el Festival de Aviñón. Una obra que relataba el arresto y la tortura de una mujer turca acusada de traición. A su regreso a Estados Unidos, sus espectaculares actuaciones le hicieron un nombre entre los artistas de vanguardia. En 1982 publicó su primer disco *The Litanies of Satan*, adaptación de un poema de Charles Baudelaire y en 1984 *Diamanda Galás* vio la luz. Evidentemente, su primer trabajo le atrajo críticas de la derecha que consideró que en sus letras hacía apología del satanismo. El disco, que cogemos de nuestras estanterías, tiene solamente dos canciones de 12 y 17

minutos respectivamente. La primera da título al mismo y explica en su interior que «se dedica a la perversidad esmeralda de la lucha por la vida en el infierno». En la segunda canción, llamada «Mujeres salvajes con cuchillos de carne» afirma que «es un examen frío de la monomanía no arrepentida, el instinto de devorar, del que la ingenua noción de misericordia filial solo pondrá una sonrisa vestigial. Para gritar solo», apostilla.

Poco después empezaba a trabajar en su trilogía *Masque Of The Red Death*, un trabajo impresionante que se centraba en la

Diamanda Galás

lucha contra el sida. Muchos de sus amigos en el mundo artístico le recomendaron que no asociara su trabajo con la enfermedad y el estigma que tuvo desde el principio. La discriminación que los enfermos sufrían era evidente, más cuando la plaga empezó dentro del colectivo gay. Habiendo sido acusada de satanismo y de relacionarse con el diablo, aquello le importó poco. No iba a dejarse amilanar. La trilogía está compuesta por los discos *The Divine Punishment* de 1986, *Saint of the Pit* de 1987 (poco después moría su hermano de sida) y *You Must Be Certain of the Devil* de 1989. Ese mismo año fue detenida cuando apoyaba al grupo activista ACT-UP (AIDS Coalition to Unleash Power) en la catedral de St. Patrick. En 1991 grabó en la catedral de St. John el disco en directo que la acercó al gran público y la sacó del círculo de música de vanguardia. *Plague Mass* mezclaba extractos de sus tres álbumes anteriores con citas bíblicas, gospel y textos de poetas como Baudelaire o Nerval. Este trabajo fue un grito y una denuncia contra la situación que los enfermos seropositivos estaban viviendo en aquellos momentos. Recorremos nuestras estanterías para coger el vinilo y escucharlo. En la portada aparece una ensangrentada Diamanda Galás. En la galleta del mismo advierte: «Escuchar al máximo volumen». Con canciones como «I Wake Up and I See The Face of The Devil» o «Confessional (Give Me Sodomy or Give Me Death)», estaba claro que a la sociedad conservadora no le iba a hacer gracia su trabajo. Tampoco le importaba. Ella luchaba para gente que lo necesitaba, no por lo que pensaba la gente. El disco tiene el subtítulo *1984-End of the Epidemic*. Demostrando que Galás no dejaría de hacer lo necesario para denunciar esta situación hasta que la plaga terminase. Un trabajo roto y descorazonador, pero necesario.

En 1992 publicó *The Singer* más orientado al gospel y un año después el inquietante *Vena Cava*, un trabajo a capela que se sumergía dolorosamente en la depresión. Un año después Galás grabó junto al bajista de Led Zeppelin, John Paul Jones *The Sporting Life*, un disco que se acercaba más al concepto clásico de rock. *Schrei X* de 1996 hablaba de la tortura y el aislamiento. Sus trabajos siempre se han caracterizado por profundizar en los sentimientos humanos, en los más oscuros y terribles: el dolor, la culpa o el sufrimiento recorren poderosamente sus letras y su torturada voz. En 2003, por ejemplo, Galás editó *Defixiones, Will and Testament: Orders from the Dead*, donde rindió tributo a las víctimas del genocidio turco. Su música es incómoda y quizás por eso no ha recibido todo el reconocimiento que debería, pero no hay duda de que Diamanda Galás es una de esas *rara avis*, una cantante indómita y rebelde, única que cree que su música no es un simple entretenimiento sino que con ella puede conseguir que la voz de los más desfavorecidos sea escuchada. Verla en directo y al piano es una experiencia también única que nadie debería perderse si tiene ocasión. Estremecedora es poco.

El piano como expresión

Por su voz, muchos han comparado a Tori Amos con Kate Bush. Y aunque Amos es posiblemente heredera de la música de la inglesa, ha conseguido crear un sonido propio y único. Ella ha recuperado el piano como instrumento para el rock y en su música hay orquestaciones barrocas que han sabido combinar la maestría del piano y un acercamiento a la música totalmente diferente tanto lírica como sonoramente. A pesar de lo novedoso de su propuesta, a las mujeres se las suele meter en el mismo saco por muy diferente que sea la misma. Eran portada de Q en mayo de 1994 la propia Amos, PJ Harvey y Björk. Aunque su música era lo más dispar que os podáis imaginar. El titular era: «Hips. Lips. Tits. Power (Caderas. Labios. Tetas. Poder)» en referencia a una canción feminista del grupo Silverfish escrita por Lesley Rankine. ¿Os imagináis un titular así con tres hombres? ¿Dónde está la música ahí? Las mujeres son un cuerpo y unos atributos sensuales y sexuales, eso les da poder, no la música que hacen. Y aunque la canción en la que se basaba el titular fuera un himno feminista en la época, si leéis la entrevista podréis ver como las tres son sometidas a preguntas que jamás le harían a un hombre: ¿Te gustaban las estrellas del pop cuando eras joven? ¿Os sentís halagadas cuando hombres mayores y líderes del rock –Eric Clapton, Costello, Warren Zevon– anuncian que vuestros discos han sido sus favoritos en el último año? Supongo que el periodista no encontró ningún referente femenino. Al final, son los hombres mayores, porque ellas son niñas, los que te dan credibilidad. El periodista era un hombre. Durante la entrevista se les pregunta muy poco, casi nada de música, pero sí de la percepción que tienen los demás de ellas. Muchas veces equivocada, a lo que el periodista insiste: «Algo tenéis que haber hecho para que la gente piense así de vosotras». No tiene desperdicio.

Pero volvamos a Tori Amos. A pesar de sus canciones intimistas, sinceras y desgarradoras, de su música innovadora y sin miedo a experimentar, no han faltado artículos en los que se ha destacado la sensualidad de la cantante y compositora por encima de sus dotes como intérprete. Pero no podemos dudar del impacto de su música en los noventa gracias a sus punzantes letras que hablan sin tapujos de feminismo, violación, sexualidad, culpa y religión. Amos narra historias siempre desde la perspectiva femenina, la suya propia o la de las muchas mujeres en las que se ha encarnado para cantar sus composiciones. Sexualidad descarnada y emociones a flor de piel se mezclan en sus canciones. Su música la ha convertido en todo un icono.

Myra Ellen Amos es hija de un ministro metodista de Maryland. Fue una niña prodigio. Con dos años ya tocaba el piano, a los cuatro componía y con cinco empezó a estudiar piano clásico en el prestigioso conservatorio Peabody tras ganar una beca. Aunque a los once años se la retiraron porque insistía tozudamente en tocar sus propias composiciones en los exámenes y tocar de oídas en vez de aprenderse las aburridas partituras que le enseñaban. Pronto se hizo habitual de los clubs de DC y Baltimore. La música era su meta y la rigidez académica no iba con ella. En 1984 decidió mudarse a L.A. a la búsqueda de contrato discográfico. Por aquel entonces, ya se había transformado en Tori Amos. En 1987 firmó con Atlantic Records y formó el grupo de metal Y Kant Tori Read. El nombre hacía referencia cómica a sus problemas para leer partituras

Tori Amos

en el conservatorio Peabody. Sólo lanzaron un disco con muy poco éxito y terribles críticas. En la portada aparecía con un corpiño, pelos cardados ochenteros y una espada. Estaba claro que no era su camino.

Este fracaso forjó muchas de las canciones de su álbum de debut en solitario, *Little Earthquakes*. En «Crucify» habla de ello cuando canta: «Cada dedo en la habitación. Me está señalando. Quiero escupir en sus caras. Entonces tengo miedo de lo que podría traer». Y en el estribillo: «Por qué nos crucificamos. Cada día. Yo me crucifico. Nada de lo que hago es lo suficientemente bueno para ti. Crucificarme. Cada día. Y mi corazón está harto de estar encadenado». Emprendió un camino distinto, uno más personal, más descarnado y brutal. En el single «Me and a Gun», narraba a capela la violación que había sufrido a los 20 años. En sus letras, Amos se desnudaba por completo. Cogemos el disco de la estantería, en su portada Amos aparece dentro de una caja de madera, casi como escondiéndose, protegiéndose, aunque en sus letras hace todo lo contrario. Se desnuda dolorosamente. En «Me and a Gun» canta: «Era yo y una pistola. Y un hombre en mi espalda. Y cantaba 'santo cielo' mientras se desabotonaba los pantalones. Puedes reírte. Es gracioso el tipo de cosas que piensas. En momentos como estos. Como no he estado en Barbados. Así que debo salir de esto. Sí, llevaba una cosa roja y ajustada. ¿Significa eso que debería abrirme de piernas. Para usted, sus amigos, su padre, Sr. Ed».

Tori Amos se mudó a Inglaterra con el apoyo de su sello para tocar en pequeñas salas de conciertos y clubs. Su éxito creció poco a poco, el disco fue subiendo puestos en las listas hasta que en 1994 llegó su segundo trabajo. En *Under the Pink* cuestionaba la autoridad como figura masculina en canciones como «God» donde refleja su estricta educación religiosa y denuncia cómo las mujeres han sido sometidas a través de la historia usando la religión como arma. A Dios le pregunta si se ha vuelto loco, solo así entendería algo de lo que está haciendo. Y le sugiere la ayuda de una mujer que le dé otra perspectiva. En «Cornflake Girl» sin embargo habla de mujeres que traicionan a otras mujeres y las hacen sufrir, en vez de ayudarse las unas a las otras. En aquellos años Tori Amos también cofundaba RAINN (Rape, Abuse and Incest National Network) para ayudar a las víctimas de abuso y violaciones, mujeres que hubieran pasado por la misma experiencia que ella y para luchar para que otras jamás tuvieran que vivir algo así.

En sus canciones siempre hay referencias a la sexualidad de la mujer, a la religión que la oprime, a la sociedad que la constriñe. Amos no se queda en la superficie nunca. Y cuando las interpreta se deja llevar por la emoción que la canción le transmite. Sus interpretaciones en directo han sido también objeto de la crítica. No se sienta al piano como una concertista clásica. En una conferencia de Chimamanda Ngozi Adichie en el CCCB de Barcelona, la escritora nigeriana hablaba de las veces que incluso en su casa otras mujeres de su familia la castigaban porque no se sentaba como una chica, o sea con las piernas cerradas. Abrir las piernas en una mujer es un signo, según la etiqueta, de poca femineidad y de ser una guarra, para qué andarse con chiquitas. Los hombres se pueden sentar como les dé la gana y con las piernas tan abiertas como quieran, las mujeres no. De ahí que muchas veces tengamos que ir apretadas en el metro cuando alguno se sienta como si estuviera en el sofá de su casa. Por eso a Tori Amos se le criticó la forma que tiene de tocar el piano, con las piernas abiertas girándose hacia el público. Dirigiendo sus órganos genitales hacía la audiencia. Algo impensable, ¡sacrilegio! Para algunas mentes bien pensantes eso es tocar de manera sexual. Y aunque lo sea, ¿qué importa? Amos es una virtuosa del piano y el hecho que quiera tocar dirigiéndose a su público y haciéndolo partícipe, mirándolo, por lo visto, la convierte en una provocadora sexual. Pues bienvenida sea. Además, Amos ha desarrollado una técnica que le permite tocar un piano y un teclado simultáneamente en la misma canción gracias a esa posición. Verla en directo es espectacular.

En 1996 publicó *Boys for Pele*, uno de sus trabajos menos accesibles y más experimentales aunque igualmente exitoso, llegó al número 2 de las listas. En el disco tocaba el clavicémbalo en la mayoría de los temas. También fue el primero que produjo ella misma. Pele es una diosa hawaiana del fuego y la creadora de los volcanes y las islas. A cuyo volcán parecía querer tirar Amos a algunos hombres. El cansancio y la extenuación tras una gira mundial la obligó a retirarse brevemente, centrándose en su vida personal. *From the Choirgirl Hotel* llegó dos años después. Era este un trabajo mucho más instrumental y que incluía ligeros toques de música dance. Su único número uno, gracias al remix de «Professional Widow» por parte de Armand Van Helden. Pero también fue un álbum de duelo por el aborto que había sufrido antes de grabarlo. Hubo medios, sobre todo en EE. UU., que remarcaban y no de forma positiva que Amos volvía a contar sus traumas. Los femeninos, no interesan. Pero cuando artistas torturados masculinos cuentan sus miserias, molan. ¿Cuántas veces se ha escuchado aquello de «una mujer sensible está loca pero un hombre sensible, tiene sentimientos profundos»?

En sus discos, siempre ha sido sincera emocionalmente, hasta el punto de conectar con el público a un nivel que otros artistas no han conseguido. En *Strange Little Girls* de 2001 Amos escogía 12 canciones escritas por hombres desde Neil Young, los Beatles, Lou Reed o Eminem y les daba la vuelta, haciendo a sus protagonistas mujeres. En su siguiente disco iba un paso más allá. En *Scarlet's Walk*, adoptada la personalidad de la Scarlet del título. En *American Doll Posse* adoptó también cinco diferentes personalidades femeninas. En *Night of Hunters* de 2011 a través de su pasión por clásicos como Satie, Chopin o Bach narraba el desmoronamiento de una pareja y la búsqueda que el personaje femenino iniciaba para reencontrarse a sí misma tras la ruptura. Su música siempre ha sido una constante exploración del mundo de la mujer, desde el interior, con sinceridad y riesgo, sin miedo.

Amanda Palmer, la reina de las redes sociales

Otra artista que ha usado el piano o el teclado para expresarse ha sido Amanda Palmer. La carrera de Palmer es la de una mujer hecha a sí misma. Empezó como estatua viviente en la calle y ahora mismo es una de las artistas que más ha sabido conectar con el público a través de las redes sociales, del arte colaborativo, del patronazgo. Al margen de los grandes sellos discográficos, del mainstream, de lo que se supone que una artista tiene que hacer para vender. Palmer siempre ha querido controlar su arte de una forma que le ha permitido a la larga grabar donde y cuando ha querido, sin tener que preocuparse de las ventas. Después de los estudios universitarios, Amanda Palmer se dedicó al teatro de calle. Durante un buen tiempo, se vestía con un traje de novia de segunda mano, se pintaba la cara de blanco y se subía

a una caja para hacer de estatua viviente. Así se ganaba la vida. Algo que marcaría su carrera como cantante.

Amanda Palmer nació en Nueva York pero creció en Massachusetts. Desde pequeña el teatro llamó su atención. Así que, tras estudiar Filosofía y Letras en la universidad formó un grupo de teatro callejero, el Shadowbox Collective. Para ganarse la vida trabajaba en una heladería, pero también ejercía de estatua viviente como «The Eight Foot Bride». Hasta que en 2000 conoció a Brian Viglione en una fiesta de Halloween. En apenas un año

Amanda Palmer

habían formado The Dresden Dolls, ella al teclado y él a la batería formaban un dúo inusual, ellos mismos se definían como cabaret punk brechtiano. Sus espectáculos, influenciados por el cabaret alemán, no eran meros conciertos sino eventos artísticos en los que el teatro y la música se fusionaban. Pintándose las caras como si fueran mimos, ambos artistas iban más allá de la simple actuación musical. Las canciones escritas siempre por ella. En 2002 lanzaron su primer trabajo, una recopilación de directos *A Is For Accident*. Su primer disco, *The Dresden Dolls* fue editado por la banda en su propio sello 8ft. Records en 2003. Justo después fichaban por Roadrunner Records.

En su primer álbum ya estaba clara la narrativa de Palmer. En canciones como «Girl Anachronism» o «The Perfect Fit» explicaba por qué siempre se había sentido fuera de lugar. Cojamos el disco de nuestra estantería y escuchemos la primera canción. En ella se muestra como una niña problemática que nunca encajó: «No es la forma en la que debería ser, es solo la forma en la que la operación me hizo», refiriéndose a la cesárea programada que hizo su madre porque quería que naciera en un día determinado a causa de una superstición. O de como sus padres, cuando llegaba a casa tras haberse caído, le decían que se había caído a propósito para llamar la atención y de las inseguridades que eso le causó a lo largo de la vida. En «Coin-Operated Boy» en cambio, Palmer nos cuenta las ventajas de una pareja autómata sobre una real que te romperá el corazón y te tratará mal. Lo tienes en «Muchas formas y pesos para elegir. Nunca saldré de mi dormitorio. Nunca volveré a llorar de noche. Voy a envolver mis brazos alrededor de él y fingir».

Yes, Virginia... fue su segundo trabajo en 2006. En él trataba el tema de la masturbación en canciones como «First Orgasm»: «Estoy demasiado ocupada para tener amigos. Un amante solo complicaría mis planes. Así que nunca buscaré el amor de nuevo. Estoy tomando las cosas en mis propias manos». Le siguió *No, Virginia*, dos años después con caras B y demos junto a cinco temas nuevos. Serían sus únicos discos, la banda se separó amistosamente.

En 2008 la cantante emprendió su carrera en solitario. Su primer trabajo fue *Who Killed Amanda Palmer*. Aunque el disco es más tranquilo que los trabajos que había hecho con Dresden Dolls, mucho más piano y baladas, la energía emocional que desprende es indudable. En «Ampersand» por ejemplo habla de los tres años que había estado sin pareja, justo entonces empezaba a salir con Neil Gaiman. Hablaba de la presión social, de cuando una persona tan individualista como ella ve que en una relación, la sociedad convierte el yo en nosotros con mucha facilidad y ya es difícil disociarse de esa persona como individuo. Cuando la gente presupone que cuando tienes pareja tienes que hacerlo todo con esa persona, sobre todo, la mujer. «Hola mi nombre es Amanda. Y no voy a vivir mi vida en un lado del signo &. E incluso si me fui contigo no soy la chica que crees que soy. Y no voy a encajar contigo». Sus letras siempre son controvertidas, por ser directas y abordar temas tabú como el aborto o la violación, de la que ella misma había sido víctima años antes. En «Oasis» explica la historia de una chica que tras emborracharse es violada. Se queda embarazada y decide abortar. Un tema que fue censurado en diversas radios. Con esa canción se la atacó por usar el humor para explicar una situación como esa, Palmer siempre afirmó que si hubiera hecho una balada triste y angustiosa, nadie la habría criticado pero el tono jocoso de la música hacía creer que se burlaba de una situación que ella misma había pasado.

Sus directos, siempre acompañados del elemento cabaret, siguieron ganándole una legión de fans con los que siempre ha mantenido un contacto muy estrecho. Muchas veces actúa en los llamados *ninja gigs* con su ukelele, conciertos sorpresa en medio de la calle. Avisa a sus seguidores por redes sociales, en las que ha encontrado la manera de relacionarse con sus fans sin intermediarios. Es una de las artistas pioneras en el uso de las mismas para comunicarse con sus seguidores. Ya en los inicios de MyS-

Amanda Palmer

pace o en los foros que Dresden Dolls tenían se comunicaba con sus fans y los hacía participar activamente en las decisiones que tomaba sobre sus canciones.

En 2012 publicó su segundo trabajo, *Theater Is Evil*. Un álbum que supuso la ruptura con su compañía de discos. La mujer siempre tiene que dar una visión de sí misma acorde con la idea de femineidad que otros, hombres normalmente, tienen. Tras grabar el vídeo para «Leeds United», canción incluida en su primer disco, la compañía quiso borrar algunos planos del mismo por considerar que se la veía demasiado gorda. Tras crear la canción «Please Drop Me», en la que les pedía que la echasen, y una campaña llamada «The Rebellyon» en la que miles de seguidores la apoyaron colgando fotos de su tripa, consiguió librarse de su compañía. *Theater Is Evil* se grabó con The Grand Theft Orchestra y se pagó con una campaña de *crowdfunding* en Kickstarter. El proyecto original tenía un objetivo de $100,000 pero consiguió más de un millón. Ese es el nivel de aceptación y conexión que Palmer tiene con su público. Pero aun así arreciaron las críticas. Por entonces se había casado con Neil Gaiman y muchos la acusaban de aprovecharse de sus fans cuando tenía un marido escritor rico y famoso que podía darle el dinero para grabar sus discos. Pero una mujer independiente como ella, ¿por qué demonios tenía que depender de su marido para seguir con una carrera que se había labrado ella misma? ¿Dirían lo mismo si la campaña la hubiera hecho Gaiman, o sería demasiado deshonroso que tu mujer te financie?

En 2015 Palmer publicó su primer libro, *El arte de pedir*, una interesante reflexión sobre ser mujer y artista y como llevar una carrera basada en tus principios y tu libertad como creadora. Amanda Palmer es una artista inquieta que sigue innovando en internet desde su página en Patreon, donde hace llegar su música a sus fans directamente, creando canciones en un día y colgándolas para que sus seguidores las escuchen pero también creando con su música y las redes sociales un diálogo directo que pocos artistas han establecido con sus seguidores.

Mujeres que tienen su propia idiosincrasia: PJ Harvey y Björk

Todas las mujeres que aparecen en este capítulo son difíciles de etiquetar. Han experimentado con la música de una forma que las etiquetas tradicionales no encajan con ellas. Y eso es bueno. Muy bueno. Porque las etiquetas tienden a encasillar, a homogeneizar y la mayoría de personas que las colocan ni siquiera son mujeres y se basan en unos patrones que se han creado a lo largo de las décadas para etiquetar a los hombres, dentro de los cuales las mujeres pocas veces tienen cabida. PJ Harvey es un buen ejemplo de artista que ha sabido siempre mantenerse fiel a sí misma, alejada de todo y de todos, con una posición individualista y única. Los noventa nos trajeron toda una oleada de voces femeninas, en parte gracias al movimiento Riot Grrrl pero sin duda, la voz de Harvey ha seguido su camino propio. Su música siempre desgarradora, estaba llena de una rabia y emoción que hasta hacía relativamente poco no habíamos conocido.

Polly Jean Harvey se crio en una granja en un pequeño pueblo de Dorset, Inglaterra, de apenas 600 habitantes. Su madre era escultora y solía organizar conciertos en el pub local. Le compró un saxofón y la animó a tocarlo con las bandas que pasaban por el pub. También aprendió a tocar la guitarra mientras escuchaba la colección de blues de sus padres. Durante su adolescencia tocó con diversas bandas, desde un grupo instrumental hasta un trío folk. Buscando su propio camino. Hasta que en 1991 y tras

mudarse a Londres, se unió al bajista Ian Oliver y al batería Rob Ellis para formar el trío PJ Harvey. Los había conocido mientras tocaban juntos en la banda Automatic Dlamini. Estaba deseando expresarse a través de su propia música. Too Pure Records editó, tras escuchar una demo su primer single «Dress». Se convirtió en toda una sensación en las listas de rock independiente en Inglaterra llegando al número 3. Lo sacamos de nuestras estanterías, esas que se van llenando cada vez más de discos protagonizados por mujeres. La escuchamos mientras canta: «Debe haber una forma de vestir para complacerlo. Es difícil caminar con este vestido, no es fácil. Me estoy balanceando como un árbol cargado de fruta». Como una mujer se viste para complacer a un hombre, con un vestido apretado que le ha comprado su hombre. «Vestidos bonitos» según él, claro. Pero que a ella le deja con los brazos vacíos, pensando en que se cae por un precipicio. La música es salvaje, rítmica y angustiante.

Polly Jean Harvey

Polly Jean Harvey

En su segundo single «Sheela-Na-Gig», Steve Vaughan sustituyó a Oliver. Ambos temas estaban incluidos en su debut, *Dry*, publicado en 1992. Por si alguien no lo sabe, una Sheela-Na-Gig es una figura femenina tallada en madera o piedra que sujeta su vagina abierta con las manos. Se encuentran en castillos e iglesias en Inglaterra e Irlanda. Con una letra potente con constantes referencias a las figuras, signo de la fertilidad, pero también a cómo un hombre considera a una mujer sucia por ser una exhibicionista, por mostrar su femineidad. Un álbum plagado de letras provocativas y corrosivas además acompañadas por la potente presencia de la propia Harvey, femenina y poderosa, en sus actuaciones aparecía completamente vestida de negro y con un maquillaje dramático o en ropa interior. En la contraportada de *Dry* salía desnuda. Y en una portada de NME aparecía también desnuda de espaldas, mostrando un pecho ligeramente. Siouxie había hecho una portada parecida años antes. Mostrando a una mujer segura de su cuerpo y de su femineidad, una que no deja que otros decidan el tipo de mujer que quiere ser.

Su segundo disco, *Rid of Me* fue producido por Steve Albini, a PJ Harvey le había gustado su trabajo con Pixies. Island quería que Harvey les regalase un bonito single que pudieran poner hasta gastarlo en la radio. No fue el caso. La cantante quería dejar claro desde el principio que su opinión era lo que más le importaba. Fue gracias a este álbum como consiguió un estatus de culto y una base de seguidores fieles que la han convertido en una de las grandes figuras de la música actual. En *Rid of Me* encontramos letras corrosivas, canciones abrasivas y crudeza sonora. En «50 ft. Queenie» lo dice claramente, mostrándose poderosa. Es el rey del mundo, escucha su canción. Te pide que vengas a medirla, mide 50 pulgadas de largo. 50 pulgadas es metro y medio, pero no importa. Ella te lo dice, es poderosa y aunque mida metro y medio encima del escenario mide 15 metros (los 50 pies del título de la canción). En «Man Size» cantaba: «Quiero encajar. Tengo que conseguir el tamaño de un hombre». Mientras en «Me Jane» se coloca en el papel de la novia de Tarzán, esa que tiene que soportar a un hombre criado por monos que se pasa el día golpeándose el pecho para demostrar lo machote que es.

Ese año publicaba también *4-Track Demos*, con las versiones originales de *Rid of Me*. Tras la gira del disco, Harvey grabó su tercer disco en solitario sin Ellis y Vaughan y acompañada de los guitarristas John Parish y Joe Gore. *To Bring You My Love* data de 1995 y fue su primer disco producido en solitario. Con el dinero de sus dos primeros trabajos se compró una casa cerca de sus padres, en plena campiña. Allí, alejada de todos, escribió las canciones. Un trabajo con un sonido más blues pero también más oscuro en el que se sumergía en sus letras a explorar el deseo femenino, el deseo por un amor perdido y el dolor que este provoca. En la primera canción dice: «Me he acostado con el diablo. Dios maldito por encima. Cielo olvidado. Para traerte mi amor». Sin duda, un disco muy diferente a sus dos anteriores trabajos pero que también fue su álbum más aclamado y el que acabó de lanzarla al estrellato del rock independiente.

1996 la tuvo centrada en diversas colaboraciones como el dueto junto a Nick Cave, su entonces pareja, para *Murder Ballads* y *Dance Hall at Louse Point,* un disco junto a su media naranja musical, John Parish. Durante un año paró de trabajar en su siguiente disco, no estaba contenta con el resultado. Incluso pensó en dejar la música. Pero no lo hizo y el resultado es su trabajo más experimental *Is This Desire?*, publicado en 1998. Un disco del que está orgullosa, por haber probado con aspectos musicales con los que antes nunca había experimentado, por dejarse llevar, por tener ovarios para hacerlo. Fue quizás también su álbum más doloroso. Uno en el que cada canción tiene una protagonista femenina. Dos años después grabó con Robert Ellis y Mick Harvey *Stories From the City, Stories From the Sea*, una oda a la ciudad de Nueva York y a estar enamorada. Una ciudad en la que vivió durante aquella época. Es su disco más luminoso.

En 2001 Harvey se convirtió en la primera mujer en ganar el prestigioso Mercury Prize. Su siguiente trabajo apareció en 2004, *Uh Huh Her* es quizás su trabajo más sencillo. Un disco que grabó en solitario en estudios caseros. Tres años después llegó *White Chalk*, en el que el piano es el protagonista junto a la autoarpa. Un trabajo más literario, acercándose a la poesía incluso. En sus últimos trabajos PJ Harvey se ha acercado a una vertiente más social y política. En *Let England Shake* hablaba de la guerra de Irak y del conflicto en Afganistán. Un disco sobre las guerras a lo largo de la historia y como han afectado al ser humano. Pensó que era demasiado oscuro y que el público no lo entendería. Se equivocó. En su último álbum *The Hope Six Demolition Project* de 2016 seguía en esta línea nueva de experimentación con canciones que nos hablan de sus viajes y de las realidades que ha visto en Washington D.C., Kosovo y Afganistán. En esos mismos viajes escribió su primer libro de poesía, *The Hollow of The Hand*. Fue grabado en una sesiones con público en el Somerset House de Londres, siempre experimentando con la música.

El inclasificable talento de Björk

Björk es otra de esas artistas que difícilmente se pueden etiquetar o categorizar. La banda de rock más importante de Islandia, The Sugarcubes fue su primer paso hacia el éxito. Pero en cuanto en 1992 emprendió su carrera en solitario, eclipsó rápidamente la fama de su banda predecesora convirtiéndose en una experimentadora nata en cada disco. Nunca se ha cansado, ni nunca se cansará de explorar los límites de la música y el audiovisual, tan importante en cada uno de sus trabajos.

Nacida como Björk Guðmundsdóttir en Islandia. Vivía en una comuna donde su madre era artista y su padrastro músico. Niña prodigio, empezó a estudiar música a muy temprana edad. Sus profesores enviaron a la radio nacional islandesa una cinta en la que cantaba «I Love to Love» de Tina Charles, se convirtió en un verdadero hit y le consiguió su primer contrato discográfico. Publicó su primer disco con apenas 11 años. *Björk* fue un álbum de versiones de los Beatles o Stevie Wonder, entre otros, con un tema propio que se convirtió en un hit en Islandia titulado «Jóhannes Kjarval», el nombre de un pintor islandés. En los setenta Björk se sumergió en el post-punk formando varias bandas como Spin & Snot, enteramente femenina. Pero también Jam 80, Tappi Tikarrass con los que grabó dos discos o KUKL con dos miembros de la anterior. Con este último editó dos trabajos *The Eye* en 1984 y *Holidays in Europe* en 1986 con la discográfica independiente Crass. Ese mismo año nació su hijo, fruto de su relación con Thor Eldon, guitarrista de la banda. Por cierto, Kukl significa brujería en islandés.

The Sugarcubes surgieron de la ruptura de Kukl. Björk y varios de sus compañeros en la banda se juntaron para convertirse en el único grupo islandés con éxito fuera de sus tierras hasta aquel momento. Su disco de debut *Life's Too Good* fue todo un éxito tanto en Inglaterra como en Norteamérica. Fueron cuatro años y tres álbumes de carrera imparable. En 1990 Björk demostraba su querencia por los cambios de estilo grabando con el grupo de bebop islandés Trío Guðmundar Ingólfssonar el disco *Gling-Gló*. En 1992 Sugarcubes se separaron y la cantante emprendió su carrera en solitario. La atención que recibía de los medios hizo que el resto de la banda se resintiera sobre todo con otro de los compositores, Einar Örn.

Björk se trasladó a vivir a Londres, una oportunidad para empezar de nuevo. Su sonido evolucionó hacia el dance abandonando sus inicios post-punk. *Debut* de 1993 fue el primer disco de esta nueva etapa y el que la consagró. Llegó al número 3 en las listas inglesas. Ya desde el inicio mostró un gran interés por el aspecto visual de su música, creando increíbles vídeos como el de «Human Behaviour» dirigido por Michel Gondry, con quién trabajaría en otras ocasiones en sus vídeos como el mítico «Bachelorette». La imagen de Björk siempre ha estado ligada a sus artísticos vídeos. En *Debut* podemos escuchar el sexual «Venus as a Boy» basada uno de los libros favoritos de la cantante, *Story of the Eye*, la novela erótica de 1928 de Georges Bataille. Narra la visión del mundo que tiene un chico desde la belleza de las cosas sencillas. «Él esta explorando el sabor de ella. Excitación. Tan exacta», canta.

Björk ha publicado álbumes incansablemente, pero siempre experimentando e innovando, llevando la música un paso más allá. Ha arriesgado en cada trabajo, sin importarle las consecuencias. En 2001 se convirtió en productora de sus propios discos cuando publicó *Vespertine*. Convertida ya en figura de culto. En sus últimos trabajos como *Vulnicura* ha creado junto a la música experiencias virtuales para vivir sus vídeos desde una perspectiva totalmente sensorial. Para ello ha usado el sonido, la música, el audiovisual pero también la realidad virtual. Algo que convierte la experiencia musical en algo emocional

Björk

más allá de la propia música. En «Black Lake», uno de los temas centrales del disco, Björk canta al dolor de la ruptura con su pareja y padre de su hija Isadora. Diez minutos de dolorosa sinceridad y desnudez emocional. «Mi corazón es un enorme lago, negro con poción. Estoy ciega, me ahogo en este océano», llora mientras canta.

Pero a pesar de todos estos logros musicales y visuales (incluso ganó el premio a mejor actriz en Cannes y estuvo nominada al Oscar por la dolorosa película de Lars Von Trier, *Bailando en la oscuridad*), no le han evitado a Björk el apelativo por parte de la prensa de duendecillo (elfin) o de una inocencia que su aspecto físico transmite. Porque a las mujeres se les presupone una dulzura e inocencia innatas que no tiene por qué convertirte en niña. Es esa infantilización de la mujer, la que menosprecia su trabajo como artista. Porque una puede tener aspecto de niña y hacer vídeos con muñecos pero no por eso deja de ser un genio musical, por mucho que le quieran colgar la etiqueta. A Björk las etiquetas le resbalan de la piel con una facilidad pasmosa. Pocos creadores hay como ella. Son muy interesantes también las aplicaciones que ha creado para escuelas en las que se ayuda a los niños a entender y jugar con la música desde un lenguaje al que los niños están acostumbrados, el de la pantalla de un iPad.

Capítulo 9

Rebel Girl.
Rock alternativo y Riot Grrrrls.

A finales de los ochenta y principios de los noventa, todo un movimiento alternativo surgió primero de las ciudades universitarias y posteriormente se extendió por todo el país. Se lo llamó rock alternativo en contraposición al rock que sonaba en la mayoría de las radios en aquella época, un género que se había vuelto masivo y popular. Sus canciones se hacían conocidas gracias al boca oreja, a tocar en clubes pequeños underground y en universidades, a sonar en las emisoras universitarias, a crear sus propios fanzines y a publicar con sellos independientes. Todo un movimiento que nació fuera de los márgenes de la industria y que quería expresarse de forma diferente. Había toda una filosofía DIY en ello, de hazlo tú mismo, con pocos medios pero hazlo sin el objetivo de vender masivamente. Ten el control de tu obra. Toda una nueva generación de jóvenes músicos y músicas abrazaron esta filosofía. Su sonido era heredero del espíritu del punk de los años setenta pero con una sonoridad más agresiva y menos melódica. Grupos como Sonic Youth, Pixies, The Breeders o Throwing Muses se erigieron en portavoces de esta generación que daría fruto al grunge, al noise rock, al shoegaze y al indie rock. Y pongo el ejemplo de estos cuatro grupos porque fueron bandas en las que las mujeres tuvieron un papel importante. Pero destacarán además las Riot Grrrls. Un movimiento surgido entre el punk rock y la música alternativa con un importante componente feminista y reivindicativo como nunca antes había habido en la historia del rock. El Brit Pop probablemente fue el movimiento menos femenino de todos pero tuvo también sus representantes femeninas.

Dentro del punk ya habíamos visto que los grupos que mayor visibilidad tenían con presencia femenina solían cumplir la ecuación cantante femenina y banda masculina. Pero la siguiente generación de bandas tuvieron más mujeres entre sus filas y no solamente como cantantes sino como instrumentistas y compositoras. También empezaron a surgir bandas femeninas como Babes In Toyland o L7 que, gracias al auge de géneros como el grunge y la explosión que supuso la aparición de Nirvana en escena, lograron llegar a grandes audiencias. Pero fijémonos primero en algunas de estas bandas que abrieron paso a esta oleada de grupos femeninos y mujeres que querían y podían tomar la palabra y expresarse a través de su música sin querer ni buscar la aprobación masculina, de hecho, seguramente les importaba un pimiento.

Las pioneras del rock alternativo

Pocas mujeres hay que representen tan a la perfección lo que es el rock alternativo como Kim Gordon. Ella es una de esas figuras que siempre se menciona cuando se buscan referentes musicales femeninos a los que mirar con admiración. No hay duda de la importancia que Gordon ha tenido en la historia de la música y no solo como miembro fundadora de Sonic Youth sino como artista independiente, compositora, bajista y guitarrista. Además, su presencia sobre el escenario siempre ha sido una fuerte e individual, segura de sí misma. Algo tremendamente inspirador para otras mujeres. En su faceta como compositora, además, siempre ha escrito canciones que han profundizado en la femineidad, convirtiendo de rebote a Sonic Youth en una de las pocas bandas importantes de los ochenta que realmente trataba temas dirigidos a las mujeres y los problemas que por su género sufrían.

Kim Gordon nació en Nueva York pero se crio en Los Ángeles donde su padre era profesor universitario. Su principal pasión era el arte y como artista visual desarrolló su talento antes de lanzarse a la música. Gordon se graduó en Bellas Artes en el Otis College of Art and Design de Los Ángeles. En 1980 se mudó a Nueva York, participó en la escena artística del SoHo, hizo de comisaria de exposiciones y escribió para revistas de arte. Empezó a interesarse por la música como intérprete mientras estudiaba en la Universidad de York en Toronto, donde formó su primera banda. Ya en Nueva York fundó el grupo CKM donde tocaba la guitarra junto a Miranda Stanton y Christine Hann, las iniciales de sus nombres formaron el nombre del grupo. Fue Stanton quien le presentó a Thurston Moore que entonces tocaba en The Coachmen. Juntos formaron Sonic Youth en 1981 tras un festival que ellos organizaron llamado Noise Festival. A la pareja se unió Lee Ranaldo como segundo guitarra, era amigo de Moore. Steve Shelley llegó a la banda como batería en 1985.

Es indudable el papel de Sonic Youth como pioneros del noise-rock, una forma nueva de entender la música alejada de sus parámetros tradicionales sin usar sus estructuras ni sus ritmos. El sonido de la banda bebe tanto de las guitarras distorsionadas de Ranaldo y Moore, como de la forma hipnótica de tocar el bajo que Gordon desarrolló a medida que experimentaban con su música. Explorando los límites del sonido y del rock en particular, la banda creó un lenguaje propio del que han bebido y siguen bebiendo infinidad de bandas. Sus tres primeros EP *Sonic Youth* (82), *Confusion is Sex* (83) y *Bad Moon Rising* (85) abrieron las puertas del noise y la experimentación. *EVOL* de 1986 fue su primer largo, le siguieron *Sister* (87) y *Daydream Nation* (88), los tres grandes pilares del indie rock. En 1990 ficharon por un gran sello y publicaron *Goo*. Neil Young los invitó como teloneros de su gira del *Ragged Glory*. Aunque Gordon le contaba a *Rolling Stone* en una entrevista el ambiente macho que se vivía en ella: *strippers* como regalo de cumpleaños o el equipo de Young diciéndole a Gordon que no podía ver el show del canadiense desde un lado del escenario porque distraía a Neil.

En todos los discos de la banda, la presencia de Gordon como bajista, vocalista y compositora no pasa inadvertida. Escuchemos algunas de las canciones que compuso para la banda. Cojamos de nuestras estanterías *Daydream Nation* por ejemplo y escuchemos «Kissability». Donde Gordon nos narra una historia tan de actualidad como el acoso sexual que Harvey Weinstein ejerció durante años en jóvenes y futuras actrices. Un hombre en una posición de poder que abusa de una joven indefensa. En ella nos canta: «Mírame a los ojos, ¿no

Kim Gordon

confías en mí? Eres tan buena que podrías llegar muy lejos. Te pondré en una película, ¿no quieres? Podrías ser una estrella, podrías llegar muy lejos. Tienes conectividad. Vuelas fuerte, ¿no quieres? Tienes besabilidad. Podrías ser una estrella, no es difícil». En esta ocasión Gordon habla desde el punto de vista de esa figura de poder que abusa del mismo y que considera a la mujer un trozo de carne que si se autorregala conseguirá llegar lejos. La música ayuda a crear esa sensación de asco y angustia que el personaje femenino debía de sentir en esas situaciones.

«Kool Thing» de su disco *Goo* surgió tras una visita a las oficinas de su nuevo sello en las que las secretarias siempre recibían flores el día de las secretarias pero no un aumento de sueldo o un ascenso. La canción es un *tour de force* entre hombre y mujer, con Gordon y Chuck D de Public Enemy como la voz masculina de la canción. El rapero estaba grabando en el mismo estudio que Sonic Youth. En la canción Gordon canta frases como estas: «Solo quiero saber, ¿qué vas a hacer por mí? Quiero decir, ¿nos vas a liberar a las chicas de la opresión corporativa blanca y masculina?» o «¿Temes un planeta femenino? Ten miedo, baby». Por cierto, el vídeo hace parodia del clip del rapero LL Cool J «Going Back to Cali» y sus sexualizadas bailarinas. En *Dirty* Gordon canta en

«Swimsuit Issue» sobre el acoso sexual en el trabajo: «No me toques el pecho, estoy solo trabajando en mi mesa» o «Estoy aquí solo por el dictado y no por tus vacaciones de verano». En «Female Mechanic Now on Duty» de *A Thousand Leaves*, Gordon reaccionaba a la obsesión por la prensa de categorizar a las mujeres en la música, a convertirlas en un cliché, cuando ella precisamente ha sido una de las que más ha evitado ser etiquetada.

Pero además de su presencia en Sonic Youth, Kim Gordon se lanzó a otros grupos y proyectos. En 1991 ayudó a producir junto a Don Fleming, *Pretty on the Inside* de Hole, a petición de la propia Courtney Love. En 1989 formó Harry Crews junto a Lydia Lunch y publicaron el disco *Naked in Garden Hills*. Era cabeza del Lollapalooza con su banda paralela Free Kitten que formó junto a Julia Cafritz de Pussy Galore y con la que ha publicado cuatro discos. Incluso creó su propia línea de ropa: X-Girl. También dirigía videoclips como el de la exitosa «Cannonball» de The Breeders. Mientras, Sonic Youth alcanzaban el estatus de iconos del rock alternativo. La banda se separó oficialmente en 2011 tras el divorcio de Gordon y Moore. A pesar de la desaparición de Sonic Youth, Gordon no ha parado quieta: homenajeando a Yoko Ono, publicando con su grupo junto al guitarrista experimental Bill Nace, Body/Head, exponiendo su arte o publicando su autobiografía, *La chica del grupo*.

El rock alternativo de Throwing Muses

Una de las grandes bandas femeninas alternativas de la década de los ochenta fue Throwing Muses. Y también fue una de las primeras en traspasar la barrera de las emisoras de rock universitarias de Boston a un público mucho más amplio. Con dos mujeres al frente, Kristin Hersh y Tanya Donelly formaron la banda en 1983. Amigas de toda la vida, el destino hizo que se convirtieran en hermanastras cuando la madre de la primera se casó con el padre de la segunda. Habiendo vivido en entornos disfuncionales familiarmente hablando, pronto empezaron a expresarlos en forma de canciones. A los catorce años, Kristin empezó a escuchar voces dentro de su cabeza. Unas voces que se hicieron protagonistas de las letras de sus canciones. Erróneamente fue diagnosticada como esquizofrénica y luego como bipolar. Pero el surrealismo, las alucinaciones, el miedo o la locura que poblaban sus inseguridades se convirtieron en material para sus composiciones tanto a nivel lírico como musical. Muchos años después, cuando empezó a hablar públicamente de su enfermedad se lamentaría de las numerosas veces en las que se la tachó de loca por las intrincadas composiciones de sus canciones. Y de cómo se la etiquetó después de eso por asociarse con una enfermedad mental. Hersh más que escribir canciones parecía estar poseída por ellas. Su poesía, porque eso eran sus letras, hablaba a partes iguales de angustia emocional, enfermedades mentales, familias disfuncionales, amores tortuosos y dolor.

En un principio el grupo se llamó simplemente Muses. Kristin y Tanya cantaban y tocaban la guitarra, aunque la primera se ocupó de la mayoría de las composiciones, junto a David Narciso a la batería y Leslie Langston al bajo. Tras grabar la maqueta *The Doghouse Casete*, el sello británico 4AD las convirtió en su primera banda estadounidense. Su debut homónimo de 1986, fue un disco visceral entre el punk y el folk. Tras el EP *Chains Changed* de ese mismo año y *The Fat Skier* de 1987 ya en Sire Records, la ban-

Throwing Muses

da se convirtió rápidamente en grupo de culto en Inglaterra y en las emisoras de radio universitarias de su país natal. En 1987 y 1988 editaron sus dos trabajos más cercanos al pop, con melodías y estructuras más convencionales pero con la misma intensidad emocional: *House Tornado* y *Hunkpapa*. Son también sus discos más exitosos. Pero los problemas empezaron poco después: desde la separación de Hersh y la batalla legal por la custodia de su primer hijo que perdió, hasta problemas con su mánager y su discográfica. Donelly además había montado The Breeders junto a Kim Deal y quería componer más canciones propias, lo que llevó tensiones al grupo. En 1990 Hersh ingresó voluntariamente en un psiquiátrico. En 1991, Langston dejó la banda y Fred Abong la sustituyó para grabar *The Real Ramona*. Donelly decidió dejar el grupo definitivamente en 1992 para unirse a Breeders y más tarde formar Belly. Parecía el último disco juntos, pero Hersh reunió a la banda con Langston y Narcizo para grabar *Red Heaven*, su disco más exitoso y que además contó con la colaboración de Bob Mould de Hüsker Dü.

En 1994 Hersh publicó su primer disco en solitario, el excelente *Hips and Makers* producido por Lenny Kaye. Un trabajo que vendió más que ningún álbum de su banda gracias en parte al dueto de Hersh y Michael Stipe de R.E.M. en «Your Ghost». Un trabajo mucho más acústico que sus anteriores trabajos. Fue entonces cuando realmente Hersh se dio cuenta de cómo hasta entonces se había librado de ser encasillada, ya que no se esperaba de ella que hiciese un tipo de música que vende si eres mujer, tocaba en una banda. Ahora se estrenaba en solitario y era diferente. En este disco aparece también «The Letter», uno de sus temas más significativos. Una carta que escribe a su otro yo, a la cantante con la que parece disociarse para poder sobrevivir a las voces y al ruido que la rodea. Aún publicó dos discos más con Throwing Muses: *University* y *Limbo* antes de disolver la banda definitivamente y centrarse en su carrera en solitario.

El éxito de Kim Deal y The Breeders

Kim Deal fue parte importante del sonido Pixies. La banda no habría sido lo mismo sin su melódico y potente bajo. Y aunque The Breeders, su posterior grupo, nació como un proyecto paralelo para dar salida a la canciones que no podía llevar a Pixies, pronto se convirtió en una de las bandas más importantes del movimiento alternativo, incluso con más éxito que su anterior formación. Deal y su hermana gemela Kelley crecieron en los suburbios de Dayton, Ohio. Kim comenzó a escribir canciones en el instituto y aprendió a tocar la guitarra en la universidad. Ambas tocaron juntas hasta que Kim se casó y se trasladó a vivir a Boston en 1986. Fue allí donde respondió a un anuncio puesto por Joey Santiago y Charles Thompson IV (*a.k.a.* Black Francis y Frank Black) de «se busca bajista, influencias: Hüsker Dü y Peter, Paul and Mary». Buscaban a alguien que pudiese tocar el bajo y cantar armonías, en ella encontraron al miembro perfecto. Pixies se convirtió en grupo de culto de la escena indie gracias a discos como *Come on Pilgrim* editado por 4AD. Su primer largo, *Surfer Rosa* llegó a ser uno de los grandes éxitos de las radios universitarias.

Pixies seguía su progresión musical, sobre todo en Inglaterra, pero en sus discos había cada vez menos canciones de Deal y Francis se llevaba todas las voces. Para dar salida a su creatividad, en 1989, Kim formó The Breeders junto a Tanya Donnelly de Throwing Muses, la guitarrista Josephine Wiggs de The Perfect Disaster y la violinista Carrie Bradley. El batería Britt Walford se les unió. En 1990 la banda publicó su primer disco también en 4AD. *Pod* fue producido por Steve Albini, Deal lo conocía de la grabació del *Surfer Rosa* de Pixies y le gustó su forma de trabajar. Cansada de estar siempre a la sombra de Black Francis, Kim Deal por fin decidía dar el paso y mostrar sus canciones en su propio proyecto. Los Pixies se tomaban un respiro poco después. Momento que aprovechó para unirse a The Breeders Kelley Deal. Justo para grabar su EP *Safari* en 1992. Sustituía a Donnelly que formó entonces Belly. Jim MacPherson de Guided By Voices sería el nuevo batería.

Kim Deal

Fue su segundo disco, *Last Splash*, lo que hizo despegar a la banda gracias al éxito del single «Cannonball». Una canción que pensaron que jamás sería un hit. Saquemos el single de nuestras estanterías para escucharlo. Vemos en una de las pantallas de nuestra discoteca al mismo tiempo el vídeo codirigido por Kim Gordon de Sonic Youth junto a Spike Jonze y que se convirtió en un éxito en la MTV. La canción se iba a llamar en un principio «Grunggae», combinación de grunge y reggae. Deal aseguraba que el ritmo del *riff* lo marcaba ese estilo musical. Incluso en la letra canta: «Seré lo que quieras que sea. El bong en la canción reggae». El disco logró mayores ventas que ninguno de los trabajo de Pixies. The Breeders alcanzaban el estrellato y eran cabezas de cartel en festivales como Lollapalooza. El proyecto paralelo de repente se transformaba también en el principal grupo de Kim Deal. Frank Black informaba a sus compañeros de banda por fax que finiquitaba a los Pixies.

En 1994 Breeders editaron el EP *Head to Toe*, grabado en un solo día y producido por J. Mascis de Dinosaur Jr. Kelley Deal fue detenida por posesión de heroína y la banda sufrió un parón momentáneo mientras entraba obligatoriamente en rehabilitación. En ese tiempo, Kim aprendió a tocar la batería y junto a MacPherson formó The Amps y publicaron *Pacer*. Kelley también emprendió su proyecto en solitario Kelley Deal 6000. The Breeders se juntaron en 2002 para grabar el EP *Title K*. En 2004 Kim Deal volvió con Pixies para una gira por EE. UU. y Europa. The Breeders siguen tocando y componiendo. Kim Deal es uno de esos referentes musicales de la música alternativa y además lo hace desde una posición muy inusual, porque no encajaba con ninguno de los estereotipos que se esperaba de las mujeres en el rock. Su imagen era demasiado normal y le importaba un pimiento lo que dijera la prensa. Como decía en una entrevista, sabía que parecía una ama de casa comparada con otras mujeres del rock pero aun así: «No me quiero lavar el pelo, que os den, este es el aspecto que tengo». Bien por ella.

Mecca Normal, un dúo atípico

Mecca Normal es otra de las grandes bandas que influyeron en el indie rock, especialmente en el movimiento Riot Grrrl del que hablaremos posteriormente. Parecía que un vacío enorme separaba grupos como The Raincoats o las Slits de las mujeres que usarían el rock para expresar sus ideas políticas y feministas en los noventa. Mecca Normal sería el punto de conexión entre ambas. Surgidos en 1981 en Vancouver, Mecca Normal son la cantante, poeta, novelista y pintora Jean Smith y el guitarrista David Lester. Ambos trabajaban en diseño en el diario *The West Ender*, así fue como se conocieron. Si hay algo que ha caracterizado a la banda desde el principio es su forma de trabajar DIY: se hacen cargo de buscar sus conciertos, son sus propios mánagers y se ocupan de la publicidad. Incluso formaron su propio sello discográfico, Smarten Up!

La prensa ha llamado muchas veces a Smith la Madrina de las Riot Grrrl o Riot Granny, algo así como la abuelita Riot. Ella siempre se ha quejado. Decidió no tener hijos. No es madre de nadie y la ofendía que le colgaran el estereotipo que la sociedad siempre asociaba a las mujeres: ser madres. En la época en la que Lester y ella se conocieron, Smith estaba casada y la música la ayudó a expresar muchas frustraciones que sentía sobre el papel que de una mujer se esperaba. El matrimonio se fue a pique pero ella formó su banda. Salió ganando. Ambos empezaron a ensayar sin parar hasta que en 1984 decidieron grabar de forma casera sus primeras canciones. El grupo rompía estereotipos también de lo que era un grupo: eran simplemente un dúo de voz y guitarra. Durante años, la única instrumentación era la guitarra de Lester. Realmente no encajaban en la definición de banda de rock.

Su primer disco *Mecca Normal* lo publicaron en su propio sello en 1986. La portada era diseño de la propia Smith. Sorprendió a muchos que esperaban algo tranquilo al ser un dúo. En vez de eso se encontraron la guitarra rabiosa de Lester, la fuerza y agresividad de Smith y sus letras reivindicativas. En «I Walk Alone», la primera canción de la cara B nos habla del derecho a andar sola y sin miedo, por donde quiera y cuando quiera. En sus giras organizaban los «Black Wedge» tour, actuaciones en colegios, galerías de arte, fiestas o club nocturnos abordando temas como el racismo, el feminismo o los problemas de vivienda. En una parada de este tour conocieron a Calvin Johnson, líder del grupo Beat Happening y responsable de K Records. Se intercambiaron discos. De ahí que su sello publicara *Calico Kills the Cat* de Mecca Normal. Con ellos editarían sus siguientes trabajos como *Water Cuts My Hands*, *Dovetail* y *Flood Plain*. En 1993 salió a la luz *Jarred Up*, un recopilatorio de singles que habían publicado con distintos sellos. En él se incluía «Man Thinks Woman» que señala cómo los hombres tienden a ver a una mujer primero como mujer y luego como persona. «Un hombre piensa "mujer" mientras habla conmigo. No es exactamente cierto», canta Smith.

En 1995 la banda firmó con Matador y publicaron *Sitting on Snaps*, con la inclusión al piano y a la batería del productor Peter Jefferies. Smith y Jefferies formaron entonces un proyecto paralelo 2 Foot Flame, que publicó dos discos entre 1995 y 1997. Lester y Smith siguieron publicando discos hasta finales de los noventa, cuando emprendieron proyectos en solitario. En 2002 volvieron a reunirse. Mecca Normal es un buen ejemplo de banda que sigue sus principios: trabajar con total libertad y decidiendo su futuro, con un fuerte sentimiento de compromiso con la sociedad que les rodea y con una idea clara de comunidad y de ayudarse los unos a los otros, que sería clave en todo el movimiento alternativo.

David Lester, Jean Smith y Peter Jefferies

La inconformista Thalia Zedek

No quiero dejar de mencionar en este repaso a Thalia Zedek. Puede que no haya tenido tanta fama ni tanto reconocimiento como sus compañeras pero es indudable que es una de las figuras más importantes del underground alternativo. Miembro de algunas de las bandas más respetadas de la escena como Come, Live Skull o Uzi, Thalia Zedek lleva más de 30 años de carrera a sus espaldas. Aunque su éxito comercial ha sido limitado, su influencia en la escena indie rock no puede obviarse. Nacida en Washington D.C. en 1979 Zedek se mudó a Boston para estudiar en la universidad, aunque duró poco, le interesaba más la música. El punk de principios de los setenta y sobre todo Patti Smith fueron sus grandes influencias. En Boston formó dos bandas femeninas White Women y Dangerous Birds, esta última incluyó su canción «Smile on Your Face» en el famoso recopilatorio Sub Pop 100.

En 1983 Zedek formó Uzi, donde se encargaba de las voces, la guitarra y las letras. Tan solo editaron un EP con seis temas *Sleep Asylum*. Aunque no consiguieron despuntar, se convirtieron en uno de los grupos de culto de la escena bostoniana underground. La banda de noise rock neoyorquina Live Skull le pidió que se uniese a ellos, su voz les había impresionado. Así que se trasladó a la gran ciudad durante unos años. Aunque a principios de los noventa volvió a Boston intentando alejarse de su adicción a la heroína. Sus amigos la ayudaron a salir de ello. Fue allí donde formó la banda seminal Come junto a Chris Brokaw de Codeine, Arthur Johnson y Sean O'Brien. Su primer lanzamiento fue el single «Car/Last Mistake» editado por Sub Pop. En 1992 publicaron en el sello Matador su primer disco, *Eleven: Eleven*. Grabado en poco más de una semana, fue un trabajo marcado por la voz desgarrada de Zedek y las guitarras de ella y Brokaw distorsionadas al unísono. Plagado de letras oscuras como la de «Submerge» en la que Zedek canta: «Ahora nos hundimos tan suavemente, ahora nos hundimos tan profundamente. Creo que falta algo, creo que algo está esperando. ¿Echas de menos la almohada que solía acunar tu cabeza? Cierro los ojos, me hundo en el fondo. Y me quedaré allí todo el tiempo que pueda».

Fue el primero de cuatro discos imprescindibles de Come junto a *Don't Ask Don't Tell* de 1994, *Near Life Experience* de 1996 y *Gently, Down the Stream* de 1998. Trabajos que los convirtieron en un grupo de culto, a pesar de que poco después del último se separaban. Zedek emprendió entonces su carrera en solitario. Se fue de gira invitada por Indigo Girls en las Suffragette Sessions, un tour en el que solo participaron artistas femeninas y en el que Zedek cantó por primera vez sus propias composiciones en solitario. Eso la animó en 2001 a publicar su primer disco, *Been Here and Gone*. Un álbum que relataba una dolorosa ruptura sentimental. Con esa portada con un dibujo de un corazón y una escalera que sube hacia él, en la negra noche estrellada. En sus letras siempre han sido protagonistas sus luchas interiores. La intensidad emocional de las mismas relata dolorosos desengaños amorosos o su adicción a la heroína, pero también ha hablado siempre abiertamente de su lesbianismo.

En 2002 vio la luz el EP *You're a Big Girl Now* y en 2004 el largo *Trust Not Those in Whom Without Some Touch of Madness*. Un trabajo melancólico y triste, sus canciones rompen el corazón emocional con una rabia desgarradora. Cuatro años después llegaba *Liars and Prayers* su primer disco como Thalia Zedek Band y el que se acercaba más al sonido más duro de Come. En 2013 publicó *Via*, un disco lleno de desespero. Un año después llegó, el minimalista EP *Six* y en 2016 *Eve*, justo antes de emprender un nuevo proyecto llamado A Band Called E junto a Jason Sanford de Neptune y Gavin McCarthy de Karate. Aunque Zedek no ha alcanzado nunca el reconocimiento que se merece, no hay duda de la importancia e influencia de su música en la escena del rock alternativo. Sus canciones están más allá de modas, tendencias o ventas, es un trabajo sólido e incansable de un talento nato para la música.

Chicas rebeldes, el movimiento Riot Grrrl

A mediados de los ochenta, el punk había barrido literalmente a las mujeres de los conciertos y de los escenarios. La agresividad hacía que escenas hardcore como la de Washington D.C. prácticamente existieran sin presencia femenina. Pero eso no significa que las mujeres se quedaran esperando a que los hombres y su agresividad les dieran permiso para formar parte de la misma, crearon la suya propia. Así nació el movimiento Riot Grrrl que reforzó un sentimiento de comunidad, de ayudarse las unas a las otras, de expresarse con rabia lo que consideraban una injusticia. Cantaban sobre acoso sexual, violaciones o los prejuicios que sufrían por ser mujeres. Por fin, un movimiento musical abordaba la problemática de ser mujer y no lo hacía desde el pop sino desde los sonidos más aguerridos, con guitarras estridentes y gritos desaforados.

Olympia fue una de las cunas de este movimiento. Allí nació el sello K y el grupo Beat Happening, el primer grupo del mismo en atraer la atención internacional. Es la única banda con miembro femenino, aparte de Black Flag, que Michael Azerrad incluyó en su antológico *Our Band Could Be Your Life: Scenes from the American Indie Underground 1981-1991*. En Beat Happening la presencia femenina la aportaba la batería Heather Lewis. Calvin Johnson convirtió a la banda de Lewis The Supreme Cool Beings en su primer trabajo publicado en casete en el sello K. Era el formato que más éxito tuvo durante aquellos años. Uno que era de fácil manejo, barato de hacer y grabar y que respondía a la perfección a la filosofía de DIY del movimiento. Beat Happening estaba formado por Heather Lewis, el propio Johnson y Bret Lunsford. Dos guitarras y una batería, los miembros se intercambiaban los instrumentos aunque Heather se encargaba mayoritariamente de la batería. En el noreste, en la zona de Olympia, las cosas eran muy diferentes de lo que se cocía en Washington D.C. Aquello era territorio macho. Las bandas femeninas brillaban por su ausencia y las pocas que había se tenían que esforzar mil veces más para conseguir su pequeño hueco. Ian MacKaye tenía que pedir al público de Fugazi que no empujaran a las mujeres para que también pudieran disfrutar del concierto. La moda de pegarse y empujarse los unos a los otros empezaba a calar. ¿A ver quién la tiene más grande?

Pero ese sexismo que parecía impregnar ciertas partes de la escena musical encontró la horma de su zapato en un buen puñado de Riot Grrrls dispuestas a demostrarles que el mundo también era suyo. El movimiento creció fuera de las escenas musicales a base de fanzines, reuniones feministas y mujeres que querían un espacio propio en el que crear y expresarse, que pronto saltó a la música. Si no las dejaban compartir el espacio que ya había, iban a crear el suyo, tanto si les gustaba como si no. Un nuevo tipo de feminismo había nacido. Tras el *boom* del feminismo en los setenta, parecía que muchas mujeres pensaban que ya se había ganado esa batalla, pero lo cierto es que no era así. En los noventa, las hijas de aquellas que lucharon por los derechos de las mujeres empezaron a unirse y a hacer cosas juntas en los campus de sus universidades, organizando conciertos benéficos o grupos como Act Up o Women's Action Coalition. El rock era una manera de actuar de forma directa, de llegar a otras mujeres y hombres también, pero sobre todo mujeres. Ellas redescubrieron a bandas como The Raincoats, The Slits, Patti Smith o X-Ray Spex. Las reivindicaron y las tomaron como modelos a seguir.

Bikini Kill

En 1991, tras los *riots* que la muerte de un salvadoreño a manos de una policía causaron en Olympia, algo se removió. Allison Wolfe y Molly Newman de Bratmovile crearían el primer fanzine *Riot Grrrl* por aquel entonces. Era el verano en el que explotó el caso de Anita Hill. Una profesora de derecho de la Universidad de Oklahoma que denunció a un candidato a la Corte Suprema de los Estados Unidos por acoso sexual en el trabajo. Se acababa de publicar el libro de Naomi Wolf, *The Beauty Myth*, un clásico del feminismo de la segunda oleada. Los fanzines se imprimían y distribuían de forma casera pero eran un medio de expresión efectivo y directo, fácil de hacer y que llegaba al público. Miembros de Bratmobile, Huggy Bear o Bikini Kill escribirían en muchos de esos números y hablarían de acoso sexual, de violación, de machismo y desigualdades con fiereza, al igual que en sus canciones. Con la idea principal de: es posible cambiar el mundo y nosotras vamos a hacerlo.

Bikini Kill, las abanderadas de la revolución

Una de las principales bandas del movimiento fue Bikini Kill. Aunque ellas siempre han negado ese papel de líderes, ya que una de las ideas del mismo es la de todas somos iguales. El hecho de tener mayor repercusión mediática las convirtió muy a su pesar en la cabeza visible del movimiento para la audiencia en general. Su mensaje siempre fue claro y directo: las chicas al poder. Mujeres que actuaban y reclamaban lo que les pertenecía: sus derechos. En sus canciones gritaban con rabia contra el abuso sexual, la violación o el maltrato. Sus directos incendiarios y combativos convertían a Kathleen Hanna, su cantante, en un torbellino que actuaba con la palabra *Bitch* o *Slut* dibujada en sus brazos o su tripa, para denunciar los estereotipos machistas a los que se sometía a las mujeres. Estaban seguras de que la única manera de conseguir cambiar las cosas era uniéndose las unas con las otras, creando una comunidad de mujeres que se apoyasen. Eso era esencial. Bikini Kill cogió los elementos básicos del punk asociado a los hombres y les dio la vuelta para reivindicar un discurso totalmente feminista. Un

Kathleen Hanna

revulsivo que no gustó mucho a la prensa, los comentarios negativos sobre la banda eran constantes. El tan odiado, y con razón, término *feminazi* sonaba constantemente. Porque querer ocupar tu propio espacio significaba para ellos que perdían el suyo y eso no les gustaba nada. Hay que tener en cuenta igualmente, que aunque la escena punk rock de los noventa estaba muy masculinizada, había bandas masculinas, público y escenas como las de Olympia y DC que apoyaron al movimiento Riot Grrrl.

La banda se formó a finales de los ochenta en la universidad de Evergreen, en Olympia. Allí estudiaban Kathleen Hanna, Tobi Vail y Kathi Wilcox. Todas habían participado en diferentes fanzines feministas, tocaban bajo el nombre Jigsaw y pronto crearon su propio fanzine con otras músicas de la escena, se llamaba *Riot Grrrl*. Todas además habían tocado en distintos grupos antes de formar Bikini Kill, al que se añadió el guitarrista Billy Karren conocido también como Billy Boredom. A través de la música y sus canciones lograron transmitir su mensaje feminista. En sus canciones y en sus conciertos hablaban de abusos sexuales o de violación e invitaban a su público a compartir sus experiencias en comunidad, un aspecto importante del movimiento. Las bandas se apoyaban unas a otras, se conocían entre ellas y escribían en sus respectivos fanzines.

Su participación en la histórica International Pop Underground Convention de 1991 en Olympia marcaría el inicio del movimiento riot grrrl. Una convención creada por K records que nacía como un espacio más allá de las convenciones musicales dominadas por la industria. El evento incluía una noche de bandas femeninas en la que actuaron Bikini Kill, L7 o Bratmobile, entre otras. Bikini Kill publicó ese año su primera demo en casete, la seminal *Revolution Girl Style Now*, el título de una de las mesas de debate de la conferencia en la que participaron Bratmovile, Tobi Vail y 7 Year Bitch, entre otras. En el EP había canciones desgarradoras como «Daddy's Li'l Girl» y «Suck My Left One» sobre el abuso sexual por parte de un padre a su hija, la segunda además con el consentimiento de una madre que le pide que sea una buena hija educada y se comporte con papaíto. Pero es en «Double Dare Ya» donde la banda expresa mejor su forma de pensar y el mensaje que quieren transmitir.

Busquemos el casete entre nuestras estanterías, también hay casetes en nuestra discoteca de Alejandría, un elemento principal de la música durante los ochenta y los noventas, uno que era barato y te permitía hacer tus propias compilaciones de grupos favoritos. Pero volvamos a Bikini Kill y pongamos en nuestro aparato de estéreo el casete de *Revolution Girl Style Now*. Lo tenemos preparado en la cara B, segundo tema. En ella Kathleen Hanna grita: «!Somos Bikini Kill y queremos una revolución de chica ahora!» y hace una proposición clara a todas las chicas: «Atrévete a hacer lo que quieras. Atrévete a ser quien quieras. Atrévete a llorar en voz alta». En la canción además habla del hombre al que se tiene que complacer quedándote calladita y siendo buena. A eso responde Hanna que luches por tus: «Derechos, derechos, tienes jodidos derechos». Un año después vio la luz un 12« *Yeah, Yeah, Yeah, Yeah,* con la banda británica Huggy Bear, que les llevó de gira por Inglaterra y facilitó que el movimiento riot grrrl llegara hasta Europa. Joan Jett, uno de sus grandes ídolos, produjo su siguiente single. Contenía »New Radio« por una cara y el mítico »Rebel Girl" en la otra. Un himno feminista que además hablaba sobre una relación entre dos chicas. Hanna también coescribió uno de los temas del siguiente disco de Jett, *Pure and Simple.*

En 1994 vio la luz su primer largo, *Pussywhipped.* Un disco que recuperaba el sonido más crudo de sus primeras grabaciones. En 1996 publicaron su último trabajo *Reject All American.* La prensa que hasta entonces se había dedicado a criticarlas, lo típico de «no saben tocar», había dejado de interesarse por el movimiento riot grrrl. Pero mientras la prensa y las grandes discográficas se fijaban en el movimiento, viendo que probablemente podrían sacar beneficios del mismo, las críticas fueron constantes. El grupo se disolvía en 1998 dejando un legado importante que impactaría en muchos grupos femeninos que vendrían detrás y en un público que había encontrado un sitio en el que sentirse seguras y en el que se trataban temas que les importaban y preocupaban. Un legado de empoderamiento femenino. Hanna escribió el «Riot Grrrl Manifesto» incluido en el fanzine de Bikini Kill *Girl Power,* entre sus líneas algunas peticiones lógicas aunque no por eso menos necesarias de recalcar:

> «PORQUE reconocemos las fantasías de Instant Macho Gun Revolution como mentiras no prácticas pensadas para mantenernos simplemente soñando en lugar de convertirnos en nuestros sueños Y POR LO TANTO, buscamos crear una revolución en nuestras vidas todos los días imaginando y creando alternativas a la estúpida forma de hacer las cosas del capitalista cristiano.
>
> PORQUE queremos y necesitamos alentar y alentarnos frente a nuestras propias inseguridades, frente a beergutboyrock que nos dice que no podemos tocar nuestros instrumentos, frente a las «autoridades» que dicen que nuestras bandas/fanzines/etc. son los peores en los Estados Unidos y
>
> PORQUE no queremos asimilarnos a los estándares (chico) de lo que es o no es de otras personas.
>
> PORQUE estamos enfadadas con una sociedad que nos dice Chica =Tonta, Chica = Mala, Chica = Débil».

El papel de Kathleen Hanna como estandarte del feminismo siguió en grupos como Le Tigre y Julie Ruin. De hecho, Le Tigre nació como banda de soporte a su primer proyecto en solitario como Julie Ruin, un *alter ego* que necesitó crearse para separarse de la imagen de madre del movimiento que se le había adjudicado. Su primer disco en solitario *Julie Ruin* lo publicó en 1998 y lo grabó en el armario de su apartamento en Olympia. Un año después publicó *Le Tigre* junto a Johanna Fateman guitarra y teclado y Sadie Benning que fue sustituida en 2002 por JD Samson al teclado y sámplers. El trío feminista mezclaba unas letras llenas de mensaje, punk y directas con electrónica. En 2001 publicaron su *EP From the Desk of Mr. Lady* y su segundo disco *Fe-*

minist *Sweepstakes* llegó poco después. Un trabajo mucho más abierto políticamente. Activismo político es lo que caracteriza sus letras. En «Hot Topic» de su primer disco rinden homenaje a todas las mujeres que lucharon antes que ellas: «Carol Rama y Eleanor Antin, Yoko Ono y Carolee Schneemann, os estáis haciendo viejas, eso es lo que dirán de vosotras, pero me importa un carajo estoy escuchando de todas formas, *stop*, no paréis, no puedo vivir si paráis». En «FYR» de su segundo disco Hanna se refiere a los Fitfy Years of Ridicule, los cincuenta años en los que nos han dicho que la lucha ya se ha hecho, que hemos conseguido igualdad y no hace falta seguir peleando y gritando por nuestros derechos: «Un paso adelante y cinco atrás», canta Hanna y nos describe las maravillas del postfeminismo: no tener un salario igualitario, el maltrato o el asesinato a manos de parejas o exparejas, racismo, explotación... «¡Feministas, os llamamos!». Actuad, cantan.

Aparte de seguir con Le Tigre, Hanna graba discos e hizo giras como Julie Ruin con el mismo ímpetu feminista y reivindicativo en todas sus propuestas. En «Hit Reset», que da título a su disco de 2016, Hanna habla por primera vez de los abusos sexuales que sufrió por parte de su padre alcohólico:

«Borracho de una taza con forma de pecho. Castiga a las personas que amaba mejor. Dormí con las luces encendidas en el suelo. Detrás de una silla que bloqueaba la puerta».

Bratmobile y el feminismo punk

Otra de las bandas de este movimiento fue Bratmobile. Fundada por Allison Wolfe y Molly Neuman. Wolfe nació en 1969 en Memphis pero se mudó con su madre a Olympia en 1977 tras el divorcio de sus padres. Su padre las maltrataba a ella, su madre y sus dos hermanas. Pero su vida cambió radicalmente tras el divorcio. Su madre salió del armario como lesbiana, fundó una clínica de salud para mujeres y crio a sus hijas en un entorno muy diferente con el feminismo como punto de partida. En el instituto sin embargo sufrió el acoso de un novio que intentó estrangularla tras romper con él. Una experiencia que marcaría también su perspectiva sobre el feminismo desde aquel momento.

Neuman y Wolfe se conocieron en la Universidad de Oregon en Eugene a la que ambas atendían. Neuman provenía del D.C. y juntas compartían gustos musicales y un deseo de aportar algo a la sociedad, algo que permitiera que las mujeres tuviesen más presencia. Quisieron hacer un programa de radio con artistas femeninas que no cuajó y fundaron su propio fanzine *Girl Germs*. Pronto decidieron formar su propia banda. Iban a conciertos a Olympia y allí conocieron a Tobi Vail, Kathleen Hanna y Donna Dresch. Calvin Johnson de K Records las invitó a tocar el día de San Valentín en un concierto junto a Bikini Kill y Some Velvet Sidewalk. Fomaron la banda Allison como cantante, Molly como batería y Erin Smith como guitarrista. A Smith la conoció Neuman en una visita al D.C. Se la presentó Calvin Johnson en un concierto de Nation of Ulysses. Las tres junto a Tobi Vail y Kathleen Hanna crearon el fanzine *Riot Grrrl* en el verano de 1991. Participaban en reuniones de Riot Grrrls en las que se hablaba de abuso, acoso sexual en los conciertos, de crear una zona segura para las chicas en los mismos o de racismo. Por fin, las jóvenes de esta gene-

Bratmobile

ración encontraron su propia voz y sus medios para hacerla llegar a otras mujeres que se sentían como ellas.

Tras varios conciertos su primera canción «Girl Germs» apareció en un recopilatorio de Kill Rock Stars. Y en 1993 publicaron también su primer disco *Pottymouth*. Un álbum rabioso que mezclaba el punk y el surf. El trío hacía apenas año y medio no sabía tocar ni una nota. En esta canción hablan sobre su propia autoprotección, la de las mujeres que son capaces de rechazar los avances sexuales no deseados de un chico. En 1994 publicaron su EP *The Real Janelle* y aunque vivían en costas diferentes, los miembros de la banda consiguieron seguir en activo, tocando en directo junto a Heavens to Betsy, la banda de Corin Tucker anterior a Sleater-Kinney. En sus esfuerzos por llevar el movimiento Riot Grrrl de un lado a otro del país crearon una comunidad de chicas que se apoyaban las unas a las otras. A pesar de ello, la atención constante de la prensa y la presión a la que el movimiento Riot Grrrl estaba sometido, unido a la distancia entre sus miembros, provocó la ruptura de la banda. En 1998 volvieron a unirse como si no hubiese pasado un día y publicaron *Ladies, Women and Girls* y en 2002 y tras otro parón llegó *Girls Get Busy*.

Ladies, Women and Girls contiene otro de los grandes temas de la banda, «Gimme Brains». En ella piden por un hombre de verdad inteligente, uno que no sea un sexista, que no se crea con derecho a usarte como un trozo de carne y luego tirarte: «Dame cerebro para desayunar, cariño. Y dame más para el almuerzo. Tírame un hueso para la cena, sí, sí. Una chica podría morir de hambre con un chico como tú. Sin nada que ofrecer, eso significa que hemos terminado. Y sí, eso también significa que no somos amigos, ¿de acuerdo?».

Huggy Bear, riot grrrls inglesas

Al otro lado del charco el movimiento Riot Grrrl también había llegado con grupos como Huggy Bear. La banda, formada por hombres y mujeres, se negaba a dar sus nombres completos y además no concedían entrevistas ni posaban para fotografías. Muchas bandas asociadas al movimiento Riot Grrrl veían como sus palabras eran tergiversadas por la prensa de tal manera que se negaron a darles más voz. Ya tenían sus fanzines para expresarse. No les necesitaban. Huggy Bear nació en 1991 y publicaron sus demos en el sello indie Wiiija, siempre con un discurso feminista muy marcado. Sufrieron igual que otras bandas el acoso de los grandes sellos que se peleaban por tener a su propia banda riot grrrl y sacar partido de la escena. La gran mayoría de estas bandas rechazaron el salto a favor de mantener un mayor control creativo de su trabajo.

En 1992, Huggy Bear publicaron su EP *Rubbing the Impossible to Burst* y otros dos 7«, *Kiss Curl for the Kid's Lib Guerrillas* y *Her Jazz*. Este último incluía su tema más conocido que daba título a la canción. En ella cantaban: »Es hora de que muestres un poco de respeto, vamos a destrozar el mundo cuadriculado. Aburrimiento, furia, intención feroz. Este es el sonido de la revolución«. Como ya he comentado Huggy Bear publicaron junto a Bikini Kill, después de hacer una gira con ellas, un 12» titulado *Our Troubled Youth/Yeah Yeah Yeah Yeah*. El movimiento así se daba la mano a uno y otro lado del Atlántico. Su último trabajo antes de separarse fue el recopilatorio *Taking the Rough with the Smooch*. Resurgieron en 1994. Tras publicar un par de EP y su primer disco largo *Weaponry Listens to Love*, la banda se separó definitivamente.

Team Dresch, liderando el movimiento queercore

Si el movimiento Riot Grrrl ponía el acento en el feminismo y sus reivindicaciones, también lo hacía en la libertad sexual. Por primera vez, bandas abiertamente lesbianas, gay, bisexuales o transgénero cantaban sobre sus deseos y sus anhelos y encontraban un público que se sentía identificado con ello. Team Dresch fueron precisamente la cabeza visible de ese movimiento llamado queercore dentro de las bandas formadas por mujeres, que unía la filosofía del punk con las reivindicaciones de este colectivo. La banda estaba formada por Kaia Wilson, Jody Bleyle, Donna Dresch y Marci Martinez. Wilson tenía una familia muy musical, su madre le enseñó los acordes básicos de guitarra. Descubrió que era lesbiana en el instituto y contactó con Dresch en busca de consejo musical, era fan de su fanzine *Homocore*. Gracias a los fanzines descubrió la escena alternativa. También se hizo amiga de Molly Neuman y Allison Wolfe de Bratmobile y entró en la escena pero como mera espectadora. Fue tiempo después cuando decidió formar su propia banda. Dresch por su parte, se había hecho un nombre en la escena gracias a su fanzine *Chainsaw*, tocaba el bajo y creó su propio sello Chainsaw Records, que posteriormente publicaría sus propias bandas y a Sleater-Kinney, entre otras. Martinez tocaba la batería desde los nueve años. Wilson la conocía de la banda Calamity Jean y por la misma época conoció a Bleyle.

Formaron la banda en 1993. Dos años después publicaban su primer disco *Personal Best* coeditado por Chainsaw Records y Candy-Ass el sello de Bleyle. Las letras las escribían Bleyle y Wilson. En «Growing Up in Springfield» Wilson narra su primer amor

Team Dresch

con quince años. Se enamoró de una amiga que le decía que Dios la salvaría y la hacía rezar con ella. Una que le dijo que tenía un demonio dentro y que ya no podía ser su amiga. Una que la hizo pasar los peores días de su vida. En «Hate the Christian Right!» volvía a tratar el tema de la estigmatización de la religión o en «Try to Suicide» el dolor de la depresión y de nunca sentirse feliz. En 1996 publicaron su segundo disco *Captain My Captain*. Ya con nueva batería, Melissa York. En él cantaban en «Yes I'm too, but Who Am I Really?: »No nos digas que solo nos importan las lesbianas y maricas. No intentes y encuentres razones falsas para odiarnos. Algunas personas lo obtienen, mucha más gente lo necesita. La libertad es libertad. Es para todo o es todo por nada".

El grupo se separó poco después de este disco. Kaia Wilson y Melissa York formaron junto a Alison Martlew The Butchies. Una banda que fue un paso más allá que Team Dresch. Uniendo un sonido agresivo con una filosofía que protegía a las lesbianas que acudían a sus conciertos. Su primer disco se llamó *Are We Not Femme?*, en él querían dar espacio a todas aquellas personas que no encajaban en la definición que la sociedad tiene de masculino ni femenino. En sus canciones siempre una reivindicación, una denuncia política sobre temas diversos y no solo sobre los derechos de la comunidad queer y sobre feminismo. Aunque por supuesto, si la música que habla sobre feminismo es ignorada por los medios mayoritarios, la que habla de lesbianismo ya os podéis imaginar. En «More Rock More Talk» de su disco *Population 1975* de 1999 cantan: «Estamos para la juventud queer, somos go union, somos pro choice, no tenemos miedo de ti». Y en eso The Butchies no se equivocan porque han creado un espacio en el que la juventud queer, que no encaja en la definición binaria de femenino y masculino, puede expresarse y sentir que están seguros y seguras.

La rabia desatada de Sleater-Kinney

Sleater-Kinney fue uno de los puntales del movimiento alternativo a finales de los noventa. Fue una de las pocas bandas femeninas surgidas del riot grrrl que logró traspasar la barrera del underground, que dieron el salto al mainstream y que aun así mantuvieron siempre unos principios inamovibles tanto a nivel ético como en lo que a su música se refería. Esto las convirtió en una de las formaciones más respetadas de los noventa. Siempre mantuvieron su independencia y el control sobre su trabajo y se negaron a fichar por una gran discográfica manteniendo su perfil indie.

Corin Tucker y Carrie Brownstein se conocieron en 1992 mientras estudiaban en el Evergreen State College de Olympia. Ya por entonces tocaban en bandas del llamado movimiento riot grrrl, Tucker en Heavens to Betsy y Brownstein en Excuse 17. La conexión fue inmediata, musical y sentimentalmente. El grupo nació como un proyecto paralelo a sus propias bandas. En 1994 se fueron a la aventura a Melbourne, Australia, para grabar con la batería Laura McFarlane. Se habían conocido por carta y nunca se habían visto en persona. Con ella y en una noche grabaron su álbum homónimo. Su música cruda y directa contrasta con una letras totalmente personales que hablan de sentimientos, desesperación e incluso sexismo. Con sus bandas anteriores ya habían tenido que vérselas con responsables de salas o de sonido que creían que por el hecho de ser mujeres no sabían tocar. En «A Real Man» cantan: «¿No quieres sentirlo adentro? Dicen que se siente tan bien. Todas las chicas deberían tener un hombre de verdad. Debería comprarlo, no quiero. No quiero unirme a tu club». En «How to Play Dead» narran el agobio del acoso sexual que sufre la protagonista: «Quieres enseñarme a hacerme la muerta. Cómo estar quieta. Cómo complacerte. Si no te doy, justo lo que necesitas. Te duele, soy una burla. Eres solo un chico al que le gusta gimotear. Voy a ahogarme. No puedo sentir nada. Dices más a fondo, te gusta cuando grito. Y luego me dices que soy tan buena».

En 1996 *Call the Doctor* las consagró. Su talento compositivo crecía por momentos. Contiene además uno de sus grandes temas «I Wanna Be Your Joey Ramone». Vamos a escucharlo. Una canción en la que satirizan la idealización de los héroes masculinos del rock como Ramone o Thurston Moore, al que también mencionan. Cantar sobre estar en una banda, sobre dedicarse a la música es otro de sus puntos fuertes junto con sus guitarras afiladas y sus gritos desaforados. Poco después apareció en escena Janet Weiss, la batería definitiva de la banda, la que le dio un nuevo sentido a su sonido más potente y visceral. Algo que se puede escuchar en sus trabajos *Dig Me Out* de 1997 o *The Hot Rock* de 1999, sus dos discos más redondos. Su público aumentaba, su fama también, pero siempre desde el compromiso con el mensaje que sus canciones lanzaban. Y con una ética que les impedía, a pesar de las innumerables ofertas, pasarse a una gran discográfica. Querían mantener el control de su trabajo por encima de todo.

All Hands on the Bad One de 2000 fue su disco más accesible que incluía el tema «You're No Rock and Roll Fun», una irónica canción sobre los clichés de los tíos que se creen *rockstars* y no quieren tocar en bandas de chicas. En ella cantan: «Todos los chicos de la banda. Saben cómo bajar. Llenar nuestros calcetines navideños. Con bebidas de whisky y barras de chocolate. Cuando termina la noche. No pensaremos en ti entonces. Aunque el mejor hombre. No pasará tiempo con la banda de chicas». En «The

Sleater-Kinney

Ballad of the Ladyman» Tucker denunciaba el sexismo del organizador de un evento
que nombró sus alojamientos como los de las «Ladymen». En «#1 Must Have» en cambio hablaban de la comercialización de la mujer y de las presiones a las que es sometida: «He estado gateando tanto tiempo en tu escalera al cielo. Y ahora no creo que
quiera entrar. ¿Habrá siempre conciertos en los que las mujeres son violadas? Mírame
tomar una decisión en lugar de mi cara. El número uno que debe tener es que estemos
seguras. (Donde sea que vayas, la adolescencia es la furia. Dentro de tus pantalones y
en la portada. Donde sea que mires, es morir o nacer. Si no puedes decidir, es tu propia
guerra)». Y un poco más adelante un deseo: «Y para todas las mujeres que hay. Ojalá
pudiéramos escribir algo más que la próxima oferta de marketing». En «Was It a Lie?»
narran la historia del vídeo de la muerte de una mujer que se pasa una y otra vez para
deleite de los televidentes, denunciando el acoso al que la prensa sometía al grupo
por aquel entonces.

One Beat volvió a la fiereza de The Hot Rock. En 2005 ficharon por Sub Pop y florecieron las acusaciones sobre si se habían vendido. No era la primera vez que les pasaba.
Publicaron The Woods, su álbum más experimental pero también supuso un parón
indefinido en la banda que duró 10 años. El grupo lo dejaba en su momento más álgido. Ninguna se alejó demasiado de la música. Corin Tucker emprendió carrera en
solitario, Janet Weiss tocó la batería en su banda Quasi y con The Jicks, el grupo de
Stephen Malkmus y Carrie Brownstein se hizo famosa con la serie cómica Portlandia
junto a Fred Armisen. Después de años de retiro indefinido, en 2015 publicaron su último disco, el excelente No Cities to Love y se lanzaron de nuevo a la carretera a tocar sus
canciones en directo. Siempre con una ética independiente y de control de su carrera
que las ha mantenido fieles a sí mismas.

El movimiento Riot Grrrl fue breve pero no por eso menos importante. Fue una escena única para las mujeres. Para unas jóvenes que no encontrando un espacio donde
expresarse, lo crearon desde cero. La conciencia de que algo tenía que cambiar y de

que la única forma de conseguirlo era juntándose y luchando, crearon una verdadera revolución. Lo consiguieron y abrieron la puerta a que otras muchas mujeres siguieran su camino. Pero lo cierto es que muchos hombres se sintieron agredidos por este movimiento, tenían miedo. ¿Por qué? Las mujeres ya no se quedaban calladas esperando a que les cedieran el paso, adelantaban a una velocidad de vértigo, cansadas de quedarse siempre atrás. Exigían un espacio que les pertenecía y que durante siglos, los hombres habían ocupado. En 1998 la revista *Time* publicaba en portada una foto con cuatro caras: tres activistas por los derechos de la mujer y una actriz. Eran Susan B. Anthony, Betty Friedan y Gloria Steinem, sus nombres bajo sus caras y al lado la cara de Calista Flockhart, debajo el nombre de Ally McBeal, no el suyo real. El titular: ¿Está el feminismo muerto? La comparación hiere sensibilidades. Tres luchadoras de los derechos de las mujeres y un personaje televisivo. Gracias *Time* por confundir peras con merinas. Había mucho por lo que luchar.

La oleada del grunge y rock alternativo de los noventa

El movimiento Riot Grrrl no fue el único en el que las mujeres estuvieron presentes, aunque en él sin duda fueron las absolutas protagonistas. Aun así, había muchas otras bandas que poblaron los años del grunge surgido de Seattle y del rock alternativo, más allá de Olympia, el centro del universo Riot Grrrl. Bandas como L7, Babes in Toyland o Hole no eran tan reacias a fichar con una gran discográfica como sí lo eran sus compañeras. Y tuvieron mucha más exposición mediática que ellas. Muchas de estas bandas a pesar de no tener nada que ver con el movimiento fueron etiquetadas como riot grrrls simplemente por asociación. Eran mujeres y reivindicaban su voz. Si la prensa colgaba a las riot grrrls la etiqueta de chicas enfadadas, todas las bandas femeninas que surgieron en la misma época recibieron el mismo tratamiento. La prensa especializada catalogó la música de estas mujeres agresivas y ruidosas como Foxcore, un término que se inventó en broma Thurston Moore y del que evidentemente no pillaron la ironía. Asignaron así un término bastante despectivo (fox significa zorra en inglés) a algo hecho por mujeres. Para variar.

Babes in Toyland, el grito lleno de rabia

Tanto Babes in Toyland, L7 o Hole fueron consideradas bandas de grunge, aunque algunas de ellas no lo fueran. Pero eso tiene que ver de nuevo con la necesidad imperiosa de catalogar que tiene la prensa. De esta primera banda hay que destacar el grito desgarrado de su cantante Kat Bjelland. Con sus vestiditos de niña buena, Bjelland y su banda se subían al escenario para ofrecer un rock crudo de guitarras afiladas. Kathy Bjelland nació en 1963 en Oregon donde fue criada por sus padres adoptivos. Con una infancia difícil a sus espaldas, marcada por los abusos físicos y mentales, las letras de sus canciones se nutrieron de sus torturadas experiencias personales. Aunque en el instituto llevaba una vida aparentemente normal: era buena estudiante, se convirtió en *cheerleader*, jugaba a baloncesto e incluso escribía en el periódico estudiantil, en casa la historia era muy diferente. Después del instituto fue a la universidad por un tiempo y tocó la guitarra eléctrica en la banda de surf de su tío, The Neurotics. Fundó

Babes in Toyland

su propia banda femenina The Venarays, pero en cuanto pudo, huyó de su casa y se mudó a Portland. Allí empezó a trabajar como *stripper* para ganarse la vida. Fue allí donde conoció a Courtney Love que también trabajaba como *stripper*, aunque ambas querían formar su propia banda. Así que junto a Jennifer Finch, amiga de Love, crearon Sugar Baby Doll. No durarían mucho y separarían sus caminos, Love y Finch hacia Los Ángeles y Bjelland rumbo a Minneapolis.

Fue en 1987 cuando se cruzó con Lori Barbero. El flechazo musical fue inmediato, sobre todo por su pasión mutua por Billie Holiday. Barbero no sabía tocar la batería pero se lo había propuesto y lo consiguió. Bjelland se encargó de las voces y la guitarra y Michelle Leon del bajo. En 1989 publicaron su primer single «Dust Cake Boy». En 1990 firmaron con el sello Twin/Tone que sacó su primer disco, *Spanking Machine*. La forma de tocar e interpretar de Bjelland destacaría por encima de todo, de manera desenfrenada y desbocada y cantando como si estuviera poseída. Algo que atrajo la atención de Sonic Youth. Con ellos harían una gira por Europa en 1991 que les abriría muchas puertas. Su siguiente trabajo fue un EP, *To Mother*, que recibió muy buenas críticas y fue todo un éxito en las listas independientes, sobre todo en Inglaterra. Poco después firmaron con Reprise.

Leon dejó la banda en 1992 cansada de las giras extenuantes y tras la muerte de su novio: Joe Cole, *roadie* de Black Flag, que era asesinado en Los Ángeles cuando lo atracaron. Maureen Herman fue su sustituta y con ella grabaron su mejor trabajo: *Fontanelle*, producido por Lee Ranaldo de Sonic Youth. Un disco crudo y directo, sin concesiones. La prensa se sorprendía de que una discográfica se atreviera a publicarlo, las propias músicas, también. Fontanelle es como se llama a esa parte del cráneo de los bebés que aún no se ha cerrado y es blanda, por lo tanto un punto débil. En la portada aparece una foto de Cindy Sherman con una muñeca desnuda. «Bruise Violet», fue su primer single. Una canción aparentemente contra Courtney Love con un vídeo dirigido por Sherman. Vamos a buscar el disco entre nuestras estanterías para escuchar la canción. El vídeo apareció en el programa de la MTV *Beavis and Butt-Head*, lo que les dio más fama y repercusión mediática. Y en él aparece el público de la banda vestidos con sus trajecitos y pelucas rubias mientras ellas tocan en directo. Al final la propia Bjelland estrangula a una doble de sí misma interpretada por la propia Sherman. La guerra entre Love y Bjelland fue también pasto de la prensa, no acabaron precisamente bien y en las páginas de las revistas especializadas bautizaron su enfrentamiento como «la guerra del vestido», ambas lucían trajes casi infantiles con una actitud totalmente provocativa que chocaba con la pureza de los mismos. Al final, como siempre, se hablaba más de la apariencia de estas artistas que de su música.

En 1993 publicaron el EP *Painkillers* y se convirtieron en la única banda femenina en el cartel del festival Lollapalooza. Algo que les dio mayor visibilidad. Pero tardaron dos años más en sacar su siguiente disco *Nemesisters*, un trabajo más experimental que no consiguió atraer al público, quizás porque le faltaba la rabia de sus inicios. En 1996 la banda se tomó un respiro y Bjelland formó Katastrophy Wife junto a su marido Glenn Mattson. Babes in Toyland se han juntado esporádicamente durante los últimos años en actuaciones como la de la gira que incluyó su concierto del Primavera Sound 2015.

La furia irreverente de L7

Otro de los grupos que surgió en los ochenta y tuvo bastante repercusión en los noventa fueron L7, aunque les costó llegar a las grandes audiencias. Por su sonido y su actitud se las incluyó dentro del grunge, por similitudes sonoras y por una cuestión de temporalidad con el movimiento surgido en Seattle. Pero lo cierto es que L7 nacieron en Los Ángeles en 1985 cuando Donita Sparks y Suzi Gardner se conocieron. Ambas trabajaban en el diario *L.A. Weekly*. Su música aprovechaba lo mejor del punk y del rock con unas letras y actuaciones abiertamente feministas que revirtieron el mito del macho del rock aprovechándolo y haciéndolo suyo.

Sparks era originaria de Chicago pero se mudó a la ciudad costera después de acabar el instituto, persiguiendo el sueño musical de sus adorados Beach Boys y Dick Dale. Tras tocar la guitarra durante varios años en bandas locales conoció a Gardner, otra guitarrista que quería formar un grupo de rock. Jennifer Finch acababa de participar junto a Kat Bjelland y Courtney Love en Sugar Baby Doll y se unió a la banda como bajista. En 1988 Dee Plakas se convirtió en su batería definitiva. Ese año ficharon por Epitaph y editaron su visceral álbum homónimo. En sus letras siempre mostraban a una mujer rabiosa que utilizaba ese sentimiento para seguir adelante. En «Ms. 45» cuentan la historia de una mujer que después de ser violada se toma la justicia por su mano con una pistola del 45. Tomaba el título y la historia de la película de Abel Ferrara, conocida como *Ángel de venganza*.

En 1991 salió a la luz su EP *Smell The Magic* bajo el sello Sub Pop, el cual incluía como imagen promocional la foto de una mujer con las piernas abiertas y la cabeza de un hombre justo a la altura de su sexo. En «Shove» Sparks canta la historia de una

L7

mujer que no se amedrenta ante los obstáculos sino que asegura con fiereza: «Sal de mi camino o podría empujarte». Fue también el año en el que la banda formó Rock for Choice, organización que luchaba por el derecho a decidir sobre el aborto y las clínicas de salud especializadas para mujeres. Eran y siguen siendo mujeres comprometidas tanto con su música como más allá de los escenarios. El 21 de octubre de 1991 organizaban el primer concierto para recaudar fondos para la organización con actuaciones de Nirvana, Hole y Sister Double Happiness. Le siguieron muchos más conciertos junto a Pearl Jam o Neil Young, entre muchos otros. Una iniciativa que aún sigue activa.

La banda consiguió un contrato con un gran sello Slash. *Bricks Are Heavy* llegó en 1992. Producido por Butch Vig, productor también del *Nevermind* de Nirvana. Se asemejaba en el sonido más pulido pero igualmente agresivo. Busquemos el disco en nuestra discoteca de Alejandría. ¿Os acordáis cuando los discos hechos por mujeres casi escaseaban o estaban llenos de polvo? Ahora no pasa eso pero no cantemos victoria, aún queda mucho por recorrer. *Bricks Are Heavy* tenía verdaderos himnos como «Shitlist» o «Wargasm». En esta última Donita Sparks consiguió el permiso de Yoko Ono para usar un *sample* de uno de sus famosos alaridos. La canción se inspiró en el *Some Time in New York City* de la pareja Lennon/Ono. Su single «Pretend We're Dead» se convirtió en un hit en la MTV. Un tema que atacaba a los poderes fácticos, al ser un zombi que se deja arrastrar. Canta Sparks: «Vuelve las tornas con nuestra unidad. Ni moral ni mayoría. Despierta y huele el café. O simplemente di no a la individualidad». Luchemos unidos, venceremos, parece decir. En «Shitlist» describen su lista negra, esa en la que están las organizaciones que dificultan que una mujer pueda acceder al aborto libre, por ejemplo. Como dice Donita Sparks en la canción, cuando se cabrea coge su boli y hace una lista con todos aquellos que deberían estar en su lista de mierda. *Bricks Are Heavy* fue un disco con letras comprometidas, escritas con sentido el humor y que denuncia temas como el consumismo o la guerra de Irak, en pleno auge entonces. Por supuesto, como mujeres también tuvieron que enfrentarse a la agresividad del público masculino, como relatan en «Everglade» donde la banda cansada de las agresiones de un tipo borracho acaba dándole la misma medicina.

Aunque *Bricks Are Heavy* tuvo gran repercusión mediática, por sus excelente críticas en la prensa especializada, también lo fue por la bajada de pantalones que Donita Sparks hizo en el programa de la televisión inglesa *The Word*. Ese mismo año en el Reading Festival Sparks lanzaba su tampax a la audiencia. Un festival en el que a causa de la lluvia, el público lanzaba a las bandas barro a destajo y en el que Sparks decidió vengarse lanzándoles con cariño algo personal. Lo malo es que al final parecía que pasarían a la historia como el grupo que lanzó un tampax en un festival. Triste. La prensa se quedaba con la anécdota y no con la música. En 1994 publicaron *Hungry for Stink*. Pero a pesar del éxito, no lograron cruzar la línea que separaba la escena alternativa de la mainstream. Ese mismo año participaron también en el Lollapalooza y salieron en la película *Los asesinatos de mamá* de John Waters. Finch dejó la banda poco después.

En 1997 salía a la luz *The Beauty Process: Triple Platinum* un trabajo con un sonido más rockero y menos punk. Su último disco, *Slap-Happy* vio la luz en 1999 ya en su propio sello Wax Tadpole, tras su marcha de Slash. Ese mismo año alquilaban dos avionetas que sobrevolaban dos festivales con un eslogan. Primero el Lilith Fair, un festival única y exclusivamente con un cartel femenino. Rezaba: «Bored? Tired? Try L7 (Aburrido/a, Cansado/a, prueba L7)», denunciaba así la falta de mujeres con una propuesta más agresiva en el festival. Al día siguiente el segundo avión sobrevolaba el Van's Warped Tour, una gira organizada por la marca de zapatillas y que solo incluía hombres entre sus filas. El cartel rezada: «Warped needs more beaver...love L7 (Warped necesita más vaginas...amor L7)». *Beaver* es el término de *slang* para «vagina». Ole sus ovarios. En 2001 la banda anunció un parón indefinido y emprendieron proyectos en solitario. Afortunadamente en 2014, la formación con sus miembros originales decidió volver a juntarse para hacer conciertos. Las mujeres más agresivas del rock volvían a la carga con la misma rabia de siempre.

Courtney Love, algo más que la viuda de Kobain

Pero sin duda alguna, la banda que más atención mediática consiguió fue Hole. Y probablemente no por su música. Courtney Love es una de las figuras del rock alternativo más controvertidas y polémicas pero no por su música. La viuda de Kurt Cobain ha pasado a la historia precisamente por eso, por ser la viuda de. Se la ha acusado de no escribir sus canciones: primero se las escribía Kurt, luego Michael Stipe o Billy Corgan. Incluso hay un infame documental que afirma que ella fue la responsable de la muerte de su marido. La mayor parte de la atención que la banda recibió no fue por su música sino por la actitud combativa y agresiva de su cantante. Hay que reconocer que su comportamiento ha ido siempre en detrimento de su trabajo como vocalista y compositora, algo que muchas veces ha quedado en un segundo plano, pero también que se la ha juzgado más rudamente que a otros que hacían exactamente lo mismo que ella pero que evidentemente eran hombres. En sus canciones hablaba de abusos, de agresión, de rabia, de feminismo con una fuerza y un dolor desgarrado en sus interpretaciones. Sus discos vendían, conseguía un contrato con Geffen. Pero eso poco importaba, su marido se suicidaba y a Love empezaron a aplicarle el mismo tratamiento que le aplicaron a Yoko Ono. Ya se lo habían hecho antes, pero la muerte de Cobain supuso un punto de inflexión. Se había abierto la veda y el objetivo era atacar a Courtney Love.

Courtney Michelle Harrison nació en 1965 en San Francisco. Tras el divorcio de sus padres, vivió de casa en casa, entre familiares y amigos. Junto a su madre y diversos padrastros vivió en una comuna. Mientras estaba con su madre, a Courtney se le prohibía jugar con muñecas o llevar vestidos, uno de sus signos distintivos sobre el escenario. Aunque vivía en un entorno progresivo, pronto empezó a rebelarse y pasó por varios reformatorios. Aunque fue precisamente allí donde descubrió el punk rock inglés. Cuando era adolescente recibió un fideicomiso que le permitió vivir por su cuenta y viajar durante un tiempo a Irlanda, Inglaterra o Japón. De vuelta en los Estados Unidos y sin un centavo, acabó en Portland trabajando como *stripper* para sobrevivir. Allí formó, como os contaba anteriormente, Sugar Baby Doll, el efímero grupo junto a Kat Bjelland y Jennifer Finch.

Courtney Love

Después acabó recalando en Los Ángeles donde se ganaba la vida como actriz aunque sin mucho éxito. Tras poner un anunció en un periódico buscando miembros para su banda, Love formó en 1989 Hole con Eric Erlandson a la guitarra, Jill Emery al bajo y Caroline Rue a la batería. Su primer single «Retard Girl» hablaba de la crueldad de los niños en el colegio hacia una niña que es diferente. *Pretty on the Inside* fue su disco de debut en 1991, producido por Kim Gordon y Don Fleming. Un trabajo crudo que hablaba sin tapujos y con rabia desatada de violación, incesto, prostitución y abusos. En «Teenage Whore» narraba sus experiencias como prostituta adolescente. Su madre le preguntaba por qué lo hacía y ella le respondía: «¿Después de todo lo que me has hecho vivir me lo preguntas?». Desgarrador. La temática descarnada de sus letras iba acompañada de una rabia desatada en su forma de cantar y tocar. Pero estas canciones también hablaban de ir contra los prejuicios de la sociedad, de la libertad de seguir tu propio camino, de ser una *outsider* y no seguir las normas que le quieren imponer, pero también son el relato de una superviviente.

A pesar de las buenas críticas, el grupo no pudo aprovechar el momento. Courtney conocía a Kurt, se casaban y nacía su hija, Frances Bean. Lo que la hizo aparcar el grupo durante una temporada. La polémica rodeó a la pareja desde el principio. Un reportaje en *Vanity Fair* acusaba a Love de consumir drogas durante el embarazo, algo que Love siempre negó. Aun así perdieron la custodia de su hija durante unos meses. Love activó Hole un año después, ya con Kristen Pfaff al bajo y Patty Schemel a la batería. En 1993 grabaron *Live Through This* después de fichar con Geffen. Cogemos el disco de nuestras estanterías para escucharlo. La portada con esa Miss llorando de alegría tras recibir su premio. En la contraportada, en cambio, una imagen de una niña Courtney Love. En «Miss World» nos canta sobre la triste vida de una reina de la belleza atrapada en su papel, bajo una dieta de pastillas y tirada en su cama queriendo morirse. En «Jennifer's Body» canta sobre el secuestro y desmembramiento de una mujer. Sobre la violencia que sufre el cuerpo de la mujer tanto física como verbal. Con versos tan escabrosos como: «Te mantiene en una caja junto a la cama. Viva pero apenas».

Live Through This es un disco sólido que habla de feminismo con rabia. En sus letras mostraba una mujer poderosa, superviviente frente a los duros golpes de la vida. En «Asking for it», Love canta el drama de una violación, las dudas que asaltan a la víctima a la que retorcidamente se culpabiliza de ser la causante. Ella se lo buscó, resuena demasiado a menudo. «¿Lo estaba pidiendo? ¿Estaba pidiéndolo amablemente? Si ella lo estaba pidiendo, ¿te lo pidió dos veces?». En una entrevista para *New York Magazine*, Love explicaba que la inspiración le vino tras una experiencia en uno de los conciertos que Hole hizo con Mudhoney en la gira de 1991. Como muchos otros músicos, Love llevada por la emoción del momento se lanzó al público. Lo que no sabía es lo que el público le arrancaría el vestido que llevaba, que prácticamente la dejarían desnuda, que la agredirían sexualmente ni que la llamarían puta mientras lo hacían. Toda aquella desagradable experiencia inspiró esta canción. Cuatro días antes de la fecha de salida del disco, Kurt Cobain se suicidó y dos meses después Kristen Pfaff murió de sobredosis. Un duro golpe para Courtney Love, que además tuvo que soportar el escarnio público y el análisis retorcido de sus canciones (según la prensa, el disco era premonitorio en referencia a la muerte de Cobain), además de los rumores de que *Live Through This* fue

Courtney Love y Kurt Cobain

coescrito en gran parte por él, algo que Love negó siempre rotundamente. En algunos conciertos, el público incluso le gritaba que ella había matado a Kurt Cobain.

Pero lo cierto es que todo esto lastró el éxito de un disco redondo. Durante los siguientes años, Love se centró en su carrera como actriz. Aunque no lograba quitarse el estigma de encima. Si interpretaba magistralmente a la esposa de Larry Flint, con nominación a los Globos de Oro incluida, era porque era una yonqui y simplemente se interpretaba a sí misma. Si era portada del *Harper's Bazaar* y musa de Versace, se había vendido. Y así, crítica a crítica no paraban de lanzarle mierda encima. Es cierto que Love no ayudaba con su actitud. En un Lollapalloza de 1995 le pegaba un puñetazo en la cara a Kathleen Hanna. Su siguiente álbum tardó cuatro años en publicarse. *Celebrity Skin* era un disco más luminoso que tuvo más éxito comercial que sus predecesores pero que prácticamente significó el fin de la banda. En 2004 publicó su único álbum en solitario hasta la fecha, *America's Sweetheart*.

Aunque en 2010, Hole volvieron a la acción con *Nobody's Daughter*, un disco fallido que compuso junto a Billy Corgan o Linda Perry, había perdido la rabia de sus inicios. Apartada de la música, no es de extrañar después de los palos que recibió por todos lados, se sigue hablando de Courtney Love con desprecio, no importa lo que haga. Una mujer como ella que no se calla, que hace lo que le da la gana sin importarle las consecuencias, sigue siendo vista como una paria. Una loca al lado de un mártir. Siempre me ha sorprendido, por mucho que me gustase la música de Kurt Cobain, que se le haya santificado tanto. Era un drogadicto que se pegó un tiro. Pero cuando alguien muere, se convierte *ipso facto* en un santo para la cultura popular. Empieza la leyenda. Era un gran artista, cierto. Revolucionó la música, muy cierto. Pero nunca se los trató igual. Es curioso que a Love siempre la hayan visto como una loca simplemente por gritar y expresar su rabia y también es curioso que la hayan atacado mucho más después de que su marido muriese cuando no podía apoyarla ni defenderla. Cuando más débil estaba, cuando más le podía doler.

Shirley Manson y Garbage

Más allá del grunge, dentro de aquellos años de explosión musical alternativa, también hubo otras mujeres que coparon las listas liderando sus bandas y que lograron alcanzar a un público mayoritario. En Garbage, Shirley Manson fue una de ellas. Los cuatro miembros de esta banda se juntaron en el momento adecuado y además lo hicieron con un bagaje experto que les permitió destacar sobre el resto de las bandas. La característica voz de Shirley Manson es la carta de presentación de su música junto a los tres expertos músicos que la acompañan: Steve Marker, Duke Erikson y el prestigioso productor Butch Vig. Con su sonido indie rock supieron aunar elementos de otros estilos con sorprendente éxito comercial. Supieron acertar con la fórmula que fusionaba la voz potente de Manson, guitarras eléctricas y bases rítmicas provenientes de la electrónica.

Los cuatro miembros de la banda tenían ya una carrera musical antes de juntar sus caminos. Vig formó su primera banda Spooner tras dejar la universidad en su Wisconsin natal. En Spooner conoció a Erikson. Marker era un fan de la banda que se había mudado desde Nueva York para estudiar en la universidad de Wisconsin. Posteriormente, el grupo se convirtió en Fire Town. Aunque se separaron a finales de los ochenta, Marker y Vig siguieron juntos y crearon su propio estudio de grabación, Smart Studios. Allí Vig grabó a numerosas bandas alternativas y de punk locales. En poco tiempo, los estudios acogían las grabaciones de algunos de los discos más importantes de sellos como Sub Pop o Twin/Tone. Pero fue en 1991 cuando despegó gracias al *Nevermind* de Nirvana. El éxito sin precedentes del disco convirtió a Vig en el productor de moda. En pocos años grabó con la flor y nata de la música independiente, desde Sonic Youth a L7.

Poco después del explosivo éxito de *Nervermind*, Marker y Vig decidieron formar su propia banda junto a Erikson. En 1993 nació Garbage. Después de un año de tocar juntos le pidieron a Shirley Manson que fuera su cantante. Marker había visto un vídeo de su banda Angelfish y le había gustado su voz. Cuando era adolescente, Manson había cantado y tocado el teclado para la banda Goodbye Mr. MacKenzie en su Escocia natal, antes de saltar a Angelfish. Con el cuarteto formado como Garbage en 1995 publicaron su disco homónimo. «Vow» y «Queer» convirtieron al grupo en un éxito inmediato. En sus canciones trataban temas oscuros con una música que a primera vista podía parecer alegre, lo que generaba un contraste interesante y atractivo.

Saquemos el disco debut de la banda de nuestra estantería dedicada al indie rock. En su portada hay plumas rosas y su gran G, en la contraportada el grupo haciendo muecas. En esa combinación seria y alegre que os comentaba, música con sensibilidad pop, sonoramente con ritmo y bailable pero con letras oscuras como las de «Vow», en la que Manson nos habla de una relación abusiva. Basada en un artículo de prensa. Narra la historia de una mujer maltratada que se vengaba de su marido: «Me quemaste pero estoy de vuelta en tu puerta. Al igual que Juana de Arco viene a buscar más. Casi me muero. Vine para cortarte, vine para derribarte. Vine para desgarrar tu pequeño mundo. Vine a callarte, vine a arrastrarte. Vine para desgarrar tu pequeño mundo y separar tu alma». Y más adelante canta: «Ya has ido demasiado lejos, no me rendiré. Me crucificaste pero estoy de vuelta en tu cama. Como Jesucristo regresando de entre los muertos».

Garbage

En «Queer» en cambio, Manson escribe sobre un chico al que su padre le manda una prostituta para hacerle un hombre de verdad. En «Supervixen» Manson nos presenta a una mujer fuerte y poderosa. Otro de los grandes éxitos de la banda fue «Stupid Girl», que a pesar de lo que pueda parecer por su título, es una canción sobre empoderamiento femenino. La canción empezó con un *sample* del «Train in Vain» de The Clash. Manson escribió la letra que habla de una chica que no aprovecha todo su potencial en una especie de llamada de alerta: despierta y aprovecha tu talento. Manson ha afirmado en varias entrevistas que es una canción que podía haberse llamado perfectamente «Stupid Boy», al fin y al cabo, habla de creer en uno mismo, lo mismo da que seas hombre o mujer, todo y que lamentablemente, a las mujeres se les ha inculcado durante siglos el sentimiento de «necesitas un hombre que te valide a ti y a tu talento».

Su segundo disco *Version 2.0* se publicó en 1998, un trabajo que continuaba la senda de su debut. En su primer álbum, las letras las escribía Shirley Manson ayudada por el resto de la banda. *Version 2.0* fue un paso más allá en el desarrollo del talento lírico de la cantante y compositora. Un disco más personal y directo. Manson y el resto de la banda se alojaban en una casa vacacional mientras trabajaban en el mismo. Ella seguía viviendo en Escocia. No tenía casa en EE. UU. Así que regresaba a altas horas de la noche a su habitación de hotel, lejos de casa, sola y sin nadie con quien hablar, después de una jornada extenuante de trabajo. La sensación de aislamiento, inspiró muchas de las canciones del álbum. «Medication» es un buen ejemplo de esto. Durante la grabación en Madison, Wisconsin, Manson se puso enferma pero lejos de casa y sin saber cómo funcionaba el sistema sanitario estadounidense. En la canción habla de sus problemas de ansiedad y depresión. «I Think I'm Paranoid» es otro buen ejemplo de la temática general de este disco y de la combinación entre letras oscuras y melodías luminosas que acompañan a la banda. Esta vez además con más electrónica en sus canciones, aunque en directo adquirían un toque más guitarrero.

Cuatro años después llegó *Beautiful Garbage*, un álbum más diverso musicalmente. Un disco que se grabó en un año y durante el cual Manson explicó el proceso a través de un blog. Una de las primeras experiencias que conectaban al artista con su público directamente, haciéndolo participe del resultado final. Lamentablemente, el disco se publicó después de los ataques del 11-S, lo que hizo que no tuviera promoción. Líricamente, se nutría del momento personal que estaba viviendo Manson. Pasaba por un doloroso divorcio. En «Shut Your Mouth», canta sobre la gente que tiene una opinión sobre todo, sin venir a cuento, sin estar invitado.

Bleed Like Me se editó en 2005, en él parecían querer recuperar el sonido de sus primeros trabajos y también capturar el directo de la banda, mucho más rockero que en sus discos. Garbage anunció un parón indefinido después de la gira de presentación. Tras ocho años dedicándose a otros proyectos, Garbage publicó, *Not Your Kind of People* en 2012 en su propio sello Stunvolume y en 2016, *Strange Little Birds*.

Y en Inglaterra mientras tanto...

Desde Inglaterra también llegó Skin, la explosiva cantante de Skunk Anansie. Skin, que en realidad se llama Deborah Anne Dyer, empezó a cantar en el instituto. Pero su educación musical estuvo muy alejada del rock. En casa se escuchaba música jamaicana, ya que su familia provenía de la isla. Sus ídolos eran Bob Marley y Peter Tosh. Su abuelo tenía un club de música en el que las personas de color, que no eran admitidas en otros clubes, podían refugiarse y escuchar música. Fue educada en el cristianismo más estricto, algo que marcaría también sus letras. Cuando descubrió el rock supo que aquella era la música que quería hacer. Aunque en aquellos años, el rock había sido absorbido por los blancos y pocos músicos negros se dedicaban a cantarlo o interpretarlo. Para el entorno de Skin, e incluso su familia, era raro que se decantara por una música que no era vista entonces como «negra». Una de las ironías de la música. Algo que fue creado por personas de color pero que con el tiempo fueron expulsados de su propia creación. En 1994 sin embargo, Skin formó su propia banda de rock. La acompañaban Richard «Cass» Lewis al bajo, Martin «Ace» Kent a la guitarra y Robbie France a la batería, aunque fue reemplazado por Mark Richarson un año después.

La banda tocó por primera vez en 1994 en el Splash de Londres. Poco después se metieron en el estudio para grabar su primer disco, *Paranoid & Sunburnt*. Para ello se

Skunk Anansie

fueron a una especie de casa encantada fuera de la ciudad. Un disco que trataba temas como la política y la religión con una fuerza inusitada. Desde el principio, la figura de Skin destacó por encima de todo, no solo por sus aguerridas interpretaciones y su voz potente sino también por su imagen: una mujer negra con la cabeza rapada. La prensa evidentemente destacó este hecho, porque es sumamente importante, llevar el pelo rapado para la música, ¿verdad? A pesar de ello, el disco fue un éxito. Lo cierto es que la prensa no sabía dónde meterlos. Y parece que las tiendas tampoco. Skin contaba en el libro de Laina Dawes, *What Are You Doing Here?*, que en las tiendas solían colocar su disco en la sección de R&B o como cuando visitaban un sello discográfico siempre les tocaba reunirse con el jefe de música urbana. Porque evidentemente, una cantante negra tenía que hacer «música negra» o mejor dicho, lo que los blancos consideraban música negra.

En sus discos siempre han tratado de escribir sobre racismo y temas sociales, algo que se han encontrado en su día a día como músicos. Al fin y al cabo, eran una banda mixta, con dos miembros negros y dos blancos. América sobre todo, fue dura para ellos en un principio. ¿Una mujer negra liderando una banda de rock? Y encima, bisexual y feminista. ¿Os lo imagináis? Y cantando sobre algo tan terrible como el racismo. El primer single de la banda titulado «Selling Jesus» formó parte de la película *Días extraños*, lo que ayudó a disparar la popularidad del grupo. En ella cantaba: «Están vendiendo a Jesús otra vez. Quieren tu alma y tu dinero, tu sangre y tus votos». En «Little Baby Swastikka», tras ver el símbolo dibujado en una pared, probablemente por un niño, Skin se preguntaba quién podía inocular ese odio en alguien: «Tan pequeño, tan inocente, tan joven. Tan delicadamente hecho, crecido en tu veneno». Skin creó el término clit-rock (banda liderada por una mujer) para definir su música cuando un periodista le preguntó cómo se sentía por no formar parte de la escena. El Britpop estaba en pleno auge y si tu música no formaba parte del movimiento, eras prácticamente invisible, en la radio, en la prensa y sobre todo en la televisión. El tema de su imagen, también solía surgir. En los noventa, una mujer con la cabeza rapada, por lo visto, creaba ansiedad. Skin ha contado en alguna ocasión que incluso cuando iba a la peluquería para que le afeitasen la cabeza solían intentar disuadirla. Aprendió a hacérselo ella misma.

En 1996 publicaron *Stoosh*, un disco que incluía la canción «Yes It's Fucking Political» que pretendía responder a la insistencia de los periodistas por saber por qué hablaban de política. Parecía que música y política no se podían mezclar. ¿Qué sería de la canción protesta entonces? *Post Orgasmic Chill* llegó tres años más tarde y acercaba a la banda a un sonido más agresivo. Skunk Anansie se separó en 2001 y Skin empezó su carrera en solitario y como DJ. En 2009 la banda volvió a reunirse. Tras un disco de grandes éxitos y una gira exitosa volvieron al estudio para publicar *Wonderlustre* en 2010. Su quinto álbum, *Black Traffic* se publicó en 2012 y *Anarchytecture* en 2016. Es curioso que una mujer con la voz de Skin no suela salir en los recuentos de la historia de rock. Pocos hay que tengan su potencia vocal.

Las mujeres del Britpop

En los noventa Inglaterra era Britpop y poco más. Todo lo que saliese de esa etiqueta parecía no existir. Y además, el Britpop fue un género masculino 100%. Casi todos los grupos que asaltaron las listas estaban formados por hombres: Blur, Oasis, Pulp y Suede a la cabeza. Dejaban poco espacio en la prensa para las mujeres que estuvieron también allí, porque lo cierto es que estar sí que estaban. Hagamos un repaso de ellas. Justine Frischmann, líder de Elastica fue una de las mujeres que tuvieron cierta presencia en la escena. Elastica surgió cuando Frischmann y Justin Welch formaron su propia banda en 1992 después de ser miembros de Suede. Pero cuando más aparecía Frischmann en la prensa era cuando hablaban de su relación con Damon Albarn de Blur, algo que perjudicó al grupo. Su disco de debut homónimo fue todo un éxito sobre todo el single «Connection». El grupo se separó en 2001. Sleeper fue otra de las bandas mixtas del Britpop. Con Louise Wener a la cabeza, su disco de debut *Smart* tenía el sonido Britpop en sus venas y temas como «Inbetweener» son buena prueba de ello. En la banda sonora de *Trainspotting* incluyeron su versión del «Atomic» de Blondie que formaba parte de su segundo disco *The It Girl* de 1996. Un año después publicaban su último trabajo *Please to Meet You*.

Lush se formaron antes de la oleada del Britpop en 1989 e incluso publicaron sus primeros discos en el prestigioso sello 4AD. Formada por Miki Berenyi y Emma Anderson, pronto se las asoció con el movimiento riot grrrl, lo que les dio más visibilidad en la prensa musical, así como cierta presencia en festivales norteamericanos. Fue con su tercer disco *Lovelife* de 1996 cuando la banda realmente obtuvo más fama, una vez que su sonido se acercó más a sonidos pop pero manteniendo el componente feminista, con canciones como «Single Girl», «Ladykillers» y «Shake Baby Shake». La banda se separó tras la muerte de su batería Chris Acland. Se reunieron de nuevo en 2016 y Justin Welch de Elastica se encargó de la batería. «Ladykillers» es un buen ejemplo de ese feminismo que representan sus letras. Una canción que pide respeto por las mujeres como primer paso para una mejor sociedad.

Lush

Otra de las bandas lideradas por una mujer que lograron alcanzar las páginas de la prensa durante la explosión Britpop fue Echobelly. Sonya Madan a las voces era la principal compositora de la banda junto a Glenn Johansson. Debutaron con *Everyone's Got One* en 1994 que incluía su éxito «Insomniac» sobre el consumo y abuso de drogas o «King of the Kerb», una canción que hablaba sobre la prostitución o los sin techo. Un año después llegó *On,* un disco más optimista. Mayan nació en la India y se trasladó a vivir a Inglaterra con apenas dos años. Criada de forma estricta, el rock estaba prohibido en su casa y no fue a su primer concierto hasta que estuvo en la universidad. El grupo disfrutó del éxito durante unos años pero problemas legales con su sello y una enfermedad grave de tiroides de Mayan acabó perjudicando a la banda que se separó para reunirse brevemente en 2001.

Lauren Laverne lideró la banda de punk-pop Kenickie desde 1994 hasta 1998. Aunque su disco debut *At The Club* no se publicó hasta 1997, con su single «Punka» consiguieron atraer al público y a numerosas bandas. Courtney Love fue una de sus valedoras. Llegaron a actuar en Glastonbury y también telonearon a los Ramones antes de separarse y de que su líder acabara convirtiéndose en una de las famosas DJ de la BBC Radio 6 Music. Se podría mencionar a otras artistas femeninas como Cerys Matthews de Catatonia, Sarah Blackwood de Dubstar o miembros de Ash como Charlotte Hatherley o de Pulp como Candida Doyle. Por mucho que nos vendieran la moto de que en el Britpop solo habían hombres. No es cierto.

Capítulo 10

Sigo mi propio camino.
Not a pretty Girl.

Seguimos recorriendo las estanterías de nuestra discoteca, cada vez más llenas de discos protagonizados por mujeres. La explosión alternativa con el movimiento Riot Grrrl había dado alas a muchas mujeres que encontraron en el rock la vía de expresarse pero también una forma de reivindicar sus derechos como mujeres. Mientras el grunge y la música alternativa salían de su entorno originario en Seatle y se expandían por las ondas de medio mundo para hacerse masivos, gracias a la explosión del *Nevermind* de Nirvana, otras mujeres también buscaban su propio camino. Se acercaban al rock desde puntos de vista y perspectivas diferentes. Cada una de ellas encontró una forma única de expresarse, pero siempre reivindicando a la mujer como protagonista de sus canciones. Ya no son los hombres los que escriben el relato musical de las mujeres, sino que ellas mismas lo marcan a fuego a través de sus letras y de sus melodías.

Sarah McLachlan abrió otra puerta más, no con su música, que también, sino con la invención del Lilith Fair, un festival con un cartel exclusivo de artistas femeninas. Pero también otras artistas como Liz Phair, Aimee Mann o Ani DiFranco interpretaban sus canciones con acercamientos totalmente diferentes al rock. De otro lado, el americana empezaba a florecer. Una vuelta a las raíces y a explorar los sonidos primigenios del rock de raíz estadounidense buceando en sus melodías y sus letras, actualizándolas y dándoles nueva vida. Mujeres que con su música fijaron la vista atrás para dar un paso adelante y renovar el género. Artistas como Lucinda Williams, Gillian Welch, Patty Griffin, Dayna Kurtz o Jolie Holland son un buen ejemplo de ello.

Desde una vertiente más comercial, Alanis Morissette o Sheryl Crow llevaban el rock a las masas y alcanzaban a un público al que nunca antes habían llegado. Las mujeres copaban las listas de éxitos, ellas dos fueron buenos ejemplos. Pero el terreno en el que dominaban las ventas era el pop. Recordad que a mediados de los noventa las Spice Girls, un grupo prefabricado, se comía el mundo a ritmo de un Girlpower que se apropiaba del feminismo de las Riot Grrrl convirtiéndolo casi en un chiste. Aunque es cierto que grupos como este o Destiny's Child conquistaban las listas de pop, eran formaciones prefabricadas por hombres, no escribían sus canciones ni tocaban sus propios instrumentos. De golpe y porrazo, volvíamos a la época de las girl groups. La mujer se convertía de nuevo en una mercancía, una máquina de hacer dinero que había que explotar. Y una que daba la imagen de una mujer buena, dócil y preparada para ser aceptada por el gran público. Mientras triunfaba esta imagen de niñas buenas, pero un poquito malas aunque no lo suficiente para ser rechazadas, muchas otras mujeres y propuestas musicales quedaron marginadas y sepultadas por la maquinaría económica. Las grandes discográficas habían vuelto a resucitar a la gallina de los huevos de oro. Por suerte, eso no impidió que hubiera vida más allá de lo que nos querían vender y este capítulo es buena prueba de ello.

El indie rock lo-fi de Liz Phair

Aunque se alejaban del movimiento Riot Grrrl, muchas mujeres se enfrentaban a la música de una forma liberadora, estaban enfadadas y usaban su música para expresar su desencanto, su rabia y su dolor desde una perspectiva femenina. Liz Phair fue una de estas mujeres. Aunque Matador sacó solamente tres mil copias de su primer disco *Exile in Guyville*, el disco acabó vendiendo 500.000 gracias al boca oreja. Muchas de sus canciones hablaban de sexo abiertamente y eso imposibilitaba que sonasen en las radios comerciales, aun así, se abrieron camino.

Phair se había criado en un suburbio de Chicago. Adoptada de niña, tocaba el piano desde pequeña y en séptimo curso se pasó a la guitarra. Después de estudiar arte, su amigo Chris Brokaw, miembro del grupo Come, le animó a grabar sus propias canciones. Así nacieron las cintas de casete *Girly Sound* que le valieron el fichaje por Matador Records. En 1993 publicó *Exile in Guyville*, un disco en el que afirmaba que, canción a canción, daba respuesta al *Exile on Main Street* de los Stones. Phair escribió las letras desde el punto de vista de una mujer y cómo viviría esos momentos que describían. Canciones explícitas sexualmente en las que Phair no tenía pelos en la lengua como «Fuck and Run» que narraba la mañana después a una aventura de una noche, cuando el chico te dice que te llamará y sabes perfectamente que no lo hará. En «Flower» cantaba sobre un chico al que quería llevarse a la cama desesperadamente. En la primera línea: «Cada vez que veo tu cara me mojo toda entre mis piernas» o más adelante: «Quiero follarte como un perro. Te llevaré a casa y haré que te guste». Evidentemente, el escándalo estaba garantizado. No porque hablara tan directamente de sexo, había muchas canciones que lo hacían, sino porque la que lo cantaba era una mujer.

El título del disco hace referencia también a la canción de Urge Overkill, «Goodbye to Guyville», como el grupo llamaba a la escena alternativa masculina de Chicago.

Phair pretendía así marcar lo masculinizada que estaba y cómo se sentía como
mujer en la misma. A Steve Albini no le
gustó que un periodista declarara el disco
de Phair de lo mejor que había salido de
Chicago ese año y escribió una bonita carta en *Reader*. En ella echaba echaba pestes
de Phair, además de Urge Overkill, con los
que no había acabado demasiado bien, y
Smashing Pumpkins. Todos mencionados
en el artículo de Bill Wyman en el *Chicago Reader*. El artículo de Albini se titulaba: «Three Pandering Sluts and Their Mu-
sic-Press Stooge». Que usara para definir a
los tres artistas el término *slut* (puta) dice
mucho. El propio periodista afirmó años
después en un artículo en la web *New City
Music* que hasta se extendieron rumores
sobre una supuesta y, por supuesto, ficticia
relación entre Phair y él. Porque para que

Liz Phair

alguien destacase el disco de una mujer, evidentemente, tenía que acostarse con ella.
Un año después, Phair tenía que enfrentarse de nuevo a las críticas por posar con una
especie de camisón en la portada de *Rolling Stone* en su edición Women in Rock. *Reverb* hacía una parodia fotografiando a Jon Spencer en la misma postura que Phair. Al
final, se habla más de la ropa que llevas que de la música que haces. Aunque todo esto
no impidió el éxito de la artista.

Lamentablemente, su segundo disco no alcanzó las cotas de su primer trabajo.
Whip-Smart tuvo un gran single en «Supernova», pero no obtuvo buenas críticas. Tampoco hizo giras para presentarlo. Se había casado y era madre de un niño. Casi se retiró,
eso sumado a su miedo escénico y lo poco que actuaba en directo o las acusaciones
de haberse vendido por haber suavizado su sonido, han hecho quizás que la artista no
haya puesto a la música en su lista de prioridades personales, aunque haya sacado más
discos. Phair siempre se quejó en las entrevistas del interés de la prensa en los hechos
más luctuosos de sus canciones y no en su talento compositivo. Una chica de buena
familia hablando de sexo con pelos y señales vendía más.

Sarah McLachlan y el Lilith Fair

Una de las grandes aportaciones en los noventa a dar una mayor visibilidad a las
mujeres en el rock fue el Lilith Fair creado por Sarah McLachlan en 1997. Como fundadora del festival, ayudó a muchas otras mujeres a llegar al gran público, demostrando así que los que pensaban que las mujeres no podían atraer al público a sus
conciertos no estaban en lo cierto. El éxito de la gira les cerró la boca de un plumazo.
Y aunque McLachlan era más conocida por su aportación musical al folk, no hay

Sarah McLachlan

duda de la importancia de su figura para el rock hecho por mujeres. Le llegó el éxito con su tercer disco. *Fumbling Towards Ecstasy* fue su álbum rompedor. No solo en su Canadá natal, sino en Estados Unidos. Se basaba en sus experiencias en Camboya y Tailandia donde trabajó para un documental sobre pobreza y prostitución infantil. «Possession» fue su single más exitoso. En él narraba su experiencia con un acosador que le había enviado cartas durante dos años. Una vez publicado el disco, el fan la demandó acusándola de utilizar el material de las mismas para la canción. Posteriormente, el acosador se suicidó.

Tras esta traumática experiencia, McLachlan sufrió un bloqueo creativo. Su mánager de entonces le sugirió que hiciera algunos conciertos en solitario para intentar recuperar la inspiración con nuevas vivencias en la carretera. No quería hacerlo sola así que se animó a montar conciertos con otras artistas. Así nació el Lilith Fair. Pero también nació de una realidad con la que se había topado de bruces. Su tercer disco salió al mismo tiempo que el *Under the Pink* de Tori Amos. McLachlan confesaba que en muchas ocasiones las radios le habían comentado que ya tenían un disco de Amos esa semana en promoción y que no podían poner a dos mujeres al mismo tiempo. Por lo visto, para las mujeres había cuotas, para los hombres no. Su intento de actuar junto a otra compañera también fue desalentado por un promotor que le aseguró que nadie pagaría por ver a dos mujeres en el mismo concierto. Esto puede parecer ciencia ficción, pero es cierto. Estos hechos la inspiraron a crear un evento de un día en el que solamente tocaran artistas femeninas. Lo que en un primer momento se iba a llamar «girlapalooza» acabó siento el Lilith Fair. Fueron cuatro fechas con todas las entrada vendidas. En su siguiente encarnación, fue una gira que visitó varias ciudades. McLachlan era la única artista que repetía, en las más de 30 actuaciones pasaron por su escenario artistas como Patti Smith, Indigo Girls, Jewel, Lisa Loeb, Fiona Apple o Aimee Mann, entre otras.

Muchos promotores que se rieron de su idea le pidieron disculpas. La gira fue un éxito, pero también tuvo que enfrentarse a los prejuicios de la prensa y de la sociedad. Muchas veces se veía obligada a defender la idea y a justificarla cuando se la acusaba de ser una iniciativa antihombres. Cuando las mujeres intentan crear algo para defender sus derechos, algunos hombres sienten que les están robando un espacio que es suyo, sin pararse a pensar que quizás todo ese espacio no es suyo sino que se lo han apropiado arrebatándoselo a las mujeres. El hecho mismo de tener que defenderse de estos ataques significa que se estaban tocando las teclas necesarias para que las cosas cambiaran. Si duele, es que remueve algo. Igualmente, la artista recibió críticas por no ser lo suficientemente feminista o porque las artistas del festival no eran precisamente las más rockeras. Recordà la avioneta que L7 hizo sobrevolar sobre uno de los festivales. El certamen abrió sus carteles, en un principio más enfocados al folk, a sonoridades más rockeras. A pesar de las críticas, la gira fue un éxito total y la carrera de McLachlan se benefició de ello. Y las artistas que actuaron también.

La revista *Time* dedicó en 1997 su portada al festival y a las mujeres del rock, la imagen era una foto de Jewel. No es precisamente la más rockera, ni siquiera es la creadora del festival. McLachlan solamente sería portada en Canadá pero no en EE. UU. (*Time* era propiedad de Warner, la discográfica de Jewel). El titular dejaba mucho que desear: «Jewel and the Gang», algo así como Jewel y la pandilla. Y un subtítulo más estereotipado aún: «macho music is out; empathy is in». La música de los machos está fuera, la empatía está dentro. Ya sabéis, las mujeres somos más sensibles, bla, bla, bla. Se asocia así de nuevo el rock femenino a una música blanda. Y por supuesto un toque hot: «and the all-female Lilith's festival is taking rock's hot new sound on the road». El festival llevaba el sonido nuevo y caliente del rock a la carretera. ¿Nuevo? ¿Caliente? ¿En serio? En Canadá el titular era: «The Gals take over», la chicas se hacen cargo. Y en el subtítulo se añadía el nombre de McLachlan, que en la portada de la edición estadounidense no aparecía. Todo muy ecuánime.

El éxito comercial del rock mainstream

Alanis Morissette representó también una ruptura en la imagen de la mujer en la industria musical. Una además que llegó al público mayoritario. Su disco *Jagged Little Pill* fue un revulsivo en el que Morissette logró conectar con toda una generación de mujeres, representando la rabia y los sentimientos que en esos momentos sentían. En realidad era su tercer álbum. En él cantaba con rabia sobre relaciones personales, traición, dolor y falta de autoestima. Vendió más de 28 millones de copias, lo que lo convirtió en el disco más vendido de una artista femenina.

Morissette fue un talento precoz. A los seis años tocaba el piano y a los nueve ya escribía sus propias canciones. A los diez era protagonista de una serie en el canal Nickelodeon. Con el dinero que ganó en la televisión publicó su primer single en 1987 «Fate Stay With Me». En 1991 publicó *Alanis* y en 1992 *Now is the Time*, dos discos que la convirtieron en una estrella en Canadá. Durante todo este tiempo, Morissette se vio atrapada por lo que otros pensaban que era, una chica alegre que representaba unos valores muy determinados, una estrella infantil y adolescente guiada por otros. Por eso decidió buscar la independencia que otro país le daba y se mudó a L.A. Para empezar de cero. Allí llamó la atención de Madonna que la fichó para su sello Maverick.

Para desarrollar sus canciones, Alanis contó con la colaboración de Glen Ballard, un productor que había trabajado con Aretha Franklin o Michael Jackson. Ballard la animó a expresarse como era, lo que facilitó la rabia que impregnaba su primer y exitoso single. Una canción que habla sobre un exnovio que ahora está con otra. Si escuchas la canción, el tipo es un completo capullo. En «You Oughta Know». Morissette canta: «¿Es ella tan pervertida como yo? ¿Te lo haría ahí abajo en un teatro?», esta es una de las líneas que hizo que la canción se radiara editada o no se radiara en muchas emisoras. La otra: «Fue una bofetada en la cara. Cuán rápido fui reemplazada. ¿Y piensas en mí cuando te la follas?». Su referencia al sexo oral y la palabra que empieza por f, consiguió que la prensa se centrara más en ello que en el talento compositivo o vocal de la cantante. Por supuesto, se la acusó de odiar a los hombres. Supongo que ningún crítico se ha parado a leer las letras que muchos artistas masculinos han escrito a sus ex. ¿Los acusarían a ellos de odiar a las mujeres? Lo dudo. Una vez se descubrió que había triunfado como estrella dance en Canadá, también la acusaron de ser un montaje, probablemente otros le habían hecho el disco. A pesar de las críticas, conectó con el público y se llevó cuatro Grammy.

Tras el espectacular éxito de su disco, se tomó 18 meses libres para viajar con sus amigos y no sentir la presión de la fama. En 1998 lanzó *Supposed Former Infatuation Junkie*. Aunque fue número uno se consideró una decepción comercial, ya que no vendió lo que su anterior trabajo. Era un álbum más introspectivo. Los discos de Morissette han seguido teniendo éxito, aunque hayan perdido la garra de su debut. Ella ha seguido cantando sobre relaciones entre hombres y mujeres, sobre el dolor, la rabia y cómo dañan las emociones.

La estrella fulgurante de Sheryl Crow

Otra de las estrellas del rock más comercial en aquellos años fue Sheryl Crow, que pasó de ser corista de los grandes nombres del rock a protagonista de sus propios éxitos. Los padres de Sheryl Suzanne Crow eran músicos, su padre trompetista y su madre cantante de swing. A los trece años escribió sus primeras canciones y en su adolescencia empezó a tocar en grupos de rock. Se graduó en la universidad de Missouri en piano clásico. Se ganaba la vida como profesora de música en una escuela y tocaba en clubs de noche. Hasta que su novio la presionó para que dejara la música. En vez de eso, lo dejó a él y con lo que ganó cantando en un anuncio se mudó a L.A. La música de los comerciales y su trabajo de camarera le daban para vivir, hasta que se convirtió en corista de Michael Jackson, Rod Stewart, Joe Cocker o Don Henley.

Alanis Morissette

Durante aquellos años, intentó encontrar discográfica sin éxito. En 1991 consiguió un contrato con A&M pero el disco no llegó a publicarse. Entonces se cruzaron en su camino las Tuesday Night Music Club, una *jam session* semanal en casa del productor Bill Bottrell. La pareja de Crow en aquel momento, Kevin Gilbert la introdujo en el grupo de músicos. Querían una voz femenina. De aquellas sesiones salió en 1993 su primer disco, *Tuesday Night Music Club*. No fue un éxito inmediato, sino paulatino. El éxito llegó con su tercer single «All I Wanna Do», casi un año después de publicarse el disco y de darse a conocer como telonera de los Eagles. De ahí, al estrellato y a ganar un buen puñado de Grammy. En el álbum se incluía «What Can I Do For You», una canción que hablaba del acoso sexual que sufrió durante su carrera. Hombres con poder en la industria que se ofrecían a ayudarla a cambio de favores sexuales. En ella pone en voz de un ser despreciable y masculino: «Nunca lo lograrás solo por ti misma. Vas a necesitar un amigo. Vas a necesitar mi ayuda. Tengo mucho que ofrecer. Solo si eres buena. Si haces lo que digo. Y no me haces decirlo dos veces». Asqueroso, ¿verdad? Y por lo que afirmaba Crow en las entrevistas, le había pasado en innumerables ocasiones. La gente se extraña de que casos como el del Weinstein hayan salido a la luz sin cesar. Pero muchas mujeres lo han sufrido a diario y no solo en el mundo de Hollywood.

Evidentemente, las críticas sobre si ella había escrito o no el disco no faltaron. La banda que formaba las sesiones del Tuesday Night Music Club la acusó de no darles crédito en las canciones y de no usarlos como músicos en sus giras. Tras la ruptura, Crow se embarcó en su segundo disco homónimo en solitario, en el que se encargó de la producción y de todas las composiciones. Se aseguraba así que nadie dudase de su talento. Los Grammy se sucedían año tras año. Hasta que su cuarto álbum *C'mon, C'mon* volvió a alcanzar los primeros puestos de las listas. En aquella época, Crow tenía 42 años. La prensa se apresuró a destacar que aún rockeaba a pesar de su edad. Ejem, ejem. ¿42? ¿Y que pasaba con los Who, Tom Petty o Neil Young? Nadie se paraba a pensar en la edad que tenían, ¿verdad?

El folk se acerca al rock

Muchas artistas de esta época estaban cambiando la percepción que del éxito se tenía. El objetivo no era vender millones de copias, sino lo suficiente para sobrevivir y hacer lo que querías hacer con completa libertad. Las ventas ya no eran tan importantes. Sin embargo, ser fiel a una misma es esencial. Y precisamente haciendo eso, Ani DiFranco consiguió llegar al gran público del rock. Gracias a esta ética insobornable, la cantante y compositora logró convertirse en un modelo de negocio a seguir, gracias a la creación de su propio sello independiente, Righteous Babe. Todo un éxito, según *Forbes* y *Wall Street Journal* y con el que ha conseguido la libertad creativa que quería. Así ha ido creando poco a poco una legión de seguidores fieles que esperan sus directos y sus discos como agua de mayo. DiFranco además es una artista prolífica con una filosofía clara de hazlo tú misma y a tu manera pero también de luchar contra las injusticias y usar tu música para ello. En sus canciones habla de la avaricia de la industria musical, rechazó a varias grandes discográficas, pero también habla del aborto o de la bisexualidad con total naturalidad.

La música ya la rondaba de pequeña. Tanto que con nueve años organizó su primer concierto de versiones de los Beatles. Su profesor de guitarra la ayudó a montarlo. Con 11 tocaba en clubs locales de Buffalo y componía sus primeras canciones. Sus padres se separaron en esa etapa. Cuando su madre se mudó a Connecticut, ella se quedó en Buffalo y se emancipó legalmente. Tras acabar sus estudios, decidió dedicarse a su gran pasión: la música. En sus directos empezó a vender grabaciones en casete. Las primeras 5.000 copias, que vendía ella misma en la mesa de *merchandising* se agotaron rápidamente. Así que en 1990 creó Righteous Babe, para poder distribuir mejor su música. Se había reunido con una compañía independiente para firmar con ellos, pero el contrato que le presentaron le pareció tan abusivo que lo rechazó. Era mejor seguir su propio camino con sus propias reglas. Ese casete fue su primer disco homónimo. Un trabajo lleno de feminismo en canciones como «Lost Woman Song» en la que describe a una joven esperando en una clínica abortiva, acaba de pasar un piquete de personas insultándola, intentando negarle su derecho a decidir. Algo que no conseguirán jamás, afirma al final de la canción. En «Talk to Me Now» describe la lucha constante de las mujeres por defender su sitio en una sociedad machista. Canta: «Tengo que actuar tan fuerte como pueda. Solo para preservar un lugar donde pueda ser quien soy». Y en «The Story» podemos escucharla lamentarse: «Te habría devuelto tu saludo. Si no fuera por la forma en que me estabas mirando. Esta calle no es un mercado. Y no soy una mercancía».

En 1991 publicó *Not So Soft*. Con él consiguió una base de fieles seguidores. DiFranco se ganaba a sus fans a la vieja usanza, con listas de correo, actuando a lo largo del país incesantemente, incluso vivió en su coche de ciudad en ciudad durante una temporada. El disco lo promocionó ella sola, ni la MTV ni la prensa musical le daban cobertura. No era mainstream. En «Gratitude» de *Not So Soft* cantaba a esa persona que te ofrece su casa y su ayuda desinteresadamente pero que luego te pide algo a cambio. Ya os podéis imaginar qué: «Esta no es mi obligación. ¿Qué tiene que ver mi cuerpo con mi gratitud?».

Como artista prolífica, publicaba un disco por año. Siempre con letras punzantes, de esas que dejan un poso para pensar. Por ejemplo, en «Out of Range» nos explicaba cómo las mujeres tienen un destino marcado por el hecho de ser mujeres, al igual que los hombres. Ellos hacen la guerra, nosotras nos quedamos en casa. Canta: «Estaba encerrada en ser la hija de mi madre». En 1995, su carrera despegó con *Not A Pretty Girl*. Un álbum que vendió más de 100.000 copias solo en los Estados Unidos. Fue entonces cuando las *majors* llamaron a su puerta. Ella las rechazó. Prefirió crecer poco a poco y tener un control total de su trabajo. En la canción que da título al disco lo deja claro: «No soy una niña bonita. Eso no es lo que hago. No soy una damisela en apuros. Y no necesito que me rescaten». Y continúa: «No soy una chica enfadada. Pero parece que tengo a todos engañados. Cada vez que digo algo encuentran que es difícil escuchar. Lo atribuyen a mi ira. Y nunca a su propio miedo, imagina que eres una chica». Porque cuando dices las cosas como son y te quejas, cuando no eres una niña bonita que se queda calladita y sonríe, entonces estás enfadada.

En 1996 y con *Dilate*, llegó la verdadera explosión musical. Por aquel entonces, *Time* y *Wall Street Journal* alababan su modelo de negocio independiente. Pero evi-

dentemente, no se libró de las críticas. Siendo bisexual, parece que enamorarse de un hombre estaba prohibido. Muchas de sus seguidoras lesbianas
la acusaron de venderse. De nuevo parece que lo
que importa no es la música, sino lo que hace una
mujer con su cuerpo. A pesar de las críticas, *Dilate*
asaltó las listas del Billboard, algo casi impensable
para un disco independiente. En «Napoleon» por
ejemplo le canta a aquellos que se creen estrellas y
se dejan llevar por la avaricia: «Te dijeron 'tu música
podría llegar a millones. La elección fue tu decisión'.
Y tú me dijiste "ellos siempre pagan el almuerzo. Y
creen en lo que hago". Y me pregunto, ¿extrañarás a
tus viejos amigos? Una vez que has probado lo que
vales. Sí, me pregunto cuando seas una gran estrella. ¿Extrañarás la tierra? Y sé que siempre, siempre
querrás más. Te conozco, nunca, nunca terminarás».
DiFranco siempre prefirió decidir su propio futuro.
Hizo bien. Siempre se sintió libre para decir y hacer
lo que quería.

Ani DiFranco

Desde entonces, DiFranco sigue publicando los
discos que quiere, no solo los suyos sino los de otros
artistas como Arto Lindsay, Sara Lee, Nona Hendrix,
Andrew Bird o Utah Phillips. Para ella, la industria es
una jungla en la que no quiere ser cazada. Por eso, prefiere dedicarse a la música desde
una perspectiva totalmente diferente y alejada del mainstream. A su manera, poco a
poco. Algunos le dicen que se está limitando, pero no es cierto. Prefiere tener el control
de su obra y sus *royalties*, antes que venderse por unos cuantos dólares a las grandes
discográficas. Bien por ella, demuestra que hay otras formas de entender la música
que las que nos quieren vender.

El antifolk de Michelle Shocked

De una forma incluso mucho más underground, Michelle Shocked fue una de las
cantantes más comprometidas de su generación, unos años antes de que DiFranco se
lanzara en pos de su sueño.

Y al igual que ella, siempre usó el escenario para lanzar su mensaje político y sus
preocupaciones. Intentando además vivir la música como algo más que un medio para
vender discos. El mensaje y la música eran mucho más importantes. En la infancia de
Shocked chocaban la educación mormona fundamentalista de su madre y su padre
más versado a la vida sin preocupaciones. Fue precisamente él quien la introdujo en
el blues y el country de músicos como Leadbelly, Doc Watson, Guy Clark o Janis Joplin. Evidentemente, se separaron cuando era una niña. Cansada de las imposiciones
de su restrictiva madre, cuando tenía dieciséis años huyó de casa y se fue a Austin
a vivir con su padre. Allí empezó a componer canciones y a moverse por la escena

Michelle Shocked

folk underground. Estudió dos años en la universidad, pero la educación constreñida no la atrajo. Tras la llamada de un amigo, se trasladó a San Francisco. Allí se unió a la comunidad punk pero también vivió una libertad total que nunca había experimentado. No es que le sentara muy bien. Se sintió perdida y fue internada en una unidad psiquiátrica tras ser encontrada por la policía caminando por la ciudad desorientada. Su padre vino a buscarla y se la llevó de vuelta a Texas, pero los medicamentos que le habían prescrito no ayudaron demasiado. Al final la echó de casa. Emprendió una vida nómada que la llevó de nuevo a San Francisco, viviendo en casas okupas e introduciéndose en el activismo político en defensa de los derechos civiles, contra las nucleares o el gobierno de derechas de la administración republicana. Al final, viviendo casi como una sin techo, volvió a Austin donde su madre, supuestamente preocupada por el estilo de vida de su hija, demasiado inmoral para ella, decidió ingresarla

contra su voluntad en otro hospital psiquiátrico. Logró salir cuando milagrosamente fue declarada sana. A su madre se le había acabado el seguro y no podía pagar su internamiento.

Fue en aquel momento cuando adoptó el Shocked de nombre para mostrar su shock, su perplejidad ante un mundo que no la entendía. Decidió marcharse lejos, se trasladó a Nueva York y poco después a Europa, viviendo en casas ocupas también en Amsterdam, conectando con el underground europeo. Tardó en volver a su país y lo hizo para participar en el Kerrville Folk Festival. El productor Pete Lawrence quedó impresionado ante una de sus actuaciones delante de una de las fogatas del campamento. La grabó con su walkman. Aquellas canciones se convirtieron en su primer disco *The Texas Campfire Tapes* publicado por Cooking Vinyl y que fue un éxito inesperado en las listas independientes inglesas. Incluso hizo una gira por las islas británicas. En 1988 el disco se publicó en EE. UU. y Shocked consiguió un contrato con Mercury Records.

Su segundo disco, *Short Sharp Shocked* combinaba a la perfección el folk de su primer álbum con una visión feminista de la vida y una actitud totalmente punk. En la portada aparecía la propia Shocked sujetada por dos policías, uno de ellos casi ahogándola. Fue arrestada por intentar bloquear una calle en una manifestación en San Francisco. La discográfica se cagaba de miedo por usar la foto y el departamento de *marketing* borraba el número de placa del agente que tan brutalmente la sujetaba. En una de sus canciones, «Graffiti Limbo» cuenta la historia del artista del grafiti Michael Stewart, asesinado mientras estaba bajo custodia policial. Mientras era arrestado por once policías blancos por pintar un grafiti en el metro de Nueva York, fue estrangulado hasta morir. Ninguno de ellos fue condenado. Ahora están en las calles otra vez, nos canta.

Nacía una de las mejores representantes del anti-folk. Intentando trabajar contra el sistema desde dentro. No encontraba contradictorio estar en una gran discográfica si podía hacer las cosas como ella quería. Eso no la salvaba de ser etiquetada o de ser comparada hasta la saciedad con compañeras de la misma época que hacían un tipo de música que no tenía que ver nada con el suyo, como Tracy Chapman. En 1989, Shocked dejaba atónitos a sus fans con *Captain Swing*, un disco cercano a la música de las big bands de swing de los años cuarenta. Por aquel entonces ya se había exiliado a Londres. En 1993, Mercury rechazó publicar su disco de gospel, *Kind Hearted Woman*. Así que Shocked decidió publicarlo de forma independiente y venderlo ella misma en sus conciertos. Dos años después inició su batalla legal contra Mercury para romper su contrato. Aunque ha publicado discos más intermitentemente, su errático comportamiento y sus problemas mentales han marcado lamentablemente los últimos años de su carrera.

Americana, vuelta a las raíces

A las artistas que se alejaban del mainstream, que no encajaban en ese ideal musical que tenían las emisoras de radio o los videoclips de la MTV, les costaba más llegar al gran público. Muchas veces eran totalmente ignoradas, pero no por eso dejaban de tener su público fiel. Al margen de la industria y sus modas, seguían una senda diferente, con tempos mucho más largos. Y con mayor esfuerzo, conseguían victorias que otras con una buena promoción detrás podían alcanzar sin problemas. Es algo que le ha pasado y le sigue pasando a Lucinda Williams. Su primer disco data de 1979 pero tuvo que esperar casi 20 años para triunfar. Su música es una amalgama de rock, country, folk y blues. Con una voz inconfundible y un talento nato para la composición, no hay duda de que Williams se ha convertido, quizás no en una figura mainstream, pero sí en una artista de culto reverenciada por su público.

Hija del poeta Miller Williams, profesor de universidad, Lucinda Williams nació en Lake Charles, Louisiana. Población que daría nombre a una de sus canciones más emblemáticas. De su padre heredó su pasión por la música, era un gran admirador de Hank Williams. Cuando sus padres se divorciaron, tanto ella como sus hermanos se quedaron con él. De él también aprendió a apreciar la poesía y a usarla para escribir canciones. Su madre, pianista, también influyó en su desarrollo como compositora y la introdujo en la música de Joan Baez. Lucinda empezó a escribir poesía a los seis años y con 12 tocaba la guitarra y escribía sus propias canciones. Se pasaba el día rodeada de música y aprendía las letras de los cancioneros que coleccionaba con pasión. Al principio buscó sus modelos a seguir en las cantantes de folk como Baez, Joni Mitchell o Linda Ronstadt. Luego en voces como la de Memphis Minnie y las mujeres del blues. Cuando era adolescente, Williams empezó a actuar en clubs locales y aunque estudió en la universidad durante un tiempo, lo dejó en 1971 para dedicarse por completo a la

Lucinda Williams

música. No encontraba su sitio entre las clases. Aunque su padre le insistió para que se sacase una carrera y tener donde apoyarse, siempre la animó con la música.

En uno de sus parones en la universidad visitó Nueva Orleans. Allí empezó a tocar en varios bares y descubrió que aquello era lo que quería hacer el resto de su vida. Luego fue a Austin, sumergiéndose en su escena local y trabajando en lo que podía, como camarera, limpiando o vendiendo salchichas en un puesto callejero. En 1978 firmó con el sello Folkways que publicó sus dos primeros discos. *Ramblin' on My Mind* de 1979 era una colección de versiones de blues tradicional, country y folk, entre ellas el «Me and My Chauffeur Blues» de Memphis Minnie. En *Happy Woman Blues*, de 1980, incluía sus primeros temas propios. En aquel disco descubrió los sinsabores de la industria discográfica. Había grabado sin batería, al volver al estudio al día siguiente, el ingeniero de la sesión habían decidido que las canciones necesitaban una y la había metido sin ni siquiera consultarle. En 1984 decidió mudarse a L.A. No tenía ni idea del negocio musical. No tenía mánager. Simplemente empezó a tocar en los locales de la ciudad, a darse a conocer. Pronto atrajo la atención de varios sellos, pero no sabían dónde encajar su mezcla de estilos. Aún no había nacido el americana que tanta importancia tiene en estos días. Su música parecía quedar entre el country y el rock para los ejecutivos de las discográficas. No sabían dónde meterla.

Una discográfica le dio lo que se llamaba por aquel entonces «un acuerdo de desarrollo», en el que te pagaban durante seis meses para preparar una demo. En ella grabó canciones como «Passionate Kisses», «Crescent City,» y «Changed the Locks» que formarían parte de su disco homónimo. Pero la respuesta del sello fue que sus canciones eran demasiado country para ser rock. Pero cuando las llevaron a su filial en Nashville, le dijeron que eran demasiado rock para ser country. La maqueta circuló por diversas discográficas, una de ellas le dijo que sus canciones no cumplían la fórmula, no tenían puentes o coros. *Lucinda Williams* se publicó finalmente en Rough Trade en 1988, no alcanzaría un gran éxito de público pero sí el respeto de la crítica. En sus letras, Lucinda supo capturar los sinsabores de la relaciones, el dolor o la pérdida. Sin miedo a bucear en sus temores y sus demonios, luchar contra ellos y convertirlos en canción. Con «Passionate Kisses» consiguió su primer Grammy como compositora gracias a la versión de Mary Chapin Carpenter. Su sello pensó que no era lo suficientemente country para ser su primer single, Carpenter se puso firme, eso le valió el éxito a ella y a Williams, por supuesto.

En 1998 Lucinda publicó su gran obra maestra, *Car Wheels On a Gravel Road*. Un disco que realmente sentó las bases de lo que sería el americana. Contó con colaboraciones de Emmylou Harris o Steve Earle y confirmó a Williams como una de las compositoras y cantantes imprescindibles de los noventa. Le costó grabarlo. Primero lo hizo en Austin pero no quedó contenta con el resultado. Luego la ayudó a producirlo Steve Earle pero tampoco la dejó convencida. Al final acabó en L.A. con un productor distinto. A pesar de las dudas, el resultado fue espectacular. Canciones como la sentida «Drunken Angel» son buena prueba de ello. La escribió sobre su amigo Blaze Foley, un compositor que fue tiroteado y murió en un bar después de una pelea absurda. Pero todas y cada una de sus canciones son verdaderas joyas sonoras como «Joy» o «Lake Charles».

En 2001 llegó *Essence*, publicado por Lost Highway, mucho más introspectivo e intimista, seguía buceando en las relaciones personales con canciones perfectas como «Lonely Girls», «Blue» o la propia «Essence». *World Without Tears* le siguió en 2002, con él ganaría su tercer Grammy como mejor cantante de rock. Veía así reconocido su talento como vocalista y no solo como compositora. En sus discos Lucinda Williams ha sabido reflejar a la perfección una manera de expresarse sentida, que toca y llega al alma, que sabe ver el interior de las personas, sus demonios y sus miedos y que se enfrenta a ellos con sus canciones. Sus discos ahora son más luminosos y alegres, en las entrevistas se ha tenido que enfrentar a preguntas como esta: ¿Seguirás escribiendo canciones ahora que te has casado y eres feliz? Lucinda se casó con su mánager encima del escenario, como hizo Hank Williams. ¿Pero de verdad una artista de su talla tiene que soportar ese tipo de preguntas estúpidas? Aun así, su talento sigue estando ahí, casada y feliz o sin estar casada e igualmente feliz.

Gillian Welch y el revival

El revival de la música de raíz estadounidense ha traído también a voces como la de Gillian Welch. Cantante y compositora, es sin duda, una pionera del género y una de las representantes más importantes del mismo. Una artista que explora en las raíces de la música originaria de los Apalaches, para darle un aire fresco y nuevo. Esta música ha sido el puntal de muchos de los géneros que conocemos hoy en día surgidos de los EE. UU. Country, folk, bluegrass y rock se fusionan en sus canciones para crear nuevas sonoridades. Ahora, ya no está sola, toda una escena la acompaña, pero en sus inicios, la cosa era muy diferente.

David Rawlings y Gillian Welch

Gillian Welch nació en Nueva York pero se crio en Los Ángeles. Su madre era una estudiante de 17 años y su padre un músico que pasaba por la ciudad. Fue dada en adopción incluso antes de nacer. Sus padres adoptivos, Ken y Mitzie Welch eran un dúo cómico que también escribía canciones. Cuando tenía tres años se trasladaron a Los Ángeles para trabajar como guionistas del programa de Carol Burnett. De adolescente Welch tocaba el bajo, aunque parezca increíble, en una banda punk de corta vida. Pero lo cierto es que cuando escuchó por primera vez a los Stanley Brothers, algo cambió. Welch ha afirmado en alguna ocasión que la música de los Stanley Brothers enlazaba perfectamente con lo que hacía el punk o la Velvet Underground pero desde una perspectiva musical diferente. Había encontrado su camino musical.

Tras graduarse en la universidad de California en fotografía, Welch estudió en la prestigiosa Berklee College of Music de Boston donde se graduó en composición. Fue allí precisamente donde conoció a David Rawlings, su pareja compositiva y sentimental, ambos empezaron a componer y tocar juntos en las noches de micro abierto de los locales de Boston. Hacían versiones tradicionales country y bluegrass, encontrando una comunión musical única. Se dieron cuenta un día mientras interpretaban en la cocina del piso de Rawlings «Long Black Veil» de Lefty Frizzell. Había magia entre ellos, sus voces cuadraban y encajaban a la perfección. En aquellos años, el folk estaba de capa caída, para ellos además, la música necesitaba algo más de fuerza. Se asociaba el género con la suavidad sonora, la música folk era bonita, como algo etéreo que no encajaba para nada con la propuesta del dúo.

Ambos se mudaron a Nashville en busca de los sonidos que realmente les atraían. Allí T-Bone Burnett los vio actuar de teloneros de Peter Rowan. Quedó tan impresionado que les ayudó a conseguir un contrato discográfico y produjo su primer disco, *Revival*. Un nombre muy significativo que expresaba mucho de lo que querían transmitir con su música. En un momento además, como los noventa, en el que los artistas de folk luchaban por ser escuchados, en los que era difícil seguir adelante, porque era una música que no estaba de moda. Welch hizo un disco que recuperaba el pulso al género. Era una persona tímida, pero a través de la música conseguía expresar emociones que de otra forma no podría expresar. A través de la tradición del country, el folk o el bluegrass y la temática de este tipo de canciones pudo hablar de todo lo que le preocupaba desde adicciones, hasta la violación, la pobreza o la muerte. El primer tema del disco, «Orphan Girl», le vino a la cabeza al escuchar una canción de los Stanley Brothers mientras iba conduciendo. No fue hasta tiempo después de escribirla cuando se dio cuenta de cuán autobiográfica era. Aunque ella no había sido huérfana, sino adoptada. «Soy una chica huérfana. No tengo padre, ni madre, ni hermano, ni hermana», canta. Uno de los temas, «Acony Bell», el nombre de un tipo de flor, daría nombre a su propio sello discográfico. Pero nos estamos adelantando a la historia.

Su segundo disco *Hell Among the Yearlings* llegó en 1998. Seguía buceando en el pasado pero creando un sonido nuevo al mismo tiempo. En «Caleb Meyer» narra la historia de una mujer que le corta el cuello al hombre que la había violado mientras su marido estaba fuera de casa. «My Morphine» es la canción que un hombre le dedica a su amor, la morfina. Gracias a su participación en la banda sonora de *O Brother, Where Art Thou?*, de los hermanos Coen, Welch consiguió más visibilidad y fama. Con Alison Krauss interpretaba el gospel «I'll Fly Away». Burnett y Welch reescribieron también la letra de «Didn't Leave Nobody but the Baby» en la que Welch cantaba junto a Emmylou Harris y Krauss. Hasta entonces publicaba en Almo Sound, pero cuando este sello fue adquirido por Universal, decidió crear Acony Records que publicó su siguiente trabajo, *Time (The Revelator)*. Producido por David Rawlings, está concebido como un disco de rock pero con la sensibilidad que aportan las guitarras acústicas. Welch afirma que el disco habla de la historia de Estados Unidos, del country y del rock and roll. Por eso, canta sobre el asesinato de Lincoln o sobre leyendas del folk como John Henry o del rock como Elvis Presley. Sobre la decadencia de un país, sobre la decadencia de una industria musical, sobre el fin de una era, de unos Estados Unidos tal y como los conocían. El disco incluye «I Want to Sing that Rock and Roll», grabada en directo en el mítico Ryman Auditorium de Nashville.

En 2003 publicó *Soul Journey*, un disco más positivo, de esos que se escuchan a la perfección un domingo soleado. Hay un cambio evidente en su sonido, ya que hasta entonces habían sido ella y Rawlings con sus dos guitarras. Sin embargo, aquí les acompañaban batería, bajo, violín y dobro. Un trabajo exquisito, buena prueba de ello es «Look at Miss Ohio», que abre el disco. Una canción sobre una *miss* que tiene que enfrentarse a lo que se espera de ella. Pero ella quiere vivir antes de encorsetarse y limitarse. En su letra, nos canta: «Tenía su brazo alrededor de su hombro, un soldado de regimiento. Una mamá comienza a empujar ese vestido de novia. Sí, quieres hacer lo correcto, pero no ahora». Aún tienes mucho que vivir. En 2009 David Rawlings publicó su primer disco con la Dave Rawlings Machine, *A Friend of a Friend*, Welch coescribió cinco de las canciones y aportó su voz y la guitarra.

El siguiente disco de Welch llegó en 2011, *The Harrow & The Harvest* tardó más de lo esperado. Mucha gente le preguntaba por su bloqueo creativo. Ella siempre dijo que no paró de componer pero que ninguna canción acababa de convencerla lo suficiente para publicarla. El título es buena prueba de ello. La grada y la cosecha. La grada es una maquina que sirve para preparar el terreno tras plantar las semillas, para taparlas. Además, fue un disco en el que ella y su compañero coproducían, cantaban y tocaban todos los instrumentos. Volviendo a sus orígenes, sin añadidos. Una joya que sacamos de su funda, es el primero que han editado en vinilo desde su sello Acony Records y está por supuesto en nuestra discoteca. Lo ponemos en el plato para escuchar «The Way It Goes». Todas las historias de este trabajo hablan de pérdida y arrepentimiento, de los golpes que te da la vida y cómo te enfrentas a ellos. Nos canta sobre diferentes personajes, desde Becky Johnson que muere de una sobredosis de heroína y su hermano la entierra en el frío suelo de Kentucky. Tamién de que Miranda huyó de L.A. y acabó en la cárcel y sin un duro, teniendo que vender su cuerpo. El retrato oscuro de la vida y cómo te enfrentas a ella. Welch sigue colaborando en los discos de David Rawlings y publicando en su sello Acony Records las canciones que ella quiere y cómo ella quiere.

Grandes voces del americana

Son muchas las voces que se han acercado al rock desde el americana, mujeres con raíces en el country, el folk o la música old time. Patty Griffin es una de ellas. Como compositora, sus canciones han sido interpretadas por Dixie Chicks, Joan Osborne, Mary Chapin Carpenter, Solomon Burke o Linda Ronstadt. Pero no hay que olvidarse de su labor como intérprete. Patty Griffin era la pequeña de siete hermanos. Con 16 años se compró su primera guitarra, una de batalla pero con la que aprendió a tocar. Aunque nunca se planteó dedicarse a la música. Se mudó a Boston, se casó y trabajó como camarera. Pero tras divorciarse en 1992, empezó a escribir canciones para desahogarse. Siendo tímida hasta la saciedad y claustrofóbica, no fue fácil para ella subirse a un escenario por primera vez. Pero empezó a tocar en los locales de la ciudad. Un caza talentos de A&M Records le ofreció un contrato. Publicó su primer disco con 31 años, *Living with Ghosts*.

Su segundo trabajo, *Flaming Red* lo grabó con banda, alejándose del sonido acústico de su debut. Dos años después grabó *Silver Bell*, quizás su disco más rockero. Producido por Daniel Lanois, se quedó en una estantería durante más de una década, gracias a la compra de su discográfica por parte de Universal. La compañía no estaba interesada en la cantante. Fue entonces cuando Griffin fichó por el sello de Dave Matthews, ATO. Allí publicó *1000 Kisses* en 2002. Cojamos el disco de nuestras estanterías para escuchar una de sus mejores canciones «Making Pies». Griffin nos canta sobre la soledad que siente una mujer tras perder a su marido, la soledad y el dolor de la pérdida que la rodea. La única forma que tiene de sobrellevarlo es trabajar en una fábrica haciendo pasteles. «Cierro los ojos. Y hago pasteles todo el día. Gorra de plástico en mi cabello. Solía importarme, ahora no me importa. Porque soy gris». Desolador. Griffin es conocida por sus canciones tristes, pero que escribe con maestría, con el saber de alguien que sabe cómo componer, que domina el arte de la canción. Cuenta divertida en diversas entrevistas que la rechazaron para hacer los jingles de varios anuncios, entre ellos la Diet Coke, por ser su voz demasiado triste.

Su buen hacer como compositora le ha valido que muchos artistas quieran interpretar sus canciones, Willie Nelson, Emmylou Harris o Shawn Colvin, entre otros. Griffin no

Patty Griffin

se ha enconsertado en un género, aunque ha paseado por el rock, el country y el folk también ha grabado un disco de gospel, *Downtown Church,* junto a Buddy Miller y en la iglesia Presbiteriana del Downtown en Nashville. También ha sido miembro de Band of Joy, la gira y disco de Robert Plant. Ahí iniciaron su relación sentimental. Es curioso que, tanto durante su relación como después tuviera que ser interrogada al respecto. Por ejemplo, en un artículo de *Billboard* sobre la publicación de su disco de 2013 *American Kid*, que hablaba sobre la muerte de su padre. Pero qué mejor que titular: «Patty Griffin Puts Robert Plant Rumors to Rest, Talks Raw 'American' Album». Por supuesto, era más importante desmentir los rumores de su supuesta boda con Robert Plant que sacar un nuevo disco inspirado por la muerte de su padre, por mucho que Plant cantase en varias canciones del mismo. ¿De quién es el disco: de Robert Plant o de Patty Griffin? Cuando la pareja rompió, evidentemente, también tuvo que enfrentarse a las preguntas sobre su ruptura. ¿Creéis que a Robert Plant le harían las mismas en una entrevista? En 2013, por fin vio la luz *Silver Bell* de forma oficial. En 2015 Griffin creó su propio sello, PGM en el que publicó su excelente *Servant of Love*. Sigue demostrando que es una de las grandes compositoras e intérpretes de americana, sin duda. Cuesta creer que no sea más conocida.

Mary Gauthier, cantando la América profunda

Mary Gauthier es otra de esas voces ocultas. Una de las grandes compositoras e intérpretes que pasea su música entre el country alternativo y el folk rock. Pero que además, en sus canciones cuenta historias de la América más profunda. Con letras pobladas de perdedores, aquellos de los que nadie habla, los olvidados de la historia. Con 15 años robó el coche de sus padres adoptivos y huyó de su Louisiana natal. Para ella, ser una adolescente gay en esa América era un infierno. Tenía problemas con las drogas y pasó su 18 cumpleaños en el calabozo. Después de estudiar algo de Filosofía en la universidad, decidió abrir su propio restaurante de comida cajún en Boston, Dixie Kitchen. El primero que abría en la ciudad y fue el que dio título a su primer disco, aunque tardaría en llegar. Durante 11 años se dedicó a cocinar. Su primera canción estuvo esperando hasta que cumplió los 35. Después de ser detenida en 1990 por conducir bebida, dejó

el alcohol definitivamente, pero también decidió cambiar de vida. Vendió su restaurante y con el dinero que obtuvo publicó su segundo disco.

Drag Queens in Limousines de 1998 fue toda una revelación musical. Su talento compositivo ya se apreciaba en canciones como la que da título al disco, una descripción de ese viaje que emprendió cuando se fugó de su caótica casa adoptiva y las penurias que se encontró en el camino. Escuchémosla: «Odiaba la escuela secundaria, recé para que terminara. Los deportistas y sus chicas, era su mundo, no encajaba. Mamá dijo: "Nena, es la mejor escuela que el dinero puede comprar. Levanta la cabeza, sé fuerte, por favor Mary, inténta-

lo"». En la siguiente línea nos cuenta cómo robó el coche de su madre para fugarse. «A veces tienes que hacer. Lo que tienes que hacer. Y esperar que la gente que amas. Te alcance». La vida caótica que vivía entonces marcó su devenir. Su padre era un alcohólico y en canciones como «I Drink» hablaba de ello. «Los peces nadan, los pájaros vuelan. Los papás gritan, las madres lloran. Los viejos se sientan y piensan. Yo bebo», haciendo referencia también a su propio alcoholismo. Sus letras también están pobladas de sus demonios. En aquellos años, se le colgaba la etiqueta de country, aunque ella lo negaba, tocaba algunas canciones country que le gustaban pero no era el género con el que se identificaba.

Tras el éxito de su tercer disco, *Filth & Fire*, se mudó a Nashville y firmó con Lost Highway que publicó su siguiente trabajo, el aclamado *Mercy Now*. La canción que da título al álbum hablaba de su padre y su hermano, de cómo podían usar la compasión para superar sus problemas, pero también de su Iglesia, acosada por los escándalos de pedofilia o su país gobernado por un Bush desatado que llevaría a la nación a una guerra sin sentido en Irak. «Mi Iglesia y mi país podrían usar un poco de misericordia ahora. A medida que se hunden en un pozo envenenado. Del que llevará una eternidad salir. Ellos llevan el peso de los fieles. Que los siguen en su caída. Amo mi Iglesia y mi país. Y podrían usar algo de misericordia ahora», canta. En 2010 Gauthier publicó *The Foundling*, su trabajo quizás más autobiográfico. Escribe relatos, publica libros, sus canciones se enseñan incluso en las universidades e imparte *workshops* de composición habitualmente, no es de extrañar que sea considerada una de las grandes voces del americana.

El americana del nuevo milenio

A finales de los noventa y principios del nuevo siglo, quizás la música que más se escuchaba no era la de raíz estadounidense, esa que se sumergía a explorar los orígenes del género, pero eso no significa que no hubiera toda una serie de mujeres que guiaran su música por esos caminos. Algunas de ellas picaban piedra sin parar, pero no obstante, no conseguían alcanzar el éxito. Dayna Kurtz es un buen ejemplo de ello. Es el gran secreto escondido de la música. Y además, se ha dedicado en cuerpo y alma a rescatar en sus discos canciones olvidadas del blues, del jazz, del folk o del R&B grabadas entre los años cuarenta y los sesenta. No se entiende que con su talento y las canciones que hace no haya alcanzado el reconocimiento que merece.

Dayna Kurtz era una adolescente cuando empezó a componer y a tocar en directo. Su primer disco fue el directo *Otherwise Luscious* publicado en 2000. Pero fue su primer trabajo de estudio, *Postcards from Downtown* de 2002, el que la dio a conocer. Lo publicó bajo su sello Kismet. En la canción que da título al disco, escuchamos esas postales que escribe desde el desencanto del amor. «Perdí toda mi fe en el amor. En esas escaleras ese noviembre. Sé que es mucho en ese momento. Ahora apenas puedo recordar. Ha pasado mucho tiempo». Y aunque publicaba y sus discos eran aclamados en Europa, no tenía tanta suerte en Estados Unidos.

En 2012, Kurtz decidió publicar trabajos que recuperaran el amplio legado musical americano. Canciones muchas veces desconocidas pero sobre las que se sustenta toda la música actual del país de las barras y las estrellas. Buceando entre verdaderos tesoros sonoros, Kurtz realizó una labor impresionante. Su primer esfuerzo, *American Standard* se hundía en las raíces del rock. Al igual que *Secret Canon Vol. 1*, lo hacía en el R&B y el blues de los años treinta y *Secret Canon Vol. 2* en los años cuarenta y cincuenta. Su impresionante voz, su talento compositivo y ese esfuerzo por buscar los orígenes y reescribirlos dándoles un aire nuevo merecen que esté presente en este libro. Es triste, hace giras y apenas nos enteramos de ello. Algo que habría que remediar.

La voz oscura de Jolie Holland

Otra de esas mujeres que deberían estar presentes en cualquier recuento sobre el rock que se haga es Jolie Holland. Empezó su carrera como miembro del grupo The Be Good Tanyas y sigue en solitario disco tras disco demostrando que hay otras vías y otras maneras de entender el rock. Y lo hace gracias a su guitarra eléctrica, a su voz susurrante y rasgada y a unas composiciones llenas de oscuridad. En sus melodías el country y el folk se hacen uno, junto a la modernidad del jazz y del rock. Holland es una poeta nata y con su música y sus letras ha conseguido renovar y explorar el género. Se crio en Texas. Con seis años ya componía en un pequeño piano. De adolescente, además de tocar el piano, hacía lo propio con la guitarra y el violín. Las clases eran un aburrimiento para ella, le gustaba el directo, así que se lanzó a actuar en los locales de la zona. A mediados de los noventa se lanzó a la carretera, viviendo entre Nueva Orleans, Austin y San Francisco hasta asentarse en Vancouver. Probablemente huía de una educación mormona fundamentalista que la había constreñido como mujer. Durante esos años no pasaba más de un mes en el mismo sitio y vivía prácticamente como una sin

Jolie Holland

techo. Holland ha afirmado en alguna entrevista que eso le ha dado problemas como líder de su propia banda, es difícil cuando te han metido en la cabeza desde pequeña que como mujer no estás capacitada para dirigir absolutamente nada.

En Canadá formó el grupo de folk neotradicionalista The Be Good Tanyas junto a Trish Klein y Samantha Parton. Tras su primer disco *Blue Horse* de 2001, dejó el grupo y se marchó a San Francisco. No quería seguir el camino de sus compañeras. Sus composiciones en solitario acabaron en una demo que vendía en sus propios conciertos y que había grabado de forma casera. Se agotaron enseguida y tuvo que hacer más copias. Fue entonces cuando su música empezó a sonar en las emisoras de radio independientes de todo el país. Tom Waits la seleccionó como nominada para el prestigioso premio Shortlist. Anti-Records la fichó en 2003. Con ellos reeditó su primer trabajo como *Catalpa*. Un año después llegó su segundo disco, *Escondida*. Escuchémoslo, un buen ejemplo de su buen hacer y que la convirtió en una de la compositoras estadounidenses más prometedoras. En sus letras, Holland explora en la oscuridad más profunda del alma. En los momentos más perturbadores, sin miedo. En «Poor Girl's Blues» canta: «Tal vez soy una pobre chica. Pero no me preocupo. Cuando este mundo se venga abajo. Sé que voy a estar de pie en lo alto». Sobreviviendo al dolor.

En sus discos ha colaborado con músicos como Marc Ribot o M Ward como en *The Living and the Dead*. Cuando St. Vincent ganó un Grammy como mejor álbum alternativo en 2014, le agradeció a Jolie Holland que le permitiera ser su telonera, con ella se formó en directo. En *Wine Dark Sea* Holland dio un cambio sustancial en su estilo musical, dejando de lado sus sonoridades más blues para endurecerse, su guitarra eléctrica tomaba más presencia y protagonismo. Ha vuelto además a reunirse con su ex compañera en The Be Good Tanyas, Samantha Parton para grabar el disco *Wildflower Blues*.

El talento compositivo de Tift Merritt

Tift Merritt tiene ya a sus espaldas seis discos espectaculares. En 2002 debutó con su excelente *Bramble Rose*. Aunque ya hacía años que se dedicaba a la música. Excelente cantante y compositora y con un don natural para tocar la guitarra, Andrew Bird la ha incluido en su banda como guitarrista. Merritt nació en Texas en 1975 aunque su familia se mudó a Carolina del Norte cuando era niña. Con su padre aprendió a cantar armonías, él es una de sus mayores influencias musicales. Estuvo metido en el folk de joven y fue él quien le enseñó sus primeros acordes a la guitarra. Pronto empezó a sumergirse en la música de Joni Mitchell y Emmylou Harris. Y a tocar en directo, sobre todo con la banda Two Dollar Pistols. Allí cantaba a dúo junto a John Howie y tocaba la guitarra. De hecho, con ellos hizo su primera grabación, un EP de la banda titulado *Jukejoint Girl*.

Pero Merritt quería explorar sus habilidades como compositora y para eso necesitaba su propia banda. Así nació Carbines, que formó en 1998 junto al batería Zeke Hutchins, el guitarrista Greg Reading y el bajista Jay Brown. Publicaron un 7« y se hicieron conocidos en la escena de Carolina del Norte. Aunque con ellos estuvo a punto de conseguir un contrato con Sugar Hill Records, al final no cuajó. Merritt ganó el Chris Austin Songwriting Contest en el Merlefest Music Festival de 2000, lo que hizo que Ryan Adams se fijara en ella y la pusiera en contacto con su mánager, Frank Callari. Cuando este fue contratado como A&R de Lost Highway, Tift Merritt fue su primer fichaje. Su primer disco, *Bramble Rose* llegaría dos años después. Acompañada por los Carbines como banda, Merritt facturó uno de los debuts más prometedores del momento. En la primera canción del disco, »Trouble Over Me« canta: »Tú no eres mi novio, no quiero un novio« y más tarde: »No me trates mal, no es eso lo que estoy pidiendo". En sus letras habla de los sinsabores de la vida, de los giros que te depara el destino, como esa zarza que da título al disco, pero lo hace sin un poso de amargura. Es difícil encontrar un talento igual en un primer disco. Merritt simplemente lo bordó.

En *Tambourine* de 2004 contó con la participación de Benmont Tench, Mike Campbell, Neal Casal o Gary Louris. Un disco nominado al Grammy a mejor álbum de country. Una nueva joya sonora. Dos años después publicó *Another Country*. Para escribir las canciones de este álbum se fue a París, en un apartamento y al piano escribió maravillas como «Broken». Un corazón roto, la distancia, el dolor. Merritt canta: "Pero estoy rota y no entiendo. Lo que está roto cae en su lugar una vez más.

Mano de bondad, ven y reúneme como una tormenta de lluvia. Una y otra vez". Estaba sola, en un país en el que no conocía a nadie ni entendía el idioma. La experiencia también protagonizó las canciones del disco. Le siguió el excelente *Traveling Alone*, un trabajo que grabó en su nueva casa de Nueva York ayudada por Marc Ribot y Andrew Bird. Con este último además ha colaborado en su banda Hands of Glory tocando la guitarra en el disco *Things Are Really Great Here, Sort Of...* Y también ha colaborado con His Golden Messenger. *Traveling Alone* fue su primer álbum con Yep Roc Records. La canción que da título al disco habla precisamente de viajar, de estar en movimiento, Merritt siempre ha sido una persona que ha disfrutado de la carretera, de las giras, de viajar. De la vida nómada del músico que es de lo que, al fin y al cabo, habla la letra de esta canción.

Tift Merritt

En 2017 publicó *Stitch of the World*, producido por Sam Beam de Iron & Wine. Un trabajo que ha escrito entre la granja de un amigo en Texas, una cabaña en California y Nueva York. Aunque fue grabado en Nueva York, con una Merritt embarazada de seis meses y a punto de volver a sus raíces: vivir en Carolina del Norte. Como música ha reconocido que, siendo madre, necesita ayuda para poder seguir tocando. Por eso se marcha a vivir junto a su familia, abandonando la ciudad en la que ha residido los últimos años. De hecho, a Merritt la hemos visto de gira, acompañada de su hija de un año. De momento, se la lleva con ella. Esperemos que pueda seguir compaginando su maternidad con las maravillas musicales con las que nos deleita. En su último disco incluye joyas como «My Boat» basado en un poema de Raymond Carver. Y en «Icarus» canta a los sueños que todos tenemos, a ese Ícaro que quiere alcanzar el sol temerariamente, pensando que con sus alas de cera llegará. No se entiende que una artista tan impresionante con una voz perfecta, composiciones redondas y una forma de tocar la guitarra tan espectacular no sea conocida por todos. Es una de esas joyas escondidas que todo el mundo debería escuchar sin falta. Si no has descubierto sus canciones, te has perdido uno de los grandes tesoros de la música estadounidense actual.

La mezcla única de Eilen Jewell

Eilen Jewell se ha ganado comparaciones con casi todas las artistas que he mencionado en este apartado de americana. Pero su música, folk de corte contemporáneo, mezcla country, rockabilly, blues y surf dándole un toque único. Nacida en Idaho, con siete años ya tocaba el piano y con 14 se cambió a la guitarra. Sus grandes referentes musicales eran Bessie Smith y Billie Holiday. Se mudó a Santa Fe para estudiar en la universidad, donde empezó a tocar en mercados y bares locales. Pronto se movió a lo largo y ancho del país, desde Los Ángeles, Massachusetts hasta Boston. En 2005 publicó una maqueta en directo titulada *Nowhere in No Time* y un año después su primer disco, *Boundary County*. Fue entonces cuando firmó con Signature Sounds que publicó *Letters from Sinners & Strangers* en 2007. La canción que abre el disco «Rich Man's World» la construyó con trozos de otras canciones de folk tradicionales, pero de una manera tan perfecta que parece totalmente original. «Bueno, es el mundo del hombre rico, el mundo del hombre rico. ¿Y quién soy yo? Nada más que una niña errante solitaria», canta.

En Signature Sound publicó también su segundo disco, *Queen of the Minor Key* que la llevó de gira por todo Estados Unidos y parte del resto del mundo. Fue antes de mudarse de nuevo a su Boise natal y volver a Idaho, allí nació su hija. También tuvo tiempo de componer las canciones de su quinto álbum *Sundown Over Ghost Town*. Un trabajo quizás más tranquilo, más maduro, que refleja la experiencia de asentarse y volver a las raíces que te vieron nacer. Recuerdo haber leído en alguna crítica que seguramente el que fuese un disco más tranquilo se debía a su reciente maternidad. Claro, todo el mundo sabe que la maternidad es tranquila y te sobra el tiempo para relajarte, ¿verdad? A pesar de la tranquilidad de este nuevo disco, no ha perdido ni un ápice de la oscuridad que ha rodeado siempre sus canciones. En «Hallelujah Band» canta: «Me paré junto a las vías solo para sentir que algo me empujaba hacia atrás. Desgarrando cada duda y pecado. El tren era un viento de hierro». Y más adelante: «Soy una guitarra vieja, no me mantendré afinada. Agotada, descolorida, no apta para ti. Pero quiero ser tocada por la mano invisible. Para hacer un buen ruido en la banda del aleluya». Pura poesía sonora.

La voz contestataria de Lydia Loveless

Aunque se crio en una granja en su Ohio natal, Lydia Loveless vivió la música desde muy temprana edad. Su padre era un melómano que organizaba conciertos en un bar de la zona. A pesar de vivir en una granja y estudiar en casa, este mundo le ofreció una puerta a descubrir nuevas sonoridades. Así que se acostumbró a tener músicos alrededor. Para ella, era algo normal y natural, casi como respirar. Con 13 años componía sus propias canciones y tocaba con bandas locales, llevaba un año tocando la guitarra. Ya por entonces mezclaba la música de sus raíces más clásicas, el country, con la rabia del punk rock y adoraba a músicos como Hank Williams III. Tras mudarse a Columbus, Loveless formó junto a sus dos hermanas la banda Carson Drew. Aunque el proyecto duró poco, sacaron un disco, *Under The Table*.

Lydia Loveless formó su propia banda con su padre a la batería y autoeditó su primer disco en 2010, *The Only Man*. Tenía tan sólo 15 años. En portada aparece un dibujo de una joven Loveless con una recortada en su regazo sentada en un sillón, fumando un cigarrillo, con un ojo morado y llorando, mientras aparecen por el suelo un par de cuerpos tirados, probablemente muertos. Esto te dice que no es precisamente un disco de baladitas inocentes, aquí hay material lleno de dolor, de rabia y de sentimientos encontrados. En «Always Lose» cuenta la historia de una chica que tranquiliza a otra que la ve como su posible rival. Le dice que no tiene que preocuparse, porque siempre pierde y que no le importa que a sus amigos le diga que no es más que una puta, ella se reirá como siempre ha hecho. Recordad que cuando lo publicó tenía 15 añitos.

Lydia Loveless

Bloodshot Records se fijó en ella y le ofreció un contrato. Las canciones del EP en el que estaba trabajando acabaron formando parte de su segundo disco, *Indestructible Machine*. Publicado en 2011, Loveless se reafirmó como uno de los grandes talentos del momento. En este álbum habla de depresión, de beber hasta desfallecer, de querer huir de casa, de descontento. Pero lo hace con rabia y una mezcla cruda heredera de Hank III y de Shooter Jennings, pero con una sonoridad propia. Un disco intenso y descarnado. En «Can't Change Me» canta que por mucho que le grites, eso solo cambiará la opinión que tiene de ti, pero no la va a cambiar a ella. Ni a sus borracheras, ni a su forma de ser, por muy desfasada que sea. Sigue siendo ella. Te guste o no. Y aunque en «More Like Them» se pregunta por qué no puede ser como los demás. Al final, el que tiene que ser más como los demás es él, no ella. Es así como soy. «Ellos piensan que digo demasiado y que debería calmarme. No puedes llevarme a ningún sitio, así que me escondes. Y ahora me preguntas por qué nunca me quisiste».

En 2013 publicó su EP *Boy Crazy*, antes de que en 2014 editara, *Somewhere Else*. Producido por la propia Loveless y Joe Viers, es un disco maduro compositivamente. Narra los sinsabores de las relaciones fallidas con crudeza y sin miedo. En la canción que da título al disco canta sobre querer huir, estar en constante movimiento, que es como mejor se siente: «Digo que quiero irme, entonces quiero quedarme. No quiero hacer nada de nada. Bueno, quiero estar en cualquier otra parte esta noche». En sus letras siempre se muestra descarnada, sincera y brutal. Y aunque la depresión este presente en muchas de ellas, o el alcohol como remedio a la misma, Loveless se muestra fuerte como mujer, sabe lo que quiere y se lanza a ello. Su siguiente disco fue buena prueba de ello. Publicado en 2016, se tituló *Real*. Ese mismo año, Gorman Bechard estrenó su documental sobre la artista, *Who is Lydia Loveless?* Este disco sigue buceando en su mente y en su corazón, en sus sentimientos más dolorosos, por eso el título es tan adecuado, real como su vida, como ella es y será. Con un sonido quizás un poco más orientado al pop pero sin dejar de lado las guitarras y con la misma rabia y garra interior. En una de sus publicaciones de instagram explicaba por qué se había cortado el pelo, estaba cansada de que la categorizaran por su aspecto, por su melena rubia, por ser mujer. No quiero que me juzguen por mi pelo, parecía decir. Su música habla por ella.

El americana tiene también otras raíces

El country, la música de los Apalaches, el bluegrass. Sí, todo eso es la música de raíz estadounidense. Pero hay música más allá de la de los blancos. América es algo más que América del Norte. Pero es que América del Norte son muchas cosas. Puerto Rico, por ejemplo, también es parte de América. Desde sus raíces puertorriqueñas, Alynda Segarra ha sabido también conjugar a la perfección sonidos distintos dentro del americana con su banda Hurray for the *Riff* Raff. Nacida en el Bronx, su madre Ninfa Segarra fue teniente de alcalde de Nueva York durante el mandato de Rudolph W. Giuliani. Su padre era sub-director y profesor de música en un colegio del barrio. El matrimonio se rompió cuando Alyna era una niña y fue criada principalmente por sus tíos. Gracias a su padre conoció los sonidos de la música puertorriqueña pero también de la afrocubana. Sus tíos, aman-tes de Dean Martin y Frank Sinatra, la introdujeron en la música estadounidense. Aunque evidentemente, la adolescencia fue la época de la rebeldía y la de descubrir sonidos que hablaban su mismo idioma. Ella los encontró en el punk de bandas como Dead Kenned-ys o Bikini Kill. En aquellos años se dio cuenta de que no la trataban igual a su hermano, ella quería ir a cualquier sitio sin sentir miedo por ser mujer. ¿Os suena de algo?

Fue en el instituto cuando formó su primera banda con otras compañeras. En aque-llos años también empezó a sentirse fuera de lugar. Por las tardes se reunía con el resto de punks en Tompkins Square Park. Para los puertorriqueños de su barrio, era una rara que no encajaba. Segarra dejó de lado sus propias raíces y se adentró en las de la músi-ca estadounidense durante años hasta que al cumplir los 30 miró hacía ellas para recu-perarlas. En aquel entonces, la mayoría de sus ídolos musicales eran hombres blancos. La música hizo que empezara a perder interés en los estudios, pronto tampoco encajó en su familia. Querían que estudiara y ella quería ser artista. Con 17 años se escapó de casa y estuvo viviendo en el Lower East Side casi como una sin techo, asustada y con hambre pero determinada a hacer lo que quería. Hasta que decidió marcharse, saltan-do de un tren a otro, como hacían los antiguos héroes del folk. Llegó a Nueva Orleans un año después. Con otros chicos de la calle empezó a tocar canciones del maestro Woody Guthrie. Había seguido sus pasos. Vivía de tocar en la calle y pudo hacer sus primeras grabaciones caseras.

Publicó dos discos auto editados *It Don't Mean I Don't Love You* en 2008 y *Young Blood Blues* en 2010. Dos años después llegó *Look Out Mama* en su propio sello, Born to Win Records. Un álbum que grabó en Nashville junto al productor de Alabama Shakes y que financiaron gracias a una campaña de Kickstarter. Su música había empezado a sonar en la BBC Radio, incluso *The Times* escribió un artículo sobre ella y las grandes discográficas se interesaron por su música. En 2014, la banda firmó con ATO Records y publicó *Small Town Heroes*, el disco que la dio a conocer. Sacamos el álbum para escucharlo. En la portada aparece la propia Alynda Segarra dibujada, sentada soste-niendo un dobro en una calle de Nashville, probablemente, con unas botas de *cowboy*.

El cambio hacia ese sonido estaba claro. Escuchamos «The Body Electric», una canción que Segarra escribió dedicada a todas las mujeres asesinadas en las canciones folk, en las famosas *murder ballads*, pero también a las minorías oprimidas en Estados Unidos. El cuerpo de personas que no son como la mayoría, que es visto como algo peligroso y malvado. Como ha pasado durante décadas con las personas de color. Las mujeres también son vistas como un peligro, el de que tomen la voz y les quiten el poder a los hombres, por eso se tiende a convertir a la mujer en un objeto, a maltratarla y asesinarla, a convertirla en un algo y no en una persona. De todo eso habla esta canción inspirada en un poema de Walt Whitman «I Sing the Body Electric», pero también en Damini, la mujer que fue violada y asesinada por varios hombres en un bus público en Delhi en 2010. Un hecho estremecedor. Dice la canción: «Dijiste que ibas a dispararme, tirar mi cuerpo al río. Mientras todo el mundo canta, lo canta como una canción. El mundo entero canta como si no pasara nada malo». Y en la siguiente estrofa: «Él la mató, él tiró su cuerpo en el río. Él la cubrió, pero fui a buscarla. Y dije: "Mi niña, ¿qué te pasó ahora?". Dije: "Mi niña, tenemos que detenerlo de alguna manera"».

Después de grabar el disco, Segarra se mudó a vivir a Nashville. Allí en 2017 publicó *The Navigator*. Un disco casi autobiográfico, inspirado en *The Rise And Fall of Ziggy Stardust And the Spiders from Mars* de Bowie. Un álbum que mira a sus raíces, que intenta reconciliarse con ellas y con la herencia de sus antepasados, a los que dio la espalda hace tiempo. Sigue los pasos de Navita Milagros Negrón, la Navigator del título, que emprende la búsqueda de los suyos. Una especie de alter ego de Segarra. La música añade la rica herencia sonora de Puerto Rico a la mezcla con un resultado fascinante. Como si de un musical se tratase, hay dos actos. Al final del primero, la protagonista visita a una bruja. Después de explicar cómo de alienada se siente con su entorno, la bruja la somete a un embrujo. Cuando se despierta del mismo, cuarenta años después, todo lo que conocía, su vida y sus raíces, han desaparecido y se siente perdida.

Escuchamos uno de los temas del segundo acto, uno de los más significativos: «Pa'lante». El título de la canción era también el nombre de un diario publicado por the Young Lords, un grupo socialista defensor de los derechos civiles formado en Nueva York a finales de los sesenta y de origen puertorriqueño. Su trabajo hizo que floreciera de nuevo la cultura nuyoricana, la de los descendientes de puertorriqueños que viven sobre todo en Nueva York, desde mediados de los setenta. Incluye un *sample* de la voz de Pedro Pietri titulado «Puerto Rican Obituary», uno de los poetas del movimiento nuyoricano. Se convirtió en la voz de los marginados y fue uno de los que estableció el Nuyorican Poets Café en el East Village, al que Segarra iba de joven a escuchar poesía, y donde se reunía la comunidad artística de descendencia puertorriqueña. Alyna grita Pa'lante con rabia, como una protesta, como una llamada a la acción contra la asimilación, a la colonización, a la deshumanización, a perder tu propia esencia para encajar. "Oh, solo quiero ir a trabajar.

Y volver a casa, y ser algo«. Ser algo, no la diferente, la que no encaja. Pero tras el *sample* de Pietri, Alyna llama a seguir adelante: »Para todos los que tuvieron que esconderse, digo, ¡Pa'lante! A todos los que perdieron su orgullo, les digo: ¡Pa'lante! Para todos los que tuvieron que sobrevivir, digo, ¡Pa'lante! A mis hermanos, y a mis hermanas, les digo: ¡Pa'lante!«. No hay más que decir, salvo: »Pa'lante".

Brittany Howard y sus Alabama Shakes

Hace un rato comentaba que Hurray for the *Riff* Raff grabaron en Nashville con el productor de Alabama Shakes, así que aquí los tenemos. Y la razón es la poderosa voz del nuevo soul rock deudor del sonido Muscle Shoals: Brittany Howard. Recuperando el sonido del rock cuando era de la gente de color, de cuando sus voces nos lo descubrían y nosotros los blancos lo absorbimos y encima los expulsamos. Es casi una aberración que tan pocas voces de color se dediquen y triunfen en el rock actualmente. En la actualidad, la mayoría de las voces negras femeninas se concentran en el pop más mainstream. Y es cierto que allí dominan, pero se echaba de menos que recuperaran ese sonido primige-

nio que mujeres de la talla de Sister Rosetta Tharpe enarbolaron como bandera. En
2017 por fin, la han aceptado en el Rock &
Roll Hall of Fame con una categoría especial
para ella, Premio a la Influencia Temprana.
Más vale tarde que nunca.

Pero volvamos a Alabama Shakes y a
Brittany Howard. Su música mira al pasado,
pero con un sonido fresco y contemporáneo. Alabama Shakes se formaron en 2009
cuando Howard (voz y guitarra) y Zac Cockrell (bajo) se conocieron en el instituto y
decidieron formar un grupo de versiones
de Otis Redding o Chuck Berry junto a Ste-

Brittany Howard

ve Johnson a la batería y Heath Fogg a la
guitarra. En Athens, Alabama, no había mucho que hacer, así que formar un grupo era una buena opción. Howard no encajaba, siempre se había sentido una extraña, demasiado corpulenta, demasiado bajita, vestía ropas *vintage* y gafas en el colegio (está casi ciega de un ojo a causa de un tratamiento contra el retinoblastoma al que la sometieron de recién nacida). Nació a las afueras y pasaba la mayor parte del tiempo entre los bosques jugando con su hermana Jaime. Y también escribía sus propias canciones cuando no estaba haciendo trastadas. Una vez mezcló productos químicos en una botella dentro de la casa del árbol que le habían construido, para ver qué pasaba. La botella explotó, la casa salió ardiendo y ella acabó en el hospital.

Con su hermana al piano, se dedicaba a cantar en las reuniones familiares. Hasta que su hermana volvió a recaer en un cáncer que había sufrido de niña y murió con 13 años. Sus padres se separaron un año después. El fallecimiento de su hermana la afectó muchísimo. Pero encontró en la música una válvula de escape. Aprendió a tocar la batería, la guitarra y el bajo, y a componer. En el instituto conoció a Zac Cockrell. Aunque compartían clases, no habían hablado hasta una fiesta, ambos buscaban alguien con quién compartir la música y se encontraron. Después del instituto, su madre se volvió a casar y se mudó, Howard se quedó la casa de sus abuelos para ella sola y pronto la convirtió en una especie de paraíso musical en el que se hacían *jams* musicales. Tenía que ganarse la vida, así que empezó a trabajar de camionera, en una tienda de marcos y finalmente, como cartera. Así pudo pagar las facturas que la independencia le traía.

Steve Johnson al que conocían del instituto empezó a participar en las *jam sessions* y se les unió a la batería. Heath Fogg completó el cuarteto poco después de escuchar su primera demo. En aquel entonces aún se llamaban The Shakes. Fogg tenía una banda de versiones y los invitó como teloneros. Se comieron al grupo de Fogg, tocaban en un sitio de mala muerte en el que la gente estaba cenando y ni prestaba atención. Hasta que The Shakes empezaron su actuación. Así que Fogg se convirtió en su guitarra. Estuvieron actuando un par de años sin parar, en salas casi vacías y bares de mala muerte. Se pagaron con sus propios ahorros la grabación de las canciones que formarían su primer disco, *Boys & Girls*. Lo grabaron en Nashville yendo y viniendo desde Athens cada jornada, al día siguiente había que ir a trabajar.

El descubrimiento llegó de la mano del bloguero y presentador de SirusXM, Justin Gage que colgó un mp3 de la canción «You Ain't Alone» en su blog *Aquarium Drunkard*. Al poco tiempo a la banda le llovían las ofertas. Su primer EP, titulado como el grupo, salió en 2011. Poco después, Patterson Hood, líder de Drive-By Truckers los eligió como teloneros de su gira. Por entonces, cambiaron su nombre a Alabama Shakes (había cientos de grupos llamados The Shakes). Su primer disco *Boys & Girls* fue publicado en 2012. Su single «Hold On» fue un inmediato éxito que les valió nominaciones, premios y críticas favorables. Con esa primera línea que canta: «No pensé que llegaría a los veintidós años». La canción habla de sobrevivir, de ser joven y pensar que no tienes futuro, que tienes un trabajo que no te gusta, que vives en un sitio que no es el tuyo y del que nunca podrás salir. Por suerte, se equivocó. En «On Your Way» canta sobre su hermana, la rabia la invade cuando dice: «No fui yo, ¿por qué no fui yo?». *Sound & Color* de 2015 fue su segundo disco. Alcanzó el número 1 de las listas estadounidenses, explorando nuevas sonoridades sin abandonar la fuerza de su primer trabajo.

El old time de Rhiannon Giddens

Rhiannon Giddens conocida en el circuito de folk como la líder de los Carolina Chocolate Drops ha emprendido una carrera en solitario con dos discos excelentes que recuperan una tradición de músicos de color que parecía olvidada dentro del old time. Su música conecta con el pasado y lo hace revivir. Nacida en Carolina del Norte, una de las cunas del country blues, lo cierto es que en casa escuchaba mucho folk de voces como Joan Baez o Peter, Paul and Mary. Cuando empezó a interesarse por la música fue desde la ópera, estudiando y graduándose en interpretación vocal. Hasta que en un baile en Oberlin descubrió el old time y su vida cambió para siempre. Curiosa por naturaleza, se sumergió en ello de pleno y aprendió a tocar el banjo y el violín. Pero también exploró la música de los Apalaches, la música celta o la nativa americana, incluso viajó a Gambia para estudiar el akonting, el ancestro africano del banjo.

En 2005 conoció al guitarrista Dom Flemons y al violinista Justin Robinson en una convención llamada The Black Banjo Gathering, en Carolina del Norte. Estaba centrada en la herencia africano-americana del instrumento. Cuando el bluegrass y el country pasaron a dominar el old time, la música hecha por los músicos de color fue dejada de lado y su huella casi borrada de la faz de la Tierra. Por eso decidieron formar Carolina Chocolate Drops, tomando su nombre de los Tennessee Chocolate Drops, un grupo de cuerdas de los años treinta liderado por el violinista afroamericano Joe Thompson que

Rhiannon Giddens

se erigió en su mentor. Flemons a la guitarra, Robinson al violín y Giddens al banjo empezaron a explorar las sonoridades del old time. El grupo tuvo que enfrentarse desde sus inicios a preguntas del tipo: ¿Por qué tocáis este tipo de música si sois negros y esta es música típica de blancos? Pero nada más alejado de la realidad. Que la imagen del old time que nos ha llegado sea la de un viejecito blanco tocando el banjo en el porche de su casa en los Apalaches, no significa que esa fuera la única realidad que existía. El hecho de que exista el akonting, es buena prueba de ello. En 2016 Giddens ganó el Steve Martin Prize for Excellence in Banjo and Bluegrass. Ella es la primera mujer y la primera persona que no es blanca que gana este prestigioso premio.

Con los Carolina Chocolate Drops debutó en el disco de 2006, *Dona Got a Ramblin' Mind*, publicado por Music Maker. La banda se ha dedicado, desde sus inicios, a recuperar el legado de las bandas de cuerda afroamericanas de los años veinte y treinta. Pero no fue hasta 2010 cuando realmente alcanzaron la fama. Fue entonces cuando publicaron *Genuine Negro Jig* en Nonesuch con el que ganaron un Grammy. Poco después Robinson dejó la banda y fue sustituido por Hubby Jenkins, y en directo además, se acompañaban de la chelista Leyla McCalla y de Adam Matta a la percusión. Buddy Miller produjo en 2013 su disco *Leaving Eden* e incluyeron la canción «Daughter's Lament» en la banda sonora de *Los Juegos del Hambre*. Ese año también, Flemons anunció que dejaba la banda para emprender carrera en solitario dejando a Rhiannon Giddens como líder absoluta y único miembro original.

En 2015 Giddens decidió también sacar su primer disco en solitario *Tomorrow Is My Turn*. Producido por T Bone Burnett. En sus canciones encontramos historias protagonizadas por mujeres en las que habla de amor, guerra o historia de América. Mujeres que como ella, a lo largo de la historia se han lanzado a la carretera en momentos muy diferentes y con muchos prejuicios contra los que combatir. Temas como «Black Is the Color», una canción de amor de los Apalaches revisitada aquí o «Tomorow is My Turn»,

una canción de Charles Aznavour que vio interpretar a Nina Simone y la dejó prenda-
da. Un primer disco de versiones que vino seguido por el proyecto *The New Basement
Tapes* donde trabajó junto a músicos como Elvis Costello o Marcus Mumford poniendo
música a letras que Bod Dylan escribió en 1967. Todo un reto para una intérprete, más
que una compositora. Pero que le sirvió como experiencia para su siguiente disco.

    Freedom Highway nació después de un taller sobre música y un concierto que hizo
en la prisión de Sing Sing. El ver que la mayoría de la población reclusa era de color
fue lo que la inspiró a componer «Better Get It Right the First Time». La canción que da
título al disco es un clásico de la canción protesta y de la lucha por los derechos civiles
escrito en 1965 por Roebuck Staples y uno de los himnos de las Staples Singers. Este
disco quiere ser un retrato de lo que es ser afroamericano en los Estados Unidos, sobre
todo las mujeres. Se puede apreciar en temas como «Julie». Una canción que narra la
historia de una esclava negra que mantiene una conversación con su ama. Las tropas
del norte se acercan a su plantación y la señora le pide a la esclava que mienta y que no
diga nada del oro que tiene escondido. Ella le contesta: «Señor, ah señora. No mentiré,

si encuentran el baúl de oro a su lado. Ese baúl de oro fue lo que recibiste cuando ven-
diste a mi hijo». Entre las versiones que incluye el disco está la sentida «Birmingham
Sunday» de Richard Fariña, sobre la explosión en la iglesia baptista en 16th Street en
1963 provocada por miembros del Ku Klux Klan y en la que cuatro niñas negras murieron. En «At the Purcharser's Option» habla de la esclavitud de sus antepasados pero
también de la esclavitud sexual que sufrieron y siguen sufriendo muchas mujeres y
niñas hoy en día. Canta Rhiannon Giddens: «Tengo un cuerpo oscuro y fuerte. Yo fui
joven pero no por mucho tiempo. Me llevaste a la cama de una niña. Me dejaste en el
mundo de una mujer». Y en el estribillo: «Puedes tomar mi cuerpo. Puedes quitarme
mis huesos. Puedes quitarme mi sangre. Pero no mi alma». Sobran las palabras.

Capítulo II

Nueva savia, nuevas perspectivas.
New Skin.

Ha pasado mucho desde aquellas mujeres que ocupaban la primera polvorienta planta de nuestra biblioteca. Esta última es nueva y reluciente, en ella hay platos pero también hay iPods, iPads, ordenadores y demás dispositivos digitales. Nuestras estanterías se llenan de vinilos, CD y casetes, pero también de archivos digitales. Internet ha cambiado la realidad de la música y las mujeres del rock han tenido que adaptarse a ello. De hecho, gracias a internet, ellas han encontrado una plataforma que antes no tenían, una que dominan y que pueden usar sin intermediarios, estableciendo un contacto directo con su audiencia. Por fin, las mujeres tienen más voz y pueden defenderla sin que nadie les diga cómo. Es cierto, que la cantidad ingente de información que se mueve en la web puede abrumar, pero han sabido encontrar a su público. A pesar de, muchas veces, ser olvidadas por las audiencias mayoritarias. Recordemos que estos son los años de los *realities*, de Operaciones Triunfo, X Factor y demás. Programas donde el rock brilla por su ausencia. Pero está la libertad que da internet para hacer llegar el mensaje. Ignoradas por los grandes sellos, han sabido construir sus propias redes para llegar a sus fans. A través de páginas como MySpace, en un principio, y ahora gracias a redes sociales como Facebook o plataformas como Patreon, que ayudan a los artistas a financiar sus proyectos directamente con el apoyo de sus seguidores.

Tras la efervescencia de las Riot Grrrls, llegó un tipo de mujer que no daba miedo, que no era vista como agresiva ni como algo de lo que había que defenderse. De la rabia desatada de Bikini Kill pasamos a canciones de producción limpia, a mujeres atractivas y deseables, y por supuesto, heterosexuales y blancas, que seguían la norma de la industria. Y por lo tanto, tenían mucho espacio en la prensa más comercial, las emisoras de radio y la MTV donde sus videoclips se veían cientos de veces. A las mujeres aguerridas que creaban comunidad y luchaban por sus derechos se las veía como algo negativo y se promovían propuestas mucho más *light* y descafeinadas, listas para ser consumidas por las masas sin pensar demasiado. Reconozcámoslo, es muy difícil que una mujer que grita con rabia se convierta en mainstream, pero eso no significa que no tengamos que gritar, con más fuerza si cabe, para reclamar el espacio que nos pertenece.

El nuevo milenio está marcado por las nuevas tecnologías. La industria musical ha cambiado radicalmente y ya no se escuchan discos de la misma manera. Las redes sociales y las plataformas de *streaming* han cambiado la forma en la que el público disfruta de la música y se relaciona con las personas que la crean. En el momento en el que es más fácil llegar al público, las mujeres tienen más presencia y han encontrado nuevos medios para explorar el camino del rock desde muy diferentes perspectivas. La diversidad es una de las características de esta época, los géneros se entremezclan más que nunca. Aun así, queda mucho camino por recorrer. Evidentemente, no vamos a decir que estamos como en los años cincuenta, pero aun así, está claro que la música que domina los medios, los festivales o las discográficas es la de los hombres. Ha sido, es y sigue siendo así. A pesar de iniciativas como el Lilith Fair, la presencia femenina en festivales sigue siendo menor que la masculina. A veces de forma sangrante. ¿Por qué? ¿Acaso no hay mujeres lo suficientemente buenas para tocar en esos festivales o es que no se molestan en buscarlas? Si escuchas programas de radio o de televisión y cuentas las canciones o los videoclips protagonizados por mujeres, te encontrarás con la misma problemática. Aún hay mucho por lo que luchar.

Aunque como decía antes, las mujeres tienen más voz y presencia, casi siempre viene dada por los medios underground fuera del circuito más comercial. Lo que vende, las mujeres que triunfan no son las del rock, sino las estrellas del pop como Lady Gaga, Rihanna o Katy Perry. Pero a través de internet las mujeres han encontrado una vía de escape y una libertad que muchas veces en otros medios no habían hallado, una para dar su visión más personal. Todas las protagonistas de este capítulo han encontrado su forma de expresarse a través de su música de forma independiente y siguiendo su propio camino.

Las reinas del sonido lo-fi

A pesar de lo luchado, de las décadas pasadas, no nos engañemos, nos juzgan por el físico. Las mujeres tienen que ser estupendas, maravillosas, guapas, divinas y sobre todo, delgadas. Por eso, éxitos como el de Beth Ditto son tan importantes. Y aunque sus últimos discos, antes de que las Gossip se separaran en 2015, se alejaron del punk y lo-fi más primigenio, no hay duda de la importancia de la banda y de Ditto en la historia del rock. Por su música, por erigirse como representantes del colectivo gay pero también por demostrar que una mujer como ella puede liderar una banda de rock, a pesar de las críticas por su físico, que las ha sufrido y mucho. Heredera de la rabia de las

Beth Ditto

riot grrrls y con una voz potentísima, su niñez la marcó. Ditto procedía de una familia pobre del sur de los Estados Unidos. No tenían teléfono en casa y muchas veces no sabían si les cortarían la luz o el agua. Eran siete hermanos, una familia extensa formada por sus hermanos y hermanas, su madre y diversos padrastros. Criada en un entorno extremamente religioso y en el que tuvo que enfrentarse a su propia sexualidad y a la idea de dedicarse a la música.

Nació como Mary Beth Patterson en 1981. Con trece años se fue de casa a vivir con una tía que estaba enferma de cáncer y tuvo que cuidar de los niños que ella acogía en su casa, hijos de madres drogadictas. A los 18 descubrió la música de grupos como Nirvana. Fue su amigo Nathan Howdeshell quién le dio a conocer al grupo. Aunque la banda es originaria de Searcy, Arkansas, Beth Ditto junto a Howdeshell a la guitarra y la batería de Kathy Mendonça se mudaron a Olympia, Washington, donde compartían apartamento y en 1999 formaron The Gossip. Su primer disco *That's Not What I Heard*, se publicó en 2000. Un álbum en el que Ditto cantaba sobre el deseo y el amor o su homosexualidad con total naturalidad y una rabia heredera de las Riot Grrrls. Pronto se convirtieron en iconos del movimiento LGBT, con una clara postura feminista además. Pero también cambiando la percepción que se tiene del cuerpo de la mujer de una forma positiva. Ditto nunca se ha avergonzado de su peso, es más, le importa un pimiento lo que la gente le diga. A pesar de que a veces el público le grite gorda en los conciertos. La banda empezó tocando en locales pequeños y en los sótanos de Olympia hasta que Carrie Brownstein de Sleater-Kinney los invitó como teloneros de su siguiente gira. También actuaron como banda invitada de White Stripes.

En 2003 publicaron *Movement*, pero el éxito les llegó con su tercer disco, *Standing in the Way of Control* y con la canción que da título al mismo. En aquel trabajo Mendonça dejó la banda para hacerse matrona y fue sustituida por Hannah Billie. Aunque se alejaba del sonido más crudo y lo-fi de sus anteriores trabajos. En «Standing in the Way of Control», Ditto canta sobre la rabia y la impotencia que le provocaron las leyes que Bush aprobó en contra del matrimonio homosexual. «Tu espalda contra la pared. No hay nadie en casa para llamar. Olvidas quién eres. No puedes dejar de llorar. Es una parte no ceder. Parte confiar en tus amigos», canta Ditto y concluye: «Sí, vive tus vidas de la única forma que sabes». Y por supuesto, reivindicando una imagen de mujer diferente en canciones como «Fire With Fire» donde escribe: «No es el fin del mundo chica. Encontrarás tu lugar en el mundo, chica. Todo lo que tienes que hacer es ponerte de pie y luchar contra el fuego con fuego. Grande o pequeña no hace la diferencia».

A medida que el grupo se fue acercando a sonidos más pop y disco, su popularidad fue aumentando hasta que en 2015 la banda se separó y Beth Ditto emprendió su carrera en solitario. La razón de la separación es que Howdeshell se hizo granjero tras volverse cristiano renacido. Ditto ha afirmado en algunas entrevistas que era precisamente de ese tipo de gente de la que huyeron cuando se mudaron de su ciudad natal y que ahora su mejor amigo se había convertido en uno de ellos. Algo incompatible con seguir en la banda. Ditto siempre se ha declarado a sí misma como una «lesbiana gorda y feminista», sin tapujos ni prejuicios. Ha diseñado su propia línea de ropa de tallas grandes y ha posado como modelo. Defendiendo con su voz y su música que hay otro tipo de mujeres, no solo las que nos venden las revistas de moda. Bravo por ella.

Meg White, la cara oculta de White Stripes

El sonido lo-fi también era protagonista de uno de los grandes dúos del rock del nuevo milenio, The White Stripes. Y es justo decir que el sonido de la banda, aunque Jack White era el compositor de las canciones, no habría sido el mismo sin la forma particular de tocar la batería de Meg White. La gran olvidada. Ciertamente, cuando la banda se separó, Meg decidió alejarse de la música y no se ha sabido nada de ella. Era una persona tímida y celosa de su intimidad, tanto que durante mucho tiempo se especuló sobre si ambos eran hermanos, ellos mismos lo afirmaban, cuando en realidad primero fueron pareja y después matrimonio hasta su divorcio. La sombra alargada de su compañero parecía ocultar el trabajo de Meg White. La prensa tampoco ayudaba cuando se reía de su forma minimalista de tocar la batería o dudaba de su aportación a la banda.

Megan Martha White nació en 1974 en Grosse Pointe Farms, Michigan. A John «Jack» Gillis lo conoció en su época en el instituto. Empezaron a salir y se casaron en 1996. Gillis tomó el apellido de Meg y se convirtió en Jack White. Al revés de lo que suele pasar normalmente en los EE. UU., donde la mujer pasa a perder su apellido en favor del del marido. La banda se formó en Detroit en 1997. Ya por aquel entonces, Jack grababa sus propios temas en casa y tocaba con diversas bandas, sobre todo la batería. Un día le pidió a Meg que le ayudara a grabar la batería, se sentó a tocar y así nacieron The White Stripes. Meg a la batería y Jack a la guitarra y las voces. Blues rock, punk, garage y un sonido único les representaba. Empezaron a tocar en los locales de la ciudad vestidos siempre de blanco, rojo y negro. Un estilo que se convertiría en la marca de la banda.

Publicaron su primer disco homónimo en 1999. Un año más tarde llegó el clásico de culto, *De Stijl*, dedicado al estilo de pintores como Mondrian. El garage rock se fusionaba así con el arte. Sus primeros éxitos vinieron también cargados de críticas hacia el estilo de tocar de Meg White, calificado de simple. Restaban importancia a su aportación a la banda, algo que Jack White siempre negó. De hecho, afirmaba que su forma de tocar era esencial para el sonido de la misma. A partir de su segundo dis-

Meg White

co, Meg empezó a cantar en más temas del grupo, no solo como acompañamiento de Jack sino como voz principal como en la delicada «In The Cold, Cold Night». *White Blood Cells*, su tercer disco, fue el que les encumbró a la fama pero fue realmente con *Elephant* y su «Seven Nation Army», cuando se convirtieron en una banda *llenaestadios*. Un tema que según Jack White hablaba de los rumores, de los insidiosos comentarios que tanto Jack como Meg tenían que aguantar sobre sus vidas personales. Siendo y sin ser pareja.

Tras dos discos más, *Get Behind Me Satan* en 2005 e *Icky Thump* en 2007, Meg White sufrió una crisis de ansiedad que la obligó a suspender una gira mundial. No volvieron a juntarse y en 2011, tras publicar un álbum en directo, anunciaban su separación definitiva. Meg White se apartó de la vida pública y de la música mientras que Jack White emprendía carrera en solitario.

La imprevisible Scout Niblett

El lo-fi también es el protagonista de las canciones de Scout Niblett. Con un sonido minimalista pero crudo, se ha erigido como una de las grandes promesas del rock. Emma Louise Niblett adoptó su nombre del personaje de la novela *Matar a un ruiseñor* de Harper Lee. Scout es la narradora de la historia y la hija de Atticus Finch, el abogado que se encarga de defender a un hombre de color acusado injustamente de violar a una mujer blanca. Niblett nació en la localidad inglesa de Staffordshire y se crio en un pequeño pueblo. Aprendió a tocar el piano y el violín de niña. Estudió música en la universidad en Nottingham y empezó a tocar en directo en los clubs de la ciudad. Como Scout Niblett debutó en 2001 en un 7" junto a Songs: Ohia para

Scout Niblett

el sello Secretly Canadian. Poco después publicó su primer disco *Sweet Heart Fever*. Muchas veces sus canciones están protagonizadas simplemente por su voz y una guitarra o batería. Descarnada y directa, sin aditivos ni decoraciones innecesarias. Fue un debut sorprendente.

Tras el EP *I Conjure Series*, Niblett se mudó a los EE. UU., a Portland concretamente, y grabó su segundo disco, *I Am* en el estudio de Steve Albini en Chicago. En la contraportada del disco escribía: «Esto es lo que he escogido». Como el título del disco: yo soy. Esto es lo que escuchas y lo que hay. A pesar de ser inglesa, sonaba estadounidense con esa baja fidelidad. Una de las grandes influencias de Niblett fue el grunge de grupos como Nirvana, la forma de tocar la guitarra de Kurt Cobain pero también el disco de Hole, *Pretty On the Inside*. En alguna entrevista, Niblett ha asegurado que nunca había visto a una mujer interpretar con esa rabia que también es característica de su música. Sus siguientes trabajos tuvieron también a Albini como productor y colaboraciones de Will Oldham. En 2010 llegó *The Calcination of Scout Niblett*, su trabajo más minimalista y sencillo en apariencia. Un álbum en el que se quemaba hasta las cenizas y removía entre ellas para encontrarse a sí misma.

En 2013 publicó su último disco *It's Up to Emma*. En él recuperaba su nombre, Emma, eso ya denota que es el más íntimo y personal de todos sus discos. Fue también el primero que produjo ella misma. En él habla de una dolorosa ruptura pero también de aprender a estar sola. Pasando de la tristeza, a la rabia y la superación de un corazón hecho añicos. En el primer tema «Gun» mostraba la rabia descarnada de la ruptura y el desencanto. Un trabajo de esos en los que la artista prácticamente se quita la piel a tiras.

Alison Mosshart y The Kills

El dúo The Kills tiene a otra de las voces del sonido lo-fi: Alison Mosshart. El grupo, basado en voz y guitarra, ha ido evolucionando con el tiempo su música de sonoridad sucia y minimalista. Mosshart nació en Florida, tocaba con la banda de punk rock Discount antes de cruzarse en el camino del guitarrista inglés Jamie Hince. La cantante superaba su propia timidez subiéndose al escenario. Cuenta Mosshart que estando de gira con su anterior grupo escuchó a Hince tocar la guitarra en la habitación de arriba de la casa okupa en la que estaba y que supo que quería hacer música con él. Durante dos años escribieron canciones juntos y se las enviaron de un lado a otro del Atlántico gracias a internet. Ella vivía en los Estados Unidos y él en Londres. Después de que su banda se separara, Mosshart se mudó a Londres y nació The Kills. Su primer concierto fue el 14-02-02, Mosshart se tatuó la fecha. Ambos tímidos por naturaleza, en su primera encarnación como banda usaban seudónimos, ella «VV» y él «Hotel». En 2001, un vecino que era músico falleció y les legó su material para grabar, con ello empezaron a grabar sus ideas musicales. *4-Track Demos* de PJ Harvey fue su inspiración para la producción desnuda de sus trabajos, como el EP *Black Rooster*.

Las primeras críticas fueron las de siempre: son un grupo *fashion*, más apariencia que otra cosa. Además, tuvieron el añadido de la prensa del corazón persiguiéndolos y elucubrando teorías cuando Hince empezó a salir y luego se casó con la supermodelo Kate Moss. Antes de eso, en 2003 publicaron su primer LP, *Keep on Your Mean Side*. Su sonido sucio, cercano incluso al blues, con la voz de Mosshart, la guitarra de Hince y una base de batería era oscuro y directo en canciones como «Fuck The People» o la psicodélica «Kissy Kissy». En *No Wow* de 2005 Mosshart canta con rabia «I Hate the Way You Love». En 2008 dieron un vuelco a su sonido añadiendo electrónica y un toque más rítmico a sus canciones para *Midnight Boom*. Fue entonces cuando Mosshart conoció a Jack White, The Kills hacían de teloneros de The Raconteurs. De la amistad surgió el supergrupo The Dead Weather con Mosshart a las voces, White y Jack Lawrence de The Racounteurs y Dean Fertita de Queens of the Stone Age. Editaron tres discos e hicieron muchas giras. *Blood Pressures* supuso el retorno de Mosshart a The Kills en 2011, recuperando su sonido originario. Mosshart se ha mudado a Nashville a vivir, dedica más tiempo a la pintura, su otra gran pasión, pero sin dejar de lado la música y mucho menos a su grupo The Kills.

Mi guitarra habla por mí

La guitarra, ese instrumento tan femenino que hasta B.B. King la nombró mujer, ha sido rara vez considerada un instrumento femenino. A pesar de inspirar su forma en el cuerpo de una mujer. Al final, esa forma femenina de la guitarra convierte también lo femenino en objeto: de deseo, de posesión, de tocar. Algo que excluye al género femenino de la ecuación. O al menos eso ha parecido durante décadas. ¿Cuántas veces oímos eso de que las mujeres no saben tocar la guitarra igual que un hombre? En las listas de mejores guitarristas del universo, ¿cuántas mujeres aparecen? No nos engañemos, las mujeres también tocan la guitarra y la hacen suya como hizo Sister Rosetta Tharpe hace ya muchísimos años. Ella era su guitarra. Y eso nadie lo puede poner en duda. A pesar de los prejuicios, cada vez más, muchas mujeres usan este instrumento para expresar su música. Se convierte en el distintivo claro de la misma, el elemento del que nacen todas sus composiciones.

El virtuosismo de Anna Calvi

Una virtuosa de la guitarra, eso es Anna Calvi. De la guitarra, de la voz y de la música en general. Pero es una artista que domina el instrumento y lo hace cantar a su son. Si Brian Eno dijo de ella que era «lo mejor desde Patti Smith», ya os podéis imaginar la importancia de esta mujer. Su música va un paso más allá, sus creaciones sonoras son de una intensidad emocional sin igual. Su voz casi operística, su dominio de la guitarra, su rock oscuro y descarnado, todo ello se conjunta en su música. Nació como Anna Margaret Michelle Calvi en 1980 en la localidad inglesa de Twickenham. Su madre es inglesa y su padre italiano. Sus primeros tres años de vida se los pasó ingresada en un hospital a causa de una enfermedad congénita de la que tuvo que ser operada en numerosas ocasiones. En la música encontró la forma de escapar al confinamiento, de crear un mundo propio en el que olvidar todo lo que le pasaba. Su padre le ponía discos de los Rolling Stones pero también de Maria Callas.

Calvi empezó a tocar el violín con seis años y a los ocho la guitarra. La música clásica la atrajo desde pequeña: Debussy, Rossini o Ravel. Cuando descubrió a Hendrix deseó crear esos sonidos dramáticos a la guitarra eléctrica. Estudió música en la Universidad de Southampton, especialmente violín y guitarra. Tras graduarse, trabajó como profesora particular de guitarra. Durante años, le costó encontrar su voz como cantante. No fue hasta la veintena que decidió cantar en sus composiciones. Era demasiado tímida, pero necesitaba expresarse con su voz. Su primer single fue «Jezabel» en 2010, una versión eléctrica y desgarrada de Edith Piaf. Para superar su fobia a cantar, se encerraba en su cuarto a escuchar y cantar canciones de la francesa.

Domino Records la fichó y publicó su disco homónimo. El álbum se grabó de manera tradicional y con equipo analógico, un ocho pistas de toda la vida. Fue un gran descubrimiento sonoro que le valió su primera nominación al prestigioso premio Mercury. Brian Eno hacía coros en un disco que incluía dos de sus joyas musicales «Desire» y «Suzanne & I». Calvi ha afirmado que sus canciones tienen una visión cinemática y visual para ella muy importante y que por eso crean las atmósferas que crean. Ese es el motivo que resuena en «Desire», una metáfora del deseo más descarnado que crece y crece sin control hasta consumirla: «Y es solo el diablo en mí. Es solo una puerta al diablo reunido disfrazado. Tomándome de la mano. Y guiándome, llevándome al fuego», canta. En sus letras también habla de soledad, de ansiedad y desespero. En «Suzanne & I» narra un sueño del que nunca te puedes despertar.

Calvi publicó su segundo disco, *One Breath* en 2013 y obtuvo también su segunda nominación a los Mercury. Un álbum marcado por la muerte de un familiar en el que se sumergía a explorar el sentimiento de pérdida. El primer single «Eliza» mostraba a una mujer fuerte, a la que admirar, que te enseña una parte de ti misma que has perdido. El EP *Strange Weather* de 2014 es su último trabajo que incluyó la colaboración de David Byrne y en 2017 llegó un directo publicado en el Record Store Day. Con el éxito de crítica, curiosamente, también empezaban las preguntas de los periodistas masculinos

Anna Calvi

sobre su gran habilidad con la guitarra, siendo una mujer, evidentemente. Calvi afirma en muchas entrevistas que antes de tener éxito ni se había planteado preguntas como estas: ¿Qué se siente cómo mujer tocando la guitarra? O aún peor: ¿Cómo es tocar un instrumento tan fálico? A pesar de que ella insistía que la guitarra tiene una forma totalmente femenina. No sé qué cara pondría Calvi ante semejantes cuestiones, pero son de vergüenza ajena. A pesar de eso, la música de Calvi habla por sí sola y su forma de tocar más aún.

La energía experimental de St. Vincent

Cuando piensan en guitarristas, a mucha gente seguramente ni se le pasará por la cabeza St. Vincent. Pero es cierto que es una de las grandes experimentadoras de la guitarra de nuestro tiempo. Cercana al indie rock, es de las pocas artistas que ha conseguido el éxito. Y además lo ha hecho con una música no apta para todos los públicos. No es fácil de escuchar. Mezcla rock, electrónica, jazz e incluso clásica, en una combinación única que la ha convertido en una gran innovadora musical. Annie Erin Clark nació en Tulsa, aunque pasó su infancia en Dallas, Texas. Y aunque ha confesado que adora Texas, es un sitio demasiado anquilosado en la tradición, el pasado y los prejuicios como para querer quedarse. Sus padres se separaron cuando era pequeña y ella se crio prácticamente con su madre y sus hermanas. Fan incansable de Nirvana y Pearl Jam en su niñez, empezó a tocar la guitarra con 12 años. En las vacaciones estivales hacía de *roadie* para su tío, Tuck Andrews, en el dúo de jazz Tuck & Patti. Y aunque estudió en el prestigioso Berklee College of Music, pronto se cansó de seguir el camino que le marcaban y dejó los estudios por su carrera musical. Tocando la guitarra

St. Vincent

y cantando con la banda experimental The Polyphonic Spree. O como guitarrista de Sufjan Stevens. Empezó a llamarse St. Vincent, como el hospital que Nick Cave menciona en «There She Goes, My Beautiful World», aquel en el que Dylan Thomas murió alcoholizado.

En 2007 publicó su primer disco, *Marry Me*. La discográfica la descubrió como telonera de Stevens. En la canción que da título al álbum, St. Vincent hace un retrato de lo que la sociedad espera que un matrimonio sea, deconstruyéndolo e intercambiando los roles que se adjudican al hombre y la mujer. El título nació de una broma de la serie de televisión *Arrested Development*. Marry Me era la respuesta que un personaje femenino daba cada vez que alguien le preguntaba su edad. Canta con ironía: «Cásate conmigo, John, cásate conmigo, John. Seré tan buena contigo. No te darás cuenta de que me he ido». En lo musical, Clark se atreve a jugar con la música, experimentando de forma inusual y aun así, consiguiendo crear sonidos que enganchan al público. En 2009 fichó por el prestigioso sello inglés 4AD y publicó *Actor*. El disco que la consagró y en el que se acercó a su sonido más característico, más oscuro pero igualmente ambicioso en cuanto a composición, casi cinematográfico. Curiosamente, está inspirado en films de Disney como *Blancanieves* o *El mago de Oz* que vio para desconectar después de una agotadora gira. Se imaginó que creaba la música de determinadas escenas. En canciones como «Laughing with a Mouth of Blood» habla de ese actor que viaja a Los Ángeles a cumplir sus sueños y envía cartas a su familia diciéndoles lo bien que le va todo, cuando en realidad no es cierto. Un actor que actúa en su propia vida.

En 2011 veía la luz su tercer disco, *Strange Mercy*, grabado en solitario, encerrada durante un mes en un estudio en Seattle. Quería alejarse de la sobreinformación de Nueva York, aislarse y centrarse solo en la música. En la canción que abre el álbum, «Chloe in the Afternoon» nos habla de una dominatrix embutida en cuero y su relación con un cliente: «Sin besos, ni nombres reales». En «Cheerleader» a pesar de gritar que no quería seguir siendo animadora, lo cierto es que Clark lo fue en el instituto. Estaba en el grupo de teatro y era la típica estudiante que muchos considerarían empollona. Sin embargo, en «Cruel» relata las presiones a las que la sociedad somete al cuerpo de la mujer. El título ya lo dice todo: «Cuerpos, ¿no podéis ver lo que todos quieren de vosotras?», canta.

Un año después de publicar *Strange Mercy*, Clark conoció en un concierto a David Byrne y encontraron a la horma de su zapato. Dos músicos singulares y sin miedo a experimentar. Su colaboración iba a ser inicialmente para un solo concierto, pero acabó en disco, *Love This Giant*, y una excelente gira conjunta. En *St. Vincent* editado en 2014, Clark parecía encontrarse a sí misma, de ahí titular el disco con su propio nombre. En «Digital Witness» nos habla de una sociedad dominada por las cámaras de vigilancia pero también de una obsesionada con el *selfie*. Cojamos el álbum de la estantería y escuchemos a Annie Clark cantar: «Testigos digitales. ¿De qué sirve dormir? Si no puedo mostrarlo si no puedes verme. ¿De qué sirve hacer algo?». En 2016 St. Vincent diseñaba su propia guitarra para Ernie Ball Music Man. Creada para que encajara perfectamente tanto con su cuerpo como con su estilo personal de tocar la guitarra.

En 2017 publicó *Masseduction*. Un disco lleno de ironía que habla del poder de la seducción a todos los niveles. Presentó el disco en una conferencia de prensa ficticia en Facebook, simuló una entrevista en instagram en la que titulaba cada pregunta: «Introduzca aquí una pregunta sobre...» qué es ser mujer en la música, cómo es tocar con tacones, cuál fue su inspiración para este disco... En fin, la preguntas típicas de una entrevista. Clark jugaba de nuevo con las ideas que desarrolló en *St. Vincent*. La sociedad digital y cómo nos muestra y nos juzga. Por supuesto, en las entrevistas reales no faltaron las preguntas sobre su ruptura con la modelo y actriz Cara Delevingne. En algunos medios confesaba sentirse aún anonadada por el escrutinio público al que fue sometida. Una persona tan reservada como ella, que siempre ha sido celosa de su vida personal. Resultaba difícil entender el súbito interés de la gente, no por su música, sino por su persona, simplemente por salir con una modelo conocida. La sociedad y sus presiones. La Masseduction.

La inclasificable Cate Le Bon

Cate Le Bon precisamente destacaba el diseño de la guitarra de St. Vincent que por primera vez tenía en cuenta las dificultades que una mujer se podía encontrar a la hora de tocarla. Como que encajaran los pechos de una forma natural. Nacida en la localidad galesa de Penboyr como Cate Timothy en 1983, Le Bon tiene una forma particular de tocar la guitarra que la hace destacar, sobre todo por sus composiciones oscuras y su voz frágil. Lo de Le Bon fue una broma basada en Simon Le Bon de Duran Duran que fue demasiado lejos y ahí se quedó. Gruff Rhys de Super Furry Animals fue su mentor. Se la llevó de gira con su banda. Fue precisamente con el proyecto paralelo de Rhys, Neon Neon, como Le Bon empezó a ser conocida. Ya entonces publicaba singles autoeditados. Su primer EP en ver la luz fue *Edrych yn Llygaid Ceffyl Benthyg*. Un trabajo en gaélico. Su primer disco *Me Oh My* fue publicado por Irony Bored, el sello de Rhys. Estaba inspirado por una serie de desafortunadas muertes de sus mascotas. *Cyrk* llegó en 2012.

Su mudanza a Los Ángeles en 2013 se vio reflejada en el excelente *Mug Museum*. Inspirado en la reciente muerte de su abuela, el disco con un sonido más desnudo y crudo, hablaba de relaciones. El Mug Museum del que habla en la canción que da título al disco es ese lugar en el que guardas tus recuerdos más preciados. Junto a Tim Presley formó el grupo DRINKS y en 2015 publicaron *Hermits on Holiday*. Este trabajo, sin expectativas, que hizo con un amigo por el simple placer de hacer música, le devolvió a los inicios de su carrera. Su siguiente disco *Crab Day*, tomó nota de ello. Con letras surrealistas y una factura musical impecable, canta en «Love is Not Love»: «El amor no es amor. Cuando es un perchero. Una línea prestada o un pasajero». Durante seis años desde que nació, celebraron su cumpleaños un día antes de lo que tocaba, este hecho inspiró «I Was Born on the Wrong Day». Una artista peculiar a la que hay que tener muy en cuenta.

El indie rock de Torres

Cada vez son más y más las mujeres que usan la guitarra como medio para expresarse. Es curioso que a veces no se mencione ese hecho. Son cantantes, pero a veces no se las tiene en cuenta como compositoras y mucho menos como guitarristas. Torres es un buen ejemplo que se ha erigido en una de las nuevas voces del indie-rock. Mackenzie Scott se crio en Macon, Georgia en una familia estricta religiosamente hablando. Aunque fue adoptada al nacer en Florida. En Macon creció cantando y tocando la guitarra durante las misas de su congregación baptista. La presión que sentía la hizo salir de allí en cuanto pudo. Con 20 años se mudó a Nashville para estudiar en la universidad composición y posteriormente, a Brooklyn, en la más liberal Nueva York. En su niñez, el día a día de la Iglesia la constreñía, una Iglesia que fomentaba la culpa y la vergüenza. Algo que ha sabido llevar a las letras de sus discos que hablan mucho de no encajar, de ser la persona que es diferente y no solamente en la iglesia, sino en la vida y la sociedad en general.

En Nashville grabó su primer disco, *Torres*. Fue en el estudio de Tony Joe White y lo publicó ella misma. Pero allí encontró una escena tradicional que no estaba preparada ni abierta a nuevas sonoridades como las que ella facturaba. Sobre todo, respecto a la música que una mujer tiene que hacer. En Nashville le costó encontrar conciertos, según confesaba en una entrevista en *The Guardian*, algunas veces por ser mujer, otras porque su música era demasiado intimista, otras porque según ellos no tocaba la guitarra lo suficientemente bien. Pero lo cierto es que Torres ha sabido dominar el arte de la composición con una persona-

Torres

lidad única. En «Moon & Back» narra su adopción desde la perspectiva de su madre biológica. Cuando acabó el instituto, su madre le dio un diario que su progenitora biológica había escrito sobre su adopción y con él compuso la canción. En ella cantaba: «Tu nueva familia sabe. Hice todo esto por ti. Tal vez algún día lo creas también». Sus letras son desgarradoramente emocionales, en ellas habla de ella misma y de sus sentimientos hacía la religión, el deseo o el amor.

En 2015 salió a la luz *Sprinter*, un disco que la ha consolidado como una de las grandes promesas del indie-rock. El título hace referencia a su niñez, a la educación estricta y religiosa que recibió y a las ganas de salir corriendo que tenía. Su familia era una buena familia pero no comulgaba con sus ideas. También habla de la hipocresía de la Iglesia, como cuando canta: «El Pastor perdió su posición. Cayó por la pornografía». Y en el estribillo nos explica: «Hay libertad para y libertad de. Libertad para correr, de todos». En «New Skin» clamaba contra aquellos que intenta hablar por ella y en su nombre, con esta nueva piel, en la que por fin se siente cómoda como es. Una canción en la que trabajó estrechamente con Sharon Van Etten, con la que también colaboró en el disco de ella *Are We There* En el último tema habla de nuevo de la adopción, pero esta vez de la de su madre adoptiva, que también era adoptada. Una especie de lamento por el pasado perdido. Todos los archivos de su adopción se perdieron en una inundación y nunca pudo investigar quienes fueron sus verdaderos padres.

Dice Torres de su último trabajo, *Three Futures*, que es un disco sobre usar nuestro cuerpo como un mecanismo de disfrute. En la canción que da título al mismo, Torres profundiza en tres mundos que podría vivir, tres futuros: Uno sola, otro con la persona que está y otra con la persona que escogió amar. En «Righteous Woman» se define como una mujer injusta que tomará todo el espacio que pueda. Como en la portada del disco en la que aparece sentada, en la típica posición masculina, con las piernas bien abiertas, ocupando todo el espacio posible. Mientras en «To Be Given a Body» reconoce que recibir un cuerpo es un regalo del que debemos estar agradecidos aunque seamos un bien perecedero, todo se marchita, incluso nuestros cuerpos. En sus discos Torres demuestra una madurez compositiva a tener en cuenta.

El dolor incontenible de Julien Baker

Julien Baker es otra artista marcada por sus raíces en el sur que ha optado por la guitarra para expresarse. Nacida en Memphis, Tennessee. Baker se crio en un entorno también cristiano, uno que veía a las personas que no encajaban como elementos a expulsar. Personas como ella, que ha declarado su lesbianismo desde el principio. A algunos amigos que confesaron sus inclinaciones sexuales los mandaron a campamentos de limpieza, de esos que te curan leyendo la Biblia. Cuando salió del armario ante sus padres, la ansiedad la carcomía por dentro. Pero para sorpresa suya, sus padres la apoyaron. Baker confesó que su padre cogió una Biblia de la estantería para buscarle todos los párrafos de la misma que podrían servirle de apoyo para asegurarle que no iría al infierno. Descubrió una nueva manera de creer sin miedo y sin culpa.

Julien Baker aprendió a tocar con la guitarra de su padre, el que siempre la apoyó y la llevaba a conciertos de bandas alternativas siendo adolescente. En la Universidad de Tennessee estudió literatura inglesa pero también española, su tatuaje en el que reza «Dios Existe» hace referencia a *Cien Años de Soledad* de Gabriel García Márquez. Sus primeras canciones nacieron como una forma de expresar esos sentimientos de soledad y extrañeza que sentía sobre su sexualidad y la manera en que la religión en la que fue criada la penalizaba. Esos sentimientos encontrados dieron fruto a unas canciones llenas de emotividad desatada e interpretaciones desaforadas en las que se desnuda de la cabeza a los pies.

Al principio tocaba con su banda alternativa Forrister con la que empezó a actuar en el instituto. Pero tenía canciones que no encajaban allí y cuando un amigo le ofreció un estudio para grabar, no se lo pensó dos veces. Nunca imaginó que se publicarían o que tendrían el éxito que han tenido. Su primer disco *Sprained Ankle* su vio la luz en 2015. Grabado en los Spacebomb Studios de Matthew E. White. En la canción que da título al mismo, Baker nos habla de seguir viviendo a pesar de los obstáculos que la vida nos pone delante. De ahí el título de esguince de tobillo. Empieza la canción cantando: «Ojalá pudiera escribir canciones sobre cualquier cosa que no sea la muerte» y termina: «Una velocista aprendiendo a esperar. Una corredora de maratón, mis tobillos tienen esguinces». En «Rejoice» canta sobre las cosas horribles que le pasan en la vida, pero con la esperanza que nunca pierde, de estar agradecida por estar viva. Sus interpretaciones son tan sentidas en directo que cortan la respiración.

Julien Baker

Matador Records ha publicado en 2017 su segundo disco *Turn Out the Lights*. A pesar de mudarse a vivir a Nashville, Julien Baker volvió a su Memphis natal para grabar este disco, concretamente a los míticos Ardent Studios. Como el propio título indica, cuando se apagan las luces es cuando una verdaderamente se tiene que enfrentar a sus propios miedos, cuando estás sola y no tienes nadie en quien apoyarte. La canción la escribió estando de gira y sufriendo de insomnio. Pero también habla de estar a gusto con una misma en soledad. «Cuando apago las luces, oh. No queda nadie. Entre yo y yo misma». En «Appointments» narra las cosas malas que te pasan en la vida, la depresión, las drogas, las enfermedades a las que te tienes que enfrentar y que pasan a formar parte de ti. No ver lo negativo de la vida como una dicotomía entre lo bueno y lo malo, sino como algo natural y que se tiene que aceptar. «Creo que si arruino esto. Sé que puedo vivir con eso. Nada resulta como lo imaginé. Tal vez el vacío es solo una lección en lienzos». Aprendiendo día a día.

La voz sentida de Sharon Van Etten

Sharon Van Etten es otra de esas artistas que crecen en la emotividad de su propuesta. De hecho, es una de las personas que más ha apoyado a Baker. Sharon Van Etten empezó su carrera desde el folk. Nacida y criada en Nueva Jersey, ya desde pequeña la música estuvo presente en su vida. Aprendió a tocar el clarinete, el violín y el piano antes de decidirse por la guitarra. También cantaba en el coro del instituto. Después de graduarse se mudó a Murfreesboro para estudiar en la Middle Tennessee State University. Aunque no acabó sus estudios, se quedó en la ciudad durante cuatro años trabajando en diversas tiendas. Ya entonces escribía sus propias canciones, pero no se atrevía a tocarlas en público.

Se mudó a Brooklyn en 2005 y Kyp Malone, de TV on the Radio la animó a hacerse cantante tras escuchar una de sus maquetas. Empezó a tocar en pequeños locales y

Sharon Van Etten

cafés. Y trabajó en Ba Da Bing Records donde empezó como becaria y posteriormente como publicista a jornada completa. Aunque ya había publicado ella misma diversos EPS, su primer disco de estudio llegó en 2009, *Because I Was In Love* estaba más cerca del folk que sus posteriores trabajos. Aunque era un disco estremecedor, mostraba su necesidad de quitarse de encima los sentimientos que una relación tóxica y abusiva le había provocado mientras estudiaba. Tras la ruptura se mudó a Nueva York para empezar una nueva vida. En 2010 grabó *Epic* con una banda, se alejaba de la producción más sencilla de sus primeros discos. Aun así, sus primeros trabajos ya mostraban la intensidad emocional de sus composiciones, en las que se desnudaba casi como si de una terapia sonora se tratase. Muchas veces ha dicho que si no se dedicara a la música se haría terapeuta.

A finales de 2010 firmó por el sello Jagjaguwar. Aaron Dessner de The National produjo su tercer trabajo, *Tramp*. Un álbum más eléctrico y complejo. Van Etten dice sobre el título que definía a la perfección su vida tras la gira de su anterior disco. Se había separado de su pareja, no tenía donde vivir y se sentía una vagabunda yendo de un lado a otro. Al volver a casa, vivió en casa de diversos amigos hasta que encontró dónde establecerse. Eso se reflejaba perfectamente en su música. Así como, al mismo tiempo, las emociones que la ruptura le provocaba. «Serpents» es un buen ejemplo. Una canción que habla de cómo esa persona con la que estás no te aprecia como lo que eres, sino que quiere controlarte y cambiarte. «Serpientes en mi mente. Estoy buscando tus crímenes. Todo cambia. A tiempo. Permanecerás congelado a tiempo. Creando *collages* de chicas. Controlando las mentes. Sostienes bien el espejo. Para todos los demás» canta como diciendo, sostienes el espejo para los demás pero no para ti mismo. No ves tus defectos. Su último álbum *Are We There*, de 2014 es su disco más maduro y en el que demuestra más confianza en sus composiciones. En 2015 vio la luz su EP con cinco canciones *I Don't Want to Let You Down*. Trabajos en los que sigue explorando las relaciones interpersonales y los problemas que provocan siempre con un punto de vista positivo de las mismas o de cómo hablar de las cosas negativas de la vida te abre una puerta a superarlas.

El rock australiano de Courtney Barnett

Una de las voces más prometedoras del indie rock actual es la australiana Courtney Barnett. Aunque nació en Sidney en 1987, se crio en Tasmania, donde sus padres se mudaron cuando era adolescente. Sus padres venían de un entorno artístico, su madre como bailarina y su padre como director de escena. Así que la música estuvo presente desde pequeña en su vida. Aparte de un intento de dedicarse al tenis profesionalmente, siempre tuvo claro que la música y el arte eran lo suyo. En Tasmania estudió dibujo y fotografía. Musicalmente creció escuchando bandas estadounidenses de rock pero no fue hasta que descubrió a los músicos australianos Darren Hanlon y Paul Kelly cuando empezó a escribir sus propias canciones. Con 20 años decidió mudarse a Melbourne, una ciudad con una escena musical mucho más interesante. Allí tocó en bandas de garage, siendo Australia no podía ser de otra manera. Mientras se ganaba la vida trabajando en un bar.

Barnett decidió autoeditar su primer EP en su propio sello Milk! Records. Se tituló *I've Got a Friend Called Emily Ferris*. Su mezcla de garage rock y folk causó sensación en Australia. Un año después publicaba su segundo EP *How to Carve a Carrot into a Rose*. Ambos se reeditarían conjuntamente más tarde como *A Sea of Split Peas*. El segundo EP incluía una de sus grandes canciones «Avant Gardener», un juego de palabras entre vanguardia y jardinero. En sus temas, Barnett habla de cosas mundanas de una manera extraordinaria. En este caso concreto de como algo tan mundano y que nunca había hecho. como arreglar el jardín, se puede convertir en un verdadero drama cuando te da un ataque de asma y acabas en el hospital. Es una metáfora de cómo las rutinas de la vida te pueden generar ansiedad. De cómo las ambiciones pueden causarte pánico y querer en realidad quedarte en tu maravillosa zona de confort. Canta: «El paramédico cree que soy lista porque toco la guitarra. Creo que es inteligente porque impide que las personas mueran. Anafiláctico y súper hipocondríaco. Debería haberme quedado en la cama hoy, prefiero lo mundano».

Pronto Barnett dio el salto internacional, la prensa empezó a tomar nota de su debut y se la consideró una de las revelaciones musicales de 2013. Dos años después llegó su primer y aclamado LP *Sometimes I Sit and Think and Sometimes I Just Sit*. Un disco repleto de canciones que son un retrato del mundo que le rodea y que la confirman como una gran compositora en ciernes. Incluye el tema «Pedrestian at Best», más guitarrero y que habla sobre la fama repentina y como vivir con ella, de las expectativas y

Courtney Barnett

la frustración que crean. «Ponme en un pedestal y solo te decepcionaré. Dime que soy excepcional, prometo explotarte. Dame todo tu dinero, y haré un poco de papiroflexia, cariño. Creo que eres una broma, pero no te encuentro muy graciosa». Sus letras como siempre son pequeños relatos, retratos de la vida cotidiana cantados con ironía. En 2017 ha publicado un excelente disco junto a Kurt Vile, *Lotta Sea Lice*. Aparte de colaborar habitualmente en los discos de su pareja, Jen Cloher.

El descubrimiento de Jen Cloher

Si hablamos de Courtney Barnett no podemos dejar de destacar también la carrera de Jen Cloher. Por su propio talento. Esta nativa de Adelaide se mudó a Sídney después del instituto para estudiar en el National Institute of Dramatic Art, pero en vez de hacerse actriz acabó en la música. Debutó en 2005 con su EP *Permanent Marker*. Su primer álbum lo publicó como Jen Cloher & the Endless Sea en 2006. *Dead Wood Falls* le valió una nominación al premio ARIA, el más importante de la música australiana. En poco tiempo se convirtió en una de las grandes representantes del DIY en el país. *Hidden Hands* rendía homenaje a su madre, a la que perdió a causa del Alzheimer. La muerte de su padre también la mantuvo alejada de la música durante un tiempo hasta que en 2012 publicó un single junto a su pareja Courtney Barnett. En 2013 editó *In Blood Memory*, en el sello de Barnett Milk! Records, que ahora llevan conjuntamente. Su último trabajo homónimo es de 2017 en el que colaboran también Barnett y Kurt Vile. También se encarga de I Manage My Music, una serie de talleres que creó para ayudar a otros artistas a gestionar sus propias carreras de manera autosuficiente. En un país tan inmenso como Australia y con tan poca densidad poblacional es muy difícil ganarte la vida como músico. Si eres mujer más aún. Y si quieres dar el salto a los Estados Unidos o Europa, más aún.

En *Jen Cloher* habla de su experiencia como música pero también como mujer y lesbiana. En «Forgot Myself» canta con sinceridad descarnada sobre las relaciones a distancia. Cuando la carrera de Barnett despegó y se marchó a hacer giras al otro lado del mundo y Cloher se quedó en Australia, sintió envidia, no lo ha negado y eso afectó a su seguridad como artista. Sobre eso habla en esta canción y sobre la soledad. «Estás dando vueltas por el mundo. Estás haciendo esto y estás firmando aquello. Los hechos son que estás allí y yo estoy aquí. Cuando te has ido demasiado tiempo, me convierto en una idea. Estoy conduciendo mi coche. Tu canción suena en la radio. Y recuerdo lo que siempre olvido. Soledad». En «Strong Woman» en cambio habla de ser mujer y lesbiana: «Cuando era joven. Yo quería ser Jon. No fue difícil. Pelo corto, sin

Jen Cloher

curvas de las que hablar. Podría hacer cosas. Que no podría hacer como Jen. Montar en bicicleta con chicos. Besar chicas y hacer un poco de ruido». Se declara una mujer fuerte a pesar de que: «Este mundo no fue hecho para mujeres. Ya lo sabes incluso antes de sangrar. Lo siento, ¿no puedes oírme hablar? ¿Y cómo es, ahora que estoy gritando?». Parece decir, pase lo que pase me vas a oír, porque tengo algo que decir. Aunque no quieras escucharme.

La voz irresistible de Angel Olsen

Otra de las grandes voces y guitarristas de los últimos tiempos es Angel Olsen. Fue adoptada cuando tenía tres años por la familia de acogida que cuidó de ella casi desde su nacimiento. Era la más pequeña de ocho hermanos mayores que se habían marchado ya de casa. Fue criada en St. Louis por unos padres maduros aficionados a la música de los cincuenta. Aunque empezó con el piano, pronto se pasó a la guitarra. Tocaba en los cafés de la ciudad desde la adolescencia. Con 20 años se mudó a Chicago donde se encontró con una floreciente escena de rock alternativo. Su EP de debut, editado en casete, llegó a manos de Will Oldham con el que empezó a trabajar en sus discos y directos. Durante aquellos años se dedicó a cantar canciones de otros. Pero pronto tuvo la necesidad de expresar su visión y sus propias historias. En 2013 y tras varios EP editados, Olsen añadió al batería Josh Jaeger y al bajista Stewart Bronaugh a la ecuación. Se sumaba a su música intimista y delicada, más cercana al folk rock en sus primeros trabajos, un pulso de garage rock. Se alejaba así de los sonidos más delicados y electrificaba su propuesta. En 2014 publicó *Burn Your Fire for No Witness* en Jagjaguwar. Fue el disco que la dio a conocer en solitario.

Por entonces se mudó a Asheville, Carolina del Norte, buscando la tranquilidad que una ciudad como Chicago no le daba. En 2016 publicó *My Woman* y se fue de gira con una banda de seis músicos. Un disco además que le servía para afirmarse como artista. Los vídeos de «Intern», «Shut Up Kiss Me» y «Sister» los dirigió ella misma. Según Olsen, el álbum trata de lo complicado que es ser mujer. Pero este título tuvo ciertas repercusiones indeseadas. De golpe y porrazo, los periodistas empezaron a preguntarle quién era esa mujer o si tenía miedo de perder fans masculinos con un título tan feminista.

Angel Olsen

Entonces también empezaron a preguntarle si estaba enfadada, ya se sabe feminista significa mujer enfadada, por canciones como «Shut Up Kiss Me». En la irónica «Intern» habla sobre lo que se espera de uno: «No importa quién eres o qué has hecho. Aún tienes que despertar y ser alguien». Y en «Woman» nos canta: «Te reto a que entiendas lo que me hace una mujer».

El blues rock de Susan Tedeschi

Una de las guitarristas, cantantes y compositoras de blues más interesantes de los últimos años, es sin duda Susan Tedeschi. Su música mezcla sabiamente blues con rock tanto en su carrera en solitario como con su banda junto a su marido Derek Trucks, Tedeschi Trucks Band. Tedeschi empezó a cantar con cuatro años en el coro de su iglesia aunque en realidad las iglesias católicas no le interesaban en lo que a música se refiere y solía ir en busca de servicios con coros de gospel. De pequeña escuchaba los vinilos de su padre y aprendía a amar a Mississippi John Hurt o Lightning Hopkins. Con 13 tocaba en bandas locales. Estudió en el prestigioso Berklee College of Music, donde cantaba en su coro de gospel. Empezó a perfeccionar sus aptitudes como guitarrista en aquellos años. La gente solía decirle que su voz sonaba como Bonnie Raitt, a la que no conocía, aunque luego fue una de sus grandes influencias como guitarrista. No había demasiadas mujeres guitarristas en el blues. Después de graduarse en 1991 formó su primera banda, la Susan Tedeschi Band.

Su primer disco, *Better Days* de 1995, les dio a conocer regionalmente. Pero fue con *Just Won't Burn* en 1998, ya como Susan Tedeschi, cuando realmente atrajo la atención del público fuera de su territorio. En 1999 tocó durante varios días en el Lilith Fair. Hacía giras sin parar y teloneaba a artistas como B.B. King, Buddy Guy, The Allman Brothers

Band, Taj Mahal o Bob Dylan. Lo que le dio más visibilidad a nivel nacional. Precisamente en una gira con los Allman Brothers conoció a su futuro marido, el guitarrista Derek Trucks. Su primera nominación, de una larga serie, a los Grammy llegó en 2000. *Wait for Me* en 2001 se acercaba más al R&B. Cuatro años después su carrera daba un vuelco gracias a su disco *Hope and Desire*, producido por Joe Henry. Fue precisamente idea suya que Tedeschi usara canciones que no había escrito y que se acercaban al soul y R&B. Su hija Sophia acababa de nacer y estaba amamantándola, así que no tenía tiempo de componer. En 2008 *Back to the River* confirmó que había madurado como compositora y como cantante. El disco estaba producido por ella misma y su marido. Era además el trabajo en el que más canciones propias incluía y en el que parecía haber encontrado su voz. Un buen ejemplo es el tema que da título al disco y que coescribió con Tony Joe White. Con un sonido pantanoso y rockero, habla de volver a las raíces que te dan la energía suficiente para continuar.

En 2011 Tedeschi y su marido decidieron unir fuerzas y formar la Tedeschi Trucks Band. Un grupo que unía el talento de ambos guitarristas y compositores. El proyecto de banda empezó como una forma de pasar tiempo en familia con sus dos hijos. Ahora eran una formación de 12 miembros. Muchos fueron los que vieron un error en unir dos grupos exitosos. Se equivocaron. La mezcla fue el doble de genial. Con su primer disco, *Revelator,* ganaron el primer Grammy. En él mezclan rock, blues, soul y funk a partes iguales. Un álbum redondo que confirmaba su fama como grupo de directo. Su segundo trabajo *Made Up Mind* de 2013 fue mucho más experimental. Su último álbum es *Let Me Get By* de 2016. Producido y grabado en su propio estudio en Jacksonville, Florida y con toda la banda colaborando en la composición de los temas, ha supuesto su consagración como grupo. El añadido de Tim Lefebvre ha unificado su sonido más si cabe. Tras tocar los temas en directo y trabajarlos, el grupo está en un estado de gracia espectacular. Se puede apreciar en temas como «Don't Know What It Means». Susan Tedeschi además se ha convertido en la líder natural del mismo. La mejor forma de descubrirlo es verlos en directo.

El sonido retro de Sallie Ford

A Sallie Ford la conocimos con su primera banda, The Sound Outside. Su música se acerca al rock de aires retro con un sonido fresco. Cantante, guitarrista y compositora de los temas de la banda, la música de Sallie Ford es cruda y rabiosa. Ford pertenecía a una familia de artistas, su padre era un famoso marionetista y su madre profesora de música. Dejó las clases de violín para tocar la guitarra. Aunque había cantado en su Ashville natal, en Carolina del Norte, no empezó a componer sus propios temas hasta que se mudó a Portland en 2006. Allí estuvo trabajando como camarera en un restaurante vietnamita. Entonces empezó a tocar la guitarra acústica en shows en casas, antes de encontrar a los miembros de su banda: el bajista Tyler Tornfelt y el batería Ford Tennis. Ambos se habían mudado desde Alaska con la intención de formar su propio grupo. A ellos se unió el guitarrista Jeffrey Munger. Los cuatro formaron Sallie Ford & The Sound Outside.

En 2009 publicaron su primer EP. Seth Avett de los Avett Brothers los invitó como teloneros de su gira lo que les valió más atención por parte del público y los medios.

En 2011 sacaron su primer disco, *Dirty Radio*. En él, la característica voz de Ford es la gran protagonista y un sonido retro que miraba a los cincuenta pero dándole un aire totalmente fresco. Sorprendió a todos. Muchos la han comparado con Ella Fitzgerald e incluso Tom Waits. Dos años después la banda publicó *Untamed Beast*. Una bestia indomable como la inclasificable y cruda voz de Sallie Ford. Con una provocadora portada con una mujer desnuda sentada en una silla en mitad del bosque, sujetando con una mano el esqueleto de lo que parece un búfalo que lleva puesto en la cabeza y un helado en la otra. Abre el disco la explosiva «They Told Me». Sacamos el CD de su caja para escucharlo. En la canción nos habla de esa bestia indomable: «Nunca he sido racional en mi interior. Mi bien, mi corazón y mi cabeza. Esa es la forma en que siempre han sido. No voy nunca a cambiar quien soy. Solo porque nunca lo vayas a entender. Nunca voy a disculparme. Por ser tan intensa. ¿Cómo demonios va a tener sentido?». En «Bad Boys» canta con rabia a ritmo de surf: «Sí, soy como los chicos malos, pero como los chicos malos también puedo follar, puedo beber, y no me importa lo que pienses. Puedes decir que soy solo una chica».

A pesar del éxito, la banda se separó en 2013 y Sallie Ford decidió emprender una carrera en solitario. Quería formar una banda de mujeres y para ello se juntó con Cristina Cano a los teclados, Anita Lee Elliot al bajo y Amanda Spring a la batería, todas curtidas en la escena musical de Portland. Su primer trabajo fue *Slap Back* publicado en 2014, un disco más cercano al indie rock que a la música de aires retro de sus primeros trabajos. En *Soul Sick* publicado en 2017 se acerca a terrenos personales.

Stephanie Crase y la rabia de Summer Flake

Desde Australia también tenemos el buen saber hacer de Stephanie Crase más conocida como Summer Flake, con un sonido cercano al grunge, del que tanto disfrutaba de adolescente. Crase nació en Adelaide y estudió pintura y cine en la universidad antes de dedicarse a la música. En el instituto tocaba con unos amigos, pero no fue hasta la banda No Through Road, que formó con 20 años junto a Matt Banham, cuando la música se hizo protagonista en su vida. Su primer EP *Summer Flake* lo editó en 2012 y un año después el segundo *Where Do I Go?* Por entonces ya se había mudado a Melbourne en busca de una escena musical más atractiva y con más posibilidades que su Adelaide natal. Allí fichó por el sello Rice Is Nice y publicó su primer álbum *You Can Have It All*. Ya en estos primeros discos se aprecia el trabajo de construcción de capas de su guitarra que es la verdadera protagonista de su música.

En 2016 editó *Hello Friends*. Un trabajo que trata sobre la desilusión, sentirse alienada e insegura. Sacamos el vinilo de la estantería para escucharlo. La portada es un autorretrato, una pintura al óleo sobre lienzo. Desafiante y satírica. En ella aparece con el pintalabios corrido, se está pintando fuera de la boca. El pintalabios es un objeto de género y en la imagen juega con subvertir su aplicación, yendo a los extremos, como una mujer al límite. «I'd Ask You Not To Look Away» habla estar harta de como la tratan en el mundo de la música por ser mujer. En ella pide que no miren a otro lado: «Y al mismo tiempo, te pediría. Que me escuches. Porque no estoy a punto de salir de la habitación. Y te pediría que no mires a otro lado. Tan pronto».

Summer Flake

En una entrevista me confesaba que se había sentido discriminada muchas veces no solo como mujer sino como miembro de la comunidad LGTBQI. Mucha gente se ha acercado a ella tras un concierto para decirle lo bien que toca la guitarra para ser una mujer. Como siempre, al final tienes que recibir la aprobación de los hombres para ser aceptada. Aunque las cosas están cambiando, sobre todo en Melbourne, donde vive actualmente. Se ha encontrado con numerosos ingenieros de sonido que no confían en ella a la hora de sonorizar sus propios directos, pensando que no sabe cómo quiere sonar o su sonido no es el adecuado, corrigiéndola y diciéndole como usar su amplificador o sus pedales. Una vez un técnico de sonido le dijo cuando le pidió más *reverb* en las voces, que era el sonido típico de una chica con baja autoestima y que debería tener más confianza en sí misma. Cuando Stephanie tocaba la batería en otros grupos, siempre se acercaban hombres después de los conciertos para darle consejos sobre cómo tocar. En uno de esos grupos conoció a su actual pareja, Sarah Mary Chadwich. Era Batrider. También toca la batería en Fair Maiden con los que ha publicado un disco en 2014.

La oscura emotividad de Sarah Mary Chadwick

Sarah Mary Chadwich era líder de Batrider, una banda de post-punk con la que publicó cinco discos antes de emprender carrera en solitario. Nació y se crio en una granja en Nueva Zelanda. Aprendió a tocar el piano de pequeña y luego el violín. En el instituto empezó a cantar y tocar en una banda. Cuando tenía 19 años formó Batrider con una amiga suya. Ella tocaba la guitarra y cantaba. El grupo sufrió cambios de formación y al final Chadwich fue el único miembro original que permaneció durante sus diez años de existencia. Batrider actuaron por Europa y EE. UU. Su excelente primer disco *Tara* era una clara muestra del sonido post-punk más rabioso. Aunque con los cambios de formación, la banda fue simplificando el mismo y dando mayor importan-

cia a la voz de Chadwich que tomaba protagonismo. Esto pasaba sobre todo en su último disco *Piles Of Lies*. Después de Batrider, Chadwich emprendió carrera en solitario
convirtiéndose en una de las voces más singulares de la escena australiana.

Tras tocar en una banda durante una década prefiere seguir en solitario y crear
canciones que pueda tocar ella sola sin tener que depender de nadie. *Eating for Two*
de 2012 fue su primer disco y *9 Classic Tracks* el segundo. Contenía canciones tan descarnadas como «I'm Like An Apple With No Skin». *Roses Always Die* es su último trabajo.
En ellos la melancolía siempre está presente, la pérdida, la soledad y una introspección
característica de su música. Alejándose con sus últimas propuestas de sonoridades
más agresivas y decantándose por un sonido más de piano y menos de guitarra como
en «Makin' It Work», un oda a la supervivencia digna de escuchar.

Las nuevas voces

Lo que destaca de estas mujeres por encima de todo es su voz y una carrera
como protagonistas de su música. Neko Case ha sido agraciada con un don. Su
versátil voz le permite surcar con facilidad por el country de sus primeros discos,
el rock de los últimos o incluso el punk rock de sus inicios como batería. Aunque
nació en Alexandria, de niña estuvo en constante movimiento, mudándose de un
sitio a otro con su familia hasta que se asentaron durante su adolescencia en Taco-
ma, Washington. Sus padres la tuvieron demasiado jóvenes, su padre tenía problemas mentales y ambos eran alcohólicos y drogadictos, así que su vida no fue nada
fácil. Con 15 años se emancipó y buscó su propio camino lejos de aquella casa tan
complicada. Pronto empezó a tocar la batería en grupos de punk rock. La música le
ayudó a seguir con su vida a pesar de su familia. En 1994 se mudó a Vancouver para
estudiar en la escuela de arte. Allí se unió al grupo de punk Maow pero también
tocaba con bandas como The Wasles hasta que fundó Neko Case & Her Boyfriends.
Con ellos publicó su primer disco en solitario en 1997, *The Virginian*. Un álbum de
country en la onda de Patsy Cline.

Fue su entrada en The New Pornographers lo que realmente le abrió las puertas
al reconocimiento internacional. Cuando acabó sus estudios volvió a Washington y
publicó su segundo disco en solitario, *Furnace Room Lullaby*, un trabajo melancólico,
sentido y oscuro plagado de *murder ballads*. Poco después se mudó a Chicago y en
2001 editó *Blacklisted*, más oscuro aún que el anterior. También supuso un cambio
en su sonido, alejándose del country y acercándose más a la música alternativa. En
2004, Case fichó por el sello Anti Records y publicó el directo *The Tigers Have Spoken*
grabado junto a la banda The Sadies. En su siguiente trabajo *Fox Confessor Brings the
Flood* de 2006 le acompañaban miembros de The Sadies, Calexico, Howe Gelb, Kelly
Hogan e incluso el mítico Garth Hudson de The Band. Uno de sus mejores trabajos
como cantante y compositora. Un buen ejemplo de ello es la canción «Hold On, Hold
On». En el disco hace un recuento de su vida, desde la niñez, como si de un cuento de
hadas se tratase. Contando historias trágicas y melancólicas con un toque de magia
y fantasía. Mientras, combinaba su carrera en solitario con sus trabajos junto a The
New Pornographers.

Neko Case

Desde niña se había acostumbrado a vivir de un lado para otro a lo largo del país. Por eso no es de extrañar que se mudase de nuevo a Tucson, Arizona. Entre su casa, Brooklyn, Toronto y la granja que se compró en Vermont grabó *Middle Cyclone*, publicado en 2009. Un trabajo en el que sus historias se relacionaban con los animales y la fuerza de la madre naturaleza. Los elementos y los animales se perfilaban como algo a lo que aferrarse en su niñez, en la que el día a día de su vida le ofrecía tan poca imaginación. En 2013 llegó su quinto disco en solitario, de título inacabable, *The Worse Things Get, The Harder I Fight, The Harder I Fight, The More I Love You*. Un trabajo que escribió después de sufrir una terrible depresión que la mantuvo encerrada en su granja de Vermont. Su abuela, a la que estaba muy apegada acababa de morir. Sus padres murieron poco después. Y a pesar de que no los quería, nunca estuvieron ahí para ella, la afectó más de lo que pensaba. La imagen de Case en la portada, con una cara distorsionada sujetándose las sienes puede resumir perfectamente el momento vital que experimentó. En «Man» además habla de los géneros, de que siempre te tengan que recordar que eres una mujer: «Soy un hombre. Eso es lo que me criaste para ser. No soy una crisis de identidad. Esto fue planeado» y más adelante afirma: «Mi poder es mío». Y tanto.

La fragilidad de Cat Power

Cat Power se ha erigido en una de las cantantes más aclamadas de la últimas décadas y lo ha hecho gracias a sus emocionales y frágiles canciones. Sus primeros discos se acercaban más al indie rock pero además siempre ha dotado sus interpretaciones de una intensidad emocional y de una fragilidad que ha conseguido atrapar a su público sin remedio. Charlyn Marie Marshall es hija de un músico de blues. Sus padres se divorciaron siendo niña. Hasta los cuatro años vivió con su abuela, una mujer con un estricto sentido religioso. Posteriormente, vivió con su madre Myra Lee, su padrastro y su hermana Miranda, viajando de un lado para otro a causa del trabajo de aquel. Siempre fue la nueva en numerosos colegios, la rara, la que no encajaba. Durante su niñez sufrió los embistes de la enfermedad mental de su madre, de su alcoholismo y del divorcio. Empezó a escribir canciones cuando estaba en el colegio. Con 16 años se mudó a Atlanta con su padre pero dos años después dejó el instituto y se independizó. Las cosas con su madre no habían acabado demasiado bien y no la volvió a ver hasta diez años más tarde. Autodidacta, aprendió a tocar la guitarra ella sola. Pronto empezó a actuar junto a amigos músicos que hacían rock experimental.

En 1992 se mudó a Nueva York donde entró en contacto con las escenas de free jazz y música experimental. Su música empezó a evolucionar. Como telonera de Liz Phair llamó la atención de Tim Foljahn de Two Dollar Guitar y Steve Shelley de Sonic Youth. Con ambos grabó su primer disco en 1995, *Dear Sir*, donde se mezclaba con total naturalidad blues, country, folk y punk junto a sus emotivas letras. *Myra Lee* le siguió un año después en el sello de Shelley Smells Like Records. Ambos trabajos los grabó junto a Shelley y Foljahn en un mismo día y del tirón en un sótano. Son sus discos más lo-fi y rockeros.

En 1996 Matador publicó su tercer álbum, el más personal, *What Would the Community Think*. El primer single «Nude As the News» relata un momento difícil de su vida, un aborto cuando tenía 20 años. Este fue el disco que la puso en órbita pero también fue cuando empezó a mostrar su comportamiento errático sobre el escenario. Incómoda, parando canciones una y otra vez, hablando de manera inconexa o tirándose al suelo y haciéndose un ovillo. En 1997 no pudo soportar la presión y se retiró de la música. Se mudó a vivir a una granja en Carolina del Sur. En 1998 publicaba *Moon Pix* grabado en Australia con miembros del trío Dirty Three. Un disco mucho más reflexivo e intimista. Inspirado por un sueño tan vívido que creyó que era real. Al despertarse tuvo una visión alucinatoria, sintió una voz que la llamaba, para distraerse cogió la guitarra y se puso a componer uno de sus álbumes más emocionales que habla de la soledad y del desencanto. Marshall ha afirmado en varias ocasiones que aquella noche sintió los espíritus del infierno intentando entrar en su casa. En «He Turns Down» precisamente habla de como buscó ayuda en la religión para superar ese momento y como esta la dejó de lado.

Cinco años tardó en volver a grabar temas propios. Fue en *You Are Free*, un disco que contó con colaboraciones de Eddie Vedder, Warren Ellis y Dave Grohl. En «I Don't Blame You» canta sobre el suicidio de Kurt Cobain: «Estabas balanceando tu guitarra. Porque querían escuchar ese sonido. Pero no querías tocar. Y no te culpo». Y más

Cat Power

adelante: «Qué precio tan cruel pensaste. Que tuviste que devolverles. Por toda esa mierda en el escenario». Quizás en realidad hablaba de su difícil relación con su público en sus directos y el precio emocional que tenía que pagar por ellos. En «Good Woman» en cambio habla de nostalgia y de arrepentimiento. Tres años después llegaría uno de sus mejores discos, orientado a la música soul y grabado con excelentes músicos de Memphis. *The Greatest* fue su obra maestra. El álbum con el que realmente alcanzó fama mundial. En la canción que lo titula se muestra desnuda en sus inseguridades, sus miedos y su desencanto: «Una vez quise ser la mejor. Ningún viento o cascada podría detenerme. Y luego vino la prisa de la inundación. Las estrellas en la noche se convirtieron en polvo». Lamentablemente, tuvo que suspender su gira a causa de un brote psicótico agravado por sus problemas con el alcohol. Los fantasmas del pasado y el árbol genealógico le pasaban factura. Tras estar una temporada ingresada en una clínica, pudo presentar el disco en directo como se merecía.

En 2012 publicó su último disco. *Sun* hablaba de la ruptura con su entonces pareja, el actor Giovanni Ribisi. Se había mudado a California para estar con él y su hija de 14 años con la que había establecido un lazo muy fuerte. Cuatro meses después de romper, Ribisi se casó con otra. La dejó destrozada. Este disco, lo grabó y produjo ella misma y significó un canto a su independencia y el control de su vida. Se cortó el pelo, se fue a París y allí acabó de escribirlo. Un disco más vitalista y positivo a pesar de estar inspirado por una dolorosa ruptura sentimental.

El sonido de antaño de Nicki Bluhm

Con una voz versátil, Nicki Bluhm es otra de las mujeres del rock a tener en cuenta. Como ella misma ha confesado, su música entronca con otra época, décadas pasadas, pero lo hace de una forma totalmente contemporánea. En su mezcla se puede escuchar rock, country, blues y R&B. Nicki cantaba desde adolescente en el Área de la Bahía de San Francisco. En la universidad empezó a usar la guitarra para componer sus propias canciones. Conoció al cantante de The Mother Hips, Tim Bluhm, que se ofreció a producir algunos de sus temas y grabarlos en su estudio. Junto al guitarrista Deren Ney empezó a actuar por la zona mientras trabajaban en el disco. Al casarse, Nicki adoptó el apellido Bluhm. Su primer disco, *Toby's Song* se publicó un año después. En «I'm Your Woman» Nicki canta a una mujer que es como es y que no va a cambiar por un hombre: «No quiero ser lo que llamas mami. Puedes tomarlo o dejarme como soy».

En *Driftwood* de 2011 volvía a recurrir a los sonidos añejos del rock setentero con sonoridades más actuales. Fue entonces cuando formó The Gamblers como su banda de acompañamiento. Lo formaban Tim Bluhm y Ney, el guitarrista Dave Mulligan, Steve Adams al bajo y Mike Curry a la batería. En 2011 Nicki y su marido publicaban *Duets*. Su siguiente disco homónimo ya fue como Nicki & The Gramblers. En «Go Go Go» Nicki canta a ser una mujer fuerte que no se rinde: «Solía tomar el camino más largo. Cuando la montaña era muy alta. Ahora mi vista está puesta en el pico más alto de todos. Me enseñaste a escalar y ahora estoy alcanzando la cima. Cada paso es más fuerte. Y no quiero parar nunca».

Fue en 2011 también cuando la banda empezó sus famosos «Van Sessions», versiones que grababan en su furgoneta mientras iban de concierto en concierto y que luego colgaban en su canal de YouTube. Su versión número 17, la del «I Can't Go For That (No Can Do»)» de Hall & Oates se convirtió en viral y recibió más de un millón de visitas en una semana. En sus populares vídeos se pueden escuchar versiones de Funkadelic, The Beatles, Marvin Gaye, Van Morrison, Pat Benatar, Patsy Cline o Dolly Parton junto a Kenny Rogers, entre otros.

Su último disco *Loved Wild Lost* data de 2015. Un trabajo en el que Bluhm canta al desamor como en la descarnada pero rítmica «Heartache» en la que dice: «Lo siento, si toqué tu guitarra demasiado fuerte.

Nicki Bluhm

Pero no tienes que arrancar todas las cuerdas de mi corazón». Su matrimonio se rompió por aquel entonces. Pero también muestra a una mujer fuerte y decidida como en «Queen of the Rodeo». Mientras en «Me and Slim» narra la vida en la carretera, sus alegrías y sus sinsabores. De carreteras nevadas y frías, de salidas de moteles que te pasas, de cansancio: «Mirando por encima de las vallas, la hierba no siempre es verde. A veces eres la carta baja y a veces eres la reina. Hay muchas cosas que estamos aprendiendo y aún más desconocidas. Probemos a estar afinados y mantener a los jugadores a tono». Para al final, a pesar de todo, concluir: «No puedo esperar para volver a estar en la carretera. Haciendo música con mis amigos». En 2017 Bluhm publicó la canción «Remember Love Wins» contra la prohibición de viajar a EE. UU. que Trump impuso a ciudadanos de diversos países. En ella canta: «Las raíces de cada árbol de cada familia comenzaron en el suelo allende el mar». Un tema que le costó perder algunos fans que la acusaban de politizarse. Todos los beneficios iban para Planned Parenthood y Standing Rock Sioux Tribe. A pesar de las críticas, evidentemente, sigue cantándola.

El rockabilly de Imelda May

Digna heredera de la gran Wanda Jackson, Imelda May es la gran voz del revival que el rockabilly está viviendo. La propia Jackson la ha declarado su relevo natural. Nacida en Dublín como Imelda Mary Clabby, era la pequeña de cinco hermanos. Vivían en una casa con tan solo dos habitaciones. Allí descubrió la música gracias a sus hermanos. Solían escuchar a Elvis, Eddie Cochran o Gene Vincent pero también Undertones, The Clash o Bowie. Aunque su gran ídolo musical era Billie Holiday. Solía poner sus discos y cantar sobre ellos. Su madre era costurera, mientras trabajaba, no le permitían hablar pero sí cantar, así que se pasaba el día cantando. Su padre tocaba la armónica y era profesor de danza old time. Con 14 años, Imelda ganó sus primeras 40 libras cantando en un anuncio de una marca de congelados. Dejó los estudios, lo que quería era convertirse en cantante profesional. Así que empezó a actuar en los clubs de Dublín. En muchos de ellos no podía entrar, era menor. El rockabilly y el blues fueron sus dos géneros favoritos. Un día mientras su padre la llevaba en coche a un concierto y ella lloraba desconsolada por la ruptura con un novio, él le dijo que ahora ya podía cantar el blues con sentimiento. Se curtió sobre el escenario en su Dublín natal, pero decidió mudarse a Inglaterra en 1998 en busca de su suerte.

En 2003 formó su grupo junto a Steve Rushton a la batería, Al Gare al bajo, Darrel Higham a la guitarra y Dave Priseman a la trompeta. Higham se convertiría en su marido. Su primer disco *No Turning Back* fue publicado como Imelda Clabby por Foot Tapping Records, un sello especializado en rockabilly. Aunque posteriormente fue reeditado con el nombre de Imelda May. Cogemos el CD de nuestras estanterías, la primera edición con la portada en blanco y negro y con una Imelda Clabby alejada de la imagen de su famoso tupé con mechón rubio. Escuchamos «Dealing With The Devil». La historia de una mujer que cansada del hombre que la maltrata, el demonio del título, lo deja.

En 2007 publicó su segundo disco, *Love Tattoo*, producido por ella misma. Con este trabajo se hizo conocida. Jools Holland se la llevó de gira y la invitó a su programa televisivo. En 2009 Imelda se convirtió en la primera mujer irlandesa que llegaba el número uno de las listas desde 1991. Casi 20 años sin una mujer en el primer puesto de las listas. Ahí es nada. Su primer single fue todo un éxito. «Johnny Got a Boom Boom» seguía el ritmo adictivo del contrabajo. Entre sus grandes admiradores está el guitarrista Jeff Beck con el que cantó en la ceremonia de los Grammy en 2010 en un tributo al legendario maestro de la guitarra Les Paul. También participó en el disco de Beck *Emotion & Commotion* cantando «Lilac Wine». Ese mismo año actuó con una de sus grandes referentes musicales, Wanda Jackson. En su música Imelda May combinaba su potente voz, la rabia del rockabilly y una propuesta inusual, pocas mujeres triunfaban en este género.

Su tercer disco *Mayhem* fue editado por Decca Records. La canción que da título al disco se convirtió también en una de los temas marca de la casa de May. En ella relata una pelea que tuvo con su marido. Iban en un taxi y se enfadó tanto que ella tiró el anillo de compromiso por la ventanilla. El álbum incluía también una colaboración con Lou Reed en el tema «Kentish Town Waltz». Una canción autobiográfica que narraba los sinsabores que como pareja vivieron en Kentish Town. Estaban sin una libra, el casero venía a aporrear su puerta en busca del dinero del alquiler, pero se tenían el uno al otro. En 2014 publicó *Tribal* un disco en el que habla de tristeza, de sentirse sola pero aun así estar contenta de estar viva como en «It's Good to Be Alive». Poco después se divorció. En «Wild Woman» canta a esa mujer salvaje que vive dentro de ella y que ha mantenido encerrada pero que quiere ser libre: «Intenté e intenté domarla, pero ella luchó conmigo con uñas y dientes. Ni siquiera podía entrenarla, así que me agarré a su cola».

En 2016 publicó *Live. Love. Flesh. Blood.* Su disco más tranquilo, un trabajo que afirmó estaba influenciado por su divorcio y el sentimiento de culpa católico que le provocó. En «Should've Been You» Imelda May canta sobre ruptura y arrepentimiento pero también sobre una mujer que se hace fuerte. El vídeo de la canción está inspirado en las manifestaciones de mujeres organizadas tras la elección de Trump como presidente. En el mismo pretendía recalcar como las políticas se olvidan de las mujeres y de los temas que les preocupan. A pesar de que somos la mitad de la población, parece que la otra parte solo piensa en sí misma. Hay que dejar un mundo mejor, para esas mujeres y las que vendrán, como su hija pequeña. En el vídeo aparecen mujeres diferentes y diversas que participan en una manifestación con pancartas que rezan: «Los hombres de calidad no temen la igualdad».

Imelda May

Torbellinos sobre el escenario

No hay duda de que las mujeres saben dominar el escenario a la perfección. Lo han demostrado a lo largo de las décadas. Una buena prueba de ello es Karen O. Más conocida como cantante del trío de garage rock Yeah Yeah Yeahs, es una de las cantantes más energéticas que se ha subido al escenario en los últimos tiempos. Karen Lee Orzolek nació en Busan, Corea del Sur en 1978. De madre coreana y padre polaco, cuando era pequeña se mudaron a Nueva Jersey donde se crio. Fue en la Universidad de Oberlin en Ohio donde conoció a uno de sus futuros compañeros de banda, el batería Brian Chase. Al guitarrista Nicolas Zinner lo conoció a través de unos amigos al trasladarse a la Universidad de Nueva York. Karen O siempre fue la *outsider* en su clase, hasta que se fue a estudiar arte a Oberlin y encontró a gente como ella. Desde el principio recibieron críticas por ser una banda «fashion» a causa de los atrevidos modelos que luce Karen O. Ya sabéis, lo importante no es la música que tocas, sino la ropa que llevas puesta.

Yeah Yeah Yeahs nacieron en 2000 y pronto empezaron a telonear a artistas como Strokes o White Stripes. Así fue como consiguieron llegar al gran público. Aunque en muchas de sus críticas se mencionaba lo sexy que era Karen O. Estos son algunos de los maravillosos premios con los que ha sido agraciada por la prensa: *Spin* le dio el premio a la Sex Goddess durante dos años seguidos, *Blender's Rock* a la Hottest Woman y *Shockwaves NME* también a la Hottest Woman. Aunque Karen O siempre ha afirmado que sus actuaciones en directo son provocadoras que no provocativas y que no se ve a ella misma como sexy. Evidentemente, ya le han colgado el titulito. Pura absurdidad masculina. También hay que decir que *Spin* tiene una categoría masculina como Sex God. El nivel de periodismo es alucinante. Pero centrémonos en la música, que es lo verdaderamente importante.

En 2001 lanzaron su primer EP homónimo en su sello Shifty mientras giraban incansablemente por EE. UU. y Europa y actuaban en South by Southwest. Aparte de sus propios conciertos, teloneaban a grupos como Jon Spencer Blues Explosion o Sleater-Kinney. Su segundo EP *Machine* sirvió para hacer tiempo hasta que en 2003 publicaron su primer disco, *Fever to Tell* en Interscope. En «Y Control» hablan sobre el cromosoma Y masculino y el control que ejerce sobre la mujer. Canta Karen O: «Ojalá pudiera volver a comprar. La mujer que robaste». Su gran éxito, sin embargo, fue la balada «Maps». Karen O se mudó a Los Ángeles y los miembros de la banda empezaron a participar en otros proyectos. Karen O haciendo música de anuncios o bandas sonoras. Por aquella época conoció a Spike Jonze que dirigiría el vídeo de «Y Control» y con el que colaboraría en más de una ocasión en sus películas. De hecho, le daría su nominación al Oscar gracias a la banda sonora de *Her*.

El grupo publicó *Show Your Bones* en 2006, el primer single del disco «Gold Lion» fue uno de sus grandes éxitos. En «Warrior» Karen empieza tranquila para desatarse mientras canta: «Hombre, me quieren. Porque soy una guerrera, una guerrera. En pie». *It's Blitz!* de 2009 significó un cambio sonoro acercándose más a la electrónica. Un álbum más limpio, lejos del sonido más sucio y punk de sus inicios. En 2013 publicaron *Mosquito*, un trabajo más personal y oscuro tocado por la depresión que tanto

Zinner como Karen O sufrieron meses antes de la grabación. El primer tema y single, «Sacrilege» se convierte en una especie de plegaria sacrílega en la que la cantante está acompañada por un coro *in crescendo*. Y «Despair» muestra su desespero ante los sentimientos que la depresión le causaba. Sin duda un disco que recuperaba el pulso de sus anteriores trabajos. El grupo decidió hacer un parón temporal en 2014, Karen O había sido madre. En 2017 han vuelto a actuar en directo.

Juliette Lewis, de actriz a cantante

Creo que no hace falta presentar a Juliette Lewis, como actriz ha marcado a toda una generación hollywodiense. Dominando otro tipo de escenarios. Hija del actor Geoffrey Lewis, siguió los pasos de su padre a temprana edad. Con 14 años ya actuaba. La descubrimos como la perturbadora adolescente de *El cabo del miedo* pero sin duda, ella es y será siempre la Mallory de *Asesinos Natos* de Oliver Stone. Con 18 años ya era toda una estrella, pero también empezaron sus problemas con las drogas y los ataques de ansiedad. Aunque está limpia desde los 22. Sus papeles siempre la han mostrado como una *outsider* y evidentemente sobre el escenario no iba a ser menos. Sus directos son explosivos. Ya pudimos ver una prueba en *Días extraños*, donde interpretaba a una cantante desatada a la que ponía voz PJ Harvey.

De hecho, su debut musical no llegó hasta 2003 cuando formó su banda Juliette And The Licks. Ya tenía 30 años pero hacía diez que escribía sus canciones, aunque la inseguridad la hizo guardarlas en un cajón. La música la ayudó a superar sus miedos. Durante mucho tiempo los tuvo a las multitudes y a ser reconocida. Era apenas una adolescente cuando se hizo famosa y su vida dejó de ser la misma para siempre. Empezó a tocar en directo en el famoso Viper Room de Johnny Deep. En 2004 publicó *...Like a Bolt of Lightning,* su primer EP. Incluía la primera canción que escribió «Shelter Your Needs», en ella canta: «Dalo todo, dales el infierno. Es tu derecho de nacimiento». Una declaración de intenciones en una canción que muestra garra y urgencia, que habla sobre protegerse a una misma y luchar por lo que crees.

La banda publicó su primer disco *You're Speaking My Language* en 2005. En sus canciones siempre ha mostrado a una mujer fuerte que domina la situación y se hace respetar. Sus explosivos directos también lo atestiguan. En la canción que da título al disco Lewis canta: «No creo que me hayas escuchado. Sé que crees que me conoces mejor que eso. Mordí a tu perro porque golpeó a mi gato Me limpio la cara y guardo tus besos». Para el segundo disco, el batería de la banda fue sustituido por Dave Grohl que también cubrió el puesto en directo durante una temporada. Junto a Foo Fighters actuaron en Hyde Park. Poco después editaron *Four on the Floor*. El energético «Hot Kiss» fue su single más exitoso.

En 2009 Juliette Lewis anunció la disolución de The Licks pero no dejó de lado la música. Formó una nueva banda New Romantiques y publicó con ellos su primer disco como Juliette Lewis, *Terra Incognita*. Un álbum producido por Omar Rodríguez-López. Se alejaba del sonido de sus anteriores trabajos, más oscuro, más duro, más cercano al sonido que Rodríguez-López da a sus producciones y a sus trabajos con Mars Volta o At The Drive In. En la portada aparece Lewis sujetando a un toro con una correa. La artista quería simbolizar su poder y si realmente este podía domesticarse. El disco

Juliette Lewis

incluye la canción «Female Persecution» sobre la quema de brujas. Hombres que que-
man mujeres porque les temen. En la bluesera «Hard Lovin' Woman» en un diálogo
con su padre, este le dice: «Es mejor que eches un vistazo alrededor. Y agárrate mujer.
Y abraza en lo que te has convertido. Porque eres demasiado para ellos». En 2016 y tras
un parón en el que se dedicó de nuevo en exclusiva al cine, Juliette Lewis volvió a la
música, primero actuando con The Licks, publicando un single coescrito con Isabella
Summers de Florence + the Machine y un nuevo EP *Deep Future*. Ella misma lleva sus
redes sociales, publica en su propio sello y hace de su agente de prensa. Es su música
y ella lleva las riendas.

A los pies de Lisa Kekaula

Pocas mujeres u hombres he visto en mi vida conseguir que una sala al completo
se rindiera literalmente a sus pies. Lisa Kekaula consiguió eso en el Apolo de Barcelona. Para ella, la audiencia tiene que participar en el show. ¿Para qué está ahí si no? La
líder de los Bellrays impresiona con su potente voz y su enérgica presencia escénica.
Sus directos son pura dinamita. Rock garajero, funk y soul se fusionan en su música.
Kekaula nació y se crio en California, hija de madre afroamericana y padre hawaiano.
Desde muy joven empezó a cantar incluso participó en varios talent shows. Sus voces
de referencia: Tina Turner o Etta James. Aprendió bien de ellas. Aunque creció con los
sonidos del soul y el R&B, con 20 años el rock se cruzó en su camino. En 1990 formó
en Riverside, California a The Bellrays junto al guitarrista Bob Venuum. Aunque el dúo
empezó más cercano al R&B, con el añadido de Tony Fate a la guitarra y el cambio de
Venuum al bajo, el grupo tomó un sonido mucho más punk rock en sus composicio-

nes. En sus canciones podíamos escuchar a una especie de Aretha Franklin pasada por el tamiz de los MC5 para hacernos una idea. Y desde sus inicios además, la banda se ha caracterizado por su independencia y el control sobre sus trabajos.

In the Light of the Sun fue su primer disco, un casete que autoeditaron ellos mismos en 1993. *Let It Blast* fue su primer álbum en 1998. Un trabajo que era un golpe fresco y rabioso en el mundo del rock. Era como si los Stooges tuvieran una voz soulera profunda y potente como la de Tina Turner. Grabado en un sótano y con medios analógicos, el disco recogía la furia desatada que la banda desprende en sus directos. Entre sus temas más potentes estaba «Blues for Godzilla». En «Changing Colors» canta con rabia a la hipocresía del racismo: «Todas tus esperanzas y sueños. Vienen de un agujero en el suelo. Dices que eres negro como yo. Pero no me quieres alrededor». En 2001 editaron *The Grand Fury* en el sello independiente Upper Cut. Un disco que grabaron de nuevo en directo en su local de ensayo. Además, pronto saltaron al continente europeo girando con bandas como Rocket From the Crypt o Nashville Pussy. Y Upper Cut reeditó *In the Light of the Sun*. Entre sus discos, *Red White and Black* de 2003, *Have a Little Faith* de 2006, *Hard, Sweet and Sticky* de 2008 y *Black Lightning* de 2010. La banda hace giras incasablemente pero además Kekaula y su marido, Bob Venuum también actúan como Bob & Lisa o Lisa & The Lips.

Sharon Jones, el soul hecho mujer

Otra mujer que dominaba el escenario con maestría era Sharon Jones con su banda The Dap-Kings. Aunque hacía mucho que se dedicaba a esto de la música no fue hasta su cuarentena cuando triunfó. Con la garra de una fiera sobre el escenario, Jones conquistó el estrellato en la última parte de su vida. Lamentablemente, falleció en 2016 a causa de un cáncer. Pocas cantantes han tenido o tendrán la fuerza que Jones tuvo sobre el escenario. Nacida en Augusta, Georgia, evidentemente cantó en el coro de su iglesia donde desarrolló su potente y profunda voz. Una voz heredera de otras décadas. Su madre conocía a James Brown. Curiosamente, tanto Jones como sus cinco hermanos disfrutaban imitando al padrino del soul cuando eran pequeños. Siendo adolescente, su familia se mudó a Brooklyn. Allí aparte de tocar el órgano en la iglesia, Jones participaba en talent shows con bandas locales de funk. Con 20 años ya era corista profesional en innumerables discos, aunque muchas veces sin recibir créditos. Lamentablemente durante los ochenta abandonó la música ya que el funk dejó de estar de moda. Además, su sueño de ser estrella se encontraba con los prejuicios de la raza y también del aspecto físico, le dijeron en alguna ocasión que no daba el tipo para diva. Era demasiado bajita y tenía la piel demasiado oscura. Aunque seguía cantando en la iglesia, se ganaba la vida como agente en el correccional de Rikers Island.

Hasta 1996 no volvió a la música que realmente la apasionaba. Fue la única de tres coristas que apareció en una sesión para grabar con Lee Fields. Los dueños del sello Pure Recors, que más tarde fundarían Desco Records, quedaron impresionados con el poder vocal de la cantante y pronto le ofrecieron grabar con la banda de la casa, The Soul Providers más tarde convertidos en The Dap Kings. Con ellos grabó diversos singles que la dieron a conocer como la reina del funk. Algunos de estos singles consiguieron que los coleccionistas de funk pensaran que eran originales de los sesenta. La

Sharon Jones y su banda The Dap-Kings

voz de Jones y la música de los experimentados Dap Kings sonaban como venidos de otra época. *Dap-Dippin' with Sharon Jones & the Dap-Kings* fue su primer disco publicado en 2002 con Daptone Records. Juntos grabaron siete. Con *Naturally* de 2005, *100 Days, 100 Nights* de 2007 y *I Learned the Hard Way* de 2010 se establecieron como una de las grandes bandas del *revival* soul y funk.

Poco después de grabar *Give the People What They Want* a Sharon Jones le diagnosticaron un cáncer. La publicación del disco se retrasó un año mientras la cantante luchaba contra la enfermedad. En «Retreat!», grabada justo cuando empezaba a sentirse mal pero aún no sabía qué le pasaba, Jones canta con fuerza contra un hombre que no va a jugar con ella. Después de que el cáncer llegara a su vida, Jones afirmó que la canción tomó un nuevo sentido para ella, uno en el que quedaba patente la lucha de la cantante y su fuerza de voluntad para vencer a la enfermedad. «Juega conmigo y juegas con fuego. Puedo hacerte pagar. Te quemo. Este es mi deseo», canta Jones. A pesar de la enfermedad, Jones siguió sobre el escenario combinándolo con su tratamiento. Incluso cantando con la cabeza mostrando los signos de la quimioterapia. Lamentablemente, perdió su lucha contra el cáncer a los sesenta años justo después de completar las canciones de su último disco póstumo, *Soul of a Woman* de 2017.

La unión hace la fuerza: bandas

Evidentemente, en esta última década también han aparecido bandas que han dado al rock dignas sucesoras de gente como Siouxie Sioux, The Slits o Blondie. Mujeres que se han erigido como portavoces de una generación de rockeras que demuestran con sus discos y sus directos que el rock también es cosa de mujeres. Un buen ejemplo de esto es Savages, abanderadas del *revival* post-punk con sus guitarras agresivas y ruidosas, son una de las grandes bandas inglesas de los últimos años. Con un directo explosivo, letras reivindicativas y una presencia apabullante sobre el escenario,

Savages

Savages combina a la perfección su música cruda y directa con una forma de entender el rock desatado y sin prejuicios.

El grupo se formó en 2011 cuando la guitarrista Gemma Thompson y la cantante Camille Berthomier, conocida como Jehnny Beth, decidieron formar una banda juntas. Posteriormente, Ayse Hassan se unió a ellas al bajo y Fay Milton a la batería. Beth, nacida en Poitiers, se mudó a Inglaterra en 2006 junto a su pareja Nicolas Congé, más conocido como Johnny Hostile. Habían publicado dos discos como John & Jehn con bastante éxito en su país natal. Allí conocieron a Thompson. El grupo se caracterizó desde sus inicios por unos directos explosivos con una actitud provocadora y combativa. Y fue precisamente en uno de sus conciertos donde el mánager de Sigur Rós las vio y las fichó. Por supuesto, a pesar de lo potente de su propuesta, los críticos empezaron a dudar de su autenticidad. Era imposible que hubieran salido de la nada. Seguramente debían ser un producto prefabricado. La mayoría de las críticas negativas se centraban en su actitud beligerante sobre el escenario. Recordad que las mujeres no pueden mostrar rabia, no es femenino.

Con Matador publicaron su primer disco, *Silence Yourself*. Un trabajo ardiente y agresivo, una declaración de intenciones. En su portada incluían un manifiesto en el que animaban a la juventud a expresarse libremente, a no distraerse con la falsa recompensa del éxito, a seguir el camino de su arte. Un álbum corrosivo sobre el que el pesimismo sobrevuela. Cállate, enciérrate, aléjate del mundanal ruido, de la sobreestimulación a la que nos someten y que nos aliena como personas. Con un lema claro: «Estás distraído. Estás disponible». En «Shut Up» canta Beth: «Demasiados para convencer. Demasiados para contratar. Y nada que hayas poseído. El mundo es un agujero muerto, lo siento. Y tengo frío, y tengo frío. Y tengo frío, y soy terca. Estoy enferma y lo mantengo abierto de par en par. Hablando palabras a los ciegos». En «She Will» nos muestra a una mujer que no duda en aceptar su sexualidad, sin prejuicios y sin tener miedo de cómo será juzgada. «Ella elegirá encenderse ¡Y nunca extinguirse!». Disfrutando de su sexualidad y cantando a los que la llaman puta que no le importa lo que piensen. «Forcing the slut out!» Sacando a la puta que hay en ella. Como diciendo, esto es lo que creéis que soy, os equivocáis y no vais a impedir que exprese mi sexualidad como me dé la gana.

En 2014 publicaron un disco junto a la banda japonesa de noise rock Bo Ningen. *Words to the Blind* son 37 minutos y medio de experimentación sonora brutal. En 2016 salió su segundo trabajo, *Adore Life*. Un álbum más vitalista pero al mismo tiempo igual de oscuro, como demuestran canciones como «Adore». En ella hablan del miedo a morir y de disfrutar de la vida aunque sepas que algún día morirás. «Entiendo la urgencia de la vida. En la distancia hay una verdad que corta como un cuchillo. Quizás moriré quizás mañana así que necesito decir: Adoro la vida». En «Evil» sin embargo, se desprende de su culpa católica, arremete contra la Iglesia y sus prejuicios. Una canción inspirada por las protestas religiosas en Francia por la legalización del matrimonio gay y la rabia y tristeza que le produjeron. Beth se ha declarado bisexual. Canta con rabia: «Permanece católico, mantente pragmático. No intentes cambiar la forma en que lo hicieron tus padres. Cree todas las mentiras, no mires los muslos. O te sacarán los ojos. Oh si lo intentas». Siempre transgrediendo, yendo más allá de la simple canción, intentando mostrar una realidad de un mundo que nos ahoga y nos obliga a ser lo que no queremos, pero instándonos a rebelarnos y no dejarnos vencer. Y que en ello, nos dejemos llevar por su música.

El fuego de Teri Gender Bender y sus Le Butcherettes

Sobre el escenario no hay artista más salvaje que el alma máter de Le Butcherettes: Teresa Suárez. Más conocida como Teri Gender Bender, un apodo que asumió como protesta feminista para denunciar la violencia que las mujeres sufren en México. Nació en Denver, de madre mexicana y padre español. Hasta los 13 años vivió en Colorado, su padre murió entonces de un ataque al corazón y su madre, ella y sus dos hermanos se fueron a vivir a Guadalajara, México. Algo que supuso no solo un golpe duro sino un choque cultural brutal. En la música Suárez encontró su forma de enfrentarse a la pérdida, el dolor y el nuevo mundo que descubría en un país en el que las mujeres eran asesinadas brutalmente un día sí y otro también. Con 17 años formó Le Butcherettes con Auryn Jolene, una compañera de instituto que tocaba la batería. Aprendió a tocar la guitarra de forma autodidacta. Aunque la banda ha pasado por diversos miembros, como dúo primero y como trío después, la fuerza creadora de Suárez siempre ha sido el timón que la ha guiado. Sus descarnadas y explosivas interpretaciones en directo estaban muchas veces acompañadas de carne cruda, huevos o sangre artificial que manchaba el delantal y los vestidos estilo años cincuenta que Teri vestía, todo ello como denuncia social de la situación de una mujer esclava de la tareas del hogar.

En una de estas actuaciones, Omar Rodríguez-López la vio cantar. Con él, como productor y haciéndose cargo del bajo, grabaron su primer disco *Sin Sin Sin*. En la portada aparece una foto de familia, un matrimonio y sus tres hijos posando para una foto. Los ojos de la pareja rallados. Los niños tienen escrito encima «Sin» (pecado). En «Bang!» denuncia la injerencia política de EE. UU. en México: «George Bush y McCain hablando sobre México. Lo siguiente que ves es su ejército que prohíbe la serenata.

Teri Gender Bender

Mira el tiroteo en la escuela, mató a más de dieciséis chicas. Lo siguiente que lees es golpe en los periódicos». Suárez se mudó a Los Ángeles poco después y allí con Rodríguez-López formó la banda Bosnian Rainbows,

En su siguiente disco como Le Butcherettes, *Cry is for the Flies*. Rodríguez-López volvía a la producción y Henry Rollins recitaba en «Moment of Guilt» mientras Shirley Manson cantaba junto a Suárez en «Shame, You're All I've Got». Fue con *A Raw Youth* cuando la banda realmente despegó. En «Sold Less Than Gold» Suárez denuncia casos de mujeres convertidas en esclavas sexuales con la historia de un padre que vende a su hija adolescente y a la que obligan a prostituirse: «Me empujan hacia la locura. Me pegan, me violan y aterrorizan mi mente. Viviendo en pura miseria». Y en «Stab My Back» habla de puñaladas en la espalda. «Roba mi voz cuando mis ojos están cosidos. Camina hacia el valle y habla por mí, hombre. Un par de personas comenzarán a escuchar. Todas tus mentiras están hechas de cuentos de hadas». Y en «The Hitch Hiker» canta sobre una mujer que es violada, asesinada y enterrada en el bosque por un automovilista que la ha recogido en la carretera pensando que puede divertirse aunque ella no quiera. El último proyecto de Teresa Suárez es la banda Crystal Fairy junto a Omar Rodríguez-López, King Buzzo y Dale Crover de Melvins.

Mary Timony y Ex Hex

Otra banda a tener en cuenta es el trío de Washington D.C. Ex Hex. Se formó de las cenizas de una serie de bandas explosivas. *Rips* es su único álbum de momento, pero no hay que perderles la pista. El trío está formado por Mary Timony a la guitarra y voces, Betsy Wright al bajo y Laura Harris a la batería. Timony venía de tocar en Helium y Wild Flag junto a Carrie Brownstein y Janet Weiss de Sleater-Kinney, Harris tocaba en el dúo Aquarium y Wright practicaba el shoegaze en Fire Tapes. Así que no son nuevas en esto del rock. Timony la más experimentada, ya tenía dos discos publicados con Helium en los noventa, *The Dirt of Luck* y *The Magic City*. Y otros cuantos en solitario, uno de ellos titulado precisamente *Ex Hex*. Las tres coincidieron en un punto en sus carreras en el que no les gustaba lo que estaban haciendo y necesitaban un cambio que les permitiera expresar esas ideas que rondaban sus cabezas. El disco lo grabaron en el sótano de la propia Timony y lo publicaron en 2013 Merge Records.

El primer single del disco «Hot and Cold» habla de la gente de la que no te puedes fiar, una temática recurrente en su primer trabajo. «Me miras con ojos de serpiente. No puedo ver a través de tu disfraz», canta Timony. Mientras en «How You Got That Girl» cantan a una mujer empoderada que ve más allá del amor, que ya no es ciego, sino que es consciente de lo bueno y de lo malo y que decide por ella misma. «Tal vez he cambiado pero no me preocupo. No me vas a hacer caer. Solía llorar, llorar, llorar. Ahora no recuerdo por qué. Simplemente, nunca quiero escuchar ese sonido»

Experimentando con Warpaint

El rock experimental es uno de los puntos fuertes del cuarteto de Los Ángeles Warpaint. Sonidos atmosféricos, psicodelia y rock alejaban al grupo de sus contemporáneos. Parecían salir de otra época, incluso de otra dimensión. Formado por Jenny Lee Lindberg, Emily Kokal, Theresa Wayman y Stella Mozgawa. Esta última se añadió a la batería después de grabar su primer EP, *Exquisite Corpse* en 2009. Un disco que les ayudó a producir el guitarrista John Frusciante y que incluía una canción dedicada a Billie Holiday. Poco después ficharon por Rough Trade y publicaron su primer LP, *The Fool*. Sus interpretaciones en directo se extienden como *jams* hipnotizantes. Ya entonces empezó su leyenda como grupo, no les gusta ser entrevistadas, siempre se las suele malinterpretar o sacar sus palabras de contexto, afirman. En su primera portada para *New Musical Express* las llamaban sus Satánicas Majestades, las nuevas reinas del underground. Los artículos siempre destacando que eran un grupo de chicas. Y más adelante, seguían preguntando por la participación de la hermana de Lindberg en la banda, aunque fue breve, o por la relación de Wayman con su ex, John Frusciante.

El grupo se formó un día de San Valentín de 2004. Aunque Kokal y Wayman se conocían desde que tenían 11 años y eran grandes amigas de la infancia. Tras viajar por Europa desde su Oregón natal, acabaron en Los Ángeles donde conocieron a Lindberg y formaron Warpaint junto a la hermana de esta, Shannyn Sossamon, que dejó el grupo para seguir su carrera como actriz. Después de varias baterías, en 2008 Mozgawa, nativa de Nueva Zelanda, se unió al grupo. Su primer disco *The Fool* hablaba del lado oscuro de L.A., de una ciudad que te hace sentir alienada. Canciones como «Shadows» o «Undertow» son buena prueba de ello.

En 2014 llegó su disco homónimo. Theresa había sido madre de un niño, «Son» es la canción que le dedicó y la logística del directo se complicó con la maternidad. Aun así, pasaron un año y medio en la carretera. Este disco además fue el primero en el que Mozgawa participaba en la composición y eso se notaba en el sonido de la banda. Uno de los mejores ejemplos es el primer single «Love Is to Die». En «Biggy» Kokal habla de tomar las riendas de tu vida cuando no las tienes. El álbum se gestó en una casa en el desierto de Joshua Tree. Unos vecinos llamaron a la policía, según ellos la música que salía de la casa les estaba mareando. Por lo visto, tocaron la tecla sensible de las energías que rodeaban el desierto. Tras la gira de *Warpaint*, la banda se dedicó a proyectos en solitario. Necesitaban distanciarse y tomar impulso de nuevo. En 2016 publicaron *Heads Up*, un disco mucho más experimental que sus anteriores trabajos y el que más se aleja del sonido de guitarras de sus primeros esfuerzos musicales.

La potencia del dúo Deap Vally

Uno de los grupos más interesantes y también peculiares de los últimos tiempos es el dúo Deap Vally. Formado por la guitarrista Lindsey Troy y la batería Julie Edwards, por su música no os imaginaríais que se conocieron en Los Ángeles en una clase de crochet que Edwards daba. Tras intercambiar CD con su propia música decidieron formar una banda. Sus directos llenos de garage rock y blues sucio cercano al stoner las hizo conocidas, tienen actitud a raudales. Tanto como para que Josh Homme las invitara de teloneras de Queens of The Stone Age. En 2013 publicaron su primer disco, *Sistrionix* y su primer single «Gonna Make My Own Money» se convirtió en su alegato feminista por excelencia. En ella Troy canta con furia descontrolada: «Me dices que me case con un hombre rico. Encuentra uno rico si puedes. Papá, ¿no lo entiendes? Voy a hacer mi propio dinero, voy a comprar mi propia tierra». En «Baby I Call Hell» canta a una mujer segura de sí misma que reclama lo que es suyo y el respeto que merece: «Ahora me vas a complacer como si hubieras jurado que lo harías. Fue solo para molestarme, mejor trata a esta mujer bien. No, no entiendes esto si no me tratas bien. Porque lo que llamas amor, cariño, yo lo llamo infierno».

Su segundo trabajo se llama *Femejism* y está producido por Nick Zinner de Yeah Yeah Yeahs. Una nueva descarga rabiosa en canciones como «Smile More» donde cantan sobre esa mujer que siempre tiene que agradar y sonreír para ser lo que se espera de ella: femenina, pasiva, buena chica y calladita. Canta Troy en la primera línea: «Todo el mundo intenta decirme qué hacer» y nos explica como: «Un extraño en el bar me dice que sonría más. Lo miro y pregunto: '¿Para qué? Estoy felizmente infeliz, hombre. Y no, no quiero estrechar tu mano'». Nos dice que no se avergüenza de su estado mental, ni de su peso corporal, ni de su edad, ni de su vida sexual, ni de no ser la esposa de nadie. Todas esas cosas por las que se critica y se juzga a las mujeres por el simple hecho de ser mujeres. Más adelante canta también: «La gente piensa que saben qué tipo de chica soy. Me echan una mirada, piensan que entienden. Y siempre se sorprenden cuando se encuentran conmigo. Aparentemente soy terriblemente engañosa. Y sí, soy una feminista. Pero esa no es la razón por la que comencé a hacer esto». No hace falta decir más.

Priests, el punk desatado desde Washington

No puedo terminar este repaso sin recomendándoos encarecidamente que escuchéis a Priests, un cuarteto de punk de Washington, D.C. formado en 2011. Liderado por la irreverente cantante Katie Alice Greer, un torbellino sobre el escenario. Junto al guitarrista G.L. Jaguar, a la batería Daniele Daniele y al bajo Taylor Mulitz. Es su primer grupo, lleno de canciones con letras reivindicativas y con un directo abrasivo y salvaje. Precisamente es con esos directos como han forjado su reputación, dando el salto desde su D.C. natal al resto del mundo. En 2014 publicaron un mini album titulado *Bodies and Control and Money and Power*. En él denuncian una sociedad opresiva que deja a los jóvenes sin un futuro al que aferrarse. Con canciones tan reivindicativas como «Right Wing» en la que nos describen todo lo que no quieren ser.

En 2017 publicaron su primer disco *Nothing Feels Natural*, un salto cualitativo en el sonido de una banda que viene a comerse el mundo con un discurso articulado y reivindicativo pero con talento. Publicado cuando Trump ganó las elecciones, llegó como un revulsivo con canciones como «Pink White House» en la que Greer canta: «Un espectáculo de marionetas en el que te hacen sentir como si participaras. Firma una carta, arroja tu zapato, vota por los números 1 o 2». Una sociedad en la que estamos programados para seguir a la masa y no pensar. En la última canción del disco titulada «Suck», Greer se queja: «¿Cómo puedes decir que siempre intento ser mala cuando ni siquiera estás escuchando? Siempre queriendo que alguien sea tu madre, pero puedo decirte que no voy a estar por aquí mucho más para eso». No se va a quedar esperando a ser esa chica modosita que no se queja, que te hace de madre y que hace lo que le dicen.

Podríamos seguir hablando de grupos sin parar. Las páginas se sucederían, una tras otras, sólo para demostrar que eso que dicen por ahí de que las mujeres no rockean, no es cierto. Aquí tenéis una buena muestra de lo que las mujeres han hecho, hacen y seguirán haciendo en el mundo del rock. Su música está ahí para demostrarlo. Escuchadlas.

Apéndice

El rock hecho en casa y allende los mares.

E videntemente, una explosión como la del rock en Estados Unidos tenía que llegar hasta España y Sudamérica. En España, a partir de 1957 empezaron a surgir grupos que intentaban imitar a sus congéneres americanos. Los pioneros del rock and roll en nuestro país eran mayoría hombres y además fusionaban el estilo estadounidense con sonidos típicos. Un ejemplo curioso y atípico, por ser protagonizado por mujeres, fue el «Sevillana Rock and Roll» de las Hermanas Alcaide, un trío vocal de finales de los cincuenta. Estaba incluido en su 7« *3 Mozas de Andalucía*. De hecho México, España, Cuba, Argentina y Venezuela fueron los primeros países de habla hispana que recibieron el rock and roll. México, evidentemente, por proximidad geográfica, fue el más cercano y más influido. Los primeros intentos allí fueron versiones de los grandes éxitos norteamericanos pasados por el tamiz de los sonidos propios. Hubo polémica en la época, ¿esas canciones eran meros refritos de los éxitos de sus compañeros del norte? Se preguntaban algunos. Brasil exportaba al cine norteamericano a Carmen Miranda, que popularizó la samba. Fue precisamente allí cuando en 1955 se hizo la primera grabación de rock y fue por una mujer Nora Ney, pionera del rock brasileño con »Ronda das horas«, versión del »Rock Around the Clock" de Bill Haley. En Argentina, Los 5 Latinos, con Estela Raval entre sus voces, adoptaban el sonido doo wop de Los Platters. Mientras la chilena Violeta Parra era la representante de las cantautoras que bebían de la canción protesta.

En aquellos primeros años, la dictadura en España no permitía a la mujer demasiado protagonismo y menos en lo musical, a no ser que te dedicaras a la canción ligera o al flamenco. El reducto donde las mujeres encontraron su pequeño hueco fue en los festivales como el de la Canción Mediterránea de Barcelona o el de Benidorm, ambos nacidos en 1959. Allí, mujeres como Lita Torelló, Gelu, Karina, Luisita Tenor o Rosalía cantaron lo más parecido al rock durante los sesenta. Muchas de ellas más cercanas al movimiento yé-yé, en el que curiosamente las mujeres tuvieron mayor presencia. Gelu se hizo famosa con la versión de «El partido de fútbol» de Rita Pavone que grabó junto a Los Mustangs. Una canción en la que una mujer se queja de que su hombre la abandona los domingos por el fútbol, preguntándose si va al partido realmente o la está engañando. Ahí es nada.

La explosión rock de los sesenta

En los sesenta, los grupos de rock españoles empezaron a florecer, la gran mayoría masculinos. Aunque Elvis no tuvo gran repercusión en el país, la llegada de los Beatles sí que tuvo un efecto importante en grupos como Los Sirex, los Brincos o los Bravos. Pero había pocas mujeres dentro del movimiento. Queriendo recoger el espíritu de girl groups como The Supremes, The Ronettes o The Shirelles en los sesenta, en España Las Chic fueron pioneras a imagen y semejanza de sus compañeras mexicanas, Las Chic. Fue un grupo prefabricado por Hispavox. Aunque el grupo más conocido fue

Los Pekes

Ellas. Evidentemente, su vida fue corta y no tuvo la misma impronta que sus compañeras norteamericanas. A mediados de los sesenta también aparecían dúos como Germanes Ros, formado por las hermanas Mari Carmen y Montserrat Ros Quinquer desde Barcelona que publicaron su primer EP en 1965. En Argentina teníamos al cuarteto Las Mosquitas. En Venezuela se formó en 1966 el primer conjunto femenino de rock Las Aves Tronadoras y Los Junior Squad con la vocalista Teresita Díaz.

Volviendo a España, en 1963 María Esther Álvarez se unió a Los Pekes. Era muy raro en aquellos días encontrar un grupo que tuviera a una mujer como vocalista. Los Pekes fueron pioneros en ese sentido y abrieron la puerta a grupos como Pic-Nic con Jeanette como vocalista o Cristina y los Stop. Otro *rara avis* fueron Los Brujos, una orquesta liderada por una mujer: Maryní Callejo. Años después se convertiría en una de las productoras más influyentes, trabajando con Los Brincos y Fórmula V, entre otros muchos. A finales de los sesenta los vocalistas tomaron el relevo de los grupos de rock y junto a Serrat o Aute, Marisol, Karina y Massiel se erigían como las grandes voces femeninas del momento. Siempre desde la vertiente más suave del género. Fueron también los años de la explosión yé-yé, un movimiento que empezó en Francia y que tuvo más éxito en nuestro país donde incluso duró más. En él las voces de Marisol, Rosalía, Lita Torelló, Salomé, Lorella, Licia, Karina, Marta Baizán, Sonia, Gelu, Rocío Dúrcal o incluso Conchita Velasco fueron las grandes protagonistas. El cine también tuvo su importancia, Karina, Ana Belén o Massiel empezaban su carrera como actrices y chicas yé-yés. Y el movimiento se convertía en un fenómeno. Eran los mods pero tamizados por los cánones de la época. Nuestros rebeldes pero tampoco tanto. Dentro del folk encontramos voces como la de María Ostiz, Cecilia o incluso la edulcorada Mari Trini. Siempre vocalistas, mujeres que cantaban pero que rara vez tocaban la música que interpretaban. Evidentemente, tenemos el momento bizarro con Las Monjitas del Jeep que eran monjas reales cantando a Dios y tocando sus propias guitarras eléctricas. Debían de ser las únicas en aquellos años que empuñaban sus instrumentos. *Spain is different*.

Sudamérica en los sesenta

Sin duda, en Sudamérica el tropicalismo fue uno de los grandes protagonistas de los sesenta. Uno de los movimientos más interesantes fusionaba la bossa-nova, el rock and roll, la psicodelia, la música tradicional de Bahía y el fado portugués. Ahí descubrimos a grupos como Os Mutantes con Rita Lee a la voz, pero también Gal Costa, María Bethania o Nara Leão. Todas ellas abrieron puertas a voces como Elis Regina, Simone, Fafá de Belem, Nana Caymmi, Elba Ramalho, Marina, Joyce o Leila Pinheiro. Pero también a grupos como Blitz ya en los ochenta. Mientras en Chile, Aguaturbia y su cantante Denise abrazaban la psicodelia. En Venezuela, por ejemplo, Estructura publicaba *Más allá de la muerte* con Maria Eugenia Ciliberto en la guitarra y Marisela Pérez como voz solista y teníamos a Tremens con Janet Goitia a la voz y Martha Villareal a la guitarra. Goitia también formaría parte de Fahrenheit. En Argentina, la fama del programa El Club del Clan promovió a cantantes como Jolly Land, Violeta Rivas y Cachita Galán más cercanas al pop. Pero también había mujeres miembros de bandas de rock como María Rosa Yorio de Sui Generis y PorSuiGieco. Otra de las grandes voces del rock argentino fue Celeste Carballo, junto a las también cantantes Sandra Mihanovich o Mirtha Defilpo. Mención especial a la gran voz latina de los sesenta y setenta, Celia Cruz sobre todo en su época con los Fania All Stars de la que fue el único miembro femenino.

Los setenta y el declive de los grupos

Los años setenta no fueron buenos tiempos para el rock por estos lares. La dictadura estaba en sus últimos estertores y la era dorada de los grupos acababa para dar paso a los grandes solistas. Si no estabas en la lista de los grandes sellos, poca presencia podías tener. La canción protesta estaba a la orden del día y el rock se quedaba algo cojo en algunos aspectos. En aquellos años, a pesar de todo, brillaban con luz propia las incombustibles Vainica Doble. Iban a contracorriente, eran una *rara avis*, nunca lo suficientemente reconocido. Mientras, el flamenco pop revolucionaba el mundo de la música con cantantes como Las Grecas y su «Te Estoy Amando Locamente» en 1974. Nacía el gypsy-rock. Pero antes de las Grecas ya estaban arrasando Arena Caliente. También teníamos a Las Deblas o Morena y Clara. Los setenta

Alaska y los Pegamoides

también trajeron a la nueva ola, herederos de los sonidos de la New Wave y que posteriormente daría luz a la Movida. En ella aparecieron bastantes grupos femeninos como Bólidos, Rubi y los Casinos (Rubi también estuvo en Tráfico de Rubíes), Charol, Ella y los Neumáticos, Las Chinas y su cantante Kiki d'Aki. Y grupos punk femeninos, como Pelvis Turmix, Último Resorte con Silvia Escario o Las Vulpes, protagonistas del mayor escándalo de la Televisión Española con su tema «Me gusta ser una zorra». Y evidentemente los grandes protagonistas de la Movida, primero en Kaka de Luxe y más tarde Alaska y los Pegamoides. Alaska junto a Ana Curra son los dos grandes nombres de la época. Más tarde, Curra formaría parte de Parálisis Permanente junto al fallecido Eduardo Benavente, creando así otro de los grupos claves del rock español. Alaska se ha convertido en una de las grandes representantes del rock estatal, a pesar de no dar el perfil de rockera al uso. Lo cierto es que ella abrió muchas puertas a todas esas mujeres que vinieron detrás.

Los ochenta y el rock de masas

En los años ochenta el rock español se empezó a convertir en mainstream, los medios de comunicación y las discográficas por fin le prestaban la atención que se merecía para lo bueno y para lo malo. De música marginal, el rock o más bien pop-rock se convirtió en la música dominante. En este nuevo panorama, grupos como Mecano con Ana Torroja como voz principal eran el estandarte, pero también teníamos a Esclarecidos con Cristina Llanos. A finales de la década también aparecían voces potentes como la de Aurora Beltrán de Tahúres Zurdos o Mercedes Ferrer. Bar, predecesores de grupos como Aerolíneas Federales, fueron una banda precursora de La Movida Viguesa liderada por Geles Feijoo. Pero a finales de la década también se renovaba Christina Rosenvinge con sus Subterráneos. Aunque la gran rockera de los ochenta es sin duda Luz Casal. La muy *sui generis* Martirio colaboraba entonces con Veneno. Y Big Mama se erigía como la voz del blues. Pero también teníamos cosas como Dinamita pa los Pollos. Sin comentarios.

Al otro lado del océano, estallaba el «Rock en Español», un movimiento que reclamaba el protagonismo al idioma de la cultura hispana. Se había convertido en un movimiento de masas. Fabiana Cantilo se convertía en la primera voz femenina de una de las bandas fundadoras del nuevo rock argentino de la década de los ochenta, Los Twist. Antes de emprender carrera en solitario en el 85 editando *Detectives* con temas de Fito o Charly García. Junto a Los Twist también aparecieron bandas como las Viuda e Hijas de Roque Enroll, el primer grupo de rock formado exclusivamente por mujeres del país y uno de los líderes del movimiento «divertido». En el grupo estaba la gran guitarrista María Gabriela Epumer. El rock más duro tenía a Patricia Sosa como protagonista con su banda La Torre. Más tarde emprendió carrera en solitario. Claudia Puyó se decantaba más por el blues rock y el pop rock era territorio de Silvina Garré. Man Ray integrado por la fotógrafa Hilda Lizarazu y Tito Losavio fue otro de los grupos de los ochenta. Simultáneamente, en Venezuela teníamos a Marietta Fajardo liderando el grupo Agata o a Elena Prieto en Equilibrio Vital. En México aparecía Santa Sabina con Rita Guerrero a la voz y grupos como Lupita o Kenny y los Eléctricos con mujeres en su formación o la voz de Cecilia Toussaint.

El indie arrasa en los noventa

La música independiente es la protagonista de los noventa. La década anterior había dado paso a toda una serie de bandas underground que en los siguientes años vieron el surgimiento de sellos independientes que daban cabida a sus propuestas. Pero también había revistas y fanzines propios y un circuito de salas en expansión que facilitaron su creación. Los primeros grupos surgen influenciados por la escena grunge y noise anglosajona. Tras los ochenta y el fin de la transición vino también una mayor libertad para las mujeres y eso se tradujo musicalmente, los grupos femeninos se multiplicaron, a pesar de no tener la misma repercusión mediática que sus compañeros. Desde el rock más duro hasta el indie pop, pasando por el punk rock o el grunge. En todos los géneros imaginables del rock surgieron

Dover

grupos como Los Punsetes, Undershakers, Fresones Rebeldes, Hello Cuca con Lídia Damunt, Nosoträsh, Killer Barbies con Silvia Superstar, Amparanoia, B-Violet, From Head to Toe, Sweet Little Sister, Fang con Mariona Aupí o Garaje Jack, entre muchos otros. Electrobikinis surgía a finales de la década y daría pie a Tulsa, el grupo de Mirem Iza. Sin olvidarnos de Marta Ruíz presencia imprescindible en Sex Museum. Pero quienes se llevaron la palma fueron las hermanas Llanos fundadoras de Dover, su *Devil Came to Me*, arrasó literalmente e incluso tuvo repercusión fuera de nuestras fronteras.

En latinoamérica mientras tanto, la década de los noventa consolidó el estallido del rock iberoamericano a nivel internacional y los grupos empezaron a salir de sus propios países para visitar otros del propio continente y por supuesto, el nuestro. Uno de los casos más importantes es el de los colombianos Aterciopelados y la posterior carrera en solitario de Andrea Echeverri. También llegó el éxito de los primeros discos de Shakira y su despegue internacional. Es la estrella latinoamericana femenina por excelencia en estos momentos. Pero también tenemos a las mexicanas Julieta Venegas, Ximena Sariñana, Ely Guerra, Natalia Lafourcade o Lila Downs. En Chile aparecen grupos femeninos como el de funk Mamma Soul pero también Crisálida de Cinthia Santibánez se adentraba en el metal. Juana Molina dejaba su carrera de actriz para dedicarse a la música aunque no fue hasta la siguiente década cuando alcanzó reconocimiento internacional de la mano del líder de Talking Heads, David Byrne. Yva Las Vegas formaba con Krist Novoselic de Nirvana Sweet 75. En Argentina El Otro Yo con Maria Fernanda Aldana se acercaba al grunge. Y desde Puerto Rico, aunque afincada en Argentina, Mimi Maura acercaba los sones de su tierra al rock. La variedad de estilos era la protagonista.

Las voces del nuevo milenio

El nuevo milenio trajo otras voces y otros estilos, una diversificación mayor, una fusión de géneros y con las nuevas tecnologías, también mayor acceso y difusión para mujeres que de otra manera no tendrían tanta presencia. Las artistas conectan directamente con su público. En los inicios del 2000 hubo también la explosión del hip hop que nos trajo a La Mala Rodríguez como su gran protagonista. Pero en la música indie tenemos un sin fin de propuestas que

Alejandra Guzmán

han plagado las dos últimas décadas. Propuestas tan interesantes y diferentes como las de Maika Makovski, Marina Gallardo, Soledad Vélez, Les Sueques, Núria Graham, Femme Fractal, Anímic, Lilith, Mürfila, Juana Chicharro, Chiquita y Chatarra, Aias, Lídia Damunt, Miranda Warning, Rebeca Jiménez, Myriam Swanson, Calvario, Bala, Agoraphobia, Suzi y los Quattro, Carolina Otero o Anni B. Sweet. Todas diferentes y únicas. En la música más mainstream teníamos a Fangoria, la última encarnación de Alaska, la rumba-rock de Rosario, Amaral o el pop de La Oreja de Van Gogh. En los sonidos más mestizos podíamos escuchar a Bebe u Ojos de Brujo.

En Latinoamérica por supuesto, la explosión de cantantes como Shakira ha facilitado que otras artistas saltaran desde sus países a EE. UU. y eso les abriera las puertas del resto del mundo. Muchos artistas estadounidenses como Hurray For The Riff Raff o Le Butcherettes tienen raíces en países del sur del continente. Aunque evidentemente lo que más nos llega es el pop, los grupos de rock que surgen de allí suelen ser masculinos. Desde México aparecen nombres como Gloria Trevi y Alejandra Guzmán o Shakira desde Colombia, a la que ya he mencionado antes. Todas ellas herederas de la cubana afincada en Miami, Gloria Estefan. Propuestas más rockeras son las de las argentinas Lula Bertoldi de Eruca Sativa, Bárbara Recanati de los Utopians, Luciana Segovia de Cirse, Marilina Bertoldi, Marian Fernandez de Demantra, Alelí Cheval y su Orquesta del Metal, Sol Pereyra, Daniela Spalla o Mariana Bianchini de Panza. Li Saumet de Bomba Estéreo o Eljuri en Ecuador. Javiera Mena, Mon Laferte y Francisca Valenzuela desde Chile. Monsieur Periné en Colombia. Laura Chinelli en Uruguay. Desde Brasil nos llega Lovefoxxx, nombre tras el que se esconde Luísa Hanaê Matsushita de la banda brasileña Cansei de Ser Sexy pero también la singular cantante Tulipa Rey. Bandas como Las Ultrasónicas, Ruido Rosa, Hello Seahorse, Satin Dolls o Lorelle Meets the Obsolete en México son otros nombres interesantes. Así como las voces de Carla Morrison o Elis Papikra. Estos son solo un ejemplo de la voces femeninas que se multiplican en el sur del continente americano. Nombres que nos invitan a descubrir su música y que esperemos que pronto tengan su propio espacio.

Bibliografía recomendada

Azerrad, M., *Our band could be your life: Scenes from the american indie underground 1981-1991*, Back Bay Books, Nueva York, 2002.

Albertine, V., *Ropa, música, chicos*, Anagrama, Barcelona, 2017.

Baez, J., *And a Voice to Sing with. A memoir*, Simon & Schuster, Nueva York, 2009.

Bag, A., *Violence Girl. East L.A Rage To Hollywod stage. A Chicana Punk Story*, Feral House, Port Towsend, 2011.

Benatar, P., *Between a heart and a rock place*. A memoir, William Morrow, Nueva York, 2011.

Bianciotto, J., *Guía universal del rock: 1959-1970*, Robin Books Ed., Barcelona, 2008.

Bianciotto, J., *Guía universal del rock: de 1970 a 1990*, Robin Books Ed., Barcelona, 2009.

Bianciotto, J., *Guía universal del rock: de 1990 hasta hoy*, Robin Books Ed., Barcelona, 2009.

Brooks, E., *Finding my voice. My autobiography*, The Robson Press, Londres, 2012.

Brownstein, C., *Hunger makes me a modern girl: A Memoir*, Virago, Londres, 2015.

Castarnado, T., *Mujer y música: 144 discos que avalan esta relación*, 66 rpm, Barcelona, 2011.

Castarnado, T., *Mujeres y música : 144 discos más que avalan esta relación*, 66 rpm, Barcelona, 2013.

Cervenka, E. y Lunch, L., *Adulterers anonymous*, Last Gasp, San Francisco, 1996.

Clayson, A., *Woman. The incredible life of Yoko Ono*, Chrome Dreams, Surrey, 2004.

Clemente, J., *Girl groups: Fabulous females that rocked the world*, Krause Publications, Iola, 2000.

Currie, C. y O'Neill, T., *Neon Angel. A memoir of a Runaway*, Harper Collins, Nueva York, 2010.

Dawes, L., *What are you doing here? A black woman's life and liberation in heavy metal*, Bazillion Points, Nueva York, 2012.

Ditto, B., *Coal to Diamonds. A memoir*, Spiegel & Grau, Nueva York, 2012.

Echols, Al., *Janis Joplin: Las cicatrices del dulce paraíso*, Circe, Barcelona, 2001.

Ford, L., *Living like a Runaway*, Dey Street, Nueva York, 2016.

Gaar, G. G., *She's a rebel: The history of women in rock & roll*, Seal Press, Nueva York, 2002.

George, N., *Where did our love go: The rise and fall of Tamla Motown*, Omnibus Press, Londres, 2003.

Gillett, Ch., *Historia del rock: el sonido de la ciudad. Desde sus orígenes hasta los años 70*, Robin Books Ed, Barcelona, 2008.

Gordon, K., *Girl in a band: A memoir*, Faber & Faber, Londres, 2015.

Hersch, K., *Paradoxical Undressing*, Atlantic Books, Londres, 2011.

Hersch, K., *Rat Girl. A memoir*, Penguin Books, Londres, 2010.

Holiday, B., *Lady sing the blues*, Tusquets, Barcelona, 1991.

Houghton, M., *Sandy Denny. I've always kept an unicorn*, Faber & Faber, London, 2016.

Howe, Z., *Stevie Nicks. Visions, dreams & Rumours*, Omnibus Press, Londres, 2014.

Hynde, C., *A todo riesgo. Memorias airadas de una Pretender*, Malpaso, Barcelona, 2015.

Karlen, N., *Babes in Toyland. The making and sellling of a rock and roll band*, Crown Ed, Londres, 1992.

Kort, M., *Soul Picnic. The music and passion of Laura Nyro*, Griffin, Spokane, 2002.

Lunch, L., *Paradoxia. A predator's diary*. Akashic Books, Nueva York, 2007.

Lynn, L., *Still Woman Enough. A memoir*, Hyperions Books, Nueva York, 2002

Lynn, L., *A Coal Miner's Daughter, Knopf Doubleday*, Nueva York, 2010.

MacNeil, L., *Por favor, mátame: historia oral del punk*, Libros Crudos, Bilbao, 2008.

Marcus, S., *Girls to the front: The true story of the Riot Grrrl revolution*, Harper Perennial, Nueva York, 2010.

McDonell, E., *Queens of noise. The real story of the Runaways*, Da Capo Press, Boston, 2013.

O'Brien, L., *She Bop: The definitive history of women in popular music*, Jaw Bone, Londres, 2012.

O'Dair, B., *The Rolling Stone book of women in rock: Trouble girls*, Random House, Nueva York, 1999.

Oldham, T., *Joan Jett*, AMMO, Los Ángeles, 2010.

Philip, N., *John Lennon: The life*, Ecco Press, Nueva York, 2009.

Quatro, S., *Unzipped*, Hodder, Londres, 2008.

Raha, M., *Cinderella's big score: Women of the punk and indie underground*, Seal Press, Emeryville, 2005.

Reddington, H., *The lost women of rock music: Female musicians of the punk era*, Equinox Publishing, Sheffield, 2012.

Ritz, D., *Respect: The life of Aretha Franklin*, Little, Brown and Company, Boston, 2015.

Ronstadt, L., *Simple Dreams. A musical memoir*, Simon & Schuster, Nueva York, 2013.

Russo, S., *We were going to change the world. Interviews with women from the 1970s &1980s southern California punk rock scene,* Santa Monica Press, Santa Mónica, 2017.

Schmidt, R.L, *Little Girl Blue. The life of Karen Carpenter*, Chicago Review Press, Chicago, 2011.

Sherman, D., *20th century rock and roll: Women in rock*, Collector's Guide Publishing inc, Burlington, 2001.

Simone, N., *I put a spell on you: The autobiography of Nina Simone*, Da Capo Press, Boston, 2003.

Slick, G. y Cagan, A., *Somebody to love? A Rock and Roll Memoir*, Virgin Books, Londres, 1999.

Smith, P., *Just kids*, Ecco Press, Nueva York, 2010.

Smith, P, *M Train*, Vintage Press, Nueva York, 2016.

Spector, R., *Be My Baby: How I survived mascara, Miniskirts and Madness*, Words in Edgewise, Los Ángeles, 2015.

Turner, T. y Loder, K., *Yo Tina. la historia de mi vida*, Ediciones B, Barcelona, 1996.

VV.AA., *Women make noise: Girl bands from Motown to the modern*, Supernova Books, Twickenham, Inglaterra, 2012.

Wilson, A., Wilson, N. y Cross, C.R., *Kicking and dreaming. A story of Heart, soul and rock and roll*, It Books, Nueva York, 2013.

Witts, R., *Nico*, Circe, Barcelona, 1995.

MA NON TROPPO - Las novelas del Rock

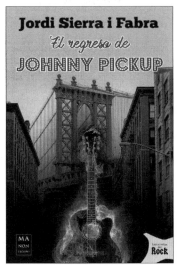

Un auténtico clásico:
una sátira feroz y despiadada del mundo del disco y sus engranajes

Redbook ediciones y su sello Ma Non Troppo, comprometidos en la divulgación de la música, se ha propuesto la recuperación de libros en el ámbito de la ficción que tengan como trasfondo el mundo del rock en su nueva colección *Las novelas del rock*. Obras nuevas y otras que se descatalogaron en su momento, pero cuyo valor sea innegable como es el caso de esta novela de culto, *El regreso de Johnny Pickup*, del reconocido escritor Jordi Sierra i Fabra. Se trata de una novela que aúna música, nostalgia y humor a partes iguales.

Johnny es un tipo legal, un rockero entre los grandes a quien se le ocurrió la peregrina idea de retirarse a una isla desierta en la Polinesia. A su encuentro acude un crítico musical llamado George Saw que se ha propuesto sacar a Johnny del olvido y volver a Nueva York. Pero Johnny lleva demasiados años retirado, y ni Nueva York es la misma ciudad que conoció, ni el rock ha dejado de evolucionar. Hasta el mismo Dylan se ha convertido al cristianismo. ¿Cómo puede sobrevivir un dinosaurio en un lugar así?

Otros títulos de Ma non troppo:

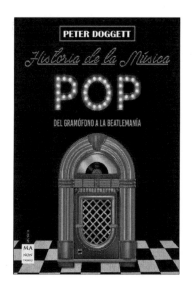
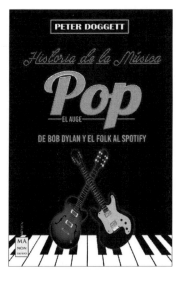
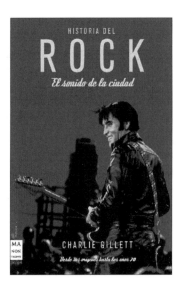